東亞的律令與國家

——日本古代法制史史料学

赵　晶
[日] 吉永匡史——編

中西書局

图书在版编目(CIP)数据

东亚的律令与国家：日本古代法制史史料学 / 赵晶，
(日)吉永匡史编. —上海：中西书局，2024
ISBN 978-7-5475-2251-6

Ⅰ.①东⋯ Ⅱ.①赵⋯ ②吉⋯ Ⅲ.①法制史-研究
-日本-古代 Ⅳ.①D931.39

中国国家版本馆 CIP 数据核字(2024)第 078097 号

东亚的律令与国家——日本古代法制史史料学

赵 晶 [日]吉永匡史 编

责任编辑	吴志宏	
装帧设计	黄 骏	
责任印制	朱人杰	
出版发行	上海世纪出版集团	
	®中西书局(www.zxpress.com.cn)	
地　址	上海市闵行区号景路 159 弄 B 座(邮政编码：201101)	
印　刷	常熟市人民印刷有限公司	
开　本	700 毫米×1000 毫米　1/16	
印　张	24.5	
字　数	377 000	
版　次	2024 年 6 月第 1 版　2024 年 6 月第 1 次印刷	
书　号	ISBN 978-7-5475-2251-6/D・103	
定　价	158.00 元	

本书如有质量问题,请与承印厂联系。电话：0512-52601369

目　　录

序　一

赵　晶

外国学者研治中国史,天然地带有文化比较的视野。即使是深受中华文明影响的东亚诸国,其研究者也不乏文明在地化后的异域之眼,可谓"最熟悉的陌生人"。既然是文明在地化,自然会促使该地研究者进行溯源与辨异的学术努力,从而提炼出有别于外来的本土元素,勾勒出先民创造性转化的历史过程。

以研治中国法制史颇具成就的日本学界为例,早在享保年间(1716—1735),通晓唐制、汉籍的汉学家伊藤东涯就撰成了《制度通》,首开唐、日比较法制史之先河;其后的荻生惣七又撰《唐律疏義訂正上書》,着眼于唐、日两律之异同,以彰明日本律的独特性,将比较的视野落实至条文细节处。汉学家的这一研究旨趣也影响到专精日本典制、擅长解读日本律令的国学家,由此造就了"博雅淹通、学兼和汉"的律令之学。在明和(1764—1771)、永安(1772—1781)之际,尾张藩形成了以河村秀颖、河村秀根、河村益根、神村正邻、稻叶通邦等为中心的律令研究群,定期召开令义解会、令集解会、类聚三代格会、唐律会、六典会等,将研究对象从日本律令扩张到作为其母法的唐律令等。

随着近代学制的建立,明治维新以来的律令学不仅延续国学与汉学之别,还出现了史学与法学之分,由此形成日本史、日本法制史、中国史、中国法制史四大脉络。在史学领域,无论是国学殿军佐藤诚实,还是文科派旗手三浦周行,在专研日本律令时,始终以唐制作为对比项;师从著名文献学者黑板胜美、承担过"国史大系"编纂出版任务的坂本太郎,虽非专攻法制,但也曾通过唐、日令制的比较,揭示出日本古代郡司、朝集使的特质。这种比较研究亦不限于日本史领域,作为京都学派东洋史的开创者之一,桑原骘藏晚年改治中国法制史,其遗著《支那法制史論叢》收有专文《王朝の律令と唐

の律令》。京大后学如曾我部静雄,在专研宋代财政经济史之余,又以唐、日税役制的比较为起点,连续出版《日中律令論》《中国及び古代日本における郷村形態の変遷》《律令を中心とした日中関係史の研究》等专著,创获颇丰。

在法学领域,法制史的开山鼻祖宫崎道三郎及其弟子中田薫的主业是日本法制史,兼及世界各大法系之间的比较法史研究,唐、日异同自然是他们关注的一个侧面。而在中国法制史领域留下巨大足迹的仁井田陞也出自这一学脉,享誉学林的《唐令拾遗》就是一部践行唐、日令文逐条比勘的巨著;与其同辈的泷川政次郎,学兼日本法制史与中国法制史,自成名作《律令の研究》开始,唐、日的横向比较始终是治学的主线。在上述学脉之外,还有自学成才,最终获得东京帝国大学法学博士学位的广池千九郎,在其投身中国法制史研究的 20 世纪初期,就完成了《倭漢比較律疏》一书;至于惜墨如金的内藤乾吉,在唐代法制史、敦煌吐鲁番法制文献研究之外,还撰写过一篇《近江令の法官、理官について》,推定近江令所定官制并非源自唐,而是继受自隋。

日本战败之后,历史学与法史学虽然各自经历了范式转型,但唐、日比较的学术关怀始终未变,代表性的学者及其成果不胜枚举。有兴趣的读者可自行参读《律令研究史》(泷川政次郎、利光三津夫、小林宏撰,载《法制史研究》第 15 号,1965 年)、《律令制研究の成果と展望》(大津透撰,载《法制史研究》第 48 号,1999 年)、《律令法と固有法的秩序——日唐の比較を中心に》(大津透撰,收入水林彪等《新体系日本史·法社会史》,山川出版社,2001 年)、《日唐律令制的比较研究——学术史的概观和近年研究的介绍》(大津透撰,载《唐研究》第 14 卷,北京大学出版社,2008 年)。以下仅以1970 年代发起的两个研究会为例,展现其跨学科团队协作的盛况。

法史硕学泷川政次郎于 1972 年发起全国性的律令研究会,策划《譯註日本律令》丛书,并敦请中国史学者森鹿三与日本史学者坂本太郎分别监修"律"与"令"。如以日本法制史学者小林宏、岚义人为中心的国学院大学律令讲究会团队充分参考森鹿三等人所编《唐律疏議校勘表》,并追加日本律与《宋刑统》为参校本,最终完成了《唐律疏议》的第一种标点整理本;又充分吸收日本律复原的相关成果,辑出养老律的佚文,与对应的唐律条文分列于下、上两栏,再以附注的形式说明大宝律的相关情况,由此形成唐、日律比较的集成性成果——《譯註日本律令》第二、三卷《律本文篇》(东京堂,1975 年)。

中国史学者池田温于 1973 年起在东京大学东洋文化研究所组织律令比较研究会,起初是逐条会读《唐律疏议》与养老律,后来又比较研究唐、日令条。中国史学者窪添庆文、中村裕一执笔《唐律疏议》"卫禁""厩库"二篇的译注(收入《譯註日本律令》第六卷《唐律疏議譯註篇二》,东京堂,1984 年),体现了该团队前期研读的部分心得。至于其后期研究的结晶《唐令拾遗補》(东京大学出版会,1997 年),计有编者六人,除池田温外,还有日本古代史研究者坂上康俊、古瀬奈津子,日本法制史研究者高盐博,中国法制史研究者小口彦太与川村康,充分体现了多元的学科背景。该书第三部分"唐日两令对照一览"也采用了上述唐、日两律分栏比较的模式,充分吸收唐令、大宝令以及部分养老令篇章的辑佚、复原成果,集唐、日令比较之大成。

以上之所以不厌其烦地赘言日本同行在这一方面的研究实践,是想说明采用唐、日比较的研究路径至少有以下三个层面的意义:

其一,对两种有亲缘关系的法制进行比较,明析异同,追溯源流,这已超越了纯粹的日本(法制)史、唐代(法制)史的范畴,突破人为设定的学科藩篱,对日益苛细的学术分工(跑马圈地)进行无声的抵抗;

其二,即使立足日本(法制)史或唐代(法制)史,亦可借此从中国或日本的传统文献中寻觅各自所需的新史料,补足本土固有文献的不足;

其三,即使立足日本(法制)史或唐代(法制)史,亦可在比较研究中孕育出新的问题意识,克服"只缘身在此山中"的视野局限。

事实上,中国的唐代(法制)史学者对这种路径并不陌生,且曾将之付诸令式复原以及土地、财政、勾检、文书等制度研究中,不过大多限于第二层面的实践,即从日本文献中寻找与唐制相关的史料。未来若能充分借鉴日本同行的经验(如相关研究表明,魏晋南北朝、隋朝的法制曾经由朝鲜半岛传入日本,在日本律令制中有所遗存),在唐、日之异中发现唐制与隋代以前制度的不同,或可弥补中国中古法制史料之缺;甚至进一步跳出"就唐论唐"的限制,开启"以日鉴唐"的第三只眼,从第二层面跃升至第三层面,中国的唐代(法制)史研究或将迎来新局面。

此外,在可预见的将来,能与中国的唐代(法制)史学者进行对话的日本同行,可能多出身于文学部的日本古代史学科。从"学术输出"的层面言,若中国学者能够措意第一层面的学术实践,立足唐代反哺日本古代(法制)史,以域外之眼反观日本律令,或许更有助于实现学术的跨国交流。

基于如上"美好"的愿景,我在 2018 年 2 月 15 日向吉永匡史兄提出了编集"日本律令制研究成果选译"的设想,首先付诸实践的就是作为本书的"史料学"卷。对于史学研究而言,文献学乃至于史料批判是必修的基本功,中国学者研治外国史也应由此入手。吉永兄在百忙之中选定篇目、联络作者(或其遗属)与日方出版社等,使得本书的翻译及出版成为可能。坂上康俊先生、吉永与武井纪子贤伉俪慨然执笔,特意撰写专篇,使得本书的选编不再限于已刊的日文论著,更添新意。高明士先生与徐建新先生始终关注本书的编译与出版,并分别推荐门生参与译事。中西书局慨允出版,李碧妍副总编辑与吴志宏编辑费心于编校诸事,谨此一并申谢。

唯需说明者,四位译者虽然皆关注唐、日制度的比较研究,但面对如此专精的史料解题之作,仍多力有不逮之感。就我个人而言,较为熟悉的是《律》《令义解》《令集解》等文献,于《日本书纪》等史书已感隔膜,更遑论此前并未真正接触过的正仓院文书。在校译全书的过程中,我曾查阅过长泽规矩也《图书学辞典》(三省堂,1990 年)、东野治之《正倉院》(岩波书店,1988年)等论著,扫除了不少知识盲区,可谓"现学现卖"。除陈睿垚学棣不时为我答疑解惑外,还要特别感谢素不相识的龚婷女史,在 2022 年 10 月全书定稿之际,我读到她的译本《正仓院:宝物与交流》(社会科学文献出版社,2022 年),因此解决了自己踌躇多时的"下贴文書"的译法问题。无论如何,译事艰难,错谬必多,敬祈识者赐正。

2023 年 12 月 10 日

补记:拙序撰成翌日,就接到池田温先生去世的讣闻。一代硕学凋零,令人悲恸。诚愿池田先生大力推动的唐日律令比较研究能在中、日两国继续开花结果。池田先生千古!

2023 年 12 月 11 日

序　二

吉永匡史

一

　　律令制是古代日本的国家体制，继受自中国的唐王朝。虽然迄今无法确定作为书籍的律令具体如何传入日本列岛，但永徽律令于 7 世纪后半期传入，日本的大宝律令就是在对它加以继受、修改的基础上撰定的。

　　因此，研究日本律令，也须对唐律令进行考察。这是日本古代史研究者关心唐律令的原因，作为编者之一的本人也不例外，一直从事唐日律令制的比较研究。本书的编集创意来自专注唐律令研究的赵晶兄，我们因共同研究而成为知己，作为同辈的研究者，一直互相切磋。赵兄对日本古代律令制研究颇为关心，认为很有必要将日本律令制研究的成果介绍给中国的研究者。我对此表示赞同，由此推动了本书的策划。

二

　　日本古代律令制研究的知识为何对唐律令研究具有重要的意义呢？如上所述，日本律令以唐律令为蓝本。日本流传下来了 757 年施行的养老律令（但律仅存很小一部分，令除仓库、医疾两篇外全部得以保存），而就唐律令来说，律借由《故唐律疏议》保存至今，令则散佚了。令的各种规定是支配体制的制度根基，唐令的散佚是唐日令比较研究的巨大障碍。

　　因此，日本学者孜孜不倦地推进唐令的复原研究，仁井田陞承接中田薰的工作，出版了《唐令拾遗》（东方文化学院 1933 年，东京大学出版会 1964年）；接下来是 1997 年出版的池田温主编《唐令拾遗補》（东京大学出版会），将《唐令拾遗》以后立足复原研究的唐令复原方案汇于一编。在复原工作中,重要的复原依据之一是日本的养老令条文。然而,由于日本令依据日本当时的实际情况而作出种种修改,若是缺乏日本古代史的知识,则难以正确理解变更之处为何。总之,对于复原唐令来说,有必要具备能够详细解读日本令的知识。

唐日律令比较研究在 20 世纪末迎来了大的转折点。1999 年,戴建国发表论文,考证宁波天一阁所藏《官品令》是北宋天圣令。2006 年,天一阁博物馆、中国社会科学院历史研究所天圣令整理课题组出版了《天一阁藏明钞本天圣令校证 附唐令复原研究》(中华书局),为学界提供了抄本的影印件、录文以及唐令的复原方案。天一阁藏明钞本《官品令》每篇的前半部分是宋令条文(以唐开元二十五年令为基础制定),后半部分是"右令不行"的唐令(开元二十五年令)。其中,有必要复原作为宋令蓝本的唐令,而此时,相应的日本令条文就是重要的复原依据。总之,由于天圣令这一新史料的发现,关于日本令的知识就变得更加重要了。我们策划本书的原因也恰在于此。

日本的律令研究,自江户时代开始就有宏富积累(参见赵兄的序言以及收入本书的拙文和武井纪子所撰之文),具有厚重的学术史。围绕日本古代律令制相关的史料,本书试图为中国学界提供一些基础性的重要研究,方便今后矢志唐律令复原研究、唐日律令比较研究的学者。

三

对于翻译出版本书所收诸篇考论,各位作者以及已故作者的遗属皆赞成本书的宗旨,承蒙慨允,谨此深表谢悃。然因新冠疫情的影响,出版的进度大为延缓,我们深感歉意。

在讨论本书的篇章构成之际,尤蒙九州大学名誉教授坂上康俊先生与东京大学教授大津透先生垂注,惠赐诸多宝贵建议。特此申谢。

翻译偏劳中国同行,希望此项工作对各自今后的研究有所助益,并致以诚挚感谢。

最后,对于入手本书的研究者,衷心希望大家能够进一步深化唐令复原研究以及唐日律令比较研究。

2023 年 11 月吉日

补记：2023 年 12 月，多年来引领律令制研究的池田温先生逝世。我从研究生时代起就参加池田先生主持的律令制研究会，深受先生的教诲之恩，感激不尽。谨此敬祈先生冥福。

2023 年 12 月晦日

赵　晶　译

体 例 说 明

一、各篇原文在引用文献时或采用脚注，或采用行间注，未尽一致。因部分篇什除行间注外，还有说明性的尾注，现将说明性的尾注调整为脚注，为免更改尾注序号，所以各篇行间注皆予保留，未统一为脚注。

二、部分原文并未给出引用文献的所有出版信息，此次翻译时尽量补全，以备读者按图索骥；部分原文用日本年号标示出版年份，现统一改为公元纪年。

三、各篇原文在引用日文期刊时，或用"第 X 卷（编）第 Y 号"，或用"X - Y"，未尽一致，现统一为前者。

四、部分篇什在引用汉文史料时，附有日语译文。为免徒增篇幅，在翻译时仅保留史料原文，不再将日语译文迻译为汉语；部分作为独立引文的史料，虽未给出原始汉文，仅列出日语译文，本书也将它们重新复原为史料原文。至于汉文史料的断句，原则上依从原文所附日语译文，添加标点符号。

五、各篇原文针对律、令、格、式等名称以及相关篇名，或加书名号（如《弘仁格》），或不加书名号（如"养老律"）。严格来说，"弘仁格""养老律"等既可指称某一时期所制定的某种法源（正如我们说"按照民法的规定"，此处"民法"并非书名；又如日本《本朝法家书目录》所录"律一部十卷""令一部十卷"等，若作为书名，也只能是《律》《令》而非《养老律》《养老令》），也可特指某部书名（正如我们说"按照《中华人民共和国民法典》第 X 条规定"，此处的"中华人民共和国民法典"是书名；又如日本《本朝法家书目录》所录"弘仁格一部十卷"，若引用这一"弘仁格"所存条文，则可作《弘仁格》"）。有鉴于此，本书尊重原作者的习惯，不作统一。

　　六、部分篇什对行文所涉古代书名皆未加书名号,为减少阅读障碍,本书已为"日本书纪""续日本纪""类聚国史""外记补任"等添加了书名号。

　　七、对于《令集解》所引"古记""令释""穴记"等,本书皆从原文,不加书名号;但对于"令义解",若原文未加书名号,本书皆予增补。

赵　晶

2022 年 10 月 10 日

律

高盐博

前　言

此乃古代法制之书，共十卷十二篇。以犯罪及其对应之刑罚为主要内容，是一部近似于当今刑法的法典。与全面规定国家诸项制度的"令"十卷三十篇一样，都是日本古代国家的基本法典。在形塑此后日本诸项制度及法治思想上，"律令"也发挥着重要作用。

一、书　名

此"律"因制定于养老年间，所以现在称其为"养老律"。"养老律令"这一称谓是为了区别于大宝元年(701)制定的"大宝律令"，而作为法典名称，这两部律令原本都只被称为"律"和"令"。如《本朝法家文书目录》载"律一部十卷十三篇""令一部十卷卅篇"，而额田今足在天长三年(826)提议编撰《令义解》的解文中，将大宝律令写作"令十一卷，律六卷"，将养老律令写作"奉敕刊修令律各十卷"。

《令集解》诸说在论述时为了区分"大宝令"与养老令，将前者称为"前令""古令"，将后者称为"新撰""新令""今令""此令"等。至于"律"，目前已知称大宝律为"古律"的事例，为区别于大宝律，应该也会将养老律称为"新律""今律""此律"等。日本最早的汉籍目录《日本国见在书目录》(藤原佐世撰，约9世纪末成书)中混有少量日本书籍，其中就将大宝律记为"大律六卷"、将养老律记为"新律十卷"。

二、构成与各篇的内容

弘仁格式序开篇就对律、令、格、式作了如下定义:

> 律以惩肃为宗,令以劝诫为本,格则量时立制,式则补阙拾遗,四者
> 相须足以垂范。

即律令以惩肃劝诫为立法目的,格式则是追加法,修订、增补律令的规定,亦即为适用律令规定而制定的法。这个法律体系以律令为根本法典、以格式为律令的补充。所以当律令的规定需要修正或增补时,并非在律令原文上加以修改,而是首先颁布作为单行法的格。这一点是律令法不同于现代法的特色。

《古事类苑》将律令的内容简单明了地概括为"律乃惩治罪人之法、令乃天下之制度"(法律部二政书)。《唐书·刑法志》将它表述为"令者尊卑贵贱之等数,国家之制度也……其有所违,及人之为恶,而入于罪戾者,一断以律",《大唐六典》对律令的释义为"凡律以正刑定罪,令以设范立制"(卷六)。众所周知,日本律令基本上是对中国唐代律令法体系的继承,因此这些记载也有助于理解日本律令。一言以蔽之,律的核心是规定犯罪及其刑罚的制裁法规,而另一方面,令规定的是国制各个方面的大纲,可以说是相对于制裁法的行为规范(必须做什么、禁止做什么)。

律令的核心是以礼与德统治国家的德治主义儒家思想,从这个意义上讲,无论是律还是令都是教化法。即使是实际危害较小的行为,只要依儒教道德理应加以谴责,律都会给予相当重的处罚。除了浓厚的儒教思想,也随处可见贯彻以法治国的法家思想的规定。如斗讼律45"告二等尊长"条规定,子向官府告发父母之罪乃悖逆儒教道德的行为,故应判处徒一年的刑罚。但若父母之罪是涉及国家存亡的谋反、大逆、谋叛以上三罪,即使告发也不科罪。在律的各个条文中,此类儒教思想与法家思想相抗衡的例子屡见不鲜。

养老律十卷由名例律、卫禁律、职制律、户婚律、厩库律、擅兴律、盗贼律、斗讼律、诈伪律、杂律、捕亡律、断狱律十二律构成。其构成见于《本朝法

家文书目录》(《续续群书类从》第十六,148 页):

> 律一部十卷十三篇

> 元正天皇养老二年,赠太政大臣正一位藤原朝臣不比等,奉敕作律令并廿卷,天平胜宝九年五月廿日敕令施行。

> 第一名例上　第二名例下　第三卫禁职制　第四户婚　第五厩库擅兴
> 第六盗贼　第七斗讼　第八诈伪　第九杂　第十捕亡断狱

《本朝法家文书目录》收录了日本明法家可以参照的律令格式及其他法律书目,成书于平安末期到镰仓初期。该书将养老律记作十三篇,是因为将名例律分成了上下两篇。上述十三篇中,目前写本所存养老律条原文有职制律 56 条与盗贼律 53 条两篇,名例律前半的五罪、八虐、六议和议条以下 25 条,卫禁律后半的 15 条,斗讼律 3 条(其中两条不完整)。假设五罪有五条、八虐与六议各一条的话,那么现存条文有 159 条。因养老律未满五百条,所以现存条文数大致是整体的三分之一左右。

《本朝法家文书目录》所载构成与现存写本的构成一致,与从佚文中所知的构成也不矛盾,可以说展示了养老律的正确构成。

从名例律至断狱律的篇目大致包括如下内容。名例律主要规定了刑罚适用的原则,由名和例两部分构成。名包括五罪、八虐、六议。五罪指笞罪、杖罪、徒罪、流罪、死罪五种正刑。八虐指谋反、谋大逆、谋叛、恶逆、不道、大不敬、不孝、不义八项。谋反、谋大逆、谋叛是针对国家的反逆罪,都要判处死刑。恶逆以下各项属于违背名教之罪,按照儒家伦理应科以极为严重的处罚。这是与定正刑之轻重不同的价值判断。六议是指议亲、议故、议贤、议能、议功、议贵,这六种身份在律的适用上享受特殊优待。

例是所谓的总则性规定,如议请减赎、除免官当等依据身份适用刑罚的规则,与徒罪、流罪及死罪的适用相关的规定,老、幼、残者的刑事责任,自首、连坐、共犯、数罪并罚以及律令术语的定义规定等。

卫禁律是关于警卫的刑法,目的是保卫国家与皇室的安全,分为卫和禁两部分。卫主要是警卫天皇及其周边的规定,禁主要是防卫边塞的规定。

职制律是对官员履职违法的处罚规定,以确保国家官僚机构的健全为目的。

户婚律分为户口和婚姻两部分。户口包括户籍、养子、土地、租税等方面的规定,婚姻主要由结婚法和离婚法构成。

厩库律分厩牧和库藏两部分。厩牧以旨在保护官私畜产的规定为中心,还包括畜产致损的赔偿规定。库藏是关于国家库藏物的保管与出纳等的规定。

擅兴律分擅和兴两部分。擅是关于士兵的征发、派遣、除遂(或是"除队"之误,日语的"除队"意为退伍——校者注)及征战的规定。兴以军事方面的土木工程和劳动力征发等规定为中心。

盗贼律分盗和贼两部分。贼指反逆、谋叛、劫囚、造妖书妖言等侵害国家安全之罪,以及谋杀、毒杀、损坏尸体等侵害人身之罪。盗指盗窃神玺、内外印(内印乃天皇御印;外印指太政官之印——译者注)、关契(通关符节——译者注)、诏书、官文书等国家重要物品之罪,以及强窃盗、恐喝等侵夺私人财产之罪等。

斗讼律分为斗和讼两部分。斗指殴伤、殴伤致死、过失杀伤等侵害身体之罪。讼指与控告相关的罪,包括控告尊长罪、诬告罪、对谋反大逆的知情不告罪。讼的最后诸条实质上是控告程序法。

诈伪律由诈与伪两部分构成,其排列是伪在先、诈在后。伪是伪造神玺、内外印等印章之罪,诈是以诈取财物罪为首的各种欺诈之罪。

杂律规定了难以归入其他篇目的各项罪名,如私铸钱币、博戏赌财、违法买卖、堤防决溃、失火、放火、损毁物品、违令及不应为等。

捕亡律可分为捕囚与逃亡。捕囚是与逮捕罪人相关的规定,逃亡规定的是罪犯的逃亡罪,以及因逃离应居之地而被认定为犯罪的逃亡罪。

断狱律由断罪和禁狱两部分构成。断罪规定的是违反刑事审判程序的犯罪,禁狱规定的是违反判决前的囚禁法和判决后的执行法的犯罪。断狱律诸条是针对参与审判及行刑的官员的制裁法规,正好也反映了审判与行刑的相关程序法。

三、日本律的特征

中国唐代于永徽二年(651)撰定《律》十二卷及其注释《律疏》三十卷,日本在着手编纂律的时候选择"律疏"为蓝本。永徽年间的"律疏"是由长孙无忌、李勣等人奉高宗之命撰定的官方注释书，并颁诏于天下，将它认定为"与律一体的权威注释，可为审判援引"（律令研究会编《译注日本律令》五《唐律译注篇一·跋》，滋贺秀三执笔，东京堂出版，1979 年）。日本的编纂者以"律疏"为样板编纂日本律，所以大宝、养老年间的日本律除了正文、注文外，从一开始就有双行小字的夹注。也就是说，在日本律中，正文、注文、夹注三者皆是律文。日本编纂者在继受永徽"律疏"、编纂日本的"律"典时，省去了"疏曰"，将问答体的部分改成叙述体等，努力地抹去注释书的痕迹（高盐博《日本律编纂考序说》，收入《日本律的基础性研究》，汲古书院，1987 年）。

作为母法的永徽律疏被认为是"疏的行文在明确的问题设定、简明扼要的答疑、严谨的前后照应等方面，洋溢出非同寻常的智慧"，是中国自战国时代以来长年积累的法学传统孕育出的精华与浓缩（《译注日本律令》五《跋》）。日本律基本上全盘照搬了唐永徽律疏的法律体系。就养老律来说，从名例律到断狱律，其篇目与排列与唐律疏完全相同。从留存下来的养老律可见，各条律文必定能从唐律疏中找到对应的条文，且条序也同于唐律疏。虽然也有极少数未见于唐律疏的新规被编入现存条文中，但还没发现有任何新规是作为独立条文单列出来的情况。

唐律疏的内容多为杀人、伤害、强窃盗、诈欺、伪造、赌博等与所谓的刑法相当的规定，这些都超越中、日两国的国情，具有普遍性，所以日本律对这些内容不必作太大的修改就能继承下来。另一方面，唐律疏的体系体现出缜密的逻辑性，各条文之间联系紧密，想要对体系本身有所修改几乎是不可能的。从这个意义上讲，日本律的编纂与日本令不同，后者为适应本国国情改变了唐令的体系。

虽说日本律在继受唐律疏时并未对其法体系作任何改变，但在细节上也进行了种种修订，使它成为日本的"律"典。只不过，在这个过程中产生了不周全的地方。换句话说，养老律在编纂中存在诸多不完备之处，没想到这却成了日本律的一大特色。如"双六"这种游戏不管有无以财物作赌注，只要入局就是犯罪（未尽妥帖，唐律疏明确以"共为博戏，而赌财物"为罪，"赌饮食者不坐"，可见有例外——校者注），唐律疏对此责杖一百（杂律 14 条），如在父母或丈夫丧中犯此条则要重判徒一年（职制律 30 条）。

日本的养老律虽继受此条,且在职制律中将刑罚减三等为杖八十,但在杂律中仍规定杖一百。这就导致平时玩"双六"的处罚反而重于服丧时,造成了刑罚上的不均衡。这类条文间的自相矛盾对一部刑法典来说无疑是致命的缺陷。原因就出在修改职制律时本该相应地减轻杂律中的刑罚,却不慎疏忽了此事(高盐博《关于养老律令的赌戏规定》,收入《日本律的基础性研究》)。

泷川政次郎曾撰写论文《律令的枘凿》(《律令的研究》,刀江书院,1931年),指出养老律与令之间存在的矛盾、重复以及养老令内存在的矛盾、重复等。所谓"枘凿"的各种形态如下:

(一) 条文之间的矛盾

1. 变更唐制产生的矛盾

2. 省略唐令产生的矛盾

3. 修订大宝令产生的矛盾

4. 继承了唐制本身的矛盾

(二) 条文之间的重复

1. 条文的整体重复

2. 条文的部分重复

(三) 术语混乱

1. 同语异义

2. 异语同义

这些枘凿在养老律中也并不少见。其产生的原因主要有以下几方面:(1) 根据本国国情修订母法律疏时,疏于修订相关的规定。前述的刑罚不均衡就是典型的例子,且此类粗心的错误比较多;(2) 因无法正确解读母法律疏的内容所造成的缺失。如因日唐官僚制度的差异,养老律本应删除唐律疏的名例律 12"妇人官品邑号"条全文,但养老律的编者没能正确解读该条,仅对此条加以修改并继受。因此,该条与名例律第八至十一条、第十七至二十条之间存在重复(高盐博《关于名例律妇人有官位条》,收入《日本律的基础性研究》);(3) 养老律将唐律疏中疑难的问答部分改编为叙述体的行文,由此产生不备之处。这种情况也是因为没有充分理解唐律疏所致,所以偶尔会出现难以理解的行文,或是省略了重要的说明文字;(4) 另外,对唐律疏本身的错误,养老律的编者也毫无察觉地照搬下来(小林宏《日本律的枘凿》,《古代文化》第 51 卷第 2 号,1999 年)。

养老律将"名例律第一"这个标题放在名例律 8 议条之前,将五罪、八虐、六议置于名例律的范围之外。但"名者五刑之罪名,例者五刑之体例",这种改变则无视律的逻辑(参照井上光贞等《日本思想大系 3 律令》,岩波书店,1976 年,486 页)。

各种未备之处说明养老律的编者并没有充分琢磨唐律疏的内容,与此同时,明显可见的失误也告诉我们养老律的修订未必细心谨慎。换言之,唐律疏各项规定不但存在紧密的关联,而且保持着逻辑上的完整性,养老律的种种未尽周备之处意味着对此加以修改来编纂日本律是多么困难的一项工作(小林宏《日本律的枘凿》)。

大宝与养老日本律就是通过如此艰难的编纂活动才被制定出来的,虽有明显的不足之处,但无损于日本律编纂的意义。

四、编 纂 者

养老律令的编纂在右大臣藤原不比等的主导下,矢(箭)集虫麻吕、阳胡真身、大和长冈、盐屋吉麻吕、山田白金等五名六位以下的官人参与其中。养老六年(722)二月行赏时,正六位上矢集宿祢虫麻吕、从七位下盐屋连吉麻吕各得田五町,从六位下阳胡史真身、从七位上大倭忌寸小东人(即后来的大和宿祢长冈)、正八位下百济人成(即后来的山田连白金)各得田四町(《续日本纪》同年同月戊戌条)。在养老律令施行当年,即天平宝字元年(757)十二月,这些功田被他们分别传予己子(《续日本纪》同年同月壬子条)。

行赏赐田的前一年,即养老五年正月,朝廷曾对学术技艺精湛、堪称为人师表的人物加以赏赐,在明法学领域中,矢集虫麻吕与盐屋吉麻吕两人受到表彰(《续日本纪》同年同月甲戌条)。此二人作为神龟年间的宿儒名列《藤氏家传》。

之后,矢集虫麻吕历任刑部省大判事(天平四年九月)、大学头(同年十月),发挥法律家的才能,官至从五位下。《怀风藻》中收录其两首汉诗。

阳胡史真身生于史职之家,代代掌管朝廷文书,精通汉语。天平二年

(730)三月,朝廷曾令五位学者各收两名弟子授以汉语,真身就是五人之一。之后历任丰后守(天平十年四月)、但马守(天平十三年八月),官至从五位下。从《和名抄》引用的《杨氏汉语抄》中可以看到真身的著作。

据大和宿祢长冈的卒传记载,他是刑部少辅五百足之子,从小喜好"刑名之学",又擅于文章(《续日本纪》神护景云三年十月癸亥条)。灵龟二年(716),被选为入唐请益生,在翌年的养老元年与藤原宇合等一起入唐,养老二年十二月归国入京,时年三十四岁。卒传载"灵龟二年,入唐请益,凝滞之处,多有发明,当时言法令者,就长冈而质之",可知其运用入唐学到的新知识对养老律令的编纂贡献甚大。因长冈喜好"刑名之学",所以可推测他主要负责律条的整理完善。

归朝后的养老年间,长冈身为在京官司的判官,从事律令条文的整理。常陆国司藤原宇合所赠汉诗之序可加佐证:"留骥足于将展,预琢玉条,回凫舄之拟飞,忝简金科"(《在常陆赠倭判官留在京》,收入《怀风藻》)。金科指律的条文,玉条则指令的条文。

长冈在天平十年(738)闰八月,与父亲一样被任命为刑部少辅,之后历任地方官。于神护景云三年(769)十月去世,享年81岁。在去世当年,他与吉备真备一起为了"辩轻重之舛错,矫首尾之差违"而编修了《删定律令》二十四条(《续日本纪》延历十年三月丙寅条)。考课令1集解的令释所引"大和山田说"就是大和长冈与山田白金的学说。在《藤原家传》(下)中,他名列"文雅"之士,与卒传的记载一致。

盐屋连吉麻吕如前所述精于明法之学,养老五年正月与矢集虫麻吕一起得享赏赐之荣。《藤原家传》(下)中,他作为神龟年间的宿儒,与守部大隅、越智广江、箭(矢)集虫麻吕等人齐名,可见属当代一流的学者。吉麻吕也在《令集解》中出现过。赋役令19集解的古记引用了神龟四年(727)正月的格条,正七位下的吉麻吕与锻冶大角(正五位下)、越智广江(从五位下)一起被冠以"令师"的头衔。"令师"应是在大宝律令的运用与解释中回答诸官司、官员提出的疑义,同时参与制定律令细则的人(虎尾俊哉《〈例〉的研究》,收入《古代典籍文书论考》,吉川弘文馆,1982年)。锻冶大角就是守部大隅,也是参与大宝律令编纂的人物。总之,吉麻吕与前辈明法家并肩承担着重要的任务。

选叙令 12 集解中的古记载"如盐屋判事智判事等之类也",这也将吉麻吕比肩于越智广江。吉麻吕晋为外从五位下是在天平十一年(739)正月,职员令 13 集解的令释有"明法博士外从五位下盐屋连吉麻吕"的记载。此时的"明法博士"据说就是"令师"的别称(早川庄八《奈良时代前期的大学与律令学》,收入《日本古代官僚制的研究》,1978 年)。从《怀风藻》收录的一首诗可知,吉麻吕在外从五位下时,还担任了大学头。

山田连白金也是颇有声望的法律家。在其曾孙山田春城的卒传(《文德实录》天安二年六月己酉条)中记载了对他的评价:"为明法博士,律令之义,无所不通,后言法律者,皆咸资准的。"前述大和长冈被评价为"当时言法令者,就长冈而质之",可知长冈与白金确可并称为"大和山田说"。

天平宝字元年(757)九月十六日,随着当年五月养老律令的实施,平城宫的禁中开始了新令讲书。作为讲书的博士传授学问的正是山田白金(《清原宣贤式目抄》所引新令私记)。白金的学说在他死后长期保持着权威性。宽治年间(宽治元年是 1087 年),明法博士菅原有真以白金的学说为基础作成并上申罪名勘文(《平户记》宽治三年四月十四日的阵定文)。白金在新令讲书的翌年七月晋为外从五位下,天平宝字五年十月作为明法博士兼任主计助,同年四月被任命为河内介。

主导养老律令编纂的右大臣藤原不比等也是大宝律令编纂的实际负责人,在律令编纂活动上颇有经验,不但如此,律令施行不久还与式部卿葛野王等一起担任"令官"。"令官"与前述"令师"一样,负责对律令解释及运用上的疑义提供官方统一的意见。也就是说,不仅在律令的编纂上,在法律解释方面,不比等也具有实务性经验。不比等指挥六位以下的五名专家进行养老律令的编纂。在五名下属中,阳胡真身作为汉语专家,被寄意于整理律令条文的行文体裁。其他四人均是当代一流的法律家,特别是大和长冈与山田白金,都是崭露头角的新锐。行赏赐田后约三十七年,到了养老律令付诸实施的天平宝字元年,这两人已然成为最具权威的法律家,声名远播。

大宝律令的编纂以刑部亲王为总裁,集合藤原不比等、粟田真人、下毛野古麻吕等有权势的官员共十九名。相较之下,养老律令的编纂由六位以下的专家群体推进,组织规模确实很小。这点也是养老律令编纂工作的一个特点。

五、完成年代与编纂情况

大宝律令在《续日本纪》中有较为丰富的记载,在前辈学者的努力下,其编纂过程、完成年代等现在可以说已被解明。但对于养老律令的完成年代、编纂目的、推迟实施的原因等,众说纷纭,可以说尚无定论。最主要的原因还是关于养老律令编纂的记载不多。《续日本纪》中直接涉及养老律令的记载不过三处。第一处是因"撰律令功"对矢集虫麻吕等五人行赏赐田的养老六年(722)二月戊戌条记载:

> A. 赐正六位上矢集宿祢虫麻吕田五町,从六位下阳胡史真身四町,从七位上大倭忌寸小东人四町,从七位下盐屋连吉麻吕五町,正八位下百济人成四町,并以选律令功也。

第二处是下令实施养老律令的天平胜宝九岁(757)五月丁卯条记载:

> B. 又敕曰:顷年,选人依格结阶,人人位高,不便任官。自今以后,宜依新令。去养老年中,朕外祖故太政大臣奉敕刊修律令,宜告所司早使施行。

第三处是大和长冈等五人"修律令"的功绩被定为下功,并决定将各人的功田传予其子的天平宝字元年(757)十二月壬子条记载:

> C. 太政官奏曰……正五位上大和宿祢长冈、从五位下阳胡史真身,并养老二年修律令功田各四町。外从五位下矢集宿祢虫麿、外从五位下盐屋连古麿,并同年功田各五町。正六位上百济人成同年功田四町。五人并执持刀笔,删定科条,成功纵多,事匪匡难,比校一同下毛野朝臣古麿等,依令下功,合传其子。

关于养老律令编纂的其他基础性记载,还有额田今足解与弘仁格式序。天长三年(826)十月五日的"应撰定令律问答私记事"所引明法博士额田今足的解文载:

> D. 谨检旧记,律令之兴,年代侵远,沿革随时,损益因世,藤原朝庭御宇,正一位藤原太政大臣,奉敕制令十一卷、律六卷,(中略)至于大宝

元年,修撰既讫,施行天下,平城朝庭养老年中,同太政大臣,复奉敕刊修令律,各为十卷,博士正四位下大和宿祢长冈、从五位下阳胡史真身、从五位下矢集宿祢虫麻吕、从五位下盐屋连古麻吕、从五位下山田连白金等(下略)。

天长七年(830)十一月实施的弘仁格式的序载:

> E. 暨乎 推古天皇十二年,上官太子亲作宪法十七个条,国家制法,自兹始焉。降至 天智天皇元年,制令廿二卷,世人所谓近江朝廷之令也。爰逮 文武天皇大宝元年,赠太政大臣正一位藤原朝臣不比等奉敕撰律六卷、令十一卷。养老二年复同大臣不比等奉敕更撰律令,各为十卷,今行于世律令是也。

长期以来普遍认为养老律令完成于养老二年。前述史料 C 即载"养老二年修律令",且史料 E 也可见"养老二年复同大臣不比等奉敕更撰律令"。但坂本太郎对养老二年完成说提出疑议,指出养老律令的删定并不彻底,由此推测养老律令的删定实际上并未完成,"若在养老二年撰修完毕,养老六年的行赏之举是否稍迟了一些"(《关于养老律令的施行》,收入《律令制度》,坂本太郎著作集第七卷,吉川弘文馆,1989 年)。

此后又出现了一些否定养老二年完成说的论述,其中利光三津夫阐明了大和长冈在养老年间的动向,具有重要意义(《养老律令的编纂及其政治背景》,收入《续律令制及其周边》,1973 年)。根据其研究,长冈入唐请益并带回律令新知正是在养老二年。遣唐使一行乘船在当年十月回到大宰府,十二月入京复命。如长冈卒传所载,"入唐请益,凝滞之处,多有发明",根据入唐学到的知识,解决了许多至今仍有疑议的问题。所谓"凝滞之处"应是指律令相关的疑问,养老年间的改订工作因长冈的归国而大有进步。长冈就任京城官府的判官之职,此后继续从事律令改订的工作。

另一方面,也有学者主张养老二年完成说。如井上光贞想将养老律令删定工作的开始时间往前推,认为长冈归国后,"在养老二年奏上律令并非没有可能"(《日本律的成立及其注释书》,收入《日本思想大系 3 律令》)。然而,即使是在准备万全的情况下入唐,也很难在归国后不到二十日的时间就完成修订工作并且上奏朝廷。相较之下，榎本淳一将养老二年作为编纂工作启动之年的说法更值得倾听，即"在大和长冈等带回来的唐代新的律令格式等法典和法律知识的刺激下，开始策划法典的编纂"（《养老律令试论》，收入笹山晴生先生还历纪念会编《日本律令制论集》上卷，1993 年）。

养老年间的改订虽然涉及整个律令，但主要是字句名称上的变更，在规定内容等实质性的问题上也有不少改动，但大多数都不是非常重要的变更。另一方面，大宝律令实施以后，对于律令规定的重要修改也会通过格来实现，但这并未被养老年间的改订所采用。以此为前提，一直以来关于养老律令编纂的研究大多都将编纂目的归结为政治性原因，如藤原不比等的权力欲，新律令的编纂是为文武天皇的皇子也是不必等的外孙首皇子（后来的圣武天皇）即位作的准备，将律令的制定与颁布权传给自己一脉的皇统这样的私人目的等（前引坂本太郎《关于养老律令的施行》，收入《律令制度》，坂本太郎著作集第七卷；利光三津夫《养老律令的编纂及其政治背景》，收入《续律令制及其周边》；井上光贞《日本律令的成立及其注释书》，收入《日本思想大系 3 律令》等）。

但不能忽视的是，养老律令的编纂很大程度上是出于对大宝律令的未备之处进行修正的内在要求（持此视角的论考有坂本太郎《大宝令与养老令》，收入《律令制度》，坂本太郎著作集第七卷；早川庄八《奈良时代前期的大学与律令学》，收入《日本古代官僚制的研究》；高盐博《大宝养老二律的异同再考》，收入《日本律的基础性研究》；榎本淳一《养老律令试论》，收入笹山晴生先生还历纪念会编《日本律令制论集》上卷等）。毋宁说，修正未备之处的实务性的需求，这才是推进养老年间改订的重要原因吧。

如前所述，流传至今的养老律令因立法技术的不成熟导致未备之处随处可见。以此推测，大宝律令中的未备之处应比养老律令更多。因此大宝律令一旦付诸实施，很快就会出现条文解释与运用上的问题，参与编纂的藤原不比等与式部卿葛野王等人又以"令官"的身份展开工作，回答诸司与官员提出来的各种疑问。从和铜年间到天平年间，伊吉连子人、越知直广江、锻冶造大隅、盐屋连吉麻吕等法律家也以"令师"的头衔展开工作，他们的任务是以答复诸司、官员的形式确定法律解释以及制定律令细则等（早川庄八《奈良时代前期的大学与律令学》）。

大宝律令在实施过程中屡屡被发现未备之处,"令官""令师"每次都会采取措施来弥补这些不足。随着对律令理解的加深,对字句的修订和为保持条文的一致性而作的调整等不胜枚举,不久就可能会痛感全面修订整篇律令之必要。因此"少好刑名之学"的新人大和长冈被派遣赴唐,寻找堆积如山的各种问题的解决之策。以长冈归国为契机,朝廷可能颁布了正式启动律令改订的敕命。即使有不比等的私心在里面,但如史料 B、D、E 所明载,养老年间的改订是奉诏而为,这是毫无疑问的国家工程。

其次,关于养老律令编纂这项国家工程的性质,岩桥小弥太与小林宏的论述值得倾听。岩桥氏认为:

> 不比等只不过是在大宝年后的十几年里,随着经验的积累和时代的变迁,对自己曾参与并付出努力的大宝律令深感不满,想亲自加以完善而已。养老二年是对大宝工作的延续,是收尾,当时并未将它看作是律令的根本性修正(《律令新考》,收入《(增补)上代史籍的研究》下卷,吉川弘文馆,1973 年)。

而小林宏认为:

> 作为我国最早的正式律令法典,大宝律令在实施时,措辞暧昧不确切、行文上的矛盾与不足等一一暴露,对它加以修正是极其自然的趋势。如果将前述敕的"刊修"理解为修正之意的话,养老年间的编纂不过就是对大宝律令的修正,并非新法典的编纂,至少养老年间的编纂者缺乏编纂新法典的意识(《刑法草书和式目及律令——前近代的法典编纂》,《创文》第 381 号,1996 年)。

总之,养老年间的律令编纂不是新律令的编纂,而是对大宝律令的修正工作,藤原不比等率领的五人编纂组的初衷不是编纂独立于大宝律令的新法典。即使养老年间的修订在令的篇目构成上有所增补改动,在律令条文的内容上有较大的修改,但其修订工作依然坚持了大宝律令编纂时的基本方针。

以下两件事可证明养老律令只不过是大宝律令的修正法典。第一,如果养老律令是独立于大宝律令的新法典,那么自大宝二年以后,格对大宝律令所作的修正理应被养老律令所吸收,但事实却没有这么做。这也是后世编格将大宝二年作为起点的原因。第二,在养老律令编纂委员会的阵容中,只有负责人不比等位列右大臣,而实际负责编纂的都是六位以下的官员,由四位法律家和一位文章家构成。所以在他们的意识中,这不会是需要高度政治判断的重大修正等,只是以法律的技术性修订为主要目的,弥补立法上存在的种种不足。在这种修订工作的实施过程中,也会屡屡出现修改规定内容的需要。

综上所述,即使将后世所称"养老律令"的法典说成是"经养老年间修订的大宝律令",也非言过其词。

律令修订工作的主导者藤原不比等于养老四年(720)八月三日去世,时年63岁(一说为62岁)。修订工作自开始不到两年,就迎来了失去指挥官的严重局面。虽然五人编纂组在此后依然继续修订工作,但在养老六年终止。同年二月,朝廷赐田给二十三位优秀学者,这五位编纂委员也分别获得了功田(史料A)。这次的行赏赐田为养老年间的修订工作打上了休止符。养老律令始终没被奏上,以未完成的状态束之高阁。史料B、D并未记载律令完成的具体年份,只是略显暧昧地标举"养老年中",这不正好反映出上述修订工作中的情况吗?

然而,存在明显不足的大宝律令依旧作为现行法得到适用,所以每次一发现问题,就要向"令师"们寻求纠正之策。直到天平年间,都还能确认存在"令师"的活动。因此这些纠正措施也被吸收进了不久后实施的养老律令中。

从养老二年往后数的第四十个年头,即天平胜宝九岁(757)五月二十日,经不比等的孙子藤原仲麻吕之手,养老律令终于重见天日,付诸实施(史料B)。通常认为,实施的原因在于藤原仲麻吕热衷于彰显父祖的功绩,或他对标新立异的追求(坂本太郎《大宝令与养老令》)。尽管这些通说是经典,迄今仍不失意义,但理应结合以下观点来综合考虑:我们必须重视现实政务所需对养老律令实施的促成作用(榎本淳一《养老律令试论》)。

束之高阁的养老律令一旦付诸实施,就必须赋予它与大宝律令同等的权威。因此实施当年的十二月,朝廷表彰五名编纂委员的功绩,定为"下功",这与从事大宝律令编纂的下毛野古麻吕等是同等之功(史料C)。而且,额田今足解文(史料 D)与弘仁格式序(史料 E)均是养老律令实施约七十年后的记载,这些记载都将养老律令看作是独立于大宝律令的、与它规格相同的法典。

养老律令实施后,并未颁布律令废止的格和中止其效力的法令。因此,且不论其实效性如何,律令的效力一直持续到明治时代。庆长二十年(1615)的《禁中并公家诸法度》第十二条规定"罪之轻重,可被相守名例律",也就是说江户幕府曾下令公家犯罪适用于养老名例律。

六、国史大系本的底本及诸本

红叶山文库本(国立公文书馆内阁文库藏)

名例律与盗贼律的底本。卷子本二卷。有乌丝栏、标有训点。名例律中有若干批注和大量背注。国史大系本将这些背注收入附录"名例律里书"(后述)。各条文中都有标记了条文名的条标。训点包括朱笔所写的乎古止点、声调符号、音读符、句点、顿点、注点等,以及墨笔所写的声调符号、音读符、训读符、傍训、读音顺序符点等。国史大系从中吸收了必需的乎古止点、傍训、送假名,并将乎古止点改为假名。关于底本所存训点,可参照筑岛裕的论文《关于律令的古训点》(收入井上光贞等校注《日本思想大系 3 律令》)。

这一底本是金泽文库本的忠实临摹本。作为原本的金泽文库本《律》二卷是丰臣秀吉征伐小田原时,秀次从金泽文库中搬走的古典籍的一部分。与《律》二卷一起被拿走的还有《令义解》七卷、《令集解》十卷,都被献给了天皇。之后,又被赏给今出川(菊亭)晴季。庆长十九年(1614)八月,晴季应江户幕府搜集律令格式的请求,将这些金泽文库本律令十九卷献给了德川家康。

目前国立公文书馆收藏的红叶山文库本律令十九卷,全是金泽文库本的临摹本。晴季进献的是金泽文库本原本还是临摹本,至今众说纷纭(参照石上英一《〈令集解〉金泽文库本的再检讨》,收入《日本古代史科学》,东京大学出版会,1997 年)。

名例律中有北条实时的题记,大意是文永十年(1273)九月抄写清原俊隆所持本。盗贼律中也有清原教隆的题记,大意是正嘉元年(1257)十一月以"相传秘说"传给北条实时。总之,底本的母本金泽文库本是镰仓时代的写本，为北条实时所有。实时本来还有清原教隆所传名例律，但因被烧毁，就抄写了作为教隆本转抄本的清原俊隆本。实时抄写俊隆本的翌月，将丰原奉重遗本中的背注、眉批及种种批注都转录下来。关于这些批注，石上英一有详细的分析(《〈令义解〉金泽文库本的成立》)。

《译注日本律令》四《律本文篇(别册)》(律令研究会编，东京堂出版，1976 年)收录了红叶山文库本的影印版。

广桥家本(国立历史民俗博物馆藏)

卫禁律、职制律的底本。广桥伯爵家的旧藏本，经东洋文库转至现在的收藏机构。有乌丝栏，未见训点和批注。正文与注文用的是同样大的字体，所以从形态上无法区分正文与注文。后述九条家本斗讼律残篇也是同样的情况。相较之下，红叶山文库本及后述东京大学史料编纂所本都在注文上的空白处打上朱点，以示该文字是注文。

广桥家本的《律》抄在《吉部秘训抄第一》的纸背上，抄写年代至迟不晚于镰仓时代。国立历史民俗博物馆有广桥本《吉部秘训抄第四》，其纸背上有《令义解》从"应撰定令律问答私记事"到"官位令第一"的内容。在《律》和《令义解》的纸背上抄写《吉部秘训抄》应在南北朝时期。

宫内厅书陵部藏有谷森本《吉部秘训抄第五》，它被认为是广桥家本《吉部秘训抄》的僚卷(一部由数卷构成的卷子本被分藏于各处时，各卷之间的互称——校者注)。其纸背第一至四幅抄有从《律》的目录到八虐为止的内容，纸背的第五、六幅抄有《令义解》从仪制令的开头到第六条(文武官条)中间为止的内容。

前述《译注日本律令》四与《译注日本律令》十一《令义解译注篇(别册)》(东京堂出版，1999 年)分别收录了广桥家本与谷森本的影印本。

九条家本(东京国立博物馆藏)

斗讼律的底本。从第三条(斗以兵刃条)中间开始至第五条(斗殴杀人条)中间的写本残篇。有乌丝栏，未见训点和批注等。

该残篇抄在九条公爵家旧藏的《延喜式》的纸背上，位于第廿六主税式的部分。抄写年代应是在平安时代中叶，在《律》的写本中属最早的一种。该影印本收入《古简集影》第壹辑(东京帝国大学史料编纂员编，1924 年)及前述《译注日本律令》四。

东京帝国大学史料编纂所本（该编纂所藏）

用于校勘国史大系本名例律的传世本，是与红叶山文库本同属一个系统的善本。此传世本是大正四年（1915）田中光显（1843—1939 年，历任内阁书记官长、元老院议官、宫内大臣等）所藏本的摹本，封面写着"本邦律　零本"、卷末写着"右本邦律/伯爵田中光显氏所藏/大正四年十一月写了"。

原本应是卷子本，毁于关东大地震。其题识称：

以外戚证本垂露已毕

敢无残一说之　　有邻

可见原本应是平安时代后期的明法博士小野有邻［久安五年（1149）卒］所持之物，忠实地抄自其外祖父明法博士菅原有真所持写本。

此传世本是名例律上的写本，阙失了三个部分：（1）从卷首的律目录至八虐大不敬的夹注"工匠造船，备"；（2）从第十八条（除名条）末尾夹注"降依当赎法"至第二十条（免所居官条）夹注"十三月内而"；（3）从第二十八条（杂户条）夹注"免，同居不知情亦流"至第二十九条（更犯条）夹注"不合加杖，唯有元犯"。该本有乌丝栏、乎古止点、傍训，也有标记各条文名的条标。还有许多批注与背注，国史大系本将这些收入附录"名例律勘物"（后述）。点图和训法与红叶山文库本基本一致（早川庄八《日本思想大系 3 律令·解题》）。

该本第一张正面的影印件载于《译注日本律令》一之首卷（东京堂出版，1978 年），背注的影印件以卷首照片的形式收入《日本律令复原的研究》（国学院大学日本文化研究所编，国书刊行会，1984 年）。

江户时代，以金泽文库本为祖本，制作了许多名例律与贼盗律文本，但以下四个版本被认为并非以红叶山文库本为直接祖本。而且从名例律第三十二条（彼此俱罪条）中相同的脱行来看，这四个版本应出自同一祖本（早川庄八《日本思想大系 3 律令·解题》）。

（1）东山御文库本（宫内厅侍从职藏）

（2）前田家本（前田育德会尊经阁文库藏）

（3）谷森本（宫内厅书陵部藏）

（4）传九条家本（宫内厅书陵部藏）

其中，(3)谷森本是《吉部秘训抄》纸背之"律"的别本，被用于新订增补国史大系《律》的校勘。另外，卫禁律、职制律的流传本被认为都以广桥家本为祖本。

七、"附收"的书目解题

名例律里书

写在红叶山文库名例律(卷子本)纸背的律的注释。注释写在名例律的律目录、五罪、八虐、六议的背面，是对这些内容的意义及用语的解释。从"律目录"到"笃疾事"共有 32 条背注，其中红叶山文库本佚失的"议贵事""名例事"用林述斋旧藏本的《律里书》(国立公文书馆内阁文库藏)补足，"笞杖事"中的脱文也同样用《律里书》补全。

在《名例律里书》的注释中，所引"古答云"六处，其后引"释云"六处、"物记云"五处、"穴记云"一处、"私记云"两处、"集解云"一处。这些都引自日本律的注释书，只有"古答"是大宝律的注释。"释""物记""穴记"诸书也见于《令集解》引用的注释书。"集解"即《律集解》。

另外，在《名例律里书》中还能看到对中国法律书的引用。引用"疏云"七处、"附释云"四处、"杨书云"一处、"张云"一处、"抄云"一处。"疏云"的"疏"是唐永徽"律疏三十卷"，此处引用的就是疏文。"附释"是《日本国见在书目录》以及《本朝法家文书目录》中著录的"律附释十卷"，这是唐律的注释书。"抄云"的"抄"被推定为《日本国见在书目录》著录的"刑法抄一卷"，该书也是唐律的注释书。"张云"应是《令集解》和《政事要略》引作"唐儒张云"的唐代法律家张某氏的学说。

但是《名例律里书》的各种注释很难被认为直接引自各种法律书，或许是通过《律集解》间接引用的。众所周知，《律集解》三十卷可以说是《令集解》的姐妹篇，是贞观年间(859—876)惟宗直本所著日本律注释书的集成。从中可见许多内容引自以"律疏"为首、包括"律附释""刑法抄"等在内的中国法律书，因为想要真正理解日本律，就必须理解它的母法唐律与唐律疏。《名例律里书》的各种注释虽仅限于名例律的五罪、八虐、六议部分，但与后述的《名例律勘物》一起，为日本律及唐律的研究提供了宝贵的史料。

《名例律里书》存在于北条实时所持金泽文库本。如前所述,实时用清原俊隆本抄录名例律后,从丰原奉重遗本中转录了这些背注与眉批。写有背注与眉批等的丰原奉重遗本传自中原章久所持本。章久是宽元三年(1245)至宝治二年(1248)前后的明法博士,据说他所持的版本是"律学博士四代相承秘本"。也就是说,这是法家中原氏四代明法博士(季盛—章贞—章亲—章久)相传的秘本,内中就有这些背注。所以《名例律里书》出自法家中原氏,形成于平安时代末期至镰仓时代初期。

名例律勘物

东京大学史料编纂所藏"本邦律"的行间与空白处的批注及纸背所写背注的总称。批注与背注共计四十处,其中背注四处。批注集中见于八虐大不敬到六议的六曰议贵部分(如前所述,史料编纂所本从卷首到大不敬中间为止的部分阙失)。

《名例律勘物》与《名例律里书》一样,几乎都是从《律集解》中摘抄出来的注释,也有若干注释与《名例律里书》相同。《名例律勘物》引用的诸注释中,相对于《令集解》所引大宝令注释书"古记","古答"也是由同一人所著的大宝律注释书。"释""物""额""赞""朱"也是《令集解》引用过的诸家注释,这些也注释了养老律。只有"五云""五记云"这些日本律的注释未见于《令集解》。

《名例律勘物》中也有引自中国法律书的内容。"律附释""张""简""唐""宋""杨书""夫书"等,都是利用对唐律的注释来理解日本律。当然,这些注释也是通过《律集解》间接引用过来的。"律附释"已如前述,"杨书""夫书"与"律附释"一样,可能也是独立的注释书。相较之下,冠以法律家姓氏的"张""简""唐""宋"的注释应是这些法律家的学说(石清水八幡宫神殿污秽事件的仗议定文援引了"简"的学说,即"唐儒简云,大宝自是庙宫也"。《平户记》宽元三年四月十四日条)。若大胆猜想,这些学说大概出自《日本国见在书目录》中的"金科类聚五卷"。"金科"意为"律",所以可以推测《金科类聚》汇编了各家唐儒有关律的学说。

《名例律勘物》中有非常长的背注。在"名例律第一"这一标题部分的纸背有"唐法 名例律集解云"为开端的背注。对《律集解》这一已经散佚、但具有集成性质的注释书来说,这一背注是揭示其结构和特征的宝贵史料。这一背注引用的"律疏""疏"是唐永徽律疏的疏文,是探究永徽律疏名例律的开头部分原貌的珍贵史料(小林宏、高盐博《律集解与唐律疏议》,收入国学院大学日本文化研究所编《日本律复原的研究》)。

这一《名例律勘物》载于明法博士小野有邻所持本中,有邻将外祖父菅原有真所持本"无残一说"地抄写下来,也包括《勘物》在内。所以《名例律勘物》的完成至迟不晚于 11 世纪末。

小野有邻在大治四年(1129)被任命为明法博士,久安三年(1147)又兼任大判事,一直到去世的久安五年为止,始终任明法博士。自祖父文义、父亲文道以来,有邻是小野氏第三代明法博士。《朝野群载》卷九所收有邻的申文称"金科玉条,披文道之遗草而可探,勘问纠弹以有真之庭训而可决",有邻将律令学作为亡父文道的"遗草"加以学习,而"勘问纠弹"的实务则习自外祖父兼养父的菅原有真。

外祖父菅原有真在承历元年(1077)前后已就任明法博士,后兼大判事,宽治二年(1088)因勘问有失之罪被除名。但有真算得上是当时十大法律家之一,被后世称为"博览之儒"(布施弥平治《明法道的研究》,新生社,1965 年)。

菅原有真向朝廷勘申有误的勘问时,引用过"山田白金说并唐律释所立之义"(《平户记》宽元三年四月十四日条),他是能够披览奈良时代的注释以及唐律注释书的"博览之儒"。如此,有真所持名例律的"勘物",为我们了解当时的律令学提供了重要的线索。

律逸文

大宝律在《日本国见在书目录》中被著录为"大律六卷",可见在 9 世纪末左右尚未失传。因养老律作为现行法始终有效,所以得以长期流传。可以想象的是,应仁、文明之乱导致大量传世本散佚。一条兼良(1402—1481)所持《养老律》十卷与《令义解》等文献一起逃过了战乱,至延德二年(1490)为止仍然传世(小林宏、高盐博《律集解与唐律疏议》)。然而,经战国乱世,一条家的律令也失传了。到江户时代,除前述金泽文库本与广桥家本的律外,再也没有出现其他文本。

从各个典籍中搜集佚文、为复原律文而进行的努力,最早可追溯至伊势的神宫祠宫茵田守良(1785—1840)所著《律义解》(利光三津夫《律条文复旧史的研究》，收入《律令制及其周边》，庆应通信，1967 年）。之后，尾张出身的国学者石原正明[1760（一说为 1764）—1821]在文政三年（1820）以前编辑了《律逸》。明治二十五年，《律逸》被收入《日本古代法典》（萩野由之、小中村义象、增田于信编，博文馆），明治三十九年又被收入《续续群书类从》第六法制部（国书刊行会），所以变得广为人知。

国史大系本收录的《律逸文》以《律逸》为底本，并且用泷川政次郎的成果（《律逸逸》，《法学协会杂志》第 44 卷第 2—7、9 号，1926 年）加以增补，编者自身也做了一些改订增补。所以《律逸文》的复原方法沿袭自《律逸》，即用唐律来补全日本律未发现的部分，而《律逸》以后的增补部分用六角括号标识。

之后的律文复原都是以《律逸文》所示复原文为依据进行的，并多有借助竹内理三、太田晶二郎、佐藤进一、利光三津夫等人的复原研究，特别是利光三津夫的成果。昭和五十年（1975），在以小林宏为中心的诸人的努力下，将一直以来的复原研究汇总起来，结集为《译注日本律令》二、三《律本文篇（上下）》（律令研究会编，东京堂出版）。该书采用的是将《唐律疏议》与日本律复原方案进行上下比较对照的办法，并列举了用于推断其内容和语句存在的史料。而且所展示的不仅是养老律，还有大宝律的复原方案。《译注日本律令·律本文篇》之后、昭和五十九年（1984）六月以前发表的复原研究成果与复原条文都可以在《日本律复原论考一览及条文索引》（收入前述《日本律复原的研究》）中查到。

八、主要参考文献

律令研究会编：《译注日本律令》一至十一（首卷、律本文篇上下、律本文篇别册、唐律疏议译注篇一至四、令义解译注篇一至二、令义解译注篇别册），东京堂出版，1975—1999 年。

井上光贞、关晃、土田直镇、青木和夫校注：《日本思想大系 3 律令》，岩波书店，1976 年。

国学院大学日本文化研究所编：《日本律复原的研究》，国书刊行会，1984 年。

水本浩典:《关于日本律的特色——以日唐律的量刑比较为中心》,《律令注
　　释书的系统性研究》,塙书房,1991 年,首刊于 1977 年。

小林宏、高盐博:《律疏考——唐律在日本的受容》,收入前述《日本律复原
　　的研究》,首刊于 1979 年。

高盐博:《日本律的基础性研究》,汲古书院,1987 年。

小林宏:《日本律的枘凿——其立法上的不足》,《古代文化》第 51 卷第 2 号,
　　1999 年。

利光三津夫:《养老律令的编纂及其政治背景》,《续律令制及其相关问题》,
　　庆应通信,1973 年,首刊于 1970 年。

井上光贞:《日本律令的成立及其注释书》,收入前述《日本思想大系 3 律令》。

早川庄八:《奈良时代前期的大学与律令学》,《日本古代官僚制的研究》,岩
　　波书店,1986 年,首刊于 1978 年。

长谷山彰:《律令法典编纂的推移与问题点》,《律令外古代法的研究》,庆应
　　通信,1990 年。

榎本淳一:《养老律令试论》,笹山晴生先生还历纪念会编《日本律令制论
　　集》上卷,吉川弘文馆,1993 年。

石上英一:《〈令集解〉金泽文库本的成立》,《日本古代史科学》,东京大学出
　　版会,1997 年,首刊于 1984 年。

　　注:本稿所用的律令条文名与条文序号,律参照的是《译注日本律令》
二、三《律本文篇》上下卷;令参照的是《日本思想大系 3 律令》。

　　(原文载皆川完一、山本信吉编《国史大系书目解题》下卷,吉川弘文馆,
2001 年。)

　　　　　　　　　　　　　　　　　　　郭　娜 译　赵　晶 校

令 义 解

石上英一

淳和天皇命清原夏野等人,依据"集数家之杂说,举一法之定准"的原则,为天平宝字元年(757)五月开始实施的令(因是养老二年或养老年间编纂的,所以被称为养老令)制定解释,后于仁明天皇在位的承和元年(834)十二月十八日施行这个总计十卷的法典,即《令义解》。书名意为"令的语义解释"。该书是令的注释书,而且作为法典施行,转载令的全文并在其语句中附以注释,所以也就代替了令,作为令法典发挥作用。《令义解》施行后,使用的令文都是从《令义解》中抽出来的,说是令,实际用的是《令义解》。因此,天平宝字元年施行的令没有写本流传至今。之后,9世纪后半或10世纪初,惟宗直本将明法家们关于令的诸家学说汇集成书,编纂了《令集解》,该书采用的是全文转载《令义解》的形式(序及传存本卷一卷首所附应撰定令律问答私记事、诏、表除外)。也就是说,令包含在《令义解》中,《令义解》包含在《令集解》中,形成一种集合关系(如后所述,关于《令义解》的原初形态还有别的看法)。因此,令可通过《令义解》或《令集解》复原。《令义解》的缺失部分如果留存在《令集解》中,可据该书复原。在现代的古代法研究中,《令集解》受到重视,《令义解》通常被当成参照令文的工具。但是不能忘记的是,平安时代以后,令是通过《令义解》(现存本的编集)这样的法典流传下来的,只有《令义解》一直作为令法典的替代物受到重视。只是《令义解》原撰本系统的写本失传,只有体裁有所变化的写本(传存本系统的写本)流传至今。

传存本《令义解》与原撰本《令义解》在体裁上有两点不同。第一,如后载表1所示,从附于序中的目录可以看到,全10卷、令30篇的原撰本与传存本的卷篇构成并不相同。第二,国立公文书馆内阁文库所藏红叶山文库本卷一与国立历史民俗博物馆所藏广桥家本卷一(《吉部秘训抄》卷四纸背)的卷首收录了"应撰定令律问答私记事"(天长三年十月五日太政官符),以及附有详细词句释义的承和元年十二月十八日"令义解施行诏"、天长十年十二月十五日"令义解表"、天长十年二月十五日"令义解序"[宽政十二年版本(墒本)、新订增补国史大系本收录的"序"是复原本,即只从附有词句释义的"令义解序"中抽出正文]。新订增补国史大系以广桥家本为底本,将以上种种称为《令义解》附录,收于卷末(庆安三年版本收于卷一卷首)。

一、编　　纂

(一) 天长三年令律问答私记撰定工作开始

首先概观《令义解》的编纂与施行过程(岩桥小弥太:1973;押部佳周:1981;所功:1980;福井俊彦:1995)。

传存本《令义解》卷一(红叶山文库本、广桥家本)开头收录的"应撰定令律问答私记事"是天长三年(826)十月五日太政官符,内容是采纳大学寮明法博士额田今足通过"解"提出的建议,命令掌管大学寮的式部省撰定令律问答私记。额田今足的申请云,律令自大宝元年施行、养老年间刊修以来,博士们相继传承、教授,但"文略义隐,情理难通,即无不由先儒旧说。而彼旧说,或为问答,或为私记,互作异同,未详谁作。后学者等,属意彼此,每有论,决难塞……望请命当时博士等,撰先儒之旧说,省彼迂说,取此正义,勒成卷帙,以备解释,庶俾学者易解,与夺莫异者",太政官接受了这个建议。这项工作以令与律两部法典为对象。距养老律令的编纂已过百余年,距两部法典的实施也有七十余年,对法典的正确理解很难传承下来,与此同时,在法律适用上,律令的解释有必要适应不断变化的政治、社会状况,这些都是9世纪前期律令解释混乱的原因。在另一方面,因为法律适用需要因应现实变化,朝廷还汇集有效的法令及规则,编纂格式法典,如内里仪式、内里式、弘仁格、弘仁式等(弘仁十一年[820]奏进,天长七年[830]施行,承和七年[840]修订再施行)。

(二) 始于天长五、六年的令注释工作

天长十年(833)十二月十五日所上"令义解表"中有"星霜五变,缮写功

遂",因此岩桥小弥太认为,《令义解》的编纂不同于天长三年开始的令律问答私记撰定工作,它始于天长五、六年前后(岩桥:1973,71 页)。押部佳周认为,始于天长三年的令律问答私记撰定工作以额田今足为中心,是在左大臣藤原冬嗣、中纳言(后为大纳言)良峰安世执政下进行的。有别于额田今足的工作,约在天长五年,以清原夏野为中心,再加上赞岐永直等,开启编纂令注释的新工作(押部:1981,342 页)。押部说深入法律解释的内容,认为赞岐永直等人的工作"追求、摸索崭新的正说",无视额田今足的工作成果。(押部:1981,344—345 页)。而所功认为,如果是在天长十年十二月这个时间上说"星霜五变",那么开始时间应在天长六年,可推断额田今足没有看到工作完成,在天长六年前后去世,而承其遗业的明法博士赞岐永直等新奉淳和天皇之诏,开始令的注释编汇工作,即后来的《令义解》,因此额田今足的工作应被定位为《令义解》的先导,要重视额田今足与赞岐永直等在工作上的连续性(所:1980,58 页)。

天长六年,奉淳和天皇之命,清原夏野等开始撰述令的注释。天长八年的前半年,编纂之诏颁布(押部:1981,340 页),意图完善由以下人员构成的编纂体制:大纳言清原夏野、参议刑部卿南渊弘贞、参议勘解由长官藤原常嗣、文章博士菅原清公、勘解由长官藤原雄敏、式部少辅藤原卫、大判事兴原敏久、善道真贞(原大学博士)、小野篁(大内记?)、明法博士勘解由判官赞岐永直、川枯胜成(判事?)、明法得业生汉部松长(所记为他们在天长八年前半年所任官职)。在这十二名人物中,有身为公卿的清原夏野、南渊弘贞、藤原常嗣,有儒者与明法道官员菅原清公等。儒者与明法道官员的核心是后来在天安二年(858)被文武天皇称为"律令之宗师"、允许在自家府邸教授律令的明法博士赞岐永直。但也有学说否定天长八年编纂之诏的存在(福井:1995,97 页)。

(三) 施行

编纂工作大概在天长十年(833)初以前完成,写下时为天长十年二月十五日、带有目录的序,这就大致完工了。就在当天,右大臣清原夏野,中纳言直世王、源常、藤原爱发,权中纳言藤原吉野,参议南渊弘贞、文室秋津、藤原常嗣侍奉于淳和天皇跟前,校读"新撰令释"(令义解),并提出疑义(《类聚国史》卷一百四十七)。据说,这是因为清原夏野想在淳和天皇让位给仁明天

皇(二月二十八日)之前"至少赶出令的统一注释书并呈上"(押部:1981,
343 页)。十一个月以后,十二月十五日,《令义解》连同清原夏野所上"令义
解表"(收入传存本卷一)一起奏呈仁明天皇,翌年承和元年(834)十二月十
八日依诏(收入传存本卷一)施行(《续日本后纪》记为十二月五日,但承和元
年纪中史实排序有误,所以以传存本所记日期为准)。另外,广桥家本卷一
将序的日期写作十二月十五日,这是二月十五日的误写。

(四)构成

以《令义解》户令第一条为例:

凡户以五十户为里,^{谓若满六十户者,割十户立一里,置长一}每里置长一
人。其不满十家者,隶入大村,不须别置也。
人。(下略)

在"凡户以五十户为里"之下,"谓"以后的注释用的是夹行小注。红叶山文
库本的尾题记作"注义解",《政事要略》将"谓"以后的部分标为"义解云",加
以转载。因此,也有仅将"谓"以后的注释称作义解的情况。

天长十年十二月呈奏天皇、承和元年十二月施行的《令义解》,据其序称
"分为十一卷,名曰令义解,凡其篇目条类,具列于左"及所列目录,其卷篇构
成即如表 1《令义解》原撰本之列所示。传存本中保存卷数最多的是红叶山
文库本,但其内容与《令义解序》的目录所示卷篇构成不同,却与《本朝法家
文书目录》(撰者不详,撰于 11 世纪前后。收入《续续群书类从》十六)所示
之令(养老令)的卷篇构成相同。对此,岚义人认为,原撰本《令义解》是"在
令条文名之下,从令文中引出需要注释的简短语句,其后以'谓'云云的形式
写下义解","并没有想要引用令的全部正文与注文",而传存本则将令文(正
文、注文)与义解合并(岚:1977,31、33 页),这就导向了一种解释,即分量的
变化导致了结构的改变。但笔者认为,《令义解》原撰本的体裁也与传存本
一样,引了令文全文并附加"谓"以后的注释。明法家在编辑这些为序加注、
又将"应撰定令律问答私记事"与加注的"施行诏""上令义解表"置于序前的
写本时,为了调整分量且使与令的对应关系更加清楚,将它改成与令的结构
一致的传存本结构。卷三的藤波家本、猪熊本、冈谷本也与原撰本的结构不
同,与金泽文库本的结构较为一致。阳明文库本"户令"是收录了户、田、赋役、
学各令义解的《令义解》卷四,其祖本应是与金泽文库本结构一致的写本。

表 1　令(养老令)与令义解结构的对比

令		原撰本	现存本，( )为佚失卷		令义解写本之题				
卷	篇	卷	卷	篇等	红叶山文库本	广桥家本	藤波家本	猪熊本	冈谷本
			卷一	官符、上表、诏	令卷第一官位注义解	令卷第一官位令			
				序					
第一	官位令第一			官位令第一					
第二	职员令第二	第一	(卷二)						
	后宫职员令第三								
	东宫职员令第四								
	家令职员令第五								
第三	神祇令第六	第二	卷三	神祇令第六			令卷第三神祇(首题) 令卷第三神祇令、僧尼令(尾题)	令卷第三	令义解卷第三
	僧尼令第七			僧尼令第七					
第四	户令第八		第四	户令第八					
	田令第九	第三		田令第九	令卷第四户田赋学				
	赋役令第十			赋役令第十					
	学令第十一			学令第十一					

（续表）

卷	篇	卷	卷	篇等	红叶山文库本	广桥家本	藤波家本	猪熊本	冈谷本
第五	选叙令第十二	第四	第五	选叙令第十二	令卷第五选叙令、继嗣令、考课令、禄令				
	继嗣令第十三			继嗣令第十三					
	考课令第十四			考课令第十四					
	禄令第十五			禄令第十五					
第六	宫卫令第十六	第五	第六	宫卫令第十六	令卷第六（五）宫卫令、军防令注义解				
	军防令第十七			军防令第十七					
第七	仪制令第十八	第六	第七	仪制令第十八	令卷第七（六）仪制令、衣服令、营缮令注义解	（尾欠）			
	衣服令第十九			衣服令第十九					
	营缮令第二十			营缮令第二十					
第八	公式令第二十一	第七	第八	公式令第二十一	令卷第七公式令注义解				
第九	仓库令第二十二	第八	（第九）						
	厩牧令第二十三								
	医疾令第二十四								
	假宁令第二十五	第九							
	丧葬令第二十六								

（续表）

卷	篇	卷	卷	篇等	红叶山文库本	广桥家本	藤波家本	猪熊本	冈谷本
第十	关市令第二十七	第九	第十	关市令第二十七	令卷第十				
	捕亡令第二十八			捕亡令第二十八					
	狱令第二十九	第十		狱令第二十九					
	杂令第三十			杂令第三十					

注：(1) 令的结构依据《本朝法家文书目录》，《令义解》原撰本的结构依据《令义解序》。(2) 至于"题"中，没有特别说明的就是尾题。

二、写 本

（一）红叶山文库本（卷一、四、五、六、七、八、十）

《令义解》红叶山文库本传自江户幕府的藏书红叶山文库（森润三郎：1933），现藏于国立公文书馆内阁文库，留下卷一、四、五、六、七、八、十等七卷，与其僚卷《律》卷一、七，《令集解》卷一至十都是江户初期忠实临摹金泽文库本文字布局及训点等的卷子装写本。

北条实时（1224—1275）在建治元年（1275）五月隐居武藏国六浦庄金泽村的别宅之前，先在已建成的称名寺的邻近之地修建了文库（关靖：1951，189 页；参照神奈川县立金泽文库：2001，66 页）。文库收藏了实时传授、搜集的日汉书籍等。天正十八年（1590），丰臣秀吉攻打小田原之际，丰臣秀次将金泽文库多数所藏尽归己有（关：1951，389 页）。文禄二年（1593）四月，秀次将金泽文库旧藏本等书籍交给山科言经整理，并将这些藏书赠予后阳成天皇与菊亭（今出川）晴季、日野辉资（《言经卿记》文禄二年四月十三日条）。山科言经编成的书目中有"律二卷不具　令三十五卷不具　令十卷不具　同八卷不具　同一卷不具"（文禄二年四月九日条）。

丰臣秀次所藏"令三十五卷"是金泽文库旧藏《令集解》建治二年题识本

[建治二年(1276),实时命清原俊隆(1241—1290)以花山院师继(1221—1281)所持本为底本,正亲町本(法家中原氏正亲町流的中原章兼所持本)为校对本抄写而成,卷十、卷十二是以正亲町本为底本、花山院师继本为校对本](石上:1997,235—238页),进献给后阳成天皇后被烧毁,其转写本有清家本(国立国会图书馆藏)、田中本(国立历史民俗博物馆藏)等(参照石上:1999A、B;水本浩典:1991)。同样,"令十卷"是金泽文库旧藏令集解北条实时本[包括卷一—十。是师继在文应元年(1260)通读本的转抄本,实时在卷一加了自己文永六年(1269)的读后记,卷七与花山院师继本属于不同的系统。石上:1997,223—225页]。"同(令)八卷"是金泽文库旧藏《令义解》、"律二卷"是金泽文库旧藏《律》卷一、七。这三本书都被赠予菊亭晴季(《言经卿记》文禄二年四月十三日条)。庆长十九年(1614)八月十九日,晴季将《令集解》十卷本、《令义解》七卷、《律》二卷献给德川家康(《骏府记》《本光国师日记》)。金泽文库本《令义解》在文禄二年好像有八卷,庆长十九年进献给家康的版本(原本或者写本)变成了七卷(《本光国师日记》载"律令十九卷",其中《律》二卷、《令集解》十卷,那么《令义解》就是七卷)。

将军家留下来的德川家康藏书(森:1933,15—16页)都在红叶山文库[1639年(宽永十六年)建造]中保存下来。现存的红叶山文库本《令集解》《令义解》《律》十九卷(红叶山文库本律令三书)是装帧华丽、书写工整的卷子本,不是金泽文库本的原本。关于其成书时期,说法不一。其一,庆长十九年,晴季向家康进献的写本就是红叶山文库本律令三书本身(关靖:1951,390页;土田直镇:1992,194页)。如果是这样,那么金泽文库本的原本就保存在今出川家。其二,晴季向家康献上的是金泽文库本律令三书,红叶山文库本律令三书是江户时代中期制作的写本(泷川政次郎:1941,228页;国史大系本凡例)。其三,宽永十四年(1637)正月,晴季献给家康的金泽文库本律令三书曾被抄写过一次,后被献给后水尾院(《德川实纪》宽永十三年十月十四日条、十四年正月七日条),除进献本外还制作了一套副本,可能就是现在的红叶山文库本。笔者认为第一种说法和第三种说法相比,第一种说法的可能性要大一些。《译注日本律令》四(东京堂出版,1976年)刊有红叶山文库本《律》的图版,《红叶山文库本令义解》(东京堂出版,1999年)刊出这一《令义解》的图版。

(二) 金泽文库本(佚失的卷一、四、五、六、七、八、十)

红叶山文库本的《律》《令义解》忠实转抄了关于金泽文库本传授、书写、校对本的题识，以及眉批、训点、旁注等批注。因此，可以通过红叶山文库本的《律》和《令义解》来考察金泽文库本《律》和《令义解》的情况。另外，金泽文库本《令义解》是因与《律》一起被传授而制作的，所以必须将两者结合起来检讨其书写与流传。

清家中兴之祖清原赖业(1122—1189)的孙子清原教隆(1199—1265)，从宝治元年(1247)前后开始向北条实时传授清家的明经学以及律令。教隆向实时传授《律》十卷中的卷七是在正嘉元年(1257)十一月二十九日，传授《令义解》十卷的卷一始于正嘉二年(1258)五月十日，传授卷八是在文应二年(即弘长元年，1261)二月八日。因此可以推断，在建长七年(1255)或康元元年(1256)前后开始传授《律》，至弘长元年前后为止，《令义解》传授结束。

教隆向实时传授《律》《令义解》的方法是，以祖父清原赖业、父亲清原仲隆(1155—1225)及自己三代相传的训读，在教隆所持本的转抄本中加上训点，再把这个加训点的写本传给实时并加以口授。但各卷多少有些区别，以下按卷加以说明。

《律》卷七，《令义解》卷一、五、七、八是教隆转抄清原家相传本而成，是向实时传授训读的本子。《令义解》卷四因家传本烧毁，只能抄写"他人本"，加上训点后传给实时。"他人本"的系统不明。《令义解》卷一、五、八中有实时于弘长元年(1261)、弘长三年(1263)再读时所写题识。[①] 文永二年(1265)

---

① 红叶山文库本《令义解》卷五卷末载有正元元年清原教隆传授北条实时的题识，其后是《春秋经传集解》卷二十一卷末部分，附有从"元亨"至"故"的十六行训点，再后则是弘长元年(1261)的实时再读题识。实时从建长五年(1253)至文永二年(1265)正月得教隆传授《春秋经传集解》。另外，实时应该也被传授以剩下的卷篇，并抄写了教隆所持本中的这些卷篇。实时之子北条笃时为接受教隆之子清原直隆、俊隆的传授，于文永五至六年(1268—1269)转抄了实时所持本二十六卷，笃时之弟显时于弘安元年(1278)得到俊隆传授的四卷(卷十四、十五是俊隆所持本的转抄本，卷二十三、二十六是实时所持本的转抄本)，将这两部分合起来的金泽文库本《春秋经传集解》收藏于宫内厅书陵部(《图书寮典籍解题》汉籍篇，1960年)。实时于文永二年十月十一日抄写了教隆留在镰仓的该书卷二十一(笃时本卷二十一题识)，后者于该年七月十九日在京都去世。《令义解》卷五混入《春秋经传集解》卷二十一残篇，并非笃时所持本的残篇，或许是混入了一页实时所持本的用纸，亦或是混入了实时在抄写《春秋经传集解》时产生的废纸、破纸。因此，《春秋经传集解》卷二十一残篇之后所载弘长元年题识是实时的《令义解》再读题识。

正月末,实时亲自抄写了教隆上京后留在镰仓的教隆所持本[元仁二年(1225),教隆转抄的由中原氏二人抄写、移点(转录他本的训点等——校者注)的版本],约文永五年之前,俊隆又在此本上加了训点。这就是《令义解》卷六,其祖本并非清原家相传本。教隆所传授的《律》卷一毁于文永七年十二月实时家的火灾(关:1951,197 页),所以留下来的是实时转抄俊隆所持本(教隆所持本的转抄本)的写本。文永十年(1273)五月,俊隆又加移点,九月,实时将它与俊隆所持本进行校对。因教隆传授的《令义解》卷十遗失,实时在文永三年(1266)十一月抄写了丰原奉政所持本(丰原奉重本),并进行移点,并非清原家相传本。

在《律》卷一中,有关俊隆传授题识后写有"文永十年十月十九日,以右金吾校尉奉重遗本,里书头书以下多数加润色毕"。"右金吾校尉奉重"指的是已故右卫门权少尉丰原奉重,被推测为奉政的先祖。丰原奉重所持《律》《令义解》指的就是丰原奉重所持本。文永三年至六年,实时抄写了奉政所持、奉重于安贞二年(1228)所抄《类聚三代格》[卷五、十二是东山御文库所藏金泽文库本;卷一、三、七、八有转抄本(如宫内厅书陵部所藏鹰司家本)。图书寮编《图书寮典籍解题》续历史篇,养德社,1951 年,10 页]。金泽文库本《白氏文集》也是奉重所持本。实时就是这样向奉政或借或取奉重所持诸典籍。《律》卷一转抄了奉重所持本的题识:

A 嘉禄二年(1226)仲冬(十一月)五日,书写毕。律学博士四代相承秘本也,以彼移之。

土御门院

前武者所丰原奉重

B 以家家秘本,聊比校毕。

C 于时,任官,依当道(明法道)之举,拜秘书(图书权少允?),浴无堀(涯)之恩,迁监门(左卫门权少尉)毕。

D 以家说授原右金吾校尉(奉重)毕。

明法博士中原(章久)在判

E 以大理卿(刑部辅)中基光、律学(明法)博士中明继、右金吾(右卫门志)录事中明方等家本,令校合之毕。

表 2　金泽文库本《律》《令义集》的传授题识

律令	公历	传授题识	公历	读校题识	公历	再传授题识	公历	转抄、校勘题识
律卷七	1257	正嘉元年十一月廿九日以相传尊阁奉授越州太守实时〉毕〈前参河守清原（教隆）						
令义解卷一	1258	正嘉二年五月十日以相传秘说奉授越州君尊尊阁了〈前参河守清原	1263	弘长三年十二月廿六日合了〈越州刺史〉〈实时〉				
令义解卷五	1259	正元元年十月十四日以三代传授秘说奉授越州以〈使君尊阁毕〉直讲清原（教隆）	1261	弘长元年九月五日重读合之散蒙了				
令义解卷四	1261	弘长元年五月十四日以相传秘说奉授越州使君尊阁抑此卷相传之本烧失之也〈他人本所朴入之也〉前参河守清原						

（续表）

律令	公历	传授题识	公历	读校题识	公历	再传授题识	公历	转抄、校勘题识
令义解卷七	1260	文应元年八月十六日于鹤冈八幡宫生会尊棚所奉授越州专放城尊阁了凡以见给盖以为先给以物为次志读书有所不暇以此志直讲清原判							
令义解卷八	1261	文应二年二月八日以三代相传秘阁授越州使君尊阁了\直讲清原	1263	弘长三年二月九日重读竟合了				
令义解卷六					1265	加朱点墨点\朝请大夫〈从五位上〉清原俊隆\文永二年后四月四日以清之本书写点大外史〈教隆〉校了	1225	本奥云\于僧〔儒〕廷尉士清原亭读了\音博士清卯\元仁二年卯月十二日午克之详终书写之功了\同十四日申克移点了\后生中原在判\弹正忠中原在判

（续表）

律令	公历	传授题识	公历	读校题识	公历	再传授题识	公历	转抄、校勘题识
令义解卷十					1266	当卷故清大外史之本今纷失之间以原武卫本时文永三年书写点校丁子时文永三年黄钟晦日（十一月三十日）八越州刺史平		参照正文
律卷一					1273	文永十年蒙越州使君尊阁严命移点毕子时时裳宾初律夷人后朝（五月六日）而已（音博士清原俊隆 此书先年受教隆真人之说丁而仟书回禄成摹化灰烬仍重以俊隆之本〈先年书写教隆〈本同事也〉书写校合了于		参照正文
						时文永十年九月廿八日越州刺史平〈花押〉文永十年十月十九日以右金玉校尉奉重遗本里书头书以下多加润色毕		

《令义解》卷十的奉重所持本有如下题识：

F 本奥之

G 安贞二年(1228)九月十一日，书写了。

H 同十四日，委点了。 I 贞永元年(1232)八月下旬，以或儒家本重见合了。右卫门丰原重(丰重)

J 安贞第三之天狭钟(六月)中旬之候，以家说授原右金吾校尉了。

抑金吾者，依禀庭训于累叶之风，可莹钻仰于玉条之露，而中古以降，家门悉癈(废)，学久昧仙砌之月，父祖共忘道，徒玩宫树之花，爰校尉学始勤学也，志元悯志也，因之，二部书令律并授之而已。

修理左宫城判官明法博士兼左卫门少尉备中权掾章久

在里判

通过这些题识可知，奉重所持《律》《令义集》二书有如下情况。丰原奉重之家原本是明法道出身的官员，但脱离明法道已久(J)。奉重为明法道学生出身，师从明法道博士中原章久，从嘉禄二年(1226)十一月至安贞二年(1228年)九月，他转抄了章久所持有的《律》《令义解》(A、G、H)，安贞三年六月，章久将令律二部(《令义解》《律》)传授给他(D、J)。传授时所抄之律是"律学博士四代相承秘本"(A)。所谓律学博士四代，是指章久与其父中原章亲、祖父中原章贞、曾祖父中原季盛，可追溯四代。季盛原是法家中原氏先祖中原范政之孙、中原范光之子。与范政之子明兼的法家中原氏坂上流不同，季盛开创了法家中原氏的其他流派，并于久安三年(1147)十二月二十一日就任明法博士(《本朝世纪》。布施弥平治：1966，228 页；今江广道：1976，23—24 页；石上：1997，340 页)。奉重抄写并被传授的《令义解》被理所当然地认为是章久所持本的转抄本。章久让奉重参照法家中原坂上流的中原基光(另一说是基广，祖父为坂上明兼、父亲为坂上兼成)、明法博士中原明继(嘉禄二年任明法博士)、中原明方[承元元年(1207 年)似任右卫门志。利光三津夫：1981]等诸家之本来校勘《律》(E)。如后所述，红叶山文库本《令义解》有许多与坂上本的校异记录，而后者转抄自丰原奉重本。由此可知，不光是《律》，《令义解》也与法家中原氏坂上流的诸家之本进行了校勘。上述经过可见，奉重持有的《律》《令义解》是在法家中原氏相传本的基础上，又与法家中原氏坂上流诸本对校并体现该结果的版本。另外,奉重于贞永元年(1232)还与"或儒家之本"进行了比勘(Ⅰ)。

如前所述,丰臣秀次得到的金泽文库本《律》《令义解》是较为综合的版本,其写本系统整理如下:

一、金泽文库本的传授、抄写系统
A 清原教隆传授本 《律》卷七,《令义解》卷一、四、五、七、八
B 清原俊隆传授本 《律》卷一,《令义解》卷六
C 丰原奉重本的转抄本 《令义解》卷十
二、金泽文库本的祖本系统
a 清原赖业所持本 《律》卷一、七,《令义解》卷一、五、七、八
b 中原章久所持本 《令义解》卷十
c 中原氏等所持本 《令义解》卷六
d 他人本 《令义解》卷四

接下来应探讨的是批注的谱系。第一是为了训读清原教隆、清原俊隆相传的清家流律令而加的训点(也可称为明法点)和训读注。这些被认为也记录在北条实时于文永三年亲自"点校"的《令义解》卷十中。金泽文库本的训点由朱训点(乎古止点、声调符号等)与墨训点(声调符号、训假名等)构成,"既有镰仓时代汉籍古点(对汉籍、佛经等所作的古代训点——校者注)的要素,又有平安中期 10 世纪前后所见的古老形式,还保留了奈良时代以前的语法",是与镰仓时代的明经点既相似又不同的独特的律令古点(筑岛裕:1976,819 页)。

第二是记载在中原章久所持本中的法家中原氏相传本的批注。《律》卷一的题识称,实时从"丰原奉政之本"(即丰原奉重本)转录了眉批、背注。虽未见于《律》卷一,但《令义解》卷一卷首"应撰定令律问答私记事"中载,有七例训读注记以"原本"为典据。原本是丰原奉重本的略称。如此可见,除转抄自奉重本的《令义解》卷十外,金泽文库本《律》《令义解》中也有很多从奉重本转抄下来的批注。《令义解》卷五禄令内舍人条的朱笔注记称"者字事,此本无之,而以先儒章广之笔入之,落字,凡又イ本,有之"("者"字未见于此写本,是先儒章广加进去的。此本中没有的是脱字,イ本中也有"者"字)(国

史大系本，107 页）。"先儒章广"指中原章久的伯父中原章广，该校异按语就是章久写入所持本中的（金泽文库本的正文中有"者"字，附有"本无"的注记）。可见，奉重所持本保留着法家中原氏（中原季盛流）相传本所传种种批注，这些也传到金泽文库本中。中原氏相传本的批注可以追溯到中原季盛活跃的 12 世纪前半期。

第三是关于"宗""师""野"训读等的批注。这些都与 11 世纪的明法家令宗氏、小野氏的训读有关。这些批注并非出自令宗氏或小野氏的某人之手，也不是来自以令宗氏、小野氏为师的明法家，加批注的很有可能是法家中原氏以及法家中原氏坂上流的先祖坂上定成[天喜元年（1053），明法博士在任。1005—1088 年。利光三津夫：1981，8 页]与中原范政[永长二年（1097）正月任明法博士。1050—1106 年。利光：1981，13 页]父子。

第四是与法家中原氏坂上流的诸家之本进行比勘的结果以及从诸家之本中转录的批注。《律》卷一以"坂"为典据的训读注记有六例，《令义解》卷一、四、十以"坂""坂本""坂家"为明确典据的注记有四十八例，均与文字校异、训读有关。坂、坂本、坂家无疑是指法家中原氏坂上流诸本、诸说，这些注记是丰原奉重奉中原章久之命进行校对的一部分结果。在《令义解》卷一原本的训读注中，正文"忌寸"的"寸"后写着"原本云，坂本寸"（国史大系本，346 页），由此可证，标有"坂""坂本""坂家"的注记是从丰原奉重所持本中转录过来的。在探讨法家中原氏坂上流所传之《律》《令义解》的内容时，也有必要对坂上明兼、坂上（后改为中原）明基编纂《法曹至要抄》时所用的这些写本进行检讨。

第五是一直以来备受关注的、引自《令集解》与弘仁式的注记与背注（土田：1992；森田、小口：1982；水本：1984；八重津、林：1984）。在这些注中有的可以追溯到 10 世纪初期的延喜讲书。

第三及第五类批注与第二类一样都出自中原章久所持本，经由丰原奉重所持本，传至金泽文库本。所以金泽文库本《律》《令义解》以批注的形式保留了明法道自 10 世纪以来律令学的成果。

金泽文库本《令义解》卷四、六、十因卷首有缺损，红叶山文库本将这部分缺损以空白的形式标示出来。卷四卷首、卷六卷首可以分别根据《令集解》的户令、选叙令复原缺损的文字，但卷十卷首的关市令第一条因《令集解》关市令的失传而无法完全复原。关市令因开头部分缺损,即使有近世金泽文库本系统的写本,也还是不详。因应德川吉宗享保七年(1722)的访书令,伪造了第一条的长崎本关市令义解被进献幕府,荷田春满的写本[关市令义解,元文五年(1740)题识]等完成,明和四年(1767)被作为两种版本[曾我部元宽刊(《译注日本律令》十一中收有与势多家旧藏京本合缀版的照片)、和泉屋太申刊]刊行。但尾张的律令学者神村正邻看破这是伪作,根据《令集解》采录的佚文对第一条进行复原,明和六年刊行其成果《关市令考》,这一复原案被之后的塙本《令义解》[宽政十二年(1800)刊行]采用,并被现在的新订增补国史大系所继承(利光三津夫:1967),但仍有无法复原的语句(石上:1997,20—21页)。

(三)《吉部秘训抄》纸背(卷一、卷六)

从中原章久到丰原奉重,再从清原教隆到北条实时,《律》和《令义解》都是作为一个整体被传授的,《吉部秘训抄》纸背的《律》和《令义解》也是如此。《吉部秘训抄》纸背上所载《律》与《令义解》残篇,其抄写年代不晚于镰仓时代初期,卷一纸背保留了有缺失的《律》卷三(卫禁律后半与职制律),卷四纸背是《令义解》卷一(以上都是国立历史民俗博物馆所藏广桥家本,现以《律》《令义解》为正面),卷五(宫内厅书陵部所藏谷森善臣旧藏本)纸背是《律》卷一开头(律目录至八虐)与《令义解》卷七开头(到仪制令第六条中间部分为止)(《图书寮典籍解题》续历史篇,5页;《译注日本律令》四图版)。《吉部秘训抄》是将藤原(吉田)经房(1143—1200)的吉记记事按年代顺序抄写下来的书,利用《律》《令义解》残篇的这一写本被认为写于南北朝前后。也就是说,《律》《令义解》是作为两部书流传下来的,且已作废。

《吉部秘训抄》卷四纸背上的《令义解》卷一与金泽文库本卷一一样,收录了"应撰定令律问答私记事""令义解施行诏""上令义解表""令义解序"与官位令,但没有训点与训读注,正五位以下官名的书写方式是一行四段(金泽文库本的官名书写是一行二段),尾题有"令卷第一官位令"(金泽文库本是"令卷第一官位注义解"),没有写条文名,有很多延喜讲书记、贞观讲书记的注记(新订增补国史大系采录)等,与金泽文库本有所不同,在新订增补国史大系中作为对校本使用。《吉部秘训抄》卷五纸背上的《令义解》卷七开头一行十三字,同卷纸背上的《律》卷一一纸十七至十八行。《律》卷一与《令义解》卷七都没有训点与注记。在《令义解》卷七仪制令第一条中，对天皇、陛下等并未用平出，也没有条文名等，与金泽文库本不同。除卷一序以前的部分和卷七仪制令的开头部分，其图版都收入《译注日本律令》十一。

（四）猪熊本（卷三）

《令义解》卷三的古写本有猪熊本、冈谷本、藤波家本。猪熊本（国学院大学所藏，猪熊信男氏旧藏，一卷）收录了神祇令与僧尼令，附有律令古点的朱训点（乎古止点、声调符号等）与墨训点（声调符号、训假名）等，抄于镰仓时代。题识称"正平十七年(1362)五月十五日，以家说授愚息左尉明保(坂上)了，于累家本□(者)京都在之，先以余本授而已。/大判事坂上大宿祢(花押)"。根据题识所载，是大判事坂上氏在追随南朝方时期(住吉行宫?)将持有的写本传给其子坂上明保。猪熊本原本是由正文十八叶、题识一叶构成的册子本，体裁为半叶七行，每行十六字。现在变成卷子本。从神祇令11散斋条后半开始至13践详条前半部分缺失，僧尼令19遇三位以上条、20身死条与21准格律条前半部分是在镰仓时代末期或南北朝时期补写的(《古简集影》十辑，东京帝国大学，1930年，解题)。① 《古简集影》十辑与神道大

① 猪熊本卷子开头的正文第一纸作为册子第一叶正面时(每叶的正反面在侧切口分开，而三、七、八、十□[一]的叶数留在侧切口的上部)，第三叶反面(第六纸)终于神祇令11散斋条的"问"(国史大系，793页第3行)，第四叶正反面(第八纸)始于12月斋条的"谓万"(国史大系，79页第7行"词"之后)。第四叶正面(第七纸)虽是空白，但相当于第六行位置的下端有"为小祀"的小字。"为小祀"是月斋条文末"一日斋为小祀"中的"为小祀"。猪熊本半叶七行，每行十六字，所以根据藤波家本等复原第四叶正面如下：

〔第四叶正面〕

第一行　病 谓有重亲丧病者 不在预祭之限 食肉亦不判刑杀不

第二行　决罚罪人不作音乐 谓不作丝竹 歌舞之类也 不预秽

第三行　恶之事 谓秽恶者不净之 物鬼神所恶也 致斋唯祭祀事

第四行　得行自余悉断其致斋前后兼为散斋

第五行　凡一月斋为大祀 谓上条云一月即此条 称斋者皆散斋也唯于

第六行　一日斋更无散斋其致斋 者皆在散斋限之内也 三日斋为中祀一日斋为小祀

第七行　凡践祚之日 谓天皇即位谓之 践祚祚位也福也 中臣奏天神之寿词 （转下页）

系《律·令》（神道大系编纂会，1987 年）都有其图版，被用作新订增补国史大系的对校本。

（五）冈谷惣介氏所藏残卷〔冈谷本〕（卷三）

东京大学史料编纂所所藏影写本《冈谷惣介氏所藏文书》（1940 年影写）中有《令义解》卷三末尾的僧尼令第二十四至第二十七条（大概相当于卷子本所用料纸一张的残篇，也称冈谷本），尾题"令义解卷第三"，题识有"元弘三年（1333）十二月十日，以上皇御说读了"。原本现在下落不明（水本浩典：1999A，651 页）。上皇指花园上皇（1297—1348），从元应元年（1319）闰七月二十二日至二年十一月十日，由中原章任传授他令律二书（《花园天皇宸记》。皆川完一：1966，9 页）。该书题识称贴身侍奉花园上皇的某人按照中原章任传授花园上皇的训读法读令的事情。中原章任属法家中原氏章直流（章直乃章贞弟子兼养子）章重的曾孙，任大判事（今江：1976，35 页）。该书是法家中原氏系统的写本。一行十六至十七字，无训点，但有引用《令集解》与无名记、当（堂）赞记、基案的注记。迄今未被翻刻并用于校订。

（六）藤波家本（卷三）

原本是伊势神宫的藤波家传下来的《令义解》卷三的卷子装写本，是在江户时代前期的宽文年间转抄自南北朝初期的写本，反町茂雄编《近集 善本百种》（弘文庄，1955 年）刊出一幅卷首的照片，但现在下落不明（水本：1999B，652 页），《译注日本律令》十一从该书中转载了图版，一行十五字，有训点。江户末期也曾抄写过该写本，是宫内厅书陵部所藏藤波家本"神祇

（接上页）第六行多出"一日斋为小祀"六字，第七行多出四字。为解决这一文字排列的例外，设计了许多方案，但如果注意到相当于第六行位置的下端小字"为小祀"，可以判断"一日斋为小祀"用小字旁注补在第六行下端左侧，如此可提出如下文字排列的复原方案：

第六行 一日斋更无散斋其致斋 三日斋为中祀
　　　 者皆在散斋限之内也

第七行 凡践祚之日 谓□□ 中臣奏天神之寿词
　　　　　　　　　□□□
　　　　　　　　　　　　一日斋为小祀

此外，如果第六行全都是小字双行，那么字数也刚好。"一日斋为小祀"六字也可以被认为是补在第六行行末的。第七行关于践祚之日的义解有脱文。

僧尼令补写部分在第十四叶反面（第二十八纸）至第十五叶反面（第三十纸），这一部分是墨书十四行的体裁，可见猪熊本的母本也是半叶七行的册子本。

令"(一册,《图书寮典籍解题》续历史篇,7 页)。

藤波家本神祇令由三部分构成,《令义解》卷三的神祇令、僧尼令第一条的前半部分与尾题。僧尼令的大部分已经失传。《令义解》卷三的题识有如下记载:

A 康永元年(1342)十月十四日,以家说奉授主殿头(壬生匡远)殿讫。

前丰前守坂上大宿祢明清

在判

B 同十一月十五日,以坂家证本,重移点并里书讫。

C 建长七年(1255)五月十三日,未克,书写之了。

"同十六日,巳时,朱点了。"(朱书)

同日,校合了。

本奥书云

D 康和二年(1100)十二月六日,蒙家君(藤原敦宗)严旨,以善证各本移点了。　散位宗兼

E 嘉承元年(1106)九月廿六日,受师说了。

刑部权大辅藤原宗兼

某人于建长七年(1255)五月转抄、移点藤原宗兼所持本(C);康永元年(1342)十月,坂上明清依据此本传授主殿头壬生匡远[1366 年(贞治五年)]殁](A);十一月,明清或是接受传授的匡远依据坂上家证本,对该传授本再行移点并加背注(B)。其源头藤原宗兼所持本是文章生出身的藤原宗兼于康和二年(1100)十二月受其父藤原敦宗[天永二年(1111 年)殁]之命,根据一些善本进行移点(D),又于嘉承元年(1106)九月得到其师传授的版本。这一本中附有训点(乎古止点、训假名等),批注除引用《令集解》等外,还有中原章敦关于训读的学说以及与家本的校异。中原章敦属法家中原氏章直流,是章直的曾孙一辈、13世纪末的人物。建长七年,抄写藤原宗兼所持本的是中原章敦祖父辈的人。在另一方面,标为"家本"的文字校异内容与坂上家相传本系统的写本猪熊本相似,所以"家本"应是坂上家证本。其特征是法家中原氏章敦的训说与被认为是坂上明清所作的批注并存。神道大系《律·令》收录了图版,被用作新订增补国史大系的对校本(也有该书未采录的批注。伊能、杨:1983)。

(七)阳明文库本"户令"(卷四)

该本乃阳明文库所藏,被推定写于室町时期,是一册缀叶装写本(水本:

1991、1999），其图版收入《译注日本律令》十一。虽题为"户令"，实为《令义解》卷四的写本，收有户令、田令、赋役令、学令四篇，首题写有"令卷第四户田赋役学"。没有训点及批注。被认为是与金泽文库本分属不同系统的写本（水本：1991）。卷篇结构则属与金泽文库本相同的传存本系统。

三、传授与讲说

在古代和中世，《令义解》被明法官员用作令典替代品及令的解释书，为明法勘文及《政事要略》等引用。

律令二部书（《律》和《令义解》）的学习以师生间的传授为主要形式。进行传授的，不仅有因朝廷政治所需而学习的贵族，还有需要完善武家法和习得公家法制知识的武家。金泽文库本律令四书是北条实时学习律令的成果，如果没有此书，那么到江户时代初期甚至今天，都不会有这么有分量的律令法典流传于世。当然，中原氏、坂上氏等明法道官员对律令法典的传承以及实务上的继续利用则是其基础。

红叶山文库本《律》与《令义解》、藤波家本《令义解》卷三、猪熊本《令义解》卷三、田中本《律》卷一的训点被筑岛裕称为"律令古点"，虽与明经点相似，但多少还是有些不同（参见筑岛：1976；早川庄八、吉田孝：1976；岚：1978年B）。《令集解》的北条实时本与建治二年题识本系统写本的卷九也留有一部分训点，但这并非为抄写后传授训读而进行的准确移点（无法进行训读），不过是对花山院师继本或其祖本的训点随意加以转抄而已（石上：1999B）。

《吉部秘训抄》卷四纸背的《令义解》卷一的注记援引贞观讲书记、延喜讲书记（国史大系本，5、6页），由此可知，在律令学习中"读"是很重要的。法家惟宗（令宗）氏在律令训读史上的重要时期是令宗允亮、允正（1105年殁）两兄弟活跃的 10 世纪末至 11 世纪初。金刚寺本《延喜式》卷十二的底本题识以及杏雨书屋所藏《圣德太子传历》上卷末的底本题识等显示，存在允亮的训读法。允亮于长保元年（999）六月在私宅讲授令（长保令讲书。《大日本史料》第二编之三）。允正也在长保五年（1003）十二月为加有训点的《律》添上"点壶"［点图（在训读汉文时对乎古止点加以图示——校者注）］，然后献给一条天皇，同年七月，又传授藤原行成《律》的训读（《大日本史料》第二编之四）。

14 世纪前半期,存在与贵族习令(利用传存本《令义解》)相关的书,如宫内厅书陵部所藏九条家本"令训释"(吉冈真之:1994C),花园上皇也从中原章久处传习律令。一条兼良(1402—1481)的《令抄》(《群书类从》卷七十八)与其子冬良的《令闻书》(《续群书类从》卷二百四十七)显示中世贵族习令达到的程度。至于《令抄》,还存在不同于《群书类从》本系统、被称为异本令抄的文本(宫内厅书陵部所藏藤波家本等),可以窥知兼良《令义解》讲义的内容(桥本久、林纪昭:1968)。

四、近世刊行的版本

(一) 京本

近世初期,金泽文库本律令四书(《律》、《令义解》、《令集解》北条实时本、《令集解》建治二年题识本)现世,以此为母本、祖本的写本被大量制作出来,律令研究再度兴盛。立野春节(京都儒医,有职家。1625 年生)以御所本系统的《令义解》(以金泽文库本为祖本)为底本,再根据金泽文库本系统的《令集解》写本,复原了《令义解》佚失的卷二职员令、后宫职员令、东宫职员令、家令职员令,卷九厩牧令、假宁令、丧葬令,以及当时未被判为《令义解》写本的卷三神祇令、僧尼令,并将这些研究成果刊行出版,即庆安三年(1650)版本,共 10 册(下条正南:1981A、B;佐藤邦宪:1980)。这一版本也缺失了两部分,即《令集解》所缺的仓库令、医疾令(《令集解》卷九),以及因金泽文库本《令义解》卷十开头部分缺失导致当时没有流传的关市令三篇。这一版本是印本,因在京都刊行,所以被简称为"京本",又因封面是蓝色的,也被简称为"青本"。直至 18 世纪末,此书都被作为令研究的正本而流传。江户时代的学者们(伊藤东涯、松下见林、荷田春满、伴信友、山田以文、曾我部元宽寺)曾把此书与《令集解》《令义解》诸写本以及古代法制史料进行比较,并校对此书的批注,各自制作了校本(石上:1997,321—334 页)。

(二) 仓库令与医疾令的复原

尾张学者采用搜集古代法制史料所引佚文的方法,尝试复原《令义解》与《令集解》均缺的仓库令与医疾令。尾张藩的律令学成果也体现在河村秀颖(1718—1783)、稻叶通邦(1744—1801)等编集的《律令备考》(《续续群书类从》卷六)中(藤直干：1967)。河村秀颖、河村秀根(1723—1792)兄弟按照《令义解》原撰本的卷编结构撰成《令义解第八本 仓库令补 厩牧令 医疾令补》，之后，秀根之子益根(1756—1819)加以校补，于文化七年(1810)出版(高盐博：1987，302—304 页)。河村本复原了仓库令 22 条中的 16 条、医疾令 27 条中的 26 条。稻叶通邦在《逸令考》中对佚文进行搜集、复原，复原仓库令 17 条(吉冈真之：1994B)。

至于关市令，则如前所述，以金泽文库本系统的《令义解》卷十写本为基础，进行第一条的复原以及关市令义解整体的利用。

关于金泽文库本所缺的《令义解》卷三，尽管可以《令集解》为据，但河村秀颖与河村秀根的《首书神祇令集解［1748 年(宽延元年)］刊》、稻叶通邦的《神祇令和解》(皆收入神道大系《律·令》)等都夯实了《令义解》研究的基础(岚义人：1978B)。

(三) 塙本

京本《令义解》作为正本的不足，促使学者们通过制作校本进行《令义解》研究。其中，塙保己一为利用红叶山文库本等来制作正确的校本，于宽政十年(1798)向幕府提出出版《令义解》的请求。宽政十二年，按照《令义解》原撰本的篇次结构刊行了十册(坂本太郎：1989)。此书被称为"塙本"，因封面是红色的，所以也被简称为"赤本"。第九册所收关市令第一条依据的是神村正邻的复原成果。一开始第八册只有厩牧令，后来又制作了第八册的后刷本，收录了利用《逸令考》复原的仓库令、医疾令(高盐：1987，308 页；吉冈：1994B，257 页。初刷本与后刷本的影印版收入《译注日本律令》十一)。此后，塙本作为《令义解》最好的版本得到流传。1897 年(明治三十年)开始刊行的国史大系(现在被称为旧辑国史大系)第十二卷收录的《令义解》就以塙本为底本。

五、现代的使用环境

新订增补国史大系《令义解》以塙本为底本，以红叶山文库本、《吉部秘训抄》卷四纸背(当时为东洋文库所藏广桥家旧藏本)、书陵部所藏藤波家本(当时为宫内省图书寮所藏本)、猪熊本为对校本，在 1929 年出版，到现在为止都被用作《令义解》的最善刊本、正本。国史大系本具有以下特征：1. 跟随塙本，采用《令义解》原撰本的篇次结构；2. 收录了大量红叶山文库本等的批注、训读；3. 依据《令义解》藤波家本、猪熊本，对神祇令、僧尼令进行对校；4. 关市令第一条是从塙本直接转载了神村正邻的复原；5. 至于失传的仓库令、医疾令，分别被复原 15 条、27 条；6. 因以塙本为底本，所以包含从《令集解》抽出、复原的《令义解》（传存本篇次结构中的卷二、卷九）；7. 收录了各种写本的题识；8. 构成传存本卷一的卷一卷首"应撰定令律问答私记事"与附有注释的施行诏、上令义解表、序作为附录（序正文置于卷首，附有注释的序则再次收入附录）。

井上光贞等编《律令》（日本思想大系，岩波书店，1976 年）从《令义解》《令集解》中抽出令文，根据复原令文补辑失传的仓库令、医疾令，由此复原养老令，再将它与残存的养老律合在一起，加上详细的训读与注释。另外，律令研究会编《译注日本律令》九、十"令义解译注篇一、二"（东京堂出版，1989、1991 年）包括卷一开头的应撰定令律问答私记事、施行诏、上令义解表、序，收录了从官位令至家令职员令的译注。目前，岚义人《红叶山文库本令义解卷首附载〈官符·诏·表·序〉译文》（《国学院大学日本文化研究所纪要》42 辑，1978 年）翻刻了施行诏、上令义解表、序的训点。索引则有水本浩典、村尾义和、柴田博子编《令集解总索引》（高科书店，1991 年），《日本思想史大系本〈律令〉头注·补注索引》（明治大学法学部史学研究室，1980 年），龟田隆之、中西康裕、安田政彦编《令义解总索引》（高科书店，1991 年）。关于近年来仓库令与医疾令的复原研究和《令义解》研究的状况，可参照吉冈真之的介绍（吉冈：1994，34—37 页）。

刚开始使用国史大系本须注意的是，不要误认为国史大系本《令义解》照搬的是流传至今的《令义解》原貌。国史大系本《令义解》不用说当然是最好的正本，但同时我们也要知道，这是将各种文本合成起来的版本，例如有的篇目出自依传存本的卷篇结构流传下来的写本，有的复原自《令集解》，有的则依据佚文复原。为了深入研究，有必要利用《红叶山文库本令义解》、《译注日本律令》十一、《神道大系》《古简集影》等提供的影印版，回归写本。此外，这一提要以《令义解》的成书与写本的介绍为中心展开叙述，并未论及对《令义解》法律解释的评价、明法官员在司法活动中的使用、散佚篇的复原研究史介绍,特此说明。

【参考文献】

岚义人:《关于律令注释书的二、三个问题》,《国史学》第 102 号,1977 年。

《红叶山文库本令义解卷首附载〈官符・诏・表・序〉译文》,《国学院大学日本文化研究所纪要》第 42 辑,1978 年 A。

《塙本令义解神祇令的成立以前》,《神道史研究月报》第 8 号,1978 年 B。

石上英一:《日本古代史料学》(收录《〈令集解〉金泽文库本的再探讨》《〈令义解〉金泽文库本的成立》),东京大学出版会,1997 年。

《令集解》(东山御文库本令集解的解题),《东山御文库御物》一,每日新闻社,1999 年 A。

《解题》(田中本令集解的解题),《国立历史民俗博物馆藏善本影印丛书》令集解五,临川书店,1999 年 B。

今江广道:《法家中原氏系图考证》,《书陵部纪要》第 27 号,1976 年。

伊能秀明、杨永良:《关于藤波本神祇令的批注》,《日本历史》第 424 号,1983 年。

岩桥小弥太:《令义解》,收入《增补上代史籍的研究》下,吉川弘文馆,1973 年(首刊于 1958 年)。

押部佳周:《令义解》,收入《律令成立史的研究》,塙书房,1981 年(首刊于 1971 年)。

神奈川县立金泽文库:《北条实时》,神奈川县立金泽文库,2001 年。

坂本太郎:《和学讲谈所的编集出版事业》,收入《坂本太郎著作集》第五卷,吉川弘文馆,1989 年。

佐藤邦宪:《关于黑川家旧藏本〈令义解〉》,《明治大学刑事博物馆年报》第 11 号,1980 年。

下条正男:《近世前期的国书雕版与立野春节》,《国史学》第 114 号,1981 年 A。

《立野春节与延喜式雕版》,《史学研究集录》第 6 号,1981 年 B。

关 靖:《金泽文库的研究》,讲谈社,1951 年。

高盐博：《养老医疾令复原的再探讨》，收入《日本律的基础性研究》，汲古书
　　院，1987 年。

泷川政次郎：《律背注的研究》，收入《日本法制史研究》，有斐阁，1941 年。

土田直镇：《律令——红叶山文库本令义解》，收入《奈良平安时代史研究》，
　　吉川弘文馆，1992 年（1964 年初版）。

筑岛裕：《关于律令的古训点》，收入日本思想大系《律令》，岩波书店，
　　1976 年。

所　功：《〈令义解〉撰者传》，收入《史正十周年纪念古代·中世史论集》，史
　　正会，1980 年。

桥本久、林纪昭：《异本令抄考——试论〈令抄〉的成立》，《法制史研究》第 18
　　号，1968 年。

早川庄八、吉田孝：《解题》，收入日本思想大系《律令》，岩波书店，1976 年。

布施弥平治：《明法道的研究》，1966 年，新生社。

藤直干：《名古屋藩律令学的考察——以稻叶通邦为中心》，收入《武家时代
　　的社会与精神》，创元社，1967 年。

福井俊彦：《令义解的撰定与格式的施行》，收入《日本古代的法与社会》，吉
　　川弘文馆，1995 年。

水本浩典：《令义解古写本批注、背注集成》，《神户学院大学纪要》第 16、17
　　号，1984 年。

　　《律令注释书的系统性研究》，塙书房，1991 年。

　　《解题》，收入《译注日本律令》11"令义解译注篇别册"，东京堂出版，
　　1999 年 A。

　　《解说》，收入《红叶山文库本令义解》，东京堂出版，1999 年 B。

森田悌、小口雅史：《旧红叶山本〈令义解〉批注》，《金泽大学教育学部纪要
　　（社会科学、人文科学编）》第 31 号，1982 年。

皆川完一：《关于冈谷本令义解》，《新订增补国史大系月报》第 39 号，1966 年。

森润三郎：《红叶山文库本与书物奉行》，昭和书房，1933 年。

八重津洋平、林纪昭：《红叶山文库本〈令义解〉批注补考》，收入泷川政次郎
　　博士米寿纪念论集《律令制的诸问题》，汲古书院，1984 年。

吉冈真之：《古代的史书与法典》，收入《古代文献的基础性研究》，吉川弘文

馆,1994 年 A。

《延历交替式二题》,收入《古代文献的基础性研究》,吉川弘文馆,1994
年 B。

《九条家本〈令训释〉》,收入《古代文献的基础性研究》,吉川弘文馆,
1994 年 C。

利光三津夫:《关市令传世本的由来》,收入《律令制及其周边》,庆应义塾大
学法学研究会丛书 17,1967 年。

《法家坂上家的研究》,《法学研究》第 54 卷第 12 号,1981 年。

(原文载皆川完一、山本信吉编《国史大系书目解题》下卷,吉川弘文馆,
2001 年。)

郭　娜译　赵　晶校

令　集　解

水本浩典

一、《令集解》的研究史

　　首先拟梳理的是 1945 年以前《令集解》研究的概况。包括江户时期在内，相较《令义解》，有关《令集解》的研究可谓相形见绌。其原因有分量重、难懂、对律令正本（江户时期将《令义解》与律令正本等同视之）与注释本的重视程度不同等。

　　作为考证学者的荷田春满对《令集解》进行校订并讲说，是江户时期注释工作的一个侧面。① 另外，尾张藩的稻叶通邦在《神祇令和解》②中也提及《令集解》，对《令集解》所载各私记进行考证等，留下了在当时算是高水平的概说。继承《神祇令和解》的作品是佐藤诚实的《律令考》。③ 佐藤氏的《律令考》成为之后研究《令集解》的基本参考文献，最终孕育出泷川政次郎的《〈定本令集解释义〉解题》。④ 泷川氏的《令集解》解题网罗了战后精致化的令私记独立研究的萌芽之作，迄今仍有参考价值。

　　小口雅史的《〈令集解〉关系文献目录》⑤为概览 1945 年以后的研究提供

---

① 荷田春满关于《令集解》的论著有《令解》（一册，天理图书馆所藏，亲笔稿本）及《令集解札记》（一册，东羽仓家所藏）。
② 稻叶通邦：《神祇令和解》（1796[宽政八年]，无穷会神习文库所藏），翻刻版收入神道大系编纂会编，小林宏校注《神道大系 古典编》九《律、令》，神道大系编纂会，1987 年。
③ 佐藤诚实：《律令考》，收入氏著，泷川政次郎编《佐藤诚实博士律令格式论集》，汲古书院，1991 年，首刊于 1899—1990 年。
④ 泷川政次郎：《〈定本令集解释义〉解题》，收入氏著《日本法制史研究》，有斐阁，1941 年，首刊于 1931 年。
⑤ 到最近为止的《令集解》研究文献，可参照小口雅史《〈令集解〉关系文献目录》，户川、新井、今驹编《令集解引书索引》，汲古书院，1990 年。

了方便。在一系列的研究中,取得长足进步的是龟田隆之、青木和夫、黛弘道等率先进行的关于令私记成立年代的研究。这些研究又刺激了井上辰雄、野村忠夫、押部佳周等,由他们掀起了一系列令私记研究的高潮。[①] 其研究方法主要是确定各私记的成立年代,由此将《令集解》所收令的注释学说运用到奈良、平安时代史的研究中。

其次,神野清一引入家学形成的视角,分析诸学说的相互关系,以此分析令私记的性质。[②] 其研究成果发表以后,又涌现出许多继承了该方法论的论考。森田悌和林纪昭之间关于"穴记"成立时间的论争,[③]使这样的分析视角更加周密,而北条秀树对穴记多重结构的解析研究,[④]标志着这样的研究达到一定的高度。井上光贞所撰《律令(日本思想大系)》解说对这些《令集解》研究的发展进行了集大成式的概述。[⑤] 井上氏的解说立足于自己长期的研究成果与此前的先学研究,已逼近《令集解》编纂上的结构问题。井上氏以 1959—1978 年这 21 年间形成的底稿为基础,撰写《令集解的研究》[⑥](预计十卷),然因其去世而未能最终完成,遗憾之至。

《令集解》的研究以井上光贞的研究为一个顶点。之后,对《令集解》所收令私记的研究,以及对《令集解》进行结构分析的研究可以说呈减少之势。这或许也源于《令集解》的编纂方针,如需要从引用关系的复杂性与对令文字句碎片化解释的罗列,去理解各明法家在令文解释上的微妙差异等,很难

---

① 岚义人、井上辰雄、神野清一、泷川政次郎、中嶋宏子、野村忠夫、松原弘宣、黛弘道、森田悌诸人的论考都汇集在荆木美行编《令集解私记的研究》(汲古书院,1997 年)中,便于利用。

② 神野清一:《令集解"赞记"的性格分析》,《续日本纪研究》第 138、139 合并号,1968 年。

③ 森田悌:《关于令集解"穴记"》,收入氏著《平安初期国家的研究》Ⅱ,关东图书,1972 年,首刊于 1971 年;林纪昭:《穴记义解施行以降成立说的疑问》,《续日本纪研究》第 158 号,1971 年;森田悌:《令集解"穴记"再论》,《续日本纪研究》第 160 号,1972 年;林纪昭:《续穴记义解成立以降成立说的疑问》,《续日本纪研究》第 165 号,1973 年;中嶋宏子:《关于令集解"穴记"的成立年代》,《神道宗教》第 153 号,1993 年。

④ 北条秀树:《令集解"穴记"的成立》,收入氏著《日本古代国家的地方支配》,吉川弘文馆,2000 年,首刊于 1978 年。

⑤ 井上光贞:《日本律令的成立及其注释书》,收入井上氏等校注《律令(日本思想大系)》,岩波书店,1976 年。

⑥ 井上光贞:《我的古代史学》,文艺春秋,1982 年。井上氏构想的《令集解的研究》没能最终完成。但他所写的稿本三十七卷(据说到公式令集解为止)如果能为学界所用,将为令集解研究作出极大贡献。恳盼井上氏的遗属及相关人士对此加以商讨。

把握全体像。

近来，像令私记研究那样考察《令集解》结构的研究基本已经看不到了。在另一方面，则出现一些研究趋势，如回归原点，对《令集解》的书志学研究再行审视，①以及对《令集解》与其他典籍引用的令注释进行比较研究等。作为这些研究的成果，学界对金泽文库本《令集解》在书志学上的定位已达成共识。另外，也可以说，索引②和有关汉籍引用的研究③等更为基础的研究也进入积累阶段。与此同时，在《令集解》的研究中，公开全文数据库④和编制可以实现一字检索的总索引，⑤也反映了近来利用计算机进行研究的热潮，《令集解》研究又跃上了一个新的阶段。

二、著者、书名

(一)《令集解》与惟宗直本

《令集解》如何成书？在何时、由谁编纂？虽然此书是古代法制研究必不可少的典籍，但这些问题迄今依然未明。

佐藤诚实在《律令考》中解说道：

> 本朝书籍目录载有令释七卷、令集解三十卷_{直本撰}、令总记……直本就是惟宗朝臣直本……

他以《本朝书籍目录》所载注记为据，将《令集解》的作者认定为惟宗直本。此后这就成了通说。⑥

---

① 代表性的研究有石上英一《〈令集解〉金泽文库本的再检讨》，收入氏著《日本古代史料学》，东京大学出版会，1997 年，首刊于 1979 年；拙稿《〈令集解〉诸本的系统性研究》及《关于〈令集解〉写本的一个考察》，收入拙著《律令注释书的系统性研究》，塙书房，1991 年，首刊于 1979、1980 年；吉冈真之《田中本〈令集解〉笔记》，收入氏著《古代文献的基础性研究》，吉川弘文馆，1994 年。

② 户川芳郎、新井荣藏、今驹有子编：《令集解引书索引》，汲古书院，1990 年。

③ 奥村郁三编：《令集解所引汉籍备考》，关西大学出版部，2000 年。

④ 水本浩典、柴田博子、村尾义和编数据库"SUUGE"，京都大学大型计算机中心，1994 年。

⑤ 水本浩典、柴田博子、村尾义和编：《令集解总索引》，高科书店，1991 年。

⑥ 50 页注③佐藤诚实论文有所提及。泷川政次郎也在 50 页注④中有以下论述："本书的撰者，因《本朝书籍目录》中写有'直本撰'，所以似可推断为平安初期的法学泰斗惟宗朝臣直本。"

《本朝书籍目录》还载"律集解 直本撰 三十卷"。《本朝书籍目录》(使用的是国立公文书馆内阁文库所藏《日本书籍目录》)的记载顺序如下:

律	养老赠太政大臣不比等奉敕作律令二十卷	十卷	养老《律》
律附释		十卷	《律》的注释书
律集解	直本撰	三十卷	《律》的注释书
律疏		三十卷	不详
律	大宝元年不比等大臣与令并作	六卷	大宝《律》
令	养老与律并作或右大臣夏野公撰	十卷	养老《令》
令释		七卷	养老《令》的注释书?
令义解	右大臣夏野奏进	十卷	养老《令》的注释书
令	天智天皇元年仰近江国令是也	二十二卷	近江《令》?
令	大宝元年不比等大臣与律并作	十一卷	大宝《令》
令义(集?)解 直本撰		三十卷	养老《令》的注释书
三十卷抄 明兼抄			不详
弘仁格			
(中略)			
法意简要抄		一卷	
裁判至要抄		一卷	
令惣记		不详	
朝笔要抄		一卷	
廷尉装束抄		三卷	

以上大致按照律、令、格、式、其他这样的顺序来分类。《律集解》及《令集解》置于《律附释》及《令义解》之后,被归类为律及令的注释书。并且两书都是"直本撰,三十卷",明确记载惟宗直本为撰者。

但广泛查阅其他史料,却完全找不到与《令集解》编纂相关的记载,以及惟宗直本与《令集解》有关系的记载。唯一可在《惟宗系图》(东京大学史料编纂所所藏)中看到与《本朝书籍目录》相同的记载:

令集解撰者
右卫门少志

富成——直本————————————善继——致明——忠方——允亮

元庆七年十一月一族均
改赐惟宗朝臣姓

该书在允亮项下称"《政事要略》《类聚判集》撰者",即《惟宗系图》将惟宗直本注为《令集解》的撰者,将惟宗允亮注为《政事要略》及《类聚判集》的撰者。若据利光三津夫、松田和晃二人的考证,①《惟宗系图》的记载具有很高的可信度,可以作为《本朝书籍目录》记载的补充史料。

将诸书中与惟宗直本相关的记载整理如下:②

元庆元年(877)　弹正少忠正七位上秦公直本与兄长赞岐国香河郡人左少史正六位上秦公直宗一起,将本贯改为左京六条(《日本三代实录》)

元庆七年(883)　任右卫门少志,与兄长直宗(从五位下守大判事兼行明法博士)等一起改姓为惟宗朝臣(《日本三代实录》)在此期间,接受检非违使宣旨?(利光、杨、伊能论文)

仁和二年(886)　调任右卫门大尉(《经俊卿记》建长八年五、六月背注)

宽平四年(892)　右卫门尉(《政事要略》卷六一)

宽平年间　　　撰述《检非违使私记》(《政事要略》卷六一)

延喜二年(902)　勘解由次官(《政事要略》卷六九)

延喜四年(904)　主计头(《二中历》第二)

延喜五年(905)　勘申(《法曹类林》卷一九二)

延喜七年(907)　主计头兼明法博士(《源语秘诀》。最高官位? 利光、杨、伊能论文)

延喜年间　　　律令讲书(《西宫记》卷一四)

从上可知,惟宗直本撰写了《检非违使私记》,但从现存史料中无法判定他与

① 利光三津夫、松田和晃:《〈惟宗系图〉的研究》,收入利光氏编著《法学史的诸问题》,庆应通信,1987 年,首刊于 1983 年。

② 以利光三津夫、杨长良、伊能秀明《关于惟宗直本的一个考察》(《续日本纪研究》第 221 号,1982 年)所载年表为基础作成。

《令集解》的关系。其中,先学通过研究《令集解》所收各私记的成立年代等,来推定其编纂时间。泷川政次郎根据"本书所引格及式均为弘仁的格式,非贞观的格式"、仪制令集解太阳亏条的引文等,推测是在元庆元年以前或贞观十年以前(编纂贞观格以前)。井上光贞也赞同这一说法,并推断"从其履历来看,直本大约四十岁"。

然而,若以担任检非违使为契机撰写了《检非违使私记》,那么撰写《令集解》时应以作为明法家而活跃为契机。他作为明法博士而活跃的时期,是在延喜年间,也是其晚年。在另一方面,从《令集解》所引各令私记的成立年代等来分析,是直本还未从秦氏改姓惟宗时所著。关于这一矛盾,目前还未有一个合理的解释。

还有一些论考通过散见在诸书中的"基云""基案"等记载来探讨与惟宗直本的关联性。有人认为"基"所指的人物是坂上明基。根据清水洁①及利光三津夫、杨长良、伊能秀明三人的论考,直本的"本"与"基云"的"基"可以互训,因此"基云"有可能是惟宗直本的学说。

笔者也曾加以检讨,以附两文之骥尾。②《令集解》等注释书在标注明法家的学说时,将"穴太"氏的学说标为"穴云"、将"物部"氏的学说标为"物云"、将"赞岐"氏的学说标注为"赞云"等,这与标注中国明法家的学说时所用"宋云""张云""简云"等如出一辙。拙稿虽然还无法就"基云"究竟指谁下一定论,但难以接受的是,在只有"基云"这一标注的情况下,放弃以姓之一字为标记的原则,而改用名之一字。另外,从其他的私记(赞记等)用例来看,编纂《令集解》的惟宗直本在表述个人想法时,也应标记为"私案"或"私",现在《令集解》中随处可见的"私案""私云",其中一部分大概也包含了直本的学说。

(二)三十卷本《令集解》

因养老《令》已经失传,所以《令》的原初记载形式现已无从得知。日本受到中国律令记载形式的直接影响,制订了大宝《令》及其修订版养老

《令》,现可根据养老《令》的注释书《令义解》及《令集解》复原养老《令》及大宝《令》。

《本朝书籍目录》所载《令集解》在卷数上分为三十卷,但在现行《令集解》中,假宁令、丧葬令集解的尾题写有"令集解卷第四十",若考虑其后缺失的诸篇,则可估计它由五十卷构成。

在《令集解》的写本中,存在一部善本,即三十二卷金泽文库本系统的写本——鹰司本(宫内厅书陵部所藏)。其封面所写标题与《法家文书目录》所载《令集解》的卷篇结构一致,而作为僚本的金泽文库本《令义解》(所谓红叶山文库本《令义解》),其尾题与该卷篇构成有别。这是窥知《令义解》为《令集解》成立前提的旁证。

在红叶山文库本《令义解》与藤波本《神祇令》(宫内厅书陵部所藏)中,存在记有"集○"的批注。这些批注一直为土田直镇[1]等众多先学所关注。整理总计 11 处记有"集○"的批注,并推测三十卷本《令集解》的卷篇构成,则可制成下表1。

除了红叶山文库本《令义解》军防令开头批注的"集廿五"及"惣廿七"之外,剩下的九处"集○"所示应是三十卷本《令集解》的卷篇结构。[2]

因此岚义人的推测是很勉强的,即目录与一部分《令》中所注私记诸说是三十卷本《令集解》,而把它们与义解的注释文(全文)合并起来就是现行《令集解》(推断为五十卷)。[3]

(三)《令集解》与"令惣记"

前述《本朝书籍目录》政要篇的后半部分有"令惣记"的记载。自稻叶通邦以来,许多先学都在它与《令集解》的关系问题上提出了各种说法,即同书说、异书说、姐妹书说、吸收集解的集成书说等。

---

① 土田直镇:《律令》,收入氏著《奈良平安时代史研究》,吉川弘文馆,1992 年,首刊于 1964 年。
② 拙稿:《〈令集解〉与〈令惣记〉》,收入拙著《律令注释书的系统性研究》。首刊于 1984 年。52 页注①石上氏的论文也探讨了同一问题,得出了同样的结论。
③ 岚义人:《关于律令注释书的二、三个问题》,《国史学》第 102 号,1972 年;《令惣记》,《国书逸文研究》第 4 号,1980 年。

表 1　三十卷本《令集解》卷篇构成的复原（收入拙著《律令注释书的系统性研究》，部分有修正）

令篇目	法家文书目录		京本 缟本	广本、红本、猪本、藤本、冈本、黑本、阳本、尾题	三十卷本《令集解》		现行本 令集解	鹰司本 封面标题
	令	令义解			岚案	笔者案		
官位令第一	第一	第一		广本：令卷第一官位令　红本：令卷第一官位注义解	一		第一	令一[之一]
职员令第二	第二		第一	缺	[二]、[三]	[集一]~[集三]	第三~第五	令一之二
后宫职员令第三								令二之二
东宫职员令第四							第六	令二之二
家令职员令第五					[四]			令二之三
神祇令第六	第三	第二	第二	猪本：令卷第三　藤本：令卷第三 本无神祇令　冈本：令义解卷第三 本无僧尼令	[五]	集四	第七（含部分僧尼令）	令二之一
僧尼令第七					六、七		第八	令二之二
户令第八	第四	第三	第三	红本：令卷第四户田赋学　阳本：令卷第四户田赋役学　黑本：令卷第四户田赋学	[八]	[集五]~[集七]	第九~第十一	令二之三
田令第九					[九]	集八	第十二	令三之一
赋役令第十					[十]	集九	第十三、第十四	令三之二
学令第十一						[集十]~[集十五]	第十五	令三之三

（续表）

令篇目	法家文书目录·令	法家文书目录·令义解	京本/墙本	广本、红本、猪本、藤本、冈本、黑本、阳本、尾题	三十卷本令集解·岚案	三十卷本令集解·笔者案	现行本令集解	鹰司本封面标题
选叙令第十二					[十一]		第十六	令四之一
继嗣令第十三	第五				[十二]	[集十]～[集十五]	第十七（含部分选叙令）	令四之二
考课令第十四		第四	第四	红本：令卷第五选叙令 继嗣令 考课令禄令	[十三]、[十四]		第十八～第廿二	令四之三
禄令第十五					十五		第廿三	令四[四]
宫卫令第十六	第六				十六	集十六	第廿四	令五之一
军防令第十七		第五	第五	红本：令卷第六（五）宫卫令 军防令注义解	十七、十八	[集十七]、集十八	缺（第廿五～第廿七）	缺
仪制令第十八					十九		第廿八	令六之一
衣服令第十九	第七	第六	第六	红本：令卷第七（六）仪制令 衣服令注义解 令营缮令注义解	[二十]	[集十九]不明	第廿九	令六之二
营缮令第廿					[二十一]		第卅	令六之三
公式令第廿一	第八	第七	第七	红本：令卷第七公式令注义解	[二十二]～[二十四]	集至过所武条	第卅一～第卅六	令七之一

（续表）

令篇目	法家文书目录 令	法家文书目录 令义解	京本 塙本	广本、红本、猪本、藤本、冈本、黑本、阳本、尾题	三十卷本令集解 岚案	三十卷本令集解 笔者案	现行本令集解	鹰司本封面标题
仓库令第廿二	第九		第八（京本缺仓库令、医疾令）	缺	[二十五]		缺（第卅七）	缺
厩牧令第廿三		第八			[二十六]		第卅八	令八之二
医疾令第廿四					[二十七]	不明～[集廿五]	缺（第卅九）	缺
假宁令第廿五 丧葬令第廿六		第九	第九		[二十八]		第四十	令九之一
关市令第廿七 捕亡令第廿八					[二十九]	集廿六	以下缺	以下缺
狱令第廿九	第十	第十	第十	红本：令卷第十	[三十]	集廿七、集廿八 [集廿九]		
杂令第卅						集卅		

※广本＝国立历史民俗博物馆所藏广桥本《令义解》，红本＝国立公文书馆内阁文库所藏日比叶山文库本《令义解》，猪本＝国学院大学所藏猪熊本《令义解》，藤本＝宫内厅书陵部所藏藤波本《神祇令》，冈本＝东京大学史料编纂所影写本冈合本《令义解》，黑本＝明治大学刑事博物馆所藏黑川真赖旧藏本《令义解》，阳本＝阳明文库所藏《令义解》，京本＝庆安三年立野春节校印板本《令义解》，塙本＝宽政十二年端保已一校印板本《令义解》。［　］表示推测所得。

目前搜集到标为"令惣记"或"令惣义"的佚文七条(《江家次第》第一、《令闻书(所谓令抄)》考课令、《小右记》长和四年五月十一日条、《北山抄》卷六、《平户记》宽元三年四月十四日条、红叶山文库本《令义解》捕亡令批注、阳明文库本《裁判至要抄》纸背注记)。其中,最引人注目的是阳明文库《裁判至要抄》的纸背注记,内容如下:

僧尼合惣记云空僧尼者沙弥々々尼皆僧尼事也

虽然在抄写过程中存在误写,但它以"僧尼令惣记云"的方式引用了僧尼令集解开头部分的穴说:

僧尼穴云,僧尼者,沙弥々々尼,皆僧尼耳。赞云,问,僧简取尼之法……

一直以来,因其他佚文没有引用私记名的部分,所以关于《令集解》与"令惣记"的关系有诸多说法。根据阳明文库本《裁判至要抄》纸背注记的引用,可以确定在引用《令集解》诸说时是以"令惣记"为标题的。

由此推测,不知在什么时候,《令集解》既被称为"令集解"又被称为"令惣记",两者出现混用的情况。在前述《令义解》写本"集○"的批注中,有"集廿五"及"惣记廿七"。此二例与三十卷本《令集解》的卷篇构成不一致,却与现行《令集解》的卷篇构成一致。

这是一个佐证,即与现行《令集解》的卷篇构成一致的《令集解》,在中世既被称为"令集解"也被称为"令惣记"。由此推测"令惣记"是《令集解》的别称。

(四)异质令集解

现行《令集解》诸篇之中,卷一(官位令集解)、卷二十(考课令集解)、卷三十五(公式令集解)三卷,与现存三十五卷中的其他三十二卷在记载形式上有所不同。因此,这三卷的集解被统称为"异质令集解"。

泷川政次郎早先推测,因《令集解》有所残缺,后人曾加追补(卷一补于平安末期、卷二十及卷三十五补于镰仓时期)。土田直镇认为这三卷是取原本《令集解》之大意而成的节略本。对此,利光三津夫、斋川真提出了新的见解:这是与平安初期所编《令集解》不同的《令》注释书,是汇集了明法家诸说的编纂物。① 早川庄八也在同一时期发表了关于异质令集解的研究成果，认为异质令集解与现存《令集解》不同，是特定明法家的令私记，为令文附加义解之说与明法家说、编者的问答等。②

从诸书中现存的令集解佚文可推测，《令集解》与异质令集解原本是并存的。卷三十五公式令集解的公式令 55 条来自《政事要略》卷六十九所存该条令集解佚文。现将田中本《令集解》所载该条照录如下：

文武职事条
凡文武职事散官朝祭行立各依
位次为序 或云行音胡郎反 朝参
者元日之类也
问依位次者放上条率二阶为一位
哉 或云正从上下是称位次各以
次例见衣服令咸条 问条字意何
或云依位之科多称各字文官武官
散官不
别列
位同者五位以上即用授位先后
或云位同者共上阶共下阶之类六位以
下以齿 义云齿龄也 亲王立前
义云夹驰道而分立东西也诸王诸
臣各依位次不杂分别 义云自亲
王行降一等诸王立西诸臣列东 或云
大臣以下皆立亲王后
问或云外位别列耳者何 或云不见
别 问或云坐一行之时诸王一位
次诸臣一位次王二位次臣二位次
王三位次臣三位又正从以次别坐
一同诸臣不别王臣何者朝服之
色无别之故但四位以下

① 利光三津夫、斋川真：《关于异质令集解的史料价值》，收入利光三津夫《律令制的研究》，1981年，庆应通信，首刊于 1977 年。
② 早川庄八：《关于异质令集解三卷》，收入氏著《日本古代的文书与典籍》，吉川弘文馆，1997年，首刊于 1977 年。

朝服有别 依衣服令王一位深紫衣二
位以下五位以上并浅紫衣
臣一位深紫衣三位以上浅紫衣也然则
王臣无别又臣四位深绯五位浅绯也则
与王别也故王五位之次臣四位坐
耳或云王三位以上坐了一之次臣
一位坐者
唯且之

很明显,书写分两种格式,一部分是空两格的双行小字,另一部分是一行大字。我们应当认为,至少就异质令集解卷三十五而言,在其抄写过程中,抄写者意识到令文、以"义云"为首的义解文以及"或说",与很多双行小字的问答部分有所区别,从而改变了字体的大小。

将以一行大字为主的异质令集解卷一、在书写形式上与其他集解基本相同的异质令集解卷二十看作一个整体是否妥当? 如后所述,作为金泽文库本的祖本,藤原师继所持本即花山院本被作为参校本的正亲町本所取代,这可能也反映了异质令集解的书写形式与其他《令集解》写本有很大差异。

在镰仓时期,被称为"令惣记"的《令集解》,以及采用异质令集解那样书写形式的令注释书,都被当时的明法家视为《令集解》。

三、《令集解》引载私记及文献

(一) 各私记解说

如前所述,《令集解》被认为是由惟宗直本所著。那么,直本是参照哪些资料编纂而成的呢? 试着翻开《令集解》,就可以看到各种引用文献穿插其间,如"释云""朱云""古记云""穴云""迹云""伴云""赞云"等引用的是明法家的注释学说,"私案""私""师云""一说""或云"等引用的是非特定的学说,还有如"大同元年十月十三日官符云"等法令以及各种汉籍等。

那么,直本编纂《令集解》的规则与方针为何? 关于这个问题,虽然先学作了各种分析,但现实是无法得出一个确切的结论。

以下试以《令集解》卷二职员令集解的职员令 2 条有关太政大臣职掌的规定为例,来解析《令集解》汇集的明法家诸说。以下是新订增补国史大系所收《令集解》(完成纪念版)前篇第 42 页部分。

無此句

經邦論道變理陰陽。

謂變者和也。理者治也。言太政大臣、佐王論道、以經緯國事。和理陰陽則有德之選。非分掌之職。爲无其分職故。不稱掌。殷官待

周謂發。國經野。鄭玄曰。經謂爲之黑數也。鄭玄曰。蓉謂方九里。國中九輕九經。又曰。六典。一曰治典。以經邦國治其玄日。趨法也。

德。故无其人則關也。釋云。尚書曰。三公論道經邦變理陰陽注云。三公之任。佐王論道。以經緯國事。和理陰陽。此人德行。通廠天地。風五日吹。不折枝。雨十日落。不碎块。此所謂賢人君子。言行可爲法則哉。言辭謂諸蕃歸化俘四等人所申消息秘密之辭也穴云。經邦。謂爲邦經事耳。論考也。考德行道變謂之論。

問。太政大臣職掌何。答。依公式令。有嚮葵蕃之文。又依儀制令。有坐廳上見大政大臣之文。然則預雜政同。左大臣耳。但可消息也。新令私記云。經邦。謂結排國坏也。變理陰陽。謂象四時行。政事。仍陰陽不

乖。節也。跡云。經邦。補江反。○邦之所居亦曰。邦界也。又曰。小曰邦。大也。○小曰邦。大也。

歟。若自所得德行歟。答。德行也。又物。四事。但關一事。不可任也司也。問。太政大臣者。左大臣以下政。共預敕示他人。歟。若行已身。答。能行已身者。他人自喩習者。未知。而論字之情何。問。此事惣事。又職掌

耳。此。大者云主也。小者云臣國。未知。依何所說也。論道者五常之道也。後說。孝悌仁義物名論道者。未知。弁結陰陽變理。耳。此是太政大臣德稱耳。但衆務者。左右大臣共行耳。讚云。問。太政大臣有職掌哉。答。公式令云。

又儀制令云。公坐相連。右大臣以上爲長官者。依此等文。雖不注職掌。而預視雜務不異左

云。何長官不預行哉。可行者。伴云。論道治國之正道。則五常之道耳。庻定時。經國論道一種。爲足句文。貞

陰陽變理。耳。此太政大臣德稱稱耳。故亦可用可。埭此任之人也。又云。論治國道。幷緣論仁義孝悌之道。自然被

又儀制令云。公坐相連。右大臣以上爲長官者。依此等文。雖不注職掌。而預視雜務不異左

国史大系本《令集解》研究时一般作为正本使用，一页九行，令正文与注文用大字，诸说部分则用小字双行刊印。

首先，用大字书写令文"经邦论道，燮理阴阳"。在写本中，令文与注文的书写没有文字大小之别，通过被称为明法点的乎古止点来加以区分。

接着，以双行小字开始的"谓，燮者和也，……故无其人则欠也"是义解的解释文。在异质令集解中，则用"义云"开头，一般的《令集解》大致都用"谓"开头，与所谓《令义解》的记载相同。

在第一行与第二行之间，夹着一行小字"周礼，国体经野，……经法也"。在写本中，这是加在行与行之间的所谓批注。在《令集解》中，明法家引用各种汉籍[1]作为注释的参考，特别是《玉篇》等类书。[2]

义解文之后，引用的是以"释云"开头的"令释"之说。据推断，"令释"形成于 787 年（延历六年）至 791 年（延历十年）间，是注释整个养老令的最早注释书。《本朝法家文书目录》养老令部分记载了其卷篇构成：

> 令释一部七卷卅篇
>
> 　第一官位 职员 后宫职员 东宫职员 家令职员 神祇 僧尼
>
> 　第二户 田 赋役 学
>
> 　第三选叙 继嗣 考课 禄
>
> 　第四官卫 军防 仪制 衣服 营缮
>
> 　第五公式
>
> 　第六仓库 厩牧 医疾 假宁 丧葬 捕亡 关市
>
> 　第七狱 杂

"令释"的解释与之后政府编纂的《令义解》颇多相同之处，可见它被视作"令"解释的标准。井上辰雄认为，其特征是注释的训诂性明显，所以"令释"的撰者被推定为当时对春秋公羊、谷梁二传造诣颇深的伊予部家守。但若从《令集解》的编纂方针加以推测，直本也可能是为了明示义解解释的出处，而在义解的解释之后特意录出"令释"的相应部分，尤其是训诂性的注释，恐

---

① 　关于汉籍，可参照前述《令集解所引汉籍备考》及《令集解引书索引》。

② 　《令集解》所引类书，详见森鹿三《令集解所引玉篇考》，《东方学报（京都）》第 41 册，1970 年；林纪昭《令集解汉籍出典试考（上）》，油印，1980 年，（下）未刊。

怕未必是在与其他明法家作了比较之后,因特别服膺"令释"的训诂性注释而特意有所选择。直本可能是为了提示训诂性注释与义解注释之间的渊源,才间接引用"令释"的相应部分,而之后所引"古记"与其他明法家诸说中也可能存在训诂性注释以及与义解注释相似的学说,既然已经引用了"令释",也就没必要再次摘录,所以这些就被省略掉了。这种可能性也无法否定。

接下来以"古记云,经国,经者治也"开头的文字,引用的是"古记"。"古记"遍布于《令集解》全篇,现在作为大宝令的注释书,是具有最高利用价值的明法家私记。其成立时期约为 738 年(天平十年)。作者被推断为大和长冈、山田白金、秦大麻吕等。继承泷川政次郎学说的井上光贞评价道,"古记"是"具有古典性(匀称、普遍、客观)气韵的注释"。但在《令集解》中,"古记"可以说一定被置于"令释"之后。置于"令释"之后的"古记",存在"古记无别""余与释无别"等记载。① 若考虑这一点,那么可以推测的是,直本在最根本的义解文后配置"令释","古记"注释中的语句、行文若与"令释"重复(即"令释"沿了"古记"的解释),就被省略掉了。

接下来以"穴云,经邦,谓执为邦经事耳"开头的文字,引用的是"穴记"。"穴记"大概是延历时期(782—806)的明法家私记。"穴"说也有被称为"穴太博士说"的例子,"穴记"的作者被推测是曾任明法博士的穴太氏。佐藤诚实以来的学者曾将作者断为"穴太内人",而经押部佳周②与森田悌、林纪昭的论争之后,北条秀树提出了"穴记"层叠式成立过程的设想,"穴记"不再被认为是某个明法家的私记,《令集解》所引"穴记"其实包含了穴太氏几代人积累的注释。

在"穴记"问答之后的是"新令私记",这是与散见在《令集解》中的"新令说""新令问答""新令释"性质相似的注释书,被认为是"新令"(即养老令)的注释书。据早川庄八的推断,③随着 757 年(天平胜宝九岁)养老律令的实施而开展的新令讲书,成为这些注释书出现的契机。直本引用了"新令私记"

---

① 松原弘宣:《关于"古记无别"》,《续日本纪研究》第 157 号,1971 年。
② 押部佳周:《迹记与穴记》,收入氏著《日本律令成立的研究》,塙书房,1981 年,首刊于 1970 年。
③ 早川庄八:《新令私记、新令说、新令问答、新令释》,收入氏著《日本古代的文书与典籍》,吉川弘文馆,1997 年,首刊于 1981 年。

中职员令的部分，可见作为注释私记，它具有很高的权威性。此处是"穴记"所引，还是直本直接引自"新令私记"，目前并不确定。《令集解》引用的诸说究竟是直本直接引用明法家私记，还是间接引自其他的明法家私记，这样的未解之处颇多。

"新令私记"之后是以"迹云"开头的注释，这是被通称为"迹记"的明法家私记。它形成于延历年间，与"令释"的时间相近。"迹记"与前述"穴记"、后述"赞记"等几乎见引于《令集解》全篇。至于"迹云"的作者，从其姓氏来看，可以推定为"迹"连或"阿刀"宿祢这样的人物。

"迹云"的注释之后，是以"朱云，经邦者，化内与蕃国二界"开头的注释。关于"朱"说，井上辰雄认为它"主要是附在迹说中的朱笔文字"[1]，押部佳周则主张"朱记是独立的注释书"，推测它成立于延历中期。[2] 森田悌也同样主张"朱记"的存在。[3] 但若从众多古文书与注释书的记载形态来判断，很难想象会有朱笔写就的册子本私记。为区别于正文等，在墨笔所写正文行间或天头等处添加朱笔批注，这恐怕才是本来的样子吧。照此看来，如井上光贞所考，《令集解》所引的"朱"说大多都是批注于"迹云"行间或纸背的诸说，这种看法应该是妥当的。

"朱"说还引用了"贞说"："贞云，何长官不预行哉，可行者。"批注于"迹记"中的"朱"说还引用了"贞"（贞江继人？）、令释、迹记、穴记和物（兴原[物部]敏久？）、额（额田今足？）等学说，对"赞"说和《令义解》的内容也有引用。在直本编纂《令集解》以前，可能存在一部私记，在"迹记"的行间到处批注明法家的诸说，直本编纂的《令集解》也可能处在此私记的延长线上。

另外，"贞"说之后引用的是"伴"说。"伴"说仅见于职员令集解，泷川政次郎推定其作者为伴良田连宗。

最后是以"赞云，问，太政大臣有职掌哉"开头的文字，引用的是"赞记"。在《令集解》中，标为"赞记""赞云""赞案""赞博士""赞说"等文字，引用的都是"赞"说。早先曾将作者比定为赞岐永直（稻叶通邦说），自神野清一的研

① 井上辰雄：《以"朱说"为中心》，《新订增补国史大系月报》第 52 号，1966 年。

② 押部佳周：《朱记》，收入氏著《日本律令成立的研究》，墉书房，1981 年，首刊于 1970 年。

③ 森田悌：《关于〈令集解〉朱云》，收入氏著《日本古代律令法的研究》，文献出版，1986 年，首刊于 1978 年。

究以后,对此有了新的认识,即"赞记"是明法家赞岐氏自永直以来几代人积累起来的多层次学说。

《令集解》交错摘引了众多明法家诸说,即使看到现存的写本,也没有发现能够明确诸说之间引用关系的材料。目前研究者只能通过研读各个相关部分的《令集解》,来设想引用关系和直本的直接引用部分等。

对于《令集解》复杂的引用关系,井上光贞厘定以下三个类型:

(1)集解直接引用某人(A)的著作或学说:迹记、穴记本身;

(2)集解所引著作的作者 A 信奉他人 B 的著作或学说:迹记引用的古记及令释、穴记引用的古记及兴大夫等;

(3)在集解所引的 A 作者的著作中,C 某人引用 D 的著作或学说:迹记的朱批所见赞说,穴云的注记所见赞云、赞博士等。

(二)明法家注释上的特色

古代明法家们在注释《令》时,首先要列出所要解释的《令》的语句或相关部分,再作解释。以前引职员令集解太政官条为例,用""表示的部分相当于《令》的正文或注文。

> 古记云,"经国",经者治也。"论道",居君臣父子夫妇之道。"燮理阴阳",此人德行,通感天地,风五日吹,不折枝,雨十日落,不碎块。……

再来看其他私记与诸说:

> 穴云,"经邦",谓执为邦经事耳。论考也。……
>
> 新令私记云,"经邦",谓结弁国堺也。"燮理阴阳",谓象四时行政事。……
>
> 迹云,"经邦",……谓能行为国家令固网云事,所谓经纬国事是也。"论道",谓治国,……
>
> 朱云,"经邦"者,化内与蕃国二界,弁结耳。……

都是像这样先摘出《令》语句,再行解释。因为这一特点,根据"古记"的注释可以复原一部分大宝令。[①]

---

① 关于大宝令的复原,古濑奈津子、坂上康俊、高盐博将迄今为止的成果进行了汇总。仁井田陞著,池田温编《唐令拾遗补》(东京大学出版会,1997 年)所收"唐日两令对照一览"。

而且问答形式的注释随处可见。前引集解可见：

> 问，此事惣几事，又职掌欤，若自所德行欤。答，德行也。又惣四事，但欠一事，不可任此司也。

这些都是典型的例子。

明法家们在阐述自己的学说时，会使用不确指特定个人的标识，如"一云""或云""师云""生云""先云""博士云""大夫云"及"私案"[①]"私"等。特别是在"穴记""赞记"等具有多层性成立过程的私记中，这种倾向更为明显。

以这种一般性特点为前提，具有代表性的私记的特点则可用井上光贞的评论来概括。根据泷川政次郎的观点，"古记"用具体事例来进行条文解释，以及考虑习惯等作出实务性、常识性的注释。与此相对，"令释"所作是高格调的注释，全面体现中国训诂学的素养等，在养老令的注释书中是最具权威性的。"迹记"是"简洁的、就事论事的"。"穴记"因"说明细致入微，颇多冗长繁琐的论述，与简洁的古记、迹记风格迥异"。"赞记"并非遍布《令集解》全书的注释，对不同篇章的"关注程度差别明显"，用"长文"进行注释，"将律令各条文置于律令整体中"加以把握，"可以窥知它想在律令法意中理解条文的态度，相比于实务家，似乎更能显现法律学者的风貌"。

(三)《令集解》引用的文献

《令集解》引用了许多中国典籍。特别是训诂性注释中保留了《玉篇》等类书及佚书的宝贵佚文。[②]

以下对有代表性的引用文献作一概述：

(1) 律令格式

(a) 中国的律令格式

《律》：引作"律疏""贼盗律疏""贼律疏""唐律""本律"

《令》：引作"本令云""唐令云""封爵令""永徽令""开元令""本狱令"，以及在各篇名前缀"唐"，如引作"唐职员令"等。其中还包含作为大宝令蓝

---

① 伊村吉秀《令集解的"私案"与夹注》(《浜松短大研究论集》第 30 号，1984 年）涉及《令集解》"私案"。

② 新见宽很早就关注到这些价值。新见宽编，铃木隆一补：《本邦残存典籍的辑逸资料集成（正、续)》，京都大学人文科学研究所，1968 年。这被认为是早于林氏、户川、新井、今驹诸氏以及奥村氏的基础性研究。

本的永徽令和开元令的佚文。

《道僧格》：在僧尼令集解中，存在"道僧格云""本格云"等编纂僧尼令时参照的《道僧格》佚文。

《格》：刑部格及吏部格的佚文各一条。又引用"垂拱格""开元格"各一处。

《式》：作为永徽式及开元式的佚文，被引作"刑部式""开元式""监门式""大仆式"。

除此以外，还引用了仪典《唐礼》、唐代频繁编纂的敕令集《格》后之"敕"即《格后敕》，以及作为判例集的《法例》与《判集》等。

（b）日本的律令格式

《律》：以"古律""先律"为名引用大宝律、养老令的"律目录篇"等，但极少。

《令》：大宝令被引作"古令""古假宁令""旧令""前令"等。养老令被引作"新撰""新令""今令"。

《删定令》：769年（神护景云三年）吉备真备、大和长冈等人对已编就的养老律令进行修订的产物（全二十四条），后宫职员令集解中有佚文三条。

《格》：《令集解》所引之"格"，据推断多为弘仁格。

《式》：《令集解》有一处引用"弘仁式"（选叙令集解）。

除律令格式外，《令集解》还引用了以其他各种形式编纂的法令。

《别记》：职员令集解中引用了被称为"别记"的法令，相当于大宝令的附属法令（或施行细则）。

《例》：将古代各省的内部规则中规范性较强的条款集为"例"，有"刑部省例""式部例""民部例"等省例。有关弹正台执行纠弹程序的"弹例"、《本朝书籍目录》及《本朝法家目录》所载"八十一例 一卷"的"八十一例"，都有佚文存在。

（c）中国的律令私记

日本在继受中国的法制时，通过遣隋使、遣唐使，用船运回了许多法律书籍作为参考。其中一部分被日本明法家的注释所引用，保留在《令集解》中。从标为"宋云""宋张云""张云""简云"等的引用可窥见一斑。而且有关"唐令"的问答以"唐答"为名，被频繁引用；如《日本国见在书目录》所载"唐

令私记 三十卷"那样的"唐令"解释集,其中一部分作为"唐答私记"(职员令集解)被日本令的注释所用。"唐令释"究竟是"唐令之释"还是"唐之令释"尚不确定,但从还有"新令释"这样的记载来看,姑且理解为"唐令之释"。

(四)《令集解》究竟是为注释什么而汇集明法家私记?

惟宗直本怀着何种意图来编纂《令集解》? 关于这个问题,笔者尚无明确答案。因此拟介绍先学的成果并加以思考。泷川政次郎早先曾有如下论述:

> 义解以后的法律家认为,如同注释令文一样,有必要对义解的注文加以注释。在《令集解》所引的学说中,常常能看到既解释义解的注文,又以义解的注文为据解释其他令文。如伴记就是典型的例子。

总之,因为有必要对《令义解》进行解释,所以直本编纂了《令集解》。

井上光贞认为,《令集解》"应当说是私人注释书的集大成者",但与《令义解》一样,还能让人感受到"缺乏行政上前瞻意义"的两面性。

> 令集解每条都是先列出义解之说,然后再广泛汇集现有的诸注释,这对古代律令的研究者来说实是莫大的功绩。作者在罗列诸家学说的同时却没有积极地阐述自己的学说,这清楚地表明该书只是客观的、总结性的注释集成而已。从这个意义上讲,它为律令注释时代划上了圆满的句号。

与此相对,利光三津夫、斋川真二人认为,将《令集解》的编者断为惟宗直本的看法"建立在脆弱的基础之上",并指出可疑之处,如即使是直本制作的明法勘文,也未引用"集解"等。而且在平安初期,个人大概很难收集得到诸位明法家的注释并据此编成一部书,此书恐怕还是"借助官家的威势"而编就。

在此基础上,利光、斋川二氏推测,826 年(天长三年)应额田今足之请编纂"令律问答私记"(这是编纂《令义解》的契机)以及 833 年(天长十年)编纂《令义解》,当时为此制作了一部汇编明法家诸说的书,经后世转抄,可能就产生了"令集解""令惣记"、异质令集解等异本。

但翻阅《令集解》就会发现,《令集解》的编者并不是将诸注释书分类汇集,聚拢在义解的注释文中。从最先列出与义解相连的"令释""古记"等注释之类,确可窥知编纂方针已注意到义解的注释文。但若关注"○○无别""同○○"等省略方式和"在释""在迹记背""在穴"等注释方法,就可以指出《令集解》的以下特点:

（1）对《令义解》之后能够阅读到的诸注释书作一笔记式的归类。

（2）如井上光贞考证的那样,编纂有多人参与并执笔。

（3）"令释""古记""穴记""迹记""赞记"等被并列放在一起,编者的编集方针始终以客观节制和归类汇总为目的。

（4）至于法令,因为讨论《令》及《令义解》的异同,会在相应条文处列出相关法令,从中发现其价值。

（5）上述的编纂方针采用了与惟宗允亮所编《政事要略》以"私"为题引用法令、典据一样的引用方法,这与《令集解》也以"私"为标记所见的特色如出一辙。

四、金泽文库本《令集解》所见《令集解》的世界

（一）花山院本与正亲町本

金泽文库所藏《令集解》（二部）最初与《令义解》（所谓红叶山文库本的母本）等众多古籍一起被丰臣秀次带到京都。这些古籍被秀吉作为政治性礼物献给天皇,以及赠呈菊亭晴季、日野辉资等。记录这一经过的《言经卿记》载,"令三十五卷"献给天皇,"律、令二种不具"赠呈菊亭家。

献给天皇的《令集解》,应当就是江户时期流传的所谓三十五卷本《令集解》写本的祖本。在另一方面,送给菊亭晴季的"律、令二种不具"后来又被献给德川家康,为幕府所藏。现在国立公文书馆内阁文库所藏红叶山文库本《律》二卷及《令集解》十卷都是与它有关联的写本。遗憾的是,两书现在只有摹本流传于世,原本已亡佚。

金泽文库中留有《令集解》写本两部,都是金泽实时所持本。三十五卷本金泽文库本及十卷本金泽文库本都是作为写本或摹本流传下来的,通过它们可以论及中世《令集解》的面貌。

历任镰仓幕府引付众、评定众的北条（金泽）实时,是将军宗尊亲王的扈从,师从京都儒者清原教隆,抄写、校对、听讲经史律令,一直到晚年都孜孜

不倦地致力于藏书和学习，并将藏书保管于武藏国金泽的家宅中。这就发展为金泽文库。① 北条实时热衷于收集律令诸卷，如因清原教隆的关系而抄写、移点《令义解》《律》，以及据丰原奉重所持本抄写《类聚三代格》等，两部金泽文库本《令集解》也都归于其手。

北条实时通过怎样的渠道得到两部《令集解》？目前尚不明确。从这两部金泽文库本的题识，可以窥见镰仓时期《令集解》的面貌。

北条实时所持本的母本是京都贵族藤原（花山院）师继所持本。藤原师继从 1260 年（文应元年）至 1262 年（弘长二年）初读《令集解》，并在各卷末尾写下"见合本书加首书"的题识。此后，在 1263 年及 1273 年（文永十年）再读之后又写了题识。

到 1276 年（建治二年），用可供校勘的"他本"即正亲町本进行校勘后，又写下了题识。写下这些题识的人是北条实时还是藤原师继，是清原俊隆或其一族，目前众说纷纭，②但可以确定的是，金泽文库本三十五卷本是经过以上加工的写本。

是谁写下了建治二年的题识？石上英一推测如下：

> 或是还想得到比只有 10 卷残本的《令集解》更接近完整的版本，又或是因作为完本的实时本遭逢火灾而有所缺失，（金泽）实时让（清原）俊隆在京搜集到的就是建治二年题识本。因此，关于建治二年抄写校勘的题识应出自俊隆或其族人之手。俊隆借出花山院和正亲町本并雇人抄写，由自己或其族人加以校勘，并赠予北条实时之子笃时，成为金泽文库本。

建治二年的题识只记录校勘之事，没有校勘人的署名。建治二年，在藤原师继所持本各卷末尾写下校勘题识的人，手边一定有"正亲町本"（也被称为正亲町判官章兼本）并用于校勘。如此，应如石上氏所论，是"经俊隆或其族人之手"进行抄写、校勘的吧。

石上氏的推测图示如下：

---

① 关靖：《金泽文库的研究》，讲谈社，1951 年。
② 关靖提出北条实时说，早川庄八以藤原师继说为依据，石上英一将出自藤原师继之手的题识限定在文永十年以前，并推测清原俊隆受实时之命在京进行筹措、校勘。

```
┌─────────────┐                    ┌─────────────┐
│ 藤原师继所持本 │── 清原俊隆借出 ──→│ 清原俊隆抄写本 │──→ 镰仓
└─────────────┘                    └─────────────┘
                                          ↑
                      正亲町本 ────────────┘
                                    (建治二年校勘)
```

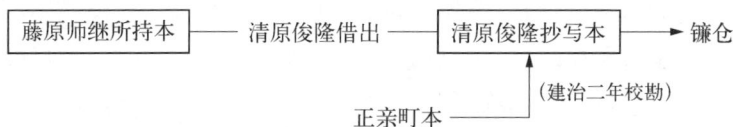

说起来,清原俊隆或其族人也得到一睹藤原师继所持本和正亲町本两部《令集解》的机会。建治二年,在用正亲町本校勘的过程中,清原俊隆或其族人还用正亲町本替换了卷十及卷二十。

目前,田中本记载了卷十和卷二十的题识部分。

○卷十

本云注校了

建治二年三月卅日正亲町本书写了

同后三月七日引合他本校合了

花山院

他本云

文应元年九月九日见合本书加首书了文字狼藉未直得之

权大纳言藤原在一

○卷二十

本云　　　　　　　　见毕

比校了　　　　章藤(二行,朱书)

比校了

建治二年闰三月廿九日以正亲町本书写了

同二年四月五日引合他本校合了

花山院

建治二年三月卅日及闰三月廿九日,抄写了用作他校的正亲町本,替换藤原师继所持本的卷十和卷二十。然后于三月七日及四月五日,用"他本"(即藤原师继所持本的卷十和卷二十)来进行校勘。

按照石上氏的设想,清原俊隆或其族人得到抄写藤原师继所持本的机会,用恰巧借到的正亲町判官章兼所持本进行校勘,把抄写完毕的藤原师继所持本的卷十和卷二十替换成正亲町本。清原俊隆或其族人在题识中把用作校勘的正亲町判官章兼所持本称为"正亲町本"。那么为何把手边所存,替换过卷十及卷二十的藤原师继所持本称为"他本"? 就像把正亲町判官章

兼所持本称为"正亲町本",称藤原师继所持本为"花山院本"也不会有什么
问题吧。为手边所存的一个版本确定特有的名称"正亲町本",却只称另一
版本为"他本",目前无法解释这么做的原因。对于清原俊隆或其族人来说,
放在手边的《令集解》,若一本是"正亲町本",那么另一本就应该是"花山院
本",校勘题识难道不应如此书写吗?

如此来思考的话,即使把手边借阅的其他版本称为"正亲町本",但将自
己收藏的版本特意加上姓氏,称为"某某本",也有些不自然。原来的卷十及
卷二十被替换后就成了脱离正本之物,除把它称为"他本"外,也别无选择。

在可以自由抄写、校勘花山院本与正亲町本的人物中,将一本称为"正
亲町本",而单单称自己所持本为"他本"者,除藤原师继外,想不出第二人。

笔者基于上述想法,认为藤原师继所写的题识包含到建治二年题识部
分为止。抄写含有建治二年题识的《令集解》(卷十及卷二十已经师继之手
替换为正亲町本)并送至镰仓的人,或是在镰仓亲见过这部书的人,才可能
会在"他本"的旁边标注"花山院"吧。

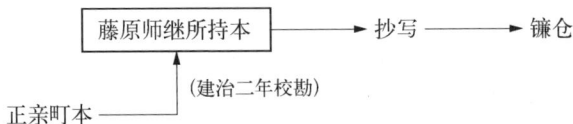

```
                    ┌─────────────┐
                    │ 藤原师继所持本 │ ────→ 抄写 ────→ 镰仓
                    └─────────────┘
                          ↑
                     (建治二年校勘)
          正亲町本 ──────┘
```

北条实时在 1269 年(文永六年)以前得到藤原师继所持本。这是现存
的内阁文库本(红叶山文库本)《令集解》十卷的祖本。自早川庄八提出以
来,该祖本一直被称为花山院本。北条时实得到的花山院本转抄本当初是
否为完本,目前无法明确。可能是 1270 年(文永七年)的火灾导致仅存十
卷。因此,试图重新获得完本的结果,就是三十五卷本《令集解》传至金泽
文库。

三十五卷本金泽文库本的流传过程与内阁文库本(红叶山文库本)不
同,据此可知,在镰仓时期,除藤原师继所持本即花山院本外,还存在正亲町
本。正亲町本指"正亲町判官章兼本"(卷六题识),为中原氏正亲町流的中原
章兼所有。根据底本题识记载,宰相某(被推断为参议四条隆亲)得到了中
原章行所持本《令集解》,右卫门大志中原氏加以抄写,最后落入正亲町判官

中原章兼①之手。在法家中原流②中,有一个被称为正亲町判官、正亲町大夫的流派,从中可窥知《令集解》传到法家中原流之家。而且其中还能看到中原"章藤"(在卷十及卷二十的底本题识中)这个名字,反映出数代流传与校勘的一个侧面。

目前,我们可以比较研究两部金泽文库本,他们反映了镰仓时期流传的《令集解》的面貌。内阁文库本十卷是藤原师继所持花山院本的转抄本,而三十五卷金泽文库本则保留了用正亲町本校勘的痕迹。

从建治二年校勘结果来看,花山院本与正亲町本大概没有很大差异。藤原师继在阅读自己所持《令集解》时,把卷十与卷二十记作"文字狼藉未直得之",后趁用正亲町本进行校勘之机,把它们替换成正亲町本。从这些来推测,花山院本与正亲町本的关系极近。

正亲町本本身似乎也经众多法家中原氏的加工,而在用正亲町本校勘花山院本时,这一事实能在多大程度上反映到三十五卷本中,目前尚不明确。《令集解》写本中随处可见"イ本""他本""正亲町本"等标注,有可能是建治二年留下的校勘痕迹。不管怎么说,这两个版本除文字差异等外,在记载形式与内容上都没有大幅修订带来的差异。

在建治二年的校勘阶段,三十五卷本金泽文库本的卷十及卷二十抄写的是正亲町本,替换了原来的花山院本,因此可以弄清以下事实:

① 花山院本卷十本来有尾题"令集解卷第一"。与此相对,正亲町本的首题为"令惣记卷第十",本来被称作"令惣记"。

② 从镰仓时期将"令集解卷第十"与"令惣记卷第十"等同视之可以判明,花山院本卷十与正亲町本卷十被替换过的事实。

③ 异质令集解的卷一用花山院本原本进行校勘,卷二十被替换为正亲町本来抄写,再用"他本"(即花山院本)进行校勘。由此可以推断,不管是花山院本还是正亲町本,都与异质令集解混杂在一起。

最后,从藤原师继的题识中可以看出镰仓时期的贵族将《令集解》作为

---

① 《检非违使补任》可见,从建长四年(1252)至文永四年(1267),他任右卫门少志、右卫门大志、右卫门少尉、左卫门少尉。

② 关于法家中原流,参照布施弥平治《明法道的研究》,新生社,1966年;今江广道《法家中原氏系图考证》,《书陵部纪要》第27号,1976年。

"此卷政道至要"(卷十九)加以重视的态度,从"今年大尝为检校之上经营五节"(卷十五)、"今日评定之次可有五位藏人廷尉佐所望辈沙汰云云仍见此卷"(卷十九)等记载来看,《令集解》有助于贵族了解政道与故实(仪式、法制、服饰等旧的规定或习惯——校者注)。

(二) 他书所引《令集解》与现行本《令集解》

若以明确引作"集解云"的事例为限,不得不说,其他文献竟然很少引用《令集解》。内阁文库本(红叶山文库本)《令义解》中的注记群①、《法曹类林》、《令闻书》(所谓《令抄》)等皆有引用。其中,引用最多的是《政事要略》。如果从《政事要略》中抽出所载的"令集解"及相关诸说,可以列出七十七例。②《政事要略》由惟宗(之后改姓为令宗)允

---

① 关于内阁文库本(红叶山文库本)《令义解》中留下的注记群,石上英一在《〈令义解〉金泽文库本的成立》(收入氏著《日本古代史料学》,东京大学出版会,1997 年,首刊于 1984 年)中有详细的探讨。
② 《政事要略》所载的事例如下所示。

《政事要略》所载"令集解"及"令集解"诸说一览

开头语	大系本页、行	编 目	令编目、令条文序号	备 考
1 释 云	11(11)	卷 22 年中行事	厩牧令 6 条集解	
2 古记云	14(4)	卷 22 年中行事	厩牧令 8 条集解	"私案"引用
3 集解云	18(9)	卷 22 年中行事	考课令 1 条集解	
4 穴 答	87(8)	卷 25 年中行事	考课令 1 条集解	
5 集解云	99(9)	卷 25 年中行事	职员令 9 条集解	
6 集解云	119(4)	卷 26 年中行事	田令 36 条集解	
7 释 云	119(12)	卷 26 年中行事	田令 37 条集解	
8 集解云	122(7)	卷 26 年中行事	职员令 1 条集解	
9 释 云	188(1)	卷 29 年中行事	职员令 19 条集解	
10 集解云	193(8)	卷 29 年中行事	丧葬令 1 条集解	
11 集解云	194(5)	卷 29 年中行事	丧葬令 10 条集解	
12 集解云	207(14)	卷 29 年中行事	仪制令 8 条集解	
13 论奏式条穴问	249(11)	卷 30 年中行事	公式令 3 条集解	
14 说者云	229(4)	卷 30 年中行事	与公式令 2 条相关	"说者云"7 处
15 旧说云	276(6)	卷 51 交替杂事	与赋役令 8 条集解相关	
16 说者云	276(11)	卷 51 交替杂事	与赋役令 9 条集解相关	
17 当条穴云	282(15)	卷 53 交替杂事	田令 29 条集解	宽弘三年九月作成 "问答"引用
18 额 云	286(8)	卷 53 交替杂事	田令 34 条集解	交替式私记引用
19 集解古记云	287(6)	卷 53 交替杂事	田令 31 条集解	
20 集解释云	334(1)	卷 54 交替杂事	军防令 4 条集解	
21 集解释云	334(15)	卷 54 交替杂事	军防令 45 条集解	(转下页)

（接上页）

开头语	大系本页、行	编 目	令编目、令条文序号	备 考
22 集解云	353(15)	卷 54 交替杂事	职员令 21 条集解	
23 又集解伴云	354(2)	卷 54 交替杂事	职员令 21 条集解	
24 集解古记云	354(6)	卷 54 交替杂事	营缮令 17 条集解	
25 集解释云	354(12)	卷 54 交替杂事	营缮令 16 条集解	
26 集解古记云	355(8)	卷 54 交替杂事	杂令 12 条集解	
27 旧说云	417(2)	卷 57 交替杂事	与职员令 4 条集解相关?	
28 穴 云	424(3)	卷 57 交替杂事	户令 6 条集解	
29 集解释云	444(6)	卷 59 交替杂事	赋役令 37 条集解	
30 伴 云	451(2)	卷 59 交替杂事	后宫职员令 4 条集解	
31 释 云	451(6)	卷 59 交替杂事	赋役令 38 条集解	
32 古记云	452(14)	卷 59 交替杂事	赋役令 14 条集解	
33 释 云	472(1)	卷 59 交替杂事	仓库令 14 条集解?	
34 释 云	478(14)	卷 59 交替杂事	职员令 16 条集解	
35 集解云	479(9)	卷 59 交替杂事	丧葬令 7 条集解	
36 释 云	485(9)	卷 60 交替杂事	赋役令 9 条集解	
37 释 云	505(11)	卷 60 交替杂事	赋役令 6 条集解	
38 赞 云	506(6)	卷 60 交替杂事	赋役令 9 条集解	
39 说者云	506(11)	卷 60 交替杂事	与厩牧令 16 条集解相关	
40 集解云	508(3)	卷 60 交替杂事	考课令 65 条集解	
41 集解尺云	508(4)	卷 60 交替杂事	户令 45 条集解	
42 释 云	518(13)	卷 61 纠弹杂事	职员令 58 条集解	
43 赞 答	518(眉批)	卷 61 纠弹杂事	与职员令 58 条集解相关?	
44 古记云	519(7)	卷 61 纠弹杂事	职员令 2 条集解	
45 集解云	519(14)	卷 61 纠弹杂事	职员令 1 条集解	
46 古记云	520(10)	卷 61 纠弹杂事	仓库令 8 条集解	
47 说者云	520(眉批)	卷 61 纠弹杂事	与职员令 1 条集解相关?	
48 额 云	522(9)	卷 61 纠弹杂事		
49 释 云	522(眉批)	卷 61 纠弹杂事	职员令 2 条集解	
50 穴 问	523(5)	卷 61 纠弹杂事	职员令 2 条集解	
51 右旧说	526(1)	卷 61 纠弹杂事	引用了职员令 58 条集解?	
52 释 云	566(1)	卷 67 纠弹杂事	仪制令 21 条集解	
53 说者云	572(10)	卷 69 纠弹杂事	与公式令 60 条相关?	
54 说者云	572(11)	卷 69 纠弹杂事	与公式令 59 条相关?	
55 穴 云	573(15)	卷 69 纠弹杂事（所谓"不明卷"部分）	仪制令 23 条集解?	
56 释 云	576(4)	卷 69 纠弹杂事（所谓"不明卷"部分）	公式令 55 条集解	
57 说者云	579(4)	卷 69 纠弹杂(所谓"不明卷"部分)	与选叙令 34 条集解相关?	

（转下页）

亮①编纂，出身明法家辈出的惟宗家，与目前被推定为《令集解》编者的惟宗直本同出一脉。因此，允亮引用的《令集解》是惟宗家传下来的、可以信赖的版本。

关于《政事要略》所载"令集解"，岚义人曾提出过很有吸引力的见解，②即在《政事要略》所载"令集解"中，"保留了《令集解》的原形"，能够"举出让人想起《令集解》原本的例子"。

可以得出上述评价的事例就是卷二十五及卷六十一。滋野井本③被视为《政事要略》流传本的祖本，以该本为据，试将卷二十五的相关部分列出如下：

（接上页）

开头语	大系本页、行	编　目	令编目、令条文序号	备　考
58 说者云	579(13)	卷 69 纠弹杂事	与公式令 55 条集解相关？	
59 释　云	579(15)	卷 69 纠弹杂事	衣服令 14 条集解	
60 释　云	582(1)	卷 69 纠弹杂事	选叙令 21 条集解	
61 说者云云	584(14)	卷 69 纠弹杂事	与狱令 17 条集解相关？	
62 穴　云	585(16)	卷 69 纠弹杂事	仪制令 12 条集解	
63 说者云	586(2)	卷 69 纠弹杂事	仪制令 12 条集解	
64 说者云	587(5)	卷 69 纠弹杂事	与仪制令 12 条集解相关？	
65 释　云	589(3)	卷 69 纠弹杂事	职员令 3 条集解	
66 说者云	589(11)	卷 69 纠弹杂事	与神祇令 11 条集解相关？	
67 说者云	590(7)	卷 69 纠弹杂事	与仪制令 10 条集解相关？	
68 释　云	618(16)	卷 70 纠弹杂事	厩牧令 23 条集解	
69 释　云	619(14)	卷 70 纠弹杂事	捕亡令 15 条集解	
70 说者云	628(10)	卷 81 纠弹杂事	与狱令 32 条集解相关？	
71 说者云	634(10)	卷 81 纠弹杂事	与公式令 76 条集解相关？	
72 释　云	659(8)	卷 82 纠弹杂事	户令 7 条集解	
73 朱　云	669(10)	卷 82 纠弹杂事	狱令 62 条集解	
74 朱　云	682(10)	卷 84 纠弹杂事	公式令 73 条集解	
75 说者云	684(9)	卷 84 纠弹杂事	与户令 23 条集解相关？（勘文引用）	
76 基　问	692(8)	卷 84 纠弹杂事	与狱令 34 条集解相关？	
77 释　云	699(7)	卷 95 至要杂事	医疾令 3 条集解	

① 关于惟宗允亮，木本好信《〈政事要略〉与惟宗允亮》（收入木本好信、大岛幸雄编《政事要略总索引》，国书刊行会，1982 年）对研究阶段进行了很好的整理。
② 56 页注③岚氏论文《关于律令注释书的二、三个问题》。
③ 《政事要略》分成两大类，即分藏在内阁文库及尊经阁文库的金泽文库本和江户时期流传的滋野井公澄、公丽所持本。至于滋野井公澄、公丽所持本，其中十三册藏于京都大学附属图书馆，剩下的七册混杂在宫内厅书陵部所藏日野本中。关于《政事要略》的写本，押部佳周《关于〈政事要略〉写本的基础性考察》（《广岛大学学校教育学部纪要》第 2 部第 5 卷，1982 年）有所研究。

十一月

朔日著朝座事〔见三月朔日〕

清凉记同朔日早旦内膳司供忌火御饭事〔同六月〕

同月中务省奏御历事

日本记云钦明天皇十四年六月内臣使于百济别
……

又云推古天皇十年冬十月百济僧观勒来之仍贡
……

儒传云以小治田朝十二年岁次甲子正月戌甲朔
……

职员令云阴阳寮头一人掌历数〔谓历数者历计日月度数而造历授时也〕历博士一人掌造历及教○（历）生等历生十人掌习历

集解云历数〔释云尚书尧典云乃命羲和钦若昊天历象日月星辰敬授民时孔安国曰重黎之后羲氏和氏世掌天地之官故尧命之敬顺昊天昊天言元气广大也星田方中星辰日月所会历象其分即教谒天时以授民也大戴礼圣人慎守日月之数以察星辰之行以序四时之从逆谓之历也〕

私问以十一月朔日为奏御历期若有故乎答恺
……

的确可以推定惟宗允亮手头就有《令集解》,能够在《政事要略》中频繁地加以引用。但将引用情况与现行《令集解》详为比较,就会发现对职员令集解阴阳寮条是节引,只摘录了与"历"相关的部分,而之前引用"日本纪""儒传""右官史记"也采取了同样的节略方针,只引用相关的部分。这样的方针也为《令集解》的引用所沿袭,其记载可被理解为:"(令)'集解云',(令文)'历数'(部分的集解)载'释云,尚书尧典云,……谓野历也'。"①

———————————

① 顺便说一下,在国史大系本《政事要略》中,相关之处的"集解云……"与其后的"私问,以十一月朔日……"一样,比正文缩进一字翻刻。但在滋野井本中,它接在"日本纪云"(日本纪)又云""儒传云""右官史记云""职员令云"之后,并排抄出,没有采用从属于职员令义解的形式。

同样的方针也见于岚氏所举卷六十一的事例（职员令集解弹正台条的引用）。在列出职员令义解后，缩进一字之距，再引用"掌肃清风俗"部分的集解，其中包括对"古记"的引用。该条"古记"在《令集解》中记载如下：

> 古记云，风者气，俗者习也，土地水泉，气有缓急，声有高下，谓之风焉，人居此地，习以成性，谓之俗焉，风有厚薄，俗有淳浇明王之化，当移风使之雅，易俗使之正，是以，上之所化，亦谓为风，人习而行，亦谓为俗，故越之风好勇，其俗赴死，而不顾，郑卫之风好淫，其俗轻荡而忘归，晋有唐尧之遗风，节财而俭啬，齐有太公余化，其俗奢侈以夸竞，斯皆上所风化，人习俗也，又汉书地理志云，民有刚柔缓急，音声不同，系水土之风气，故谓之风，好恶取舍，动静无常，随君上之情欲，故谓之俗，然则风为本，俗为末，皆谓民情所好恶也，系水土之气，急则失于躁，缓则失于慢，王者为政，常移之使缓急调和，刚柔得中，随君上之情，则君有善恶，道有升降，政教失所，民亦从之，有风俗伤败者，王者为政，为易之使善也，但此条，风俗之字训者，法也，式也，国家之立法式纠正耳。

划线部分是《政事要略》所引"古记"之文。据此可以指出《政事要略》所引"令集解"有所节略，但没有发现未见于现行《令集解》的新文。不过，异质令集解的相关部分与《政事要略》所引"令集解"有所出入。

据推测，惟宗允亮参照的《令集解》与金泽文库本《令集解》的内容与形式相同（义解与集解之文都用双行小字等）。同时，在现行《令集解》中与异质令集解混搭的各卷，在形态上与通常卷帙相同。

如此看来，虽说引用了惟宗允亮所持《令集解》，但靠《政事要略》所引"令集解"，应当说很难复原惟宗直本所编原本的面貌。

除了极少数的古写本，目前现行本的依据是金泽文库本《令集解》即藤原师继所持本及正亲町本（卷十及卷二十）。其中，《政事要略》所引"令集解"可能出自惟宗氏传下来的《令集解》，这难道不应该获得更多的重视吗？国史大系本《政事要略》所引"令集解"已用国史大系本《令集解》进行校订，予以修订、增补。今后有必要进行反向操作，以《政事要略》所存善本"令集解"为前提，对《令集解》加以校订。

五、传世本与诸本的特色

(一) 三浦周行的校订工作

《令义解》有两种广为流传的刊本(青本、赤本),与此相对,《令集解》在明治初期的木活字本(石川介校印本)出版以前,并无刊本,只能利用写本。其结果是,《令义解》在江户时期留下的写本少,而《令集解》的现存写本多。①

居住在土浦的商人学者色川三中获得《令集解》写本的过程,能从一个侧面反映上述情况。色川非常渴望入手《令集解》,到江户找到门路,尝试进行抄写,最终通过山崎知雄转抄了塙本《令集解》,终于拥有了《令集解》。然后他用曾任幕府大番组与力的国学者内藤广前所藏本,对这部《令集解》进行了校勘。内藤广前所持本转抄自江户的国学者岸本由豆流所持本,广前已用塙本做过校勘。

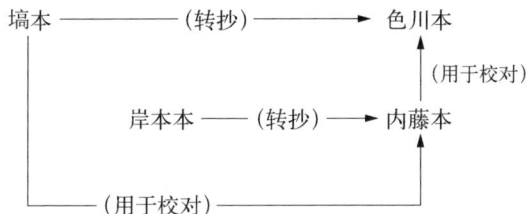

色川本《令集解》有多层次的内容,它直接抄写的塙本中包含内藤本及内藤本的母本岸本本、内藤用作校勘的塙本的校记和批注等。

色川三中的旧藏书收藏在静嘉堂文库中,这一色川本《令集解》就是静嘉堂文库的三十六册本。佐原的清宫秀坚曾经色川允许借阅此书,所以色川本上还有清宫的批注等。从这一珍贵的写本可以窥知,随着幕末考证学的发展,《令集解》被广为利用。②

实际考察江户时期的《令集解》写本后,发现许多写本中留有大量的校勘痕迹。以水户彰考馆的"水府本"为参校本的塙本(水府明德会彰考馆及

---

① 参照拙稿《〈令集解〉诸本所在目录》,收入前述拙著《律令注释书的系统性研究》,首刊于 1979 年。若包括未调查的以及私人收藏的,那么数量还将增加。
② 中井信彦:《色川三中的研究》传记篇,塙书房,1988 年。

版本龙门文库所藏)等就属于这一类。三浦周行的校订、国史大系本的校订都大量参照了塙本的校勘、改订。

附有1872年(明治五年)正月刊记的"蕉园石川介"即石川介校印本,用木活字印刷,是铅活字本以外唯一的印刷本。"蕉园石川介"不知是何许人物,但从本人在刊记中所写"不能无错置请读者增补校正之"来看,此书最多就是以江户时期的流传本为底本刊行的,彰显了日本最早使用活字版刊印的事实。

近代法制史大家三浦周行继承了石川介提出的"增补校正"工作。三浦氏从1898年(明治三十一年)起与宫崎道三郎一起开始"校读",后与和田英松、佐藤琥、币原坦、中田薰诸人,之后再与高桥万次郎、植木直一郎二人,一起孜孜不倦地推进校订工作。1906年(明治三十九年)最终完成校勘。以这个三浦本为底本、在高桥万次郎主导下刊行的版本就是国书刊行会本(《校订令集解》,国书刊行会,1912年)。

之后,以调入京都帝国大学的三浦氏为中心,《令集解》的校读工作持续到1928年(昭和三年),其成果则是三浦周行病逝的1931年(昭和六年)出版的,加了泷川政次郎标注的皇学丛书本(也称释义本,《新注皇学丛书》第二卷[内外书籍株式会社,1931年]。同一出版社还刊行了同一纸型[在活字版印刷中,用于铸造铅版的纸质模型,用特制的纸张压在凸型的原版上,经干燥而制成——校者注]的《定本令集解释义》,其版权页上的时间比前书晚了一个月)。

国书刊行会本及皇学丛书本对《令集解》研究产生了重要作用。顺带说一下,三浦氏从明治到昭和年间断断续续地在石川介校印本上写下校勘批注,此书现藏于国立国会图书馆。

(二) 诸本解说

以下以江户时期的写本为中心,概述金泽文库本系统的各写本。

(1) 三十五卷本系统金泽文库本

(a) 东山御文库本(东山御文库所藏,三十五轴)

东山御文库本乃三十五卷本系统写本群中唯一的卷子本,被认为是忠实转抄丰臣家进献天皇的"令三十五卷"的善本。后述的田中本和鹰司本等都曾摹写"金泽文库"的印文,而该本的特征是完全未见这种印迹。东山御文库本忠实地抄写了进献给天皇的金泽文库本,对《令集解》研究来说是很重要的写本。

(b)鹰司本(宫内厅书陵部所藏,三十五册)

线装册子写本,所有卷帙的卷首与卷尾都写有"金泽文库"字样等,与田中本一样,都是三十五卷本系统写本中的善本。与"令三十五卷"一起被献给天皇的,还有金泽文库本《类聚三代格》(东山御文库中现仅存两卷),其转抄本在鹰司家流传下来。因此,鹰司本应该也是天皇所藏金泽文库本《令集解》的转抄本。

(c)田中本(国立历史民俗博物馆所藏,三十五册)

田中本是新订增补国史大系本的底本。关于田中本的书志,可参考吉冈真之的研究,[①]所有卷帙的卷首与卷尾都摹写了"金泽文库"的印文等,是带有"金泽文库"印迹的写本群(井上赖圀旧藏本[无穷会神习文库所藏]及神谷本[大阪府立中之岛图书馆所藏]等)之一。

田中本也被推测与山田清安及穗井田忠友有关等,是可以检证江户时期国学者及考证学者关系网的写本。近来,因田中本被全文影印,所以就能知其全貌了。[②]

(d)舟桥本(国立国会图书馆所藏,三十六册)

属三十五卷本系统的写本,其抄写时间能够明确判断等,是现存《令集解》写本中最古老的一部。1597年(庆长二年)至1599年(庆长四年),后任明经博士及侍讲的舟桥(清原)秀贤在抄写、校对时亲笔写下题识。秀贤可能直接抄写了献给天皇的三十五卷本,也可能转抄了与三十五卷本相近的写本。

新订增补国史大系本《令集解》后篇在校订时非常重视舟桥本。

舟桥本是江户时代流传的许多三十五卷本系统写本的母本。平田家世代担任藏人所出纳职,而平田(中原)职忠曾借阅、抄写此本(阪本龙门文库中就有被称为职忠手写本[《龙门文库善本书目》]的版本)。而且还有这个平

---

① 52页注①吉冈氏论文。

② 国立历史民俗博物馆藏史料编集会编:《贵重典籍丛书 历史篇》1—6《令集解一——六》,临川书店,1998—1999年。可参照第六册所收石上英一撰写的简要解题。

田本的转抄本，即榊原本［国立国会图书馆所藏］）。花山院（藤原）定诚从 1660 年（万治三年）至翌年抄写了平田本，以这个花山院（藤原）定诚抄写本（虽能确认亲笔本的存在，①但现在藏地不明）为基础，制作了许多转抄本。

舟桥本第十九册（第十九卷，考课令集解）是用清原家传下来的《令集解》残篇替换而来。这第十九册将原来卷子本的残篇改装成册子本，并将缺失的卷首部分，用新抄的三十五卷本系统的写本加以补缀。残篇部分是中世前期着手抄写的古写本，是反映中世时期《令集解》面貌的珍贵写本。京都大学综合博物馆所藏《旧抄本经书》的纸背上，保留着相当于秀贤新抄的卷首中的两叶残篇。②

（2）十卷本系统金泽文库本

（a）内阁文库本（也称红叶山文库本，国立公文书馆内阁文库所藏，七轴）

1614 年（庆长十九年），赠予菊亭晴季的金泽文库所藏古籍，应德川家康的要求而被献呈。《本光国师日记》写有"律令十九卷箱二入封之倮披露仕候"，献呈时应有《律》二卷、《令义解》七卷、《令集解》十卷。

律令十九轴好像就是德川家康传下的律令十九卷，现藏于国立公文书馆内阁文库，其前身是江户幕府的御文库（红叶山文库）。根据江户后期的书物奉行近藤守重等的鉴定，该律令十九轴"与金泽本之影钞本相差无几"③，现存的卷子本是某个时间点的写本。

内阁文库所藏律令十九轴是临摹金泽文库本而成。《律》及《令义解》中随处可见的乎古止点、声调符号、音读符、句点、注点等都是忠实地用朱笔、墨笔加上去的，可以说是非常忠实地进行了临摹。可以想见的是，同样的方针也体现在《令集解》中。因此，这虽非金泽文库本原本，但将十卷本金泽文库本的面貌保留至今，是珍贵的写本。

一直以来的通说皆认为金泽文库所藏《令集解》只有一部，因此"无穷会（神习文库）所藏本与内阁文库本都是对金泽文库本的转抄"（国史大系本《令集解》前篇凡例），"现存令集解诸本的最初祖本就是金泽文库本，金泽文

---

① 《昭和五十五年度 古典籍下见展观大入札会目录》（东京古典会，1980 年）第 628 号"令集解 万治四年 花押奥书写 三十六册"。

② 今江广道：《关于京大古文书室藏〈旧抄本经书〉》，《国学院杂志》第 80 卷第 11 号，1979 年。

③ 森润三郎：《红叶山文库本与书物奉行》，昭和书房，1933 年。

库本或其转抄本在江户初期就被转抄过"①,内阁文库本也被定位为唯一的金泽文库本的转抄本。因此,在国史大系本校订之际,它虽被用作参校本,但并未被赋予重要的地位。

现如今,石上英一及笔者等人的研究表明,1269 年(文永六年)以前转抄了藤原师继所持《令集解》的十卷本,以及后来师继用其他版本校对后抄写的三十五卷本,都被送至镰仓金泽实时之处。

经历了这一过程的内阁文库本,能够反映以正亲町本校勘以前的藤原师继所持本(花山院本)的面貌,是有助于深入研究镰仓时期《令集解》的珍贵文献。

(b)菊亭文库本(京都大学附属图书馆所藏,四册中的两册)

菊亭文库所藏《令集解》(四册,存卷二、卷四、卷十三、卷二十四)中,卷二及卷四两册与内阁文库本相同,有十卷本系统金泽文库本的底本题识,应是来自同一母本的转抄本。

内阁文库本或许是因为秘藏于幕府红叶山文库中,所以没有转抄本。菊亭文库本摹写了内阁文库本没有的"金泽文库"印文。红叶山文库本律令十九卷在临摹时似乎本着不留印文的方针,任何一卷都未摹写印文。由此可以推测,抄自同一母本的菊亭文库本采用了不同的转抄方针,它将母本留有的"金泽文库"印文都照抄下来了。②

作为与金泽文库本分属不同系统的其他写本,还有"三春信贞"本(第七轴),它在内阁文库本中以混搭本的形式存在。另外,阪本龙门文库所藏二十册本(三浦周行旧藏本),因许多卷都没有底本题识等,所以所属系统不明,但其卷十五及十六留有与金泽文库本完全不同的底本题识:

(卷十五)

(本云)

贞应二年三月日　亚相藤公之以本一校毕　吏部某

建长四年五月三日 书写毕

黄门(花押)

---

① 65 页注③早川氏论文。
② 拙稿《关于〈令集解〉写本的一个考察》。

（卷十六）

弘安四年季秋廿八日

特进橘（？）（花押）

如果该底本题识可信，那么这两卷写本的宝贵之处就在于，让我们知道镰仓时期还存在金泽文库本以外的《令集解》写本。

另外，前述舟桥本传存的卷十九残篇及两叶残片也都是中世宝贵的古写本。

（三）国史大系本的特色

国史大系于 1897 年（明治三十年）开始刊行，以经济杂志社为工作据点的田口卯吉负责编集，黑板胜美担任校订。第二次刊行时增加了《类聚国史》等，1929 年启动第三次刊行计划，即"新订增补国史大系"，打算首次刊行《令集解》。1943 年（昭和十八年），以当时被视为最具可信度的写本（"凡例"）"田中忠三郎氏所藏本"即田中本为底本，刊行了《令集解》前篇（吉川弘文馆，1943 年）。在紧张的战局中刊行的初版《令集解》前篇，连纸张都较为劣质，目前也没有研究者回过头来加以使用，但其开头登载了在战争中烧毁的珂罗版照片（因被烧毁，所以没有刊登在完成纪念版中），从照片中都能清楚认出颠倒符点等（在完成纪念版及普及版中，因反复使用同一纸型，颠倒符点及句点逐渐变得不清晰）。

战后编辑《令集解》后篇时，底本沿袭前篇，依旧采用"田中忠三郎氏所藏本"，但在校订之时，又将"国立国会图书馆支部上野图书馆本"（"凡例"）即舟桥本作为重要的参校本。因此有必要加以注意的是，1954 年（昭和二十九年）完成的后篇与战前着手校订的前篇，在校订方针上发生了微妙的变化。历经这一过程完成的国史大系本成为战后《令集解》研究蓬勃发展的基础。

之后，福尾猛一制作了正误表，参与校订工作的坂本太郎也有一些发现等，以此为基础，对一部分纸型进行修正，于 1966 年（昭和四十一年）刊行了完成纪念版。这也导致该版与之前的国史大系本（前、后两册）以及普及版（三册本）之间出现了若干字句上的差异。①

---

① 桥本久：《新订增补国史大系〈令集解〉的改版所产生的差异》，《法学研究论集（大阪经济法科大学）》第 5 号，1981 年。

迄今为止,国史大系本(完成纪念版)作为校订最为缜密的《令集解》刊本,对学界裨益极大。但在田中本等善本的图版①相继出版的今天,希望还能再行编集以善本为底本的校订本。

(原文载皆川完一、山本信吉编《国史大系書目解題》下卷,吉川弘文馆,2001年。)

郭　娜译　赵　晶校

---

① 全册影印只有田中本,善本的概要可见笔者编集的《译注日本律令》十一"令义解译注篇别册"（律令研究会编,东京堂出版,1999年）。

类 聚 三 代 格

吉田孝

一、三 代 之 格

　　《类聚三代格》是将《弘仁格》《贞观格》《延喜格》三代之格分类汇编（即将原本根据官司之别编排的三代之格，按照内容如神社事务、国分寺事务等，将条文汇入各类，再行编排）而成的典籍。三代之格原本的篇目如下表所示。

　　《弘仁格》《贞观格》《延喜格》如今皆已散佚，很难了解其详委。所幸《弘仁格抄》尚存，由此可推想《弘仁格》的排列方法（详情参照《弘仁格抄》的解题）。虽然这些格的佚文在《政事要略》等中也以"弘民格""贞神格"等形式被引用，但由于《类聚三代格》被认为是以分类汇编三代之格的所有条文为编纂原则（这从《弘仁格抄》与《类聚三代格》的比较推测而来。但《类聚三代格》存在缺失，此如后述），因此，以《类聚三代格》书眉所存"贞京""延临"等为线索，可推断出三代之格的每条原文。①

　　以下单列页码者表示的是新订增补国史大系《类聚三代格》的页码，"民上 20"等标记指新订增补国史大系《弘仁格抄》民部上第 20 条格文。若指弘仁、贞观、延喜的三代格时，略称为"三代之格"；若指分类汇编后的格时，则略称为《三代格》。

---

① 国史大系本《类聚三代格》中还有转抄时加写的部分。如贞观十二年十二月二十五日官符（249、272、272、322、344 页）只见于前田家本，但形式与其他格条不同。其中一条被收入《政事要略》（459 页）并被注为"格后"，由此可推测它不存在于最初的《类聚三代格》而是加写的。

		弘仁格	贞观格	延喜格
卷 数		十 卷	十二卷	十二卷
编目	卷一	神祇·中务	神祇·中务	神祇·中务
	二	式部上	式部上	式部上
	三	式部下	式部中	式部下
	四	治部	式部下	治部上
	五	民部上	治部上	治部下
	六	民部中	治部下	民部上
	七	民部下	民部上	民部下
	八	兵部	民部下	兵部
	九	刑部大藏宫内弹正京职	兵部刑部大藏宫内弹正京职	刑部大藏宫内弹正京职
	十	杂	杂	杂
	十一		临时上	临时上
	十二		临时下	临时下
所收条文的年代		大宝元年至弘仁十年,共119年	弘仁十一年至贞观十年,共49年	贞观十一年至延喜七年,共39年
编纂日期		弘仁十一年四月二十一日①	贞观十一年四月十三日	延喜七年十一月十五日
施行日期		天长七年十一月十七日①	贞观十一年九月七日	延喜八年十二月二十七日②

三代之格的分类汇编并非简单机械性地改变排列顺序而已。如为

① 《贞观格》序称"弘仁十一年四月廿一日,施行格十卷",《弘仁格抄》末尾写"弘仁十一年四月廿一日",由此可推测弘仁十一年四月二十一日不是施行日,而是撰进日。关于施行时期,正如虎尾俊哉在《延喜式》(吉川弘文馆出版)中所说,格一般都是撰进后不久就施行的(该书38页以后),天长七年十一月十七日发布了颁行格式的官符(《三代格》《类聚国史》),且天长七年末至第二年初为编纂格式的相关人员叙位(《类聚国史》)等,由此自然可以推断它于天长七年施行。此外,在《弘仁格式》施行之后的天长七年闰十二月七日,各司被要求上申"修撰之后,改张诸事"及"纰缪遗漏等",其结果是承和七年四月二十三日颁布"改正遗漏纰缪格式"(《三代格》,533页)。虽可推测现存的《弘仁格抄》及《类聚三代格》收录的《弘仁格》是此"改正遗漏纰缪格式",但尚无确凿证据。
② 参照坂本太郎《延喜格撰进施行的年月》,收入《日本古代史的基础性研究》。

便于适用,三代之格会将同条格文收在两个官司项下,分类汇编时则大多只收其一。① 反之,若一条格文与两个类别相关,会被重复收入两类;若一条格文包括两项以上内容时,则大多会被删除无关的内容,分别收入相关类别中。② 更重要的是,分类汇编三代之格时还有过若干改写。如《弘仁格抄》兵 24 收录大同四年五月九日颁布的格文"应补任所管诸司史生事",此格明显就是《类聚三代格》(170 页)所收同一日期的"应补任兵部省所管诸司史生事"。乍一看两个事书(古文书学的术语,置于正文之前,是对文书主旨要点的归纳——校者注)的差异,都会认为是《弘仁格抄》误写(脱漏),但其实不然。因为前者在被收入《弘仁格》之前,其官符中应写有接收方"太政官符 兵部省",所以没有必要在事书中写入"兵部省"等。虽然这一官符被收入《弘仁格》时未写接收方,但被收入了兵部格,那么其事书的意思是明确的。若此格被原封不动地收入《三代格》"加减诸司官员并废置事"类中,则意思不明。因此才要在事书中加写"兵部省"三字吧。三代之格分类汇编时的这种改写大多都是形式上的,③但也应该予以足够重视。

二、《类聚三代格》的构成

如上所述,《类聚三代格》是将三代之格按照内容再次分类汇编而成的,但国史大系本的卷篇编排存有许多疑点。其原因在于,《类聚三代格》并无存世的完整写本,零星流传下来的只是数卷卷篇编排有别、来自不同系统的残本。国史大系本采用了前田家本的卷篇编排,后者也由数个不同系统的

---

① 如《弘仁格抄》将延历二十一年十月二十二日官符"应弹正台所弹移诸司官人准犯贬降事"(629页)收在式部格(式上 33)与刑部格(刑 3)中,而"类聚"时只收入式部格。然而,《弘仁格》的式下70 与民上 14 为同一格文,但皆被收入《三代格》(369、373 页)。笔者推测编者也许因为两者的事书不同,故误认为其内容也不同,才将它们一起收录的。

② 《弘仁格》杂 20 由"一听运九个使料米事/一听运位禄季禄料米事"两项组成,前项被收入"公粮事"类中(276 页),后项被重复收入"位禄季禄时服马料事"与"公粮事"两类中(254、278 页)。

③ 如本页注②引用的《三代格》254 页大同四年正月二十六日官符(一听运位禄季禄料米事)中的"大宰府解""太政官去延历十二年八月十四日符旨",通过与 278 页格文的比较可知,在收入《弘仁格》时它们被简写为"同前解""同前符旨"。

写本合成。① 因此,首先必须复原《类聚三代格》卷篇编排的原状。先将复原的结果展示如下:

12 卷本	20 卷本	大系本 前田家本	类 目
1	1 2	1	序事 神社事 神封并租地子事 祭并币事 神叙位并托宣事 斋王事 神宫司神主祢宜事 科祓事 神郡杂务事 神社公文事
2	3 4	2	造佛佛名事 经论并法会请僧事 修法灌顶事 年分度者事
3	5	3	国分寺事 定额寺事 僧纲员位阶并僧位阶事 诸国讲读师事 僧尼禁忌事 家人事
4	6	10 4	释奠事 国忌事 供御事 废置诸司事 加减诸司官员并废置事
5	7 8	5	分置诸国事 加减诸国官员并废置事 *定官员并官位事 定内外五位等级事 定秩限事 交替并解由事
6	9 10	6	⑥ 位禄季禄时服马料事 ⑦ 要剧月料事 ⑧ 公廨事 ⑨ 事力并交替丁事 ⑩ 公粮事 ⑪ 赙物事
7	11 12	7 12	公卿意见事 牧宰事 郡司事 诸使并公文事 隐首括出浪人事 正仓官舍事
8	13 14	8(13) 14	农桑事 调庸事 封户事 不动动用事 出举事 借贷事 杂米事 义仓事 填纳事 铸钱事
9	15 16	15 16	校班田事 ② 损田并租地子事 ③ 易田并公营田事 ④ 垦田并佃事 ⑤ 寺田事 ⑥ 诸司田事 ⑦ 职田位田公廨田事 闲废地事 ⑨ 道桥事 ⑩ 船濑并浮桥布施屋事 ⑪ 山野薮泽江河池沼事 ⑫ 堤堰沟渠事

① 从笔迹、纸质的多样性,以及每卷分量明显的不均衡性可知,前田家本(通称为享禄本的卷子本。前田家还藏有其他数种册子本,但以下提到的前田家本仅指此卷子本)是不同系统的写本的集合体。承蒙饭田瑞穗指教,由尊经阁藏《书札类稿》可知,卷七、十七、十八(及其他数卷)在元禄十六年左右藏于三条西家,因此所谓前田家本的集成,可能是由三条西家完成,然后把合成本卖给了前田家。

（续表）

12 卷本	20 卷本	大系本 前田家本	类　　　　目
10	17	17	（⑥诸王事?）⑦ 国讳追号并改姓名事 ⑧ 蠲免事 ⑨ 赦除事 ⑩ 募赏事 文书并印事
11	18	18	军毅兵士镇兵事 统领选士卫卒卫士仕丁事 健儿事 器仗事 关并烽候事 夷俘并外蕃人事 相扑事 国饲并牧马牛事 驿传事 材木事
12	19 20	19 20	禁制事 断罪赎铜事

　　* 12 卷本卷 5"定官员并官位事"一类究竟属于 20 卷本的卷 7 还是卷 8，目前尚不明。现暂时按照东山御文库本卷 5 上下两轴的划分方式。

　　现在对上表的复原过程作一简单的要点说明。《类聚三代格》的最初版本是被称为"印本"的植松藏版，在弘化年间以尾张藩官库藏本为底本，[①] 刊行了卷一、三、五、七、八、十二共六卷，随后在嘉永年间斋部亲成获得古本五卷，为卷四、十四、十五、十六、二十，追刻了其中卷四、十五和十六共三卷。之所以未追刻卷十四、二十这两卷，是因为古本卷十四的内容包含在既刊卷八的后半部分，卷二十则包含在既刊卷十二的后半部分。这些情况可表示如下：

弘化刻本	1	3	5	7	8			12	
嘉永追刻本		4				(14) 15 16			(20)

　　弘化刻的尾张藩本很明显属于金泽文库本系统，所以金泽文库本自身也残存着其中的卷五与卷十二两卷（东山御文库藏）。不过，金泽文库本《类

　　① 宫内厅书陵部收藏着钤有德川义直藏书印的尾张德川家旧藏本。虽然尚无史料能说明弘化刻本与这一尾张德川家旧藏本的关系，但值得注意的是，就延历十九年十一月三日官符（24 页）而言，书陵部所藏尾张德川家旧藏本与弘化刻本都脱漏了"太政官符"四字，而被认为是忠实转抄了金泽文库本的鹰司本（宫内厅书陵部藏）则有"弘神 太政官符"。

聚三代格》原本共有几卷？《本朝书籍目录》载"类聚三代格 三十卷"，但比较《弘仁格抄》与《类聚三代格》的残存部分，会发现《弘仁格抄》所收约44%①的格条都在弘化刻本（金泽文库本系统）的六卷之中。因此，金泽文库本肯定不是三十卷本，即使超过十二卷，大概也就数卷而已。《本朝书籍目录》的"类聚三代格 三十卷"有可能是如实记载弘仁、贞观、延喜三代之格的合计卷数（临时格除外）的虚构数字。② 若参照《本朝法家文书目录》中《官曹事类》与《天长格抄》等的篇目来推测残存的三代之格（包含《弘仁格抄》所收之格）"类聚"后的排列，那么金泽文库本极可能由十二卷构成。③ 另外，嘉永追刻本现存最终卷是卷二十，正好是金泽文库本的最后部分，即卷十二的后半部分，因此若金泽文库本是十二卷本，则嘉永追刻本即二十卷本。虽然其中不乏循环论证之嫌，但以下立足金泽文库本十二卷之说，把与金泽文库本（弘化刻本）的卷篇编排相同者称为十二卷本，与嘉永追刻本的卷篇编排相同者称为二十卷本。

在《类聚三代格》现存的写本中，最古老的要属保留了文永三年北条实时题识④的金泽文库本（东山御文库藏），其次是东寺观智院藏本，由中原职宗于文永五年誊抄贞应三年写本而成。东寺本与金泽文库本无直接关系，但因为东寺本残存的唯一一卷（卷三）与弘化刻本的卷三一致，可以推测它也同样是十二卷本。十二卷本似在平安中期便已存在，本文第五部分再予详述。

---

① 《弘仁格抄》中大部分神祇格皆已散佚（但十二卷本的卷一几乎都是神祇格），且如前所述，同一条格文有时被分割后再进行分类汇编，故不易确加统计，但大体在 43%～45% 之间。另外，根据《三代格》的卷帙，《弘仁格》的收录数量有非常大的差异，此容后述。

② 《书籍目录》载"类聚三代格 三十卷"或许与《西宫记》卷十殿上人事"奉行之辈，可设备文书"中的"三代格 各十卷，今案或有十二卷"有关（承蒙饭田瑞穗指教）。

③ 卷十二"禁制事，断罪赎铜事"之后是否有收三代之格的杂格及临时格等的卷帙？有此疑问是理所当然，但可能性非常小，因为《弘仁格抄》卷十中几乎所有杂格都被收入《三代格》的残存部分，其余条文也被认为收入卷十二以前的缺失部分（如后述），而且贞观临时格、延喜临时格大多被收入卷十二之前的部分等。

④ 宫内厅书陵部藏鹰司本被认为是金泽文库本的忠实转抄本，卷一、三、五、七、八这五卷收录了金泽文库本的底本题识（金泽文库本卷十二本身没有题识）。其中，卷一、七、八的底本题识未见于所有的流传本，卷三的底本题识订补了流传本的错误、脱漏，是极其珍贵的史料（参照宫内厅书陵部编《图书寮典籍解题》续历史篇）。流传本是庆长年间德川家康命人抄写后流传于世的版本，鹰司本与其分属不同的系统，修改了流传本的许多错误。

有关嘉永追刻的二十卷本的谱系尚不明确,《本朝法家文书目录》所见《类聚三代格》的目录如下所示。

《类聚三代格目录》(《本朝法家文书目录》所载)

第一 神事上 序事 神社事 神封并租地子事 祭并币帛事 神叙位并托宣事

第二 神事下 斋王事 神主祢宜事 科祓事 神郡杂务事 神社公文事 (在诸国四度使事 勘毕数事)

第三 佛事上 造佛名事 经论并法会请僧事 修法灌顶事

第四　　　度者事

第五 佛事下 国分寺事 定额寺事 僧纲员位阶并僧位阶事 诸国讲师事 僧尼禁忌事 家人事

第六　　　国忌事 供御事 废置诸司事 加减诸司官员

(下缺)

将它与嘉永追刻的二十卷本比较,可发现嘉永追刻本的卷四"度者事"与该目录的卷四一致。遗憾的是,此目录仅到卷六,以下皆缺失,故无法确定到哪卷结束。但从此目录卷四与二十卷本一致、目录卷一与卷二的内容合起来与十二卷本的卷一一致、目录卷五的内容与十二卷本的卷三一致来看,此目录极有可能是二十卷本的目录。其中的关系可表示如下:

弘化刻本(十二卷本)	1　　　3　　5　7　8　　　　12
嘉永追刻本(二十卷本)	\　/　4　‖　　　14 15 16　　/20
法家文书目录	1 2 3 4　5　6 (之后缺)

"＝"表示双方内容一致,"一"表示一方与另一方的半卷相同。

另外,《类聚三代格》还有另外一部重要的写本,就是由十七卷(二十轴)〔及一卷残卷〕组成的前田家本(卷数根据国史大系本所用而定),分别是卷一(二轴)、二(二轴)、三、四、五(二轴)、六、七、八(标十三,但据旁注为八。参照"追记")、十、十二、十四、十五、十六、十七、十八、十九、二十。其中卷一后半部分、卷四、七、十这四卷是享禄年间三条西公条在大永年间的具注历背面誊抄伏见宫藏本而成,因此又被称为"享禄本"。前田家本的卷二前半部分、卷四、六、十、十七、十八共计六卷未包含在印本中，所以明治十七年前田侯爵家将它们作为《享禄本类聚三代格》①刊行。如前所述，前田家本由不同系统的写本合成，包含了残存的《类聚三代格》所有部分，所以国史大系本也大致依从它的卷篇编排。此外，通过比较十二卷本与二十卷本可以明确的是，前田家本混合了十二卷本与二十卷本至少两大系统的写本。即卷一、三、五这三卷与十二卷本一致，卷二也与二十卷本的卷三、四两卷合起来的内容一致，所以也被认为属于十二卷本。卷十四、十五、十六、二十这四卷与二十卷本一致，卷十二与十二卷本的卷七后半部分一致，卷十九与十二卷本的卷十二前半部分一致，所以都被认为属于二十卷本。在卷十五的六个类目中，②～⑦有朱笔眉批（处于①位置的部分缺失），在卷十六的四个类目中，⑨～⑫有朱笔眉批（处于⑧位置的"闲废地事"无朱笔眉批），所以可推测两者是连续的（参照前面的复原表），且卷十五、十六两卷相当于十二卷本的卷九（参照"追记"）。卷十七的尾题（首题缺失）被朱笔写作卷十，这也许反映出它与十二卷本的对应关系，由此可推测卷十七对应十二卷本的卷十，卷十八对应十二卷本的卷十一，且卷十七与十八皆属于二十卷本。以上结论表示如下：

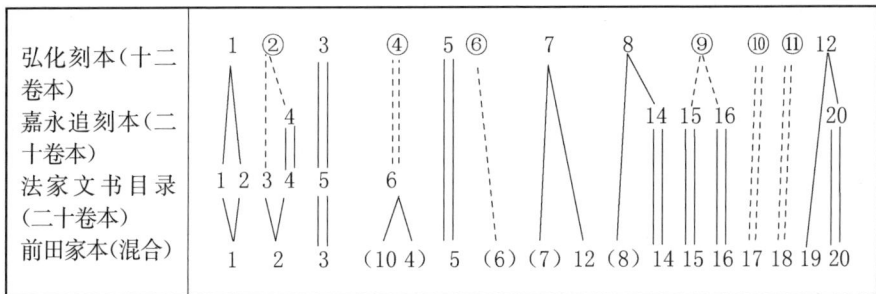

（）中的内容之后再说明。带圈数字表示散佚之卷。

前田家本剩余的卷四、六、七、八（原本是卷十三，旁注为卷八）、十这五卷（上表括号内所示）中，卷十、四两卷与《本朝法家文书目录》（二十卷本）的卷六一致，②故可推测它们相当于十二卷本的卷四。卷十与卷四为享禄元年

① 但刊行的这六卷中只有卷四、十这两卷誊抄于享禄年间，其他卷似为江户时代的写本。
② 《法家文书目录》缺少"释奠事"，也许是在《法家文书目录》传抄过程中脱漏了。

三条西公条在具注历的背面誊抄的"享禄本",而他抄写的底本伏见宫本当时已因虫蛀受损严重,正如卷十之题识所谓"件本以外虫损,仍如形摸之,蠹食之分阙如之,以他本可书加之"①。此外,卷十有首题而无尾题,卷四无首题而有尾题,这是两卷原本为一卷的旁证,也许是因虫蛀,导致首题"卷第十"被误读为"卷第四"。② 前田家本的卷十与卷四原本就是卷四,被误编成了两卷。③《本朝法家文书目录》所收《官曹事类》与《天长格抄》的目录中,"佛寺部""斋会部"(几乎相当于十二卷本《类聚三代格》的卷二、三)之后是"释奠部""国忌部""供御部"(相当于前田家本卷十),由此也可旁证本文的推测:前田家本卷十就是十二卷本卷四的前半部分。

关于卷六,首题为"卷十",尾题为"卷六",究竟哪个是正确的? 从各类的题目来看,开头的"六(朱书) 位禄季禄时服马料事"到最后的"十一(朱书) 赙物事",六至十一的序号都是朱笔所注,且开头的"六 位禄季禄时服马料事"注有"当廿卷之格第十"。也就是说,该卷共由十一类组成,其中六至十一类相当于二十卷本的卷十,故一至五类相当于二十卷本的卷九。即十二卷本的卷六相当于二十卷本的卷九、十两卷。也许十二卷本的卷六分为上下两轴,④现只残存下轴。由于此部分相当于二十卷本的卷十,故编者为原本没有首题的下轴附注了卷十。关于十二卷本的卷六前半部分(即二十卷本的卷九),虽然前田家本的残卷中还留有首题为"类聚三代格卷第六九"的残片(国史大系本未收),但正文散佚,非常可惜。该十二卷本的卷六前半部分(即二十卷本的卷九)的确包含五类,不过其内容未残存于任何一部写本中(参照"追记之二")。

---

① 国史大系本并未区分伏见宫本被虫蛀的部分与享禄本誊抄后被虫蛀的部分。而享禄本中可见多处为伏见宫本的虫蛀部分特意留出的空白。如天平三年九月十二日格(357 页)的缺字部分在伏见宫本中已缺。

② 由于卷首位于外侧,故为易损之处。虽无法确定伏见宫本卷四是否分为上下两轴,但即使是一轴,也会因虫蛀而裂成多个残片。

③ 卷四有目录,且"加减诸司官员并废置事"上方有朱书"二",这两点会影响本文的推断,但我们还是认为伏见宫本中原本没有的内容,可能作为卷四独立成篇,附在后面(目录是根据正文制成的)。此外,从题识及背面的具注历可知,三条西公条在抄写伏见宫本时是按照卷十、四的顺序连续誊抄的。

④ 前田家本的卷一、二、五各自分为上下两轴,金泽文库本(十二卷本)现存的卷五、十二原本也是一轴,但之后分成了上下两轴(承蒙桥本义彦指教)。

卷七与十二卷本的卷七前半部分一致。也许十二卷本的卷七也分为上下两轴,现只残存上轴。其旁证是此卷只有首题,没有尾题。[①] 十二卷本的卷七后半部分是以二十卷本卷十二的形式残存于世,所以该部分即相当于二十卷本的卷十一。

卷八原本的首题是卷十三(无尾题),但被前田家本的整理者及国史大系本的校订者误读为"卷十二"(参照"追记"),真正的卷十二尚存,所以此卷首题被旁注为卷八。该卷内容与十二卷本的卷八前半部分一致,因此被推测属于二十卷本,而十二卷本的卷八后半部分与二十卷本的卷十四一致,故首题的卷十三可能表示的是二十卷本的卷数。

经过以上繁杂的考证,我们基本已掌握一个事实,即前田家本是十二卷本与二十卷本的合成本。前文所列表格即为综合考证结果而复原的十二卷本与二十卷本的卷篇重编方式。

由此可知,二十卷本的卷九(包含五类)现已散佚,二十卷本卷十七(十二卷本的卷十)的前五个半类缺失。由于伏见宫本与享禄本先后被虫蛀受损,十二卷本的卷四存在许多缺失,且国史大系本对残卷的排列错误颇多。[②] 接下来将推定这些缺失的内容并加以复原。

三、缺失部分的复原

《类聚三代格》缺失部分包括哪些类目,可通过比较《弘仁格抄》与《类聚

---

① 目录只有上卷部分,所以造成了许多问题,但可暂作如下解释:由于伏见宫本的目录部分已遭虫蛀损毁,所以只能根据正文的各类题目制成了目录。

② 享禄本卷四因虫蛀受损严重,裂成了多个残片。所幸此卷写在大永二年八月至十二月、大永五年正月至二月具注历的背面,因此可以具注历的日期为线索,整理、排列大部分残片。由结果可知,卷四前半部分的"废置诸司事"受损特别严重,约半数皆已缺失(但也有根据《令集解》等可加补充之处);前田家本(以及据此编成的国史大系本)的排列十分混乱(以国史大系本对排列的修改为例,如 a."149 页第五行("右……"以下)至第十二行"移到 158 页的第二行与第三行之间;b."155 页第十五行至 156 页第十五行"与"157 页第十、十一行"移到 150 页第六行与第七行之间;c."157 页第十四行至 158 页第二行"与"157 页第一行至第八行"未确定所移位置,不过好像移入"废置诸司事"的缺失部分)。必须充分注意的是,两条截然不同的格文被误写为一条格文的情况〔天长元年□月十日格(149 页)以中间缺失部分为界,前后属于两条格文(参照前述 a 例)。出现此错误的原因是伏见宫本已因虫蛀受损。关于此例,可参照笹山晴生《与设置中卫府相关的类聚三代格所载敕》,《续日本纪研究》第 2 卷第 9 号〕。

三代格》的现存部分作出一定程度的推测[关于此问题,泷川政次郎《九条家弘仁格抄的研究》(收入《法制史论丛》第一册)已经有详细论述,但本人有几点不同看法,以下将略述其要]。为《弘仁格抄》所收、却未见于《类聚三代格》现存部分的格有八十三条,大体可分为以下六类:a. 关于废置诸司;b. 关于学制;c. 关于选叙考课;d. 关于勘籍;e. 关于账内资人事业等;f. 关于仪制衣服。① 其中可以基本确定的是 a 类格可归入十二卷本卷四"废置诸司事"的缺失部分,但其余 b~f 类格的归属尚未确定。然而,最近饭田瑞穗从前田育德会的收藏中发现了十六件新史料,被包在写有"卷子本类聚三代格调书"字样的封皮中,并论证了其中所含与现在缺失卷帙相关的记载(参照"追记"。饭田瑞穗《与〈类聚三代格〉佚失卷相关的一条史料》,《日本历史》第 270 号)。根据其研究,基本可确定 b、c 属于同一卷,且可在一定程度上确定或推测 b、c、f 类每条格文的排列。结合饭田瑞穗的新研究与《类聚三代格》的整体结构,b、c 极有可能属于二十卷本的卷九,d、e、f 极有可能属于二十卷本卷十七(十二卷本的卷十)缺失的前半部分(只是 b~f 中的格究竟归属哪个类目尚不明朗)。此外,通过与《弘仁格抄》的比较,也只能知道《弘仁格》中有《类聚三代格》现存部分未收录的内容,关于《贞观格》与《延喜格》则尚存疑问,但《类聚三代格》缺失部分的内容与如上推测相差无几。②

关于各条格文,《政事要略》中以"弘杂格云"等形式加以引用的应是三代之格真正的佚文,而在《令集解》中,许多被认为是编者引用的格文出自

---

① a. 兵 10、21[前田家本残片(649 页)中有一部分兵 10。兵 21 如后所述]。b. 式上 8,式下 43、44、45、46、47、48、49、50、51。c. 式上 62、63、64、67、70、71、72、73、77、78、81、82、85、86、88、89、90,式下 54、55、56、57、58、59、60、61、62、64、66、67,兵 30、32、33、34、35、36、37、38、39、40、42(式上 64 可能也在 f 中,式上 78 可能也在 b 中。兵 40 四项中的第一项在《三代格》的残存部分中)。d. 式上 23、24、25、26,式下 23,民下 25(式下 23 可能在 e 中)。e. 式下 17、18、19、(20)、(21)、22、24、25、26(式下 17 可能在 c 中)。f. 式上 35、36、83,兵 8、9、11、12、13、27,弹 4、5,杂 1、2、3、4、5。

② 《弘仁格抄》的全部格条数与其中为《三代格》残存部分所收格条数的比率约为 84%(正如 93 页注①的说明,很难正确计算,但误差不会很大),从缺失部分推测的比例约为 90%,前者略低,因此有人怀疑十二卷本还有卷十三以后的部分(二十卷本的话则有卷二十一以后的部分),这个看法大体上也是可能的。但我还是认为十二卷(二十卷)是全部,理由如下:其一,现存《三代格》中没有的格条恰好在缺失部分;其二,《弘仁格》条文的收入率,每卷都有很大差别(如即使考虑到《弘仁格抄》治部存在抄写脱漏的情况,十二卷本卷二收录的格条也非常少);其三,尤其是许多与选叙考课相关的格条,同一格条大多被重复收入式部格与兵部格中(如式下 57 与兵 35、式上 88 与兵 38、式上 90 与兵 34),而"类聚"时又极有可能只收入其中一类。

《弘仁格》，且与该令文相关，所以这些都是《弘仁格》重要的佚文。① 在《政事要略》与《令集解》所引的三代之格中，许多条文为残存的《类聚三代格》所缺，对《类聚三代格》残存部分的校正也有重要作用。②《政事要略》与《令集解》之外的典籍也引用了大量大宝至延喜年间的诏敕官符等[参照埴保己一《格逸》、黑川春村《格逸逸》(皆收入《续续群书类从》法制部)]，这些是否是三代之格(或者《类聚三代格》)的佚文，则有必要慎重斟酌。

此外，六国史(及《类聚国史》《日本纪略》)对于《类聚三代格》佚文的补充与校正也有十分重要的作用。但六国史记载的格并非出自弘仁、贞观、延喜三代之格，而是引自图书寮的日录等，它们以三代之格编纂前的诏敕官符及其材料为史料，所以从史料的谱系看，六国史记载的格与三代之格相当于兄弟或从兄弟的关系，而且六国史在收载诏敕官符等时，多有极其错误的省略及改写(坂本太郎《作为史料的六国史》，收入《日本古代史的基础性研究》)，因此利用它补充或校正《三代格》的佚文时要细加注意。那么六国史正确引用格文时是否就没有问题了呢？ 其实这里也有严重的问题。现举一个复原工作的例子，对此进行具体探讨。

收录于十二卷本卷四的大同三年正月二十日诏(157 页)是与大规模整合废除官司等有关的重要格条，但由于享禄本被虫蛀损毁，缺失部分甚多，所以国史大系本利用《令集解》与《类聚国史》进行了如下复原。

Ⓐ

诏，观时改制，论代立规，往古相沿，来今莫革，故虞夏分职，| 损益

非同，求之变通，何常准之有也，思欲省司合吏，| 少牧多 | 羊，致人务于清

---

① 《令集解》引用的格分为三种：a. 为令释、古记等诸说引用的格；b. 编纂诸说后，(也许是编者)从《弘仁格》引载的格；c.《令集解》成书后又追加的格。b 忠实引用了《弘仁格》的格文，只删除了与该令文无关的部分。因此，一条格文总是在删掉无关部分后，被数处解释重复引用(关于《令集解》与《弘仁格抄》的关系，东京大学研究生院《令集解》研讨课中鬼头清明的报告给予了宝贵的启示)。参照拙稿《垦田永世私财法的变质》(收入《日本社会经济史研究》古代·中世篇)。(关于鬼头清明的见解，请参照《令集解所引格与弘仁格》，《大和文化研究》第 13 卷第 3 号。校正时追记。)

② 严格来说，《政事要略》与《令集解》引用的格文是三代之格的佚文，不是《类聚三代格》的佚文。但这大概只是形式上的区别(参照本文第一部分)，所以正文并无问题。

闲,期官僚于简要,①②其画工漆部二司并内匠③寮,丧仪司并鼓吹司,内礼④

司并弹正台,缝部⑤⑥采女二司并缝殿寮,锻冶司并木工寮,官奴司并主殿⑦⑧

寮,赃赎司并刑⑨部⑩省,莒陶司并大膳职,⑪其内兵库并左右兵库,减内舍⑫

人定四十员,主酱主果饼及刑⑬部解部⑭宜从省废,主者施行。

　　大同三年正月廿日(□为有缺损之处,☐☐为无缺损之处)

在探讨上述复原方法之前,先对作为复原材料的《令集解》所引之格进行说明。这条弘仁式部格被收在如下相关条目中,且每处都删除了与本条令文不相关的部分:② 漆部司(新订增补国史大系《令集解》116页,下同)、③ 丧仪司(92页)、④ 内礼司(76页)、⑤ 缝部司(116页)、⑦ 锻冶司(132页)、⑧ 官奴司(132页)、⑨ 赃赎司(108页)、⑩ 莒陶司(136页)、⑭ 刑部解部(104页)、[关于⑪ 内兵库(148页)如后叙]。至于缺失部分的复原情况,首先,阐述此格主旨的部分(ⒶⒷ)出现在所有被引用的格文中,所以国史大系本的复原毫无问题;其次,根据《令集解》引用的格可知,② 漆部司、⑭ 刑部解部这两部分也没有问题。① 画工司部分虽然未被《令集解》引用,[1]但根据《类聚国史》107(59页)中的"大同三年正月壬寅(廿),诏曰云云,其画工漆部二司,并内匠寮云云",可知上述复原也没有问题。以上提到的几处复原都是写本中大体留有与所缺字数相应的缺损空白处(即□部分),而"采女二""部""其内兵库并左右兵库"三处(☐☐部分)明显没有缺损(如写本中"采女二"前面的"缝部"与后面的"司"明显是连在一起的)。如前所述,该卷现只存在于享禄本中,三条西公条誊抄的伏见宫本遭虫蛀损毁严重,所以极有可能是在誊写时出现脱漏等,[2]事实上如"刑省"显然就是"刑部省"的误写。

_____

① 与⑫内舍人的人员相关部分未被《令集解》相应条(63页)引用,可知《集解》引用《弘仁格》的方法并非一致且是有规律的。所以《集解》画工司条(74页)未引用此格不能成为否定复原该部分的依据。

② 在誊抄享禄本时,为伏见宫本的虫蛀部分留出了多处空白(参照96页注①),但也有因误未留空白的情况[参照前引笹山晴生的论文(97页注②所引)],所以不能仅根据未留空白而认定《三代格》原文没有相关文句。

　　至于"采女二"与"其内兵库并左右兵库"两处,究竟是原来就未见于《三代格》原文,还是在誊写时有所脱漏? 为便叙述,首先从内兵库开始检讨。国史大系校订者补充"其内兵库并左右兵库"是由于《令集解》职员令内兵库条(148页)引用了此格,但与其他条引用格文相比,只有一处不同,即日期写为"大同三年正月廿五日"。虽然这有可能是《令集解》的误写(国史大系本也持误写说),但《弘仁格抄》兵21中有"诏 大同三年正月廿五日",从《弘仁格抄》的排列顺序看,毫无疑问此格指的就是《令集解》内兵库条所引之格。如此就可以确定,"其内兵库并左右兵库"之格作为大同三年正月二十五日诏,被收在《令集解》编者所见的《弘仁格》兵部中。[①] 虽然它也可能被收入《类聚三代格》卷四,与正月二十日诏别为二格,但由于虫蛀而缺失了。因此,正月二十日诏中自然没有与"其内兵库并左右兵库"相应的缺损之处。

　　最后,关于"采女二",国史大系本补入这三字的根据是《类聚国史》107(58、74页)所载"大同三年正月壬寅(廿),诏曰云云,缝部采女二司,并缝殿寮",因此大同三年正月二十日颁布的诏中无疑载有将采女司并入缝殿寮的要求。由于采女司并入缝殿寮一事理应记入式部格,所以无论如何也不可能同内兵库那样,与正月二十日诏别为二格。既然如此,为何享禄本的正月二十日诏中不仅没有"采女二",连缺字的空白处都没有呢? 虽然有可能是三条西公条根据虫蛀的伏见宫本誊写享禄本时,将损毁部分填上了,但果真如此吗? 我的观点是,正月二十日诏原文肯定有"采女二"三字,但《弘仁格》的编纂者有意将此三字删除了(因此,享禄本中既没有"采女二",也没有缺字的空白处)。[②] 至于《弘仁格》的编纂者为何删去这三字,将在下一节说明原因。

四、三代之格的特点

　　关于弘仁、贞观、延喜三代之格的编纂方针,向来就有一个笼统的认识:首先把每条诏敕、官符、官奏等的署名部分全部删除,若是官符,还要删掉接

---

① 　"其内兵库并左右兵库"的内容,归入兵部格(正月二十五日诏)要比式部格(正月二十日诏)更合适。
② 　在明治十七年刊《享禄本类聚三代格》中,与采女司及内兵库相关的内容仅止于旁注。遗憾的是,国史大系本对写本的忠实度没有《享禄本类聚三代格》高,还有很多类似的例子。

收方；凡是与格的主旨没有直接关系的部分，都要删掉，以精简格文（如宽平二年九月十五日官符，比较《政事要略》255 页与《三代格》343 页所收同条文字就可得知），事关格文核心的部分在原则上保持其颁布之初的原状。但在编纂时，格的核心部分果真未作任何调整吗？毋庸置疑，编纂格的目的不在于阐明过去的历史，而是表明哪些是编纂时行之有效的法律，"弘仁格式序"称"若屡有改张向背各异者，略前存后以省重出"，这也充分体现了格典编纂的一个基本特点。这与六国史的基本特点不同，后者的使命就是阐明过去的历史。因此，在编纂格典时当然不会收录已然失效的诏敕官符等。若同一格条中既有当时依然有效、需要保留的部分，也有已经失效的部分，那些已然失效的部分也可能被删除。如养老六年八月二十九日官奏（579 页）修改了国司因公上京时允许乘用驿马的所在国范围。《三代格》所收格文称"唯伊贺、近江、丹波等三国，不在给驿之例"。然而，《续日本纪》同日条（94 页）载"但伊贺、近江、丹波、纪伊等四国，不在兹限"，纪伊国也被纳入不许乘用驿马的范围，而且被认为成书于延历前半期的令释也引用了此格"伊贺、近江、丹波、纪伊等四国，不在给驿之例"（《令集解》，867 页），与《续日本纪》一致，所以可推测至少在延历前半期之前，纪伊的国司是不许乘用驿马的。然而，为何《三代格》收录的《弘仁格》将纪伊从不许乘用驿马的四国中删除了呢（因此把"四国"改为"三国"）？大同二年九月十六日官符（《三代格》，584 页）允许纪伊国的正税帐、大帐、朝集帐等三使乘用驿马，理由是"此国（纪伊）去奈良京三日行程，今平安京更去一日半，总四日半程"。由于都城从奈良迁至平安，纪伊国到都城的距离变远了，所以被允许乘用驿马。因此，《弘仁格》的编纂者将纪伊从养老六年官奏所定不许乘用驿马的四国中删除，改为三国，并收入《弘仁格》中。格的编纂者从编纂时法律行之有效的立场出发，修改、删除部分格文，这样的例子除养老六年官奏外，还有和铜元年三月二十二日敕（218 页）、天平元年八月五日敕（509 页）、天平十五年五月二十七日敕（441 页）、天平宝字四年八月七日敕（265 页）、元庆六年四月十一日官符（455 页）等（详见拙稿《垦田永世私财法的变质》，收入《日本社会经济史研究》古代·中世篇）。回归正题，之前提到的大同三年正月二十日诏也属此类。也就是说，大同三年正月二十日诏规定并入缝殿寮的采女司，于弘仁三年二月庚戌重新设立（《日本后纪》《类聚国史》），并一直存续至

《弘仁格》编纂之时。因此,《弘仁格》的编纂者删除了大同三年正月二十日诏中已然失效的合并采女司的内容,再收入格典。[①] 编纂者虽然会在编纂时从法律行之有效的立场出发修改格文,但并非严格地贯彻此原则。不过,从根据撰格式所的起请制定诸多格典来看,三代之格的编纂说到底就是一种立法。[②] 三代之格的基本特点是,对它们的解读不能脱离其编纂的年代,而三代之格的"类聚"则有忽视此点的危险。

另外,三代之格收录的是编纂时行之有效的法律,但前代格典已经收录的条文即使现行有效,也不会被再次收录。如《弘仁格》已收录的格文,作为现行法行之有效,但不会再被收入《贞观格》,原则上,《贞观格》编纂的是《弘仁格》之后颁布的、作为贞观十年现行法的格文,[③]所以《贞观格》必须与《弘仁格》并用。《延喜格》同样是以弘仁、贞观两格为前提编纂的。只是贞观、延喜两格增加了《弘仁格》没有的上下两卷临时格。关于格的一般特点,在此无法详述,请参照泷川政次郎《九条家弘仁格抄研究》(前引)、岩桥小弥太《格式考》(收入《上代史籍研究》第二集)、坂本太郎《律令的变质过程》(收入《日本古代史的基础性研究》)、石母田正《古代法》(收入《岩波讲座日本历史》4)等。

五、《类聚三代格》的流传

《类聚三代格》的编纂年代及编者皆不详。《西宫记》中官吏案头必备的

---

① 据《类聚国史》可知,大同三年正月二十日诏中也有"隼人司并卫门府"一项。由于内容与兵部省相关,若被收入《弘仁格》,应与"其内兵库并左右兵库"一起记于兵 21 条。但隼人司重新设立于大同三年八月庚戌(《日本后纪》),所以在《弘仁格》编纂时,它可能与采女司一样被删除了。遗憾的是,现存的《类聚三代格》缺失兵 21 大同三年正月二十五日诏,故无法确认此点。

② 诏敕、官符等是否被收录在三代之格中,会影响它们在现实中的效力。可参照元庆三年七月九日官符(505 页)。

③ 《贞观格》序文称,《贞观格》收录的是《弘仁格》编纂后弘仁十一年至贞观十年的格条,但《类聚三代格》弘仁五年五月八日诏(511 页)的书眉写有"贞临"字样。此诏与著名的嵯峨源氏的赐姓有关,也见于《日本纪略》与《河海抄》所引《日本后纪》的佚文中,日期不会有错。若如此,可能书眉是误写的,这还是《弘仁格》。然而,此格也未见于《弘仁格抄》。虽然《弘仁格抄》除了卷首的缺失外可能还有多处遗漏,未见于《弘仁格抄》并不意味着格条不属于《弘仁格》,但此格极有可能未被收入《弘仁格》中。也许《弘仁格》的编纂者将它作为临时之制而未加收入。在编纂《贞观格》时,它可能难以成为正规的格条,但作为先例有其重要性,所以即使是弘仁十年以前之诏,也作为临时格编入其中。

书目中未见《类聚三代格》之名,《政事要略》引用的大多数格条并非出自《类聚三代格》,而是引自"类聚"之前的"三代之格",由此可以推测其成书年代的上限在《政事要略》的部类编纂完成的长保四年以后。《后二条师通记》宽治三年四月五日条背面的注释引用了贞观十一年五月七日官符(76 页)的节文,并称之为"类聚三代格第二云",由此可以推测其下限为宽治三年以前(参照"追记"。渡边宽《类聚三代格的成立年代》,《皇学馆论丛》第 2 卷第 3 号)。按官司之别加以编纂的三代之格,又依据内容被重新分类,这反映了当时政务分掌不再遵从律令的二官八省制的政情。《台记》的作者藤原赖长在旅行时的船上边读《类聚三代格》边作笔记(《台记》久安四年四月十六日条);藤原俊宪的《贯首秘抄》给予高度评价:"予案,为职事之者,必可持之文。"随着《类聚三代格》的普及,人们逐渐不再阅读弘仁、贞观、延喜三代之格,其写本也仅有《弘仁格抄》得以传世。《弘仁格抄》只摘录了《弘仁格》的事书与日期,是因为通过《类聚三代格》便能知晓每条格文的内容。①

《类聚三代格》有卷数各异的多种写本,这已在本文第二部分作过说明。当时流传的是几卷本呢? 前述《后二条师通记》背面的注释引用了贞观十一年格文,称之为"类聚三代格第二云",它被收入十二卷本的卷二与二十卷本的卷四,所以可以推测背面注释引用的是十二卷本。本文第二部分提到的金泽文库本(东山御文库藏)、东寺观智院本皆为十二卷本,三条西公条抄写的伏见宫本也极有可能是十二卷本,因此,十二卷本大概是最早开始流传于世的。庆长十九年,德川家康下令誊抄从仙洞借来的《类聚三代格》六卷(《骏府政事录》《国师日记》),即卷一、三、五、七、八、十二的金泽文库本(十二卷本)。此六卷写本在江户时代流传最广,后于弘化年间在尾张藩刊印。《本朝书籍目录》载有"类聚三代格 三十卷",但并未发现存在三十卷写本的证据。据推测,《本朝法家文书目录》记载的《类聚三代格》目录为二十卷本的目录,而该二十卷本的写本在江户时代以残本的形式出现,作为十二卷本的补充而流传于世,并于嘉永年间在尾张藩刊行。加贺松云公前田纲纪以从三条西家入手的写本(集合本)为基础(参照 91 页注①),从各处收集《类

---

① 《弘仁格抄》中也有说明:"可校合类聚格,委细之旨,不能注载,篇目许注之。"参照前引泷川政次郎的论文。

聚三代格》的残本,网罗残存部分,[1]并于明治十七年将尾张藩版本中未见的部分付梓刊行,即前述前田侯爵家的《享禄本类聚三代格》。旧辑国史大系本是以前述尾张藩版本及《享禄本类聚三代格》为底本的,新订增补国史大系本以旧辑为基础,以金泽文库本(东山御文库藏)、东寺观智院本的残存卷帙作为底本,替换了尾张藩版本。

此外,《类聚三代格》中有以《延喜式》为主要材料创作的伪书,荷田春满已对作伪过程加以明确的考证。[2] 这种伪书的出现与《类聚三代格》的写本早已散佚、没有全本传世不无关系。

(附记)

关于东山御文库本与尊经阁文库本的调查得到了桥本义彦与饭田瑞穗的极大帮助,在此表示感谢。

索引

日本史研究会史料部会:《类聚三代格索引》,1959 年。

参考文献(＊ 为论文集的出版年份)

和田英松:《本朝书籍目录考证》,明治书院,1936 年。

笹山晴生:《与设置中卫府相关的类聚三代格所载敕》,《续日本纪研究》第 2
卷第 9 号,1955 年。

岩桥小弥太:《格式考》,收入《上代史籍研究》第二集,吉川弘文馆,1958 年＊。

石母田正:《古代法》,收入《岩波讲座日本历史》4,岩波书店,1962 年。

坂本太郎:《延喜格撰进施行的年月》,收入《日本古代史的基础性研究》,东
京大学出版会,1964 年＊。

坂本太郎:《律令的变质过程》,收入《日本古代史的基础性研究》,东京大学
出版会,1964 年＊。

---

① 《右文故事》有温古堂(和学讲谈所)收藏第二卷一册的记载,恐怕它与前田家本卷二属于同一系统的十二卷本。

② 荷田春满《伪类聚三代格考》。此外,布施弥平治的文章《类聚三代格的一个异本》(《法制史研究》第 4 号)也探讨了同一问题,但遗憾的是,他没有参考荷田春满的论说。

坂本太郎：《作为史料的六国史》，收入《日本古代史的基础性研究》，东京大
　　学出版会，1964 年＊。

泷川政次郎：《九条家弘仁格抄研究》，收入《法制史论丛》第一册，角川书
　　店，1967 年＊。

吉田孝：《垦田永世私财法的变质》，收入《日本社会经济史研究》古代・中
　　世篇，吉川弘文馆，1967 年。

渡边宽：《类聚三代格的基础性研究》，《艺林》第 20 卷第 3 号，1969 年。

渡边宽：《类聚三代格的成立年代》，《皇学馆论丛》第 2 卷第 3 号，1969 年。

饭田瑞穗：《与〈类聚三代格〉佚失卷相关的一条史料》，《日本历史》第 270
　　号，1970 年。

（追记）

　　本文完成后，笔者又根据渡边宽的出色考论《类聚三代格的基础性研
究》与《类聚三代格的成立年代》，修正和补充了以下几点不完备之处。
（一）笔者看漏了前田家本卷十六的类目所附朱笔眉批的数字，所以未能确
定此卷相当于十二卷本的卷九还是卷十。渡边氏经过缜密调查，明确了此
卷相当于十二卷本的卷九。笔者在此全盘借用该结果。（二）一直以来，前
田家本的"卷第十三"被误读为"十二"，在此也采用了渡边宽的调查结果。
但遗憾的是，关于前田家本卷十的处理，笔者与渡边氏的意见相左。原本打
算全部删除拙稿的第二节，只引用渡边氏的结论，但为了阐明双方结论相左
的原因，拙稿原样保留了推论的过程，敬请方家指正。（三）关于《类聚三代
格》的成书年代，拙稿也基本照搬了渡边氏的研究成果，只是笔者无法理解
他的以下推论，即《本朝法家文书目录》所收"类聚三代格目录"是"延长年间
开始编纂、并未全部完成的《类聚三代格》的目录"（前引论文 37 页）。若仔
细想象"类聚"三代之格的过程，那么未完成的目录与现存《类聚三代格》的
类目极其相似是几乎不可能的。第七以后的内容缺失是因传抄时有所遗
漏，这种看法是很自然的。其实，对此目录史料特点的理解偏差导致了前述
《类聚三代格》复原结果的相左，因此《本朝法家文书目录》的史料学研究或
许是解决问题的关键。笔者听说渡边氏已对《类聚三代格》进行了全面研
究，随着其研究成果的发表，拙稿的错误及不完备之处将逐一显现。也请参

考渡边氏今后发表的论文。

（记于 1969 年 10 月）

（追记之二）

　　饭田瑞穗的最新研究《与〈类聚三代格〉佚失卷相关的一条史料》推断出了二十卷本卷九与卷十七前半缺失部分的内容，发现了珍贵的新事实，因此拙稿在校正时也对"三、缺失部分的复原"的相应部分进行了订正与补充。详见饭田瑞穗此文。

（记于 1970 年 8 月）

　　（原文载坂本太郎、黑板昌夫编《国史大系书目解题》上卷，吉川弘文馆，1971 年。）

林　娜译　赵　晶校

延 喜 式

虎尾俊哉

一、编 纂 状 况

本书编纂的大致状况，阅读《延喜式序》即可明了。首先是其旨趣：

> （前略）贞观十二年以来，炎凉已久，文案差积，加以，前后之式章条既同卷轴斯异，诸司触事检阅多歧……

其中，须说明的是"前后之式……"部分。其背景是，《贞观式》是对之前的《弘仁式》的订正增补，而非全新的替代品，《弘仁式》本身并未被废止，《贞观式》只是将进行订正增补的部分集中起来加以编纂，这就是"前后之式"并用的编纂形式。《贞观式序》（《三代实录》贞观十三年八月二十五日条）及《延喜式序》（前揭引文的"前略"部分）提及"新旧两存，本枝相待"，说的正是这种情况。[①] 据此，《贞观式》撰进后追加单行法，就成为一项必然的要求。对此倒不如说，一方面想消除《弘仁式》《贞观式》并用的不便，另一方面想要拥有不输于唐朝的完备的格、式法典，此等愿望，感觉甚为强烈。《延喜式》的编纂之所以被批评为"与其说是立法事业，不如说在文化事业上的特征更明显"，原因即在于此，延喜时代用心于律令政治在形式面上的整备，这一特色在此事上表现得很明显。

接着讨论其编纂过程。首先是延喜五年八月开始编纂的记载：

> 因兹，延喜五年秋八月，诏左大臣从二位兼行左近卫大将藤原朝臣

---

① 关于这种编纂方式所致《贞观式》的特殊体裁，请参照拙稿《贞观式的体裁》（《史学杂志》第 60 卷第 12 号，1970 年）或拙著《延喜式》第 48 页以下。此外，118 页注②会提及其中一部分内容。

时平，遣从三位守大纳言兼行右近卫大将春宫大夫陆奥出羽按察使藤原朝臣定国、中纳言从三位兼行民部卿藤原朝臣有穗、参议大藏卿正四位下兼行播磨权守平朝臣惟范、参议左大弁从四位上兼行赞岐权守纪朝臣长谷雄、从四位下行式部大辅兼春宫亮备前守藤原朝臣菅根、从四位下行文章博士兼备中权守三善朝臣清行、民部大辅正五位下兼行勘解由次官但马守大藏朝臣善行、权左少弁正五位下兼行勘解由次官藤原朝臣道明、从五位上行神祇大副臣大中臣朝臣安则、从五位下行大内记兼周防介三统宿祢理平、外从五位下行明法博士惟宗朝臣善经等，准据开元永徽式例，并省两式削成一部。

编纂委员在《弘仁式》时有六名，《贞观式》时有八名，由此可知这次人员大规模增加。但是，此后编纂进程不甚顺利。原因之一，恐是人员先倾力在《延喜格》的编纂上。格在七年十一月完成，于八年十二月二十七日施行。① 总之，可以推测此时式的编纂无甚进展。另外还有其他原因，即发生如下事情：

> 撰定未毕间，公卿大夫频年薨卒。

具体言之，藤原定国死于延喜六年，藤原有穗死于七年，平惟范、藤原时平死于九年。特别是时平的过世，使得式的编纂遭遇挫折，事实上或许等于中断了。

> 仍同十二年春二月，敕从三位守大纳言兼右近卫大将行春宫大夫臣藤原朝臣忠平、从四位下守右大弁兼勘解由长官橘朝臣澄清等共随先业促其裁成。

据此可推论，延喜式自此开始了正式的编纂。藤原忠平代替哥哥时平成为编纂委员长，在他的日记《贞信公记》延喜十二年十一月二十七日条开始处

---

① 在《日本纪略》中记载，①延喜元年八月某日"左大臣等上延喜格十卷"，又在②延喜五年十一月某日"施行延喜格"。可知延喜格并非没有再次撰进施行的可能。但是，坂本太郎博士在论文《关于延喜格撰进施行的年月》（收入《日本古代史的基础性研究》下"制度篇"）中，列举了《日本纪略·醍醐纪》衍文错简的实例，认为①与命令撰修式的延喜五年八月，或《三代实录》撰进的延喜元年八月混淆，②则与《日本纪略》所载延喜式撰进的延长五年十一月二十六日混淆，所以无须设想再次撰进施行。此处从其考定。当然，关于混淆的解释，我以为①是对延喜五年八月同时下诏命编修格、式的误写，②则是对延喜七年十一月十五日奏进的误记。

记载：

> 职曹司定式事。

此"定式"如一般所理解，应是为了商议《延喜式》的编纂或议定内容而召开的正式会议。因为现存的《贞信公记》是抄本，当天的"定式"对忠平而言是否是第一次参加会议，这一点颇难确定，虽然此后《贞信公记》频频出现有关"定式"的记载，但以"职曹司"标示该场所的只有这一条，若据此进行判断，恐怕延喜十二年十一月二十七日的"定式"是忠平参与的首次"定式"。在《贞信公记》中，此后直至延长二年八月左右，十二年间完全没有"定式"的记载，要到延长二年九月十日、十二日、十六日、二十五日，十月六日、十二日、十一月六日、十三日、十四日、十五日，在秋冬时节集中出现了十次，还出现在稍后的三年三月二十五日、二十六日两天。

也许从延喜十二年开始，在忠平的主导下，厘定了正式的编纂体制，开始了编纂作业。之后十二年间的实际状况不明，但推测进展不会太顺利。史料中仅保留下来以下史实，如当时设置了"撰式所"，又在延喜十四年、十八年先后命少外记小野美实、少外记葛井清明等实际担任政务的官员在此"撰式所"工作等。① 其间，纪长谷雄、三善清行、藤原道明等委员先后过世。

即使如此，草案的制作在延长二年仲秋时分逐渐完成，到了其后的冬天，就交由忠平以下的干部们进行论定。前引"定式"的记事集中在此出现，特别是十一月十三、十四、十五三天连续举行"定式"，令人感到编修工作即将落幕。在《贞信公记》十五日条中，接在"定式"之后的内容是：

> 新作式今日定了，但有可相定事一两。

意即讨论大致结束，但还留有一二件未决定的问题。立足于这些问题点的研究以及论定的结果，朝廷又下令制作第二次草案，其结果要等到次年即延长三年三月二十五、二十六两天，才对第二次草案进行论定。但是这个作业可能因某事件而中止了。所以此后又有如下记载：

> 至延长三年穐（秋）八月重遣大纳言正三位兼行民部卿臣藤原朝臣

---

① 《类聚符宣抄》第六"文谱"以及第十"可赐上日人人"。

清贯与前奉诏者大中臣朝臣安则及从五位上行勘解由次官兼大外记臣伴宿祢久永、外从五位下行左大史臣阿刀宿祢忠行等,同催撰缉责其成功。

根据《贞信公记》,其八月三十日条为:

> 新式,付久永宿祢送民部(清贯)卿许。

另外,之后的九月十日、十一日、十八日,十月八日、十一日、十二日,十一月二十三日,计有七次"定式"记事。恐怕是加入了新委员的论定。在同书同年闰十二月一日条记载:

> 户部(清贯)奏定式事。

据此可知式的论定大体结束,应是八月受特命的藤原清贯负责奏上报告。

以上是截至延长三年底的事情。之后,本书在延长五年十二月二十六日奏进(《上延喜格式表》)。若是如此,这两年间到底进行了什么样的工作呢？若仅是为奏进作准备,也未免拖得有点太久。恐怕在这个阶段,收到了醍醐天皇对第三次草案的意见提示,忠平等人对此作了更进一步的协商检讨,并举行了层级更高的论定吧。关于东山御文库所藏名为《延喜式覆奏短尺草第三次》的写本,[①]虽然还有不少未明之处,其中经常引用"御短尺",记录了对第三次草案的意见。"御短尺"的撰写者极有可能是醍醐天皇。至于其执笔的时间,推测延长四五年左右是最有可能的时期。

此外,检证这部写本的内容可知,至本书奏进为止,其草案被反复琢磨过三次以上,或在决定文案之际,各个官司提出过勘申,特别是编纂委员之一的伴久永经常在勘文中提出问题等。

二、修 订 与 施 行

延长五年末奏进的本书,并未立刻施行,而是在四十年后的康保四年才渐渐付诸施行。奏进之后没有立即施行,恐怕是因其编纂的完成度并不充

---

① 关于此写本的概要,参照拙著《延喜式》第68页以下。

分,和《弘仁式》相同,必须继续补订。撰式所也因此而继续存在。更进一步说,需要综合考虑的是本书或许没有立刻施行的必要。亦即,本书的内容直接继受自现行法《弘仁式》《贞观式》的部分最多,此外其新增补改订的部分,也已通过此前的诏敕、官符、宣旨等形式单独付诸施行了,几乎没有因本书的施行而开始生效的规定。因此,就法源层面来说,并没有现实中必须马上施行的急迫性。如前所述,这部式的编纂,可以说文化事业的色彩极为浓厚,据此观点,施行迟缓大概不是什么问题。

既然如此,是否需要花四十年那么长的时间进行修订呢?想来恐怕中间有相当长的时间是中断了。这一中断的时期,当是醍醐天皇驾崩的延长八年,或是被视为修订事业中心人物的伴久永亡故的承平二三年(推定)。之后是不是因为政府将精力倾注在国史编纂这项新事业上,①以致本书的编修一直处于中断状态?撰式所仍然存在,但想来是如同暂停营业一般,其活动停止了。

另外,修订事业在何时重启?或是否连重启也没有就结束了呢?在史料中无声无息的撰式所,渐渐开始出现活动的迹象,这是在康保二年村上天皇治世结束的时候。亦即在这年的六月二十六日,史生日置乡明赴撰式所就职,工作内容是"书写之役"②。因此,本书在不久后的康保四年十月付诸施行,以及为此提前留出抄写所需的天数等,考虑到这些的话,康保二年六月日置乡明的人事案就可以看成是为了施行而作的准备工作。但光是凭这项事实,我们无法确认修订事业是否重启。将前因后果合并思考,恐怕修订事业完全没有重启的机运,大概是以暂且施行作为结束吧?那么,在修订不完备的情况下急着施行的缘故又是什么呢?

关于这点,除臆测外别无办法,但至少村上天皇对本书的施行抱持深切的关心,这点并无疑义。在村上天皇的时代,天德四年九月二十三日禁中烧毁,或许恰是促使本书施行的直接契机。关于这场火灾的受害状况,据《扶

---

① 据《类聚符宣抄》第十,承平六年十一月二十九日,藤原恒佐、平伊望被任命为撰国史所别当,其后在承平、天庆、天历、天德、应和年间,不断地补充人员。
② 《类聚符宣抄》第十,康保二年六月二十六日宣旨、康保四年八月二十七日宣旨。此外,在康保四年十月二十八日的宣旨中,还可见到作为"撰式所书手",工作业绩不佳的大石清廉、村主宗正、五百木部利生等名字。

桑略记》所引《村上天皇御记》载,首先禁中完全被烧毁,历代的宝物、神镜、其他重要物品、重要文献全成了灰烬。因为这是平安宫首次发生火灾,所以对村上天皇来说是非常痛心的一件事。如《御记》所载:

> 天下之灾无过于斯,后代之讥不知所谢。

因此,禁中的营造是需要最先解决的问题,故任命当时天皇最信任的藤原在衡担任造宫别当,尽速着手重建禁中。一年三个月后的应和元年十一月二十日进行迁宫。禁中营造应在此后继续进行,但不知其完全落成的日期,也许大致告一段落后,本书的施行也终于提上日程了吧。

调查康保年间与撰式所相关的文书,可知活跃于禁中营造的藤原在衡,才是主导本书施行的关键人物。[1] 也许正是藤原在衡献策,即使《延喜式》尚未修订完全,也不妨施行。因为禁中烧毁,大量历代宝物、杂用之具毁失,对村上天皇而言,这肯定是一个巨大的教训。《延喜式》是他敬慕的醍醐天皇的业绩,如果不公布于世,就有湮灭的危险,光想想就觉得可怕。现在不是执着于修订不完善这个问题的时候,应该争取时间,尽早抄录,公布天下才是。或许基于这种想法,所以才放弃重启修订事业,匆忙地付诸施行。笔者推测这在史料上出现是在康保二年以降吧。

就这样,在村上天皇驾崩后没多久,康保四年十月九日本书付诸施行。[2] 下令施行的太政官符,在行文上与延喜八年施行《延喜格》的太政官符一样,都是颇为平淡的事务性风格,完全没有提及奏进后经过四十年岁月的事情,采取全然置之度外的态度。这些反而能透露出前述关于本书施行的事情。

三、结构、体裁

本书共计五十卷,其篇目几乎延袭《弘仁式》以来的模式。现将《本朝法家文书目录》所收《弘仁式》《贞观式》的篇目加以对照,列举如次。

---

① 目前所知,与康保年间的《延喜式》及撰式所相关的符、宣,有康保二年六月二十六日宣旨、康保四年八月二十七日宣旨、同年十月九日太政官符、同年同月二十八日宣旨等四例,而无论哪一件,均与他相关。这并非偶然,因为在调查与撰国史所相关的宣旨时,也会同样发现集中于特定人物的现象。
② 关于这一日期,《日本纪略》系于同年七月九日,暂依《别聚符宣抄》。

弘 仁 式			贞 观 式			延 喜 式		
1	神祇一	四时祭	1	神祇一		1	神祇一	四时祭上
			2	神祇二		2	神祇二	四时祭下
2	神祇二	临时祭				3	神祇三	临时祭
3	神祇三	大神宫				4	神祇四	伊势太神宫
4	神祇四	斋宫				5	神祇五	斋宫寮
						6	神祇六	斋院司
5	神祇五	践祚大尝会				7	神祇七	践祚大尝会
6	神祇六	祝词				8	神祇八	祝词
7	神祇七	神名一	3	神祇三	神名上	9	神祇九	神名上
8	神祇八	神名二	4	神祇四	神名中	10	神祇十	神名下
9	神祇九	神名三	5	神祇五	神名下			
10	神祇十	神名四						
11	太政官		6	太政官		11	太政官	
12	中务 内记 监物 主铃 主钥		7	中务 内记 监物 主铃 中宫 大舍人 图书 缝殿		12	中务省 内记 监物 主铃 主钥	
13	中宫 大舍人 图书					13	中宫职 大舍人寮 图书寮	
14	缝殿					14	缝殿寮	
15	内藏		8	内藏 阴阳 内匠 内药*		15	内藏寮	
16	阴阳					16	阴阳寮	
17	内匠 内药					17	内匠寮	
18	式部上		9	式部 大学		18	式部省上	

（续表）

	弘 仁 式		贞 观 式		延 喜 式
19	式部下			19	式部省下
20	大学 散位			20	大学寮
21	治部 雅乐 玄蕃 诸陵	10	治部 雅乐 玄蕃 诸陵	21	治部省 雅乐寮 玄蕃寮 诸陵寮
22	民部	11	民部	22	民部省上
				23	民部省下
23	主计上	12	主计	24	主计寮上
24	主计下			25	主计寮下
25	主税上	13	主税	26	主税寮上
26	主税下			27	主税寮下
27	兵部	14	兵部 造兵 鼓吹 隼人 刑部 大藏 织部**	28	兵部省 隼人司
28	造兵 鼓吹 隼人				
29	刑部 判事 囚狱			29	刑部省 判事 囚狱司
30	大藏 扫部 织部			30	大藏省 织部司
31	宫内	15	宫内 大膳 木工 大炊 主殿	31	宫内省
32	大膳			32	大膳职上
				33	大膳职下
33	木工 大炊 主殿			34	木工寮
				35	大炊寮
				36	主殿寮
34	典药	16	典药 扫部	37	典药寮

（续表）

弘仁式		贞观式		延喜式	
				38	扫部寮
35	正亲 内膳 造酒 园池	17	正亲 内膳 造酒 园池 采女 主水	39	正亲司 内膳司
36	采女 主水 主油 内扫			40	造酒司 采女司 主水司
37	弹正 左右京 东西市	18	弹正 左右京 东西市 春宫 勘解由	41	弹正台
				42	左右京职 东西市司
38	春宫*** 勘解由			43	春宫坊
				44	勘解由使
39	左右近卫 左右卫门 左右兵卫	19	左右近卫 左右卫门 左右兵卫 左右马 左右兵库	45	左右近卫府
				46	左右卫门府
				47	左右兵卫府
40	左右马 左右兵库 杂	20	杂	48	左右马寮
				49	兵库寮
				50	杂

备考

* "内药"原作"典药"，与卷十六重复。因卷八与中务省直辖的官署相关，故订正为"内药"。

** "织部"原作"缝部"，若视为"缝殿"之误，则与卷七重复，加上考虑此处皆是大藏省直辖的官司，故订正为"织部"。

*** "春宫 勘解由"原作"六卫府"，与卷三十九重复。《弘仁式》中存在春宫式及勘解由式，可由《类聚国史》卷第一百三十七"律令格式"项的"天长七年十一月丁亥(十七日)"条确证，今参照《贞观式》《延喜式》篇目订正为"春宫 勘解由"。

其篇目排列依序为神祇官相关的式(卷一~卷十)、太政官八省相关的式(卷十一~卷四十)、其余诸司的式(卷四十一~卷四十九)、杂式(卷五十），由此清楚显现诸司式的特征。

　　然而，作为所谓的令外官，具有代表性的藏人及检非违使就没有相关的式。本书并非完全无视令外官，回溯至《弘仁式》也一样，因为它们都存在内匠式及勘解由式，所以为何没有与藏人及检非违使相关的式，不得不另外寻找说明的理由。

　　这恐怕是因为《弘仁式》编纂时，这两个官职的临时性色彩还很强烈吧。[①]《贞观式》制定时，亦无太大差别。本书编纂的主要目的是将两部式合二为一，而不是要非常积极地创制未见于《弘仁式》《贞观式》的新法规。贞观十七年由南渊年名撰进《左右检非违使式》一卷，宽平二年又由橘广相撰进《藏人式》一卷，所以也需要一并考虑的是，本书将藏人和检非违使相关的式篇交由单行的特定之式来规定。

　　接着，在这五十卷中，与神祇官相关的部分和其他部分在构成上略有差异。第一，没有"神祇官"这样的标题。卷十一"太政官"及以下各卷，皆是以省寮司之名作为标题，与此有别。仅神祇式十卷，就占全书近三分之一的分量。因此，这个部分被作为一个单独的类别。此外，除了杂式，就没有特别被独立为一类的部分了。其中，特具分量的是与中务省相关的式（卷十二～卷十七）、民部省相关的式（卷二十二～卷二十七）、宫内省相关的式（卷三十一～卷四十），差别很大，其次是与式部省相关的式（卷十八～卷二十），其他官司的式均远较此为少。

　　原则上，每个条文皆以"凡"字起首，与律、令相同。但是与仪式及年中行事相关的规定、数量方面的规定、一览表性质的规定及公文书的书式等，就不再受限于此，而采用自由的体裁。

四、内 容 与 价 值

　　本书是律令格的施行细则集，内容多元，又涉及细微之处。因此，若将

---

① 藏人始于弘仁元年三月，检非违使始于弘仁七年以前（确切年月不详），虽然在《弘仁式》编纂时已然存在，且作为永久性的、有权势的官职而成长起来，但其事务机构作为官司得到整备，则要到稍晚的后世了。

其内容简单概括成要点,几乎是无意义之举。以下将通过具体的例子,来提示若干与其内容密切相关、应予注意之处。

首先以令的施行细则为例。《养老赋役令》规定:

> 凡调庸物,每年八月中旬起输,近国十月卅日,中国十一月卅日,远国十二月卅日以前纳讫。(下略)

为实施此规定,有必要制定细则,依据与京城的距离,将所有的国划分为近国、中国、远国三种,分别归类。民部式的开篇就揭载了国郡一览表,其功能之一就是展示这种近、中、远的分类,无疑就是前引赋役令规定的施行细则。

其次,从《弘仁式》以来,就像经常表现为"诸司式"那样,式考虑的是按照官司之别汇集其所需的规定,从而有助于各官司执行庶务。可以清楚显示这一点的,如弹正式规定:

> 凡神泉苑回地十町内,令京职栽柳。町别七株。(引自新订增补国史大系本《延喜式》,913页。以下页数均来自此本。)

在左右京式中有与此完全相同的规定(921页)。就法令集而言,没有彻底整理这些重复内容,实在不值得赞美,但是对于各官司而言,这样反而方便,或许这就是为了有效利用诸司式的特征,才刻意重复规定的吧。

第三,本书编纂的主要目的是"并省两式(《弘仁式》与《贞观式》),削成一部",实际达成的状况如何呢? 举例如下:

> 弘仁中务式逸文:凡相扑司六月九日任埖事者,其仪式如除目。可任用人色见太政官式。
>
> 贞观中务式逸文:前式,凡相扑司六月九日任埖事者云云,今案,前节一月①任之②。
>
> 延喜中务式:凡相扑司前节一月任埖事者,(下略)(348页)

通观三者,即可明了。

---

① "一"字依《延喜式》补。

② 此《贞观式》佚文中,起首的"前式"表示在《弘仁式》中已有此规定,其次"凡……云云"表示作为《贞观式》改订对象的条文及其相关部分,末尾的"今案……"则表示其改定内容。详情请参照108页注①所引拙文。

第四,此点其实早已由喜田贞吉博士指出,[①]本书中存在着未必吸收延喜至延长年间最新要素的部分,尤以神名式的所在地表示法最为明显。例如阿波国的名方郡在宽平八年被分割为名东、名西二郡,神名式却依然保持原本的名方郡之称。像这类的疏漏在神名式中历历可数。此外,其他如诸陵式的山陵一览表的注记原则没有一贯性等,也可以追加入例证中,[②]这些一览表都有照录的性质,应该是依据先前颁布的《弘仁式》《贞观式》以及追加写入本书时的现行名称而原样誊写。就本书的整体看来,并无必要斥为"杜撰"。

第五,本书法源有非现实之处,仅举一例。以下是见于大藏式的给禄规定。

> 入唐大使,絁六十四,绵一百五十屯,布一百五十端。副使,絁卅匹,绵一百屯,布一百端。(下略)(737 页)

本书撰成献上时,唐已灭亡,所以此条完全是纪念碑式的规定。

接着要转而说明本书的价值。首先,这么庞大的法典,竟能几近完整地留存下来。[③] 与律、令、格等法典遗存的状况相较,正是因其庞大的篇幅,才能称得上惊异。况且式在性质上是法典,本书又兼具百科便览的旨趣,不要说日本古代史研究上的价值,对于更广阔的日本文化史的研究而言,也是不可欠缺的无穷宝库。

但在利用本书作研究时,必须注意的是,不宜径将本书视为延喜、延长年间的现行法,从而轻率判定其内容契合当时的实情。前述纪念碑式的遣唐使给禄之法是极端的事例,在更为一般的状况下,也须慎重留意。例如式部式上规定:

> 凡亲王知太政官事者,其季禄准右大臣。(下略)(492 页)

几乎不会有人认为延喜年间能够设置知太政官事,甚至连设置的可能性都没有。无论哪个条文都必须考虑到这一点。与此相反,若认为本书的规定

---

① 《延喜式的杜撰》,《历史地理》第 33 卷第 3 号,1919 年。
② 拙文《延喜式是杜撰的吗?》,《新订增补国史大系月报》第 18 号,1965 年。
③ 在传世文本中,仅有中宫式第一条因为虫蛀而没有完全流传下来,仅存断断续续的残文。

能够覆盖整个律令时代，那自然也是危险的。总之，本书的内容形成于延喜以前某个时间点，在其后某段时间内有效，基本上是网罗性的规范集成，这些必须经常记挂在心。宫城荣昌博士《延喜式研究·史料篇》从这样的观点出发，对于各条文作必要的史料搜集，虽然难以保证完美，但将本书作为史料进行利用之际，请务必首先参考他的心血之作。

五、利用和研究的历史

施行以后本书的实际效力，特别是在民政经济上，几乎不必有任何期待。但是在公事及年中行事以及随之而施行的仪式上，本书作为规范则极具价值，所以此后被大量运用在年中行事及仪式方面。

利用本书研究古代贵族的公事、年中行事，最早的作品应属源高明的《西宫记》和藤原公任的《北山抄》。关于这些方面，小野宫实资的《小野宫年中行事》曾大加利用，之后，利用本书的年中行事及公事仪式的相关著作，可谓不胜枚举。

即使如此，它们利用本书也绝不是仅将本书看作年中行事类著作。国学院大学图书馆藏明历本《延喜式》的封皮背面载：

> 三长记建久七年十一月癸未，晴，参殿下次参内大殿，和汉御谈移时，二条关白殿御出仕之时，延喜式一部被入御车云云，是御谈也。[1]

在后三条天皇时代，"二条关白殿"，也就是教通，是试图将本书活用在日常宫廷生活中的关白。但进入院政时代后，这样的态度似乎出现了变化。根据《台记》，藤原赖长从久安二年冬天开始阅读本书，花费一年有余，至久安四年正月六日读毕，他在所持《延喜式》的起首处写下其旨趣，而且叙述其阅读之法是"汉家学隙及在旅所之时可见之"。不得不说，其阅读之法说明他基本不关心本书最根本的价值。

另一方面，古代的明法学者对本书的利用状况则极为可观。其中，令宗（惟宗）允亮的《政事要略》可谓首屈一指。其书不仅多作引用，还兼有对条文

---

[1] 梅本宽一《关于三代式撰修的个人意见》，《国学院杂志》第 34 卷第 5、6 号，1928 年。但梅本氏把二条关白殿解为兼实是错误的。

进行个别研究的性质。其次是藤原通宪的《法曹类林》。其书汇集了许多明法勘文,这些勘文又频繁利用本书。因此,虽然主要集中在礼仪层面,但它们呈现出有效利用本书的方法,十分宝贵。

进入中世,利用本书的情形和古代没有太大差别,主要是在公家年中行事的研究及明法学的层面。以镰仓时代而言,顺德上皇的《禁秘抄》及著者不明的《年中行事秘抄》、坂上明基的《裁判至要抄》、中原章任的《金玉掌中抄》都是其例。在室町时代,一条兼良的《公事根源》《令抄》亦可作为例证。

但是,失去政权的公家,对于王朝时代充满强烈的憧憬,特别是"延喜圣代观",所以对本书抱有比古代更为积极的研究态度。在前引国学院大学的明历本中,写有如下文字:

> 仁部记文永十二年二月五日丙午,参院云云,或人云,昨日《延喜式》披讲之,殿下、前右府、内府、二条大纳言入道、治部卿、别当左卫门督殿、左大弁、宫内卿等也,大丞读申之,职事弁官,随御遇可加听众云云。

而且卜部兼文的《古事记里书》在文永十年二月十四日条下,以神祇式、神名式为典据,①指出文字的典故和事实的异同,很好地展现出这个时代的气氛。这种倾向在室町时代与唯一神道的兴隆相结合,推动了对神名式的研究。卜部兼俱在文龟三年所著的《延喜式神名帐头注》,既是其中的代表性作品,也可能是首部直接以本书为研究对象的著作,具有深远的意义。

但是,以上所说的都是公家的世界,武士的世界则状况迥异。《太平记》卷三十五有一段嘲笑之辞:

> 那个不需要去看的《延喜式》呀,那些令人尴尬的问候呀……

近世初期的《可笑记》卷一也感叹,永禄十二年以后世风变得功利,所以出现了以下嘲讽:"说真的,看不上那种令人厌嫌的孔子风,还有令人尴尬的《延喜式》。"之所以会在这个语境下特别提及"延喜式"这个名词,是因为一般都把本书视为仪式之书,以及对公家执着于古老的仪式典礼存在排斥心理。在应仁之乱以后,随着公家阶级的没落,本书的写本似乎也大量佚失。

---

① 前引梅本氏论文。

　　进入近世后，从贺茂真渊的时期以降，主要由日本国学者进行的祝词、神名、诸陵各式的个别研究正式开始。首先是祝词式，以真渊的《延喜式祝词考》（后来补订为《祝词考》）为开端，至铃木重胤的《祝词讲义》达到最高潮。关于神名式，如前所述，在室町时代即已有人开始研究，此时更上一层楼。相关论著不胜枚举，其中以伴信友《延喜式神名帐考证》为翘楚。至于诸陵式，有蒲生君平的《山陵志》及谷森善臣的《诸陵征》《山陵考》问世。另外，平田笃胤的《古史征开题记》，虽被视为对于"式"的一般性研究，但也不容错过。

　　近代以来，明治新政府模仿欧美的近代国家制度，同时也怀抱回归律令政治的强烈复古理念。因此，本书与律令都受到重视，在明治三年二月发布的学则六条中，成为大学南校法科的必读书之一，而且在明治十四年发布的东京大学一览中，本书又被列为学生自读十书之一。[1]

　　明治以后，重要的是从欧洲引进了近代历史学，随着这种历史学的发达，将本书当成史料进行利用以及对本书的研究才真正地发展起来。其部分代表性论著，将列在参考文献处。

六、写本、列本

　　本书现存的古写本，以明记年代、存有大治二年题识的金刚寺本（五十卷中的四卷）最为古老。此外，平安时代末期或镰仓时代初期的古写本，有九条家本（五十卷中的二十七卷）、一条家本（五十卷中的五卷）；镰仓时代的古写本，有三条西家本（五十卷中的一卷）、一条家别本（五十卷，但卷十三和二十四为后世补写）。其中，在一条家本中可以看到书手忠实地摹写了阿刀忠行等五人的行书体签名，所以此版本被推定为转抄自原本或原本的摹写本。此外，只抄有神名式的古写本，有中院家本（武田本），以及卜部兼永本二种、卜部兼右本等，如前所述，这和唯一神道的兴隆有相当大的关系。

　　近世初期，德川家康把许多古书从湮灭的命运中拯救出来，而庆长十九年十月三日，一套赠自御所、仅缺卷十三和二十四的本书抄本，就在南禅寺金地院被抄缮过。

---

① 榊原芳野《日本教育史略》，日本文部省出版，1877年。

　　中原职忠以此为基础，四处寻求散佚的卷帙，在五十卷中校订了四十九卷，于正保四年七月去世。所余的一卷大概是卷十七。他过世后，林道春从尾张的德川义直手上借得九条家的写本，逐步补上缺漏，于次年庆安元年刊行全帙，这就是庆安本。之后到明历三年，庆安本的覆刻版公开刊行，进而在享保八年又使用此明历本的木版再次刊印，部分裂缝处则填塞了木片。这个享保本除采用松下见林的神名式校订成果以外，在校订上基本没有进步。它是此后流布最广的一个刊本。

　　约一个世纪后，经松江藩主松平齐恒、齐贵父子的努力，在文政十一年刊行了所谓的云州本。担任其校订者，先是塙保己一，他过世后，由蓝川慎接手。正文五十卷以外，还附考异七卷、考异附录三卷、考异别录一卷。

　　进入近代后，明治三十三年，作为最早的活字版，国史大系本出版，至昭和初年为止，它作为唯一的正本而惠泽学界。至昭和初期，昭和二年的新注皇学丛书本、二至四年的日本古典全集本、四至七年的《校订延喜式》(皇典讲究所版)等相继出版。这是因为昭和二年是本书撰上一千年纪念之年。此后又经过一段时间，在昭和十二年，新订增补国史大系本出版，又细加校订，至今仍是最为通行的正本。

七、参 考 文 献

　　近世以前的个别研究，各有学说史上的意义，然因取舍困难，只好省略。《延喜式撰上一千年纪念展览会陈列目录》(《国学院杂志》第 33 卷第 3 号，1927 年)对它们进行了网罗式的汇集，新注皇学丛书本《延喜式》解题六又全文转载了这一目录。此外，近代以降，与本书相关的作品不胜枚举，以下按年代顺序列出主要的成果。

佐藤诚实：《上延喜格式表约解》，《国学院杂志》第 9 卷第 10、11 号，1903 年。

　　《延喜式序约解》，《国学院杂志》第 9 卷第 12 号，1903 年。

　　《延喜式序约解余论》，《国学院杂志》第 10 卷第 4 号，1904 年。

喜田贞吉：《延喜式的杜撰》，《历史地理》第 33 卷第 3 号，1919 年。

佐伯有义：《关于弘仁式及延喜式》，《国学院杂志》第 29 卷第 10、11 号，1923 年。

植木直一郎：《延喜式与古典研究》，《国学院杂志》第 33 卷第 3 号，1927 年。

梅本宽一：《就三代式撰修的管见》，《国学院杂志》第 34 卷第 5、6 号，1928 年。

和田军一：《关于诸陵式的二、三考察》，《历史地理》第 52 卷第 1、3、4 号，1928 年。

《诸陵寮式的研究》，《历史地理》第 53 卷第 2、3、4 号，1929 年。

和田英松：《本朝书籍目录考证》，明治书院，1936 年。

宫地直一：《关于延喜式》，收入《本邦史学史论丛》上卷，富山房，1939 年。

虎尾俊哉：《关于延喜式的施行》，《艺林》第 3 卷第 2 号，1952 年。

青木纪元：《祝词式的研究》，《艺林》第 3 卷第 4 号，1952 年。

阿部武彦：《延喜式神名帐中的人格神》，《北大文学部纪要》第 4 号，1955 年。

宫城荣昌：《延喜式研究·史料篇》，大修馆书店，1955 年。

《延喜式研究·论述篇》，大修馆书店，1957 年。

虎尾俊哉：《延喜主税式勘税帐条的研究》，《弘前大学国史研究》第 12 号，1958 年。

《延喜主税式诸国出举本稻条的研究》，《弘前大学国史研究》第 19、20 号，1959 年。

末永雅雄：《延喜式记载的土器》，收入鱼澄先生古稀纪念《国史学论丛》，鱼澄先生古稀纪念会，1959 年。

时野谷滋：《神武天皇纪和诸陵式》，收入中山久四郎编《神式天皇与日本的历史》，小川书店，1961 年。

虎尾俊哉：《延喜式》，吉川弘文馆（日本历史丛书），1964 年。

（本文原载坂本太郎、黑板昌夫编《国史大系书目解题》上卷，吉川弘文馆，1971 年。）

严茹蕙译 赵 晶校

延历交替式·贞观交替式·延喜交替式

早川庄八

前　　言

关于交替式,如本稿末尾的参考文献所列,以往已有许多论考发表。其中最早的是明治三十九年植木直一郎所作的介绍,在概述三代交替式的要点方面,最得要领,几乎难以多置一词。因此本稿在祖述先贤业绩、介绍交替式概况外,还将辅以个人浅见,论述几个与交替式相关的问题点,聊以塞责。

一、勘解由使的设置和《延历交替式》

众所周知,在三代交替式中,延历、延喜的交替式是由当时的堪解由使撰定并奏上的。因上卷散佚,贞观交替式的形式未能流传下来,但据《类聚三代格》所载,下令施行该式的官符写着"右勘解由使撰定所上奏也",可知也采用同样的程序。关于奏上的日期,延历交替式在"延历廿二年二月廿五日",延喜交替式在"延喜廿一年正月廿五日",贞观交替式的时间不明,但根据《类聚三代格》《三代实录》的记载,可知其颁行天下的时间是贞观十年十二月二十日。如此,三朝交替式的核心编纂机关及编成时间皆已明了,但只有最后的《延喜交替式》,留下了些许关于编纂经过的直接史料,而对延历、贞观的交替式,则难知其详。因此,关于三代交替式,笔者将提供个人推测,叙述其编纂经过。

《延历交替式》撰上的经过,详见其卷末的奏文(如后所述)。它撰上的时间是延历二十二年二月二十五日。根据其书卷末的位署(位署是指在公文中连续记载官位、姓名——校者注），撰者是勘解由长官菅野真道、次官和气广世、次官赞岐千继，担任"检校"者是中纳言藤原雄友、中纳言藤原内麻吕。这五人之中，究竟谁是编纂工作的实质性推动者？为了说明相关的拙见，首先必须从勘解由使这个令外官的设置开始讲起。

"解由"一词首见于天平三年，此后自奈良时代中期以来，这个制度逐渐被强化，至延历年间，解由制几近完备，先行研究对此已有论及。在这个时期，与解由相关的事务是由左弁官负责处理的，据其职掌，容易推知大致情形。但随着解由制的强化，朝廷设置了专司此事或加以监督的勘解由使。至于何时创设此职的问题，诸说纷纭，未能取得共识。现在难以逐次检讨各家诸说，①简要来说，《公卿补任》首见勘解由使，究竟只是该职在史料上的初次出现，还是表示该职的创设，学者的见解多有分歧。《公卿补任》的记载如下：

［延历十六年条］

参议正四位下藤内麿 三月十一日兼近卫大将，但马守如元。
九月四日兼勘解由长官，守如元。

若仅据此一记载，那么认为这只是史料上首见其职的观点，也许可以说是妥当的。但让这个问题更加复杂化的是《公卿补任》中的另一记载：

［延历二十四年条］ 菅野真道尻付（尻付：除目、叙位时，在新任者的官位、姓名之下用小字记载其年龄、年俸、褒词等——校者注）

（延历）十六年正月伊与〔世？〕守，二月己巳从四上〔正四下〕，三月丁酉左大弁兼官如元，七月廿三日伊世守〔此句衍？〕，九月丙戌勘解由长官兼官如元。

这里所述的"九月丙戌"，应该就是藤原内麻吕担任勘解由长官的"九月四日"。因此，根据《公卿补任》的这些记载，在勘解由使何时创设的问题之外，还可以提出另一问题：延历十六年被补任为勘解由使长官的，究竟是内麻

① 关于勘解由使设置时间的问题，阿部猛在《桓武朝地方行政的监察》（收入古代学协会编《桓武朝的诸问题》，古代学协会，1962 年）中对学术史进行了梳理，可以参照。但其中将吉村茂树说列为"延历十四年说"，其实应包含在川上多助的"延历十四～十六年说"中。

吕还是真道？

首先，《公卿补任》的记载究竟应被视为勘解由使首见于史料，还是表示其职的创设？对此，我虽然略感不安，但还是认同后者，即延历十六年九月四日是创设勘解由使的时间。其首要依据同样也见载于《公卿补任》：

> ［大同四年条］ 纪广滨尻付
>
> （延历）十六年少判事，同年六月六日式部大丞，九月四日勘解由判官。

从这条记载可知，延历十六年九月四日，在补任勘解由长官的同时，也补任了判官。当然，翻开六国史，可知既存官署同时更换长官、次官的情形并不少见，仅据长官和判官的任官日一致，难以断定这是勘解由使的设置时间，而同一天任命从五位的长官和正七位的判官（这些位阶是后来规定的），究竟又是有什么特别的事情夹杂其间，恐怕无法加以推测。而且根据现存的《公卿补任》的尻付和其他资料，完全无法找到当天补任其他官职的记载，但即便如此，当天的补任也未必仅限于勘解由使。

理由之二是，次年延历十七年七月二十日，确定了勘解由使的官位等级。此举的直接目的是明确这个职务所需支给的季禄标准，对一个官司而言，在其创设之后很长时间才作出如此重要的决定，恐怕是很难想象的吧。理由之三是，与勘解由使活动相关的记载，刚好就在这个时期开始出现。除《公卿补任》外，在《延历交替式》所载延历十七年四月七日的官符中可看到"勘解由使奏"，这是关于此职最早的资料。如前所述，同年七月二十日确定了官位等级。这也说明勘解由使的创设不能追溯到这个时间。

以上所述三个理由都只是间接证据，但综合来看，我认为不妨将勘解由使的创设推定在延历十六、十七年前后，基于第一个理由，还可更进一步推断时间点是延历十六年九月四日。

如此，延历十六年九月四日，被任命的首任勘解由使长官，究竟是藤原内麻吕还是菅野真道？关于这个问题，目前有两种可能的解释。其一是《公卿补任》的两处任命记载皆正确，同时任命了两名长官。其二是所传之一是错的。

同时任命两名长官，的确是特殊的情况，但并非没有先例。众所周知，令内官中的内膳司即如此。在令外官中,造宫省也存在两名造宫卿同时在任的情况。在后来的藏人所,虽非长官,其别当之下也有头二人并任,这是有名的事实。况且若从勘解由使创设之初的情况来考虑,作为特例而并任长官二人,也非难解之举。而且由勘解由使亲自撰进的《延历交替式》中,与此问题相关的藤原内麻吕、菅野真道两人接连签署了各自的官位、姓名。

但另一方面,《公卿补任》两处任官记载中必有一误的解释,也不能完全否定。这一误载说目前也有两种情况:其一,一处所载完全错误,仅一人担任勘解由使长官,另一人与勘解由使的补任无关;其二,其中一人担任的是次官。然而,其中一人担任次官的猜测,恐怕并不合理。因为根据后述内麻吕和真道的出身与任官履历,在延历十六年时,内麻吕的确排位在先,但两人的位阶都是正四位下,内麻吕是参议兼近卫大将,真道虽未至参议,但担任左大弁的要职。因此,在两处所载、其一完全错误的情况下,内麻吕和真道谁会是第一任勘解由长官呢?对此,我会毫不犹豫地回答"真道"。当然,这是检视过这两人的任官履历后得到的答案。

藤原内麻吕的名字,最初出现在天应元年十月的叙爵记载中。此后至延历十六年,他历任甲斐守、右卫士佐、中卫少将、越前介、越前守、右卫士督、内藏头、刑部卿、参议、阴阳头、但马守、造东大寺长官、近卫大将等,延历十六年时担任参议兼近卫大将但马守。这些官职与解由制基本没有直接关系,只有地方官与刑部卿有些间接关系。从任造东大寺长官或是后来担任造宫大夫来看,他被认为具备经营之才。

与此相对,菅野真道的任官履历应当说恰好与担任勘解由长官相适应。宝龟九年担任少内记之后,他历任地方官、文官、武官等,经历丰富多彩,应当与他的才学一起予以特别注意的是,他在延历十一年六月至延历十六年期间担任民部大辅,然后转任左大弁。转任左大弁是在勘解由使创设的半年前,即延历十六年三月丁酉。左大弁在律令国家中占据中枢地位,他担任过这个最为繁剧的官职,亲眼目睹了被审理的国司交替事务辐辏于部内的情景,因此以下推测未必全是附会之论:他提议新设专司此职的令外之官,在提案实现时担任第一任长官。

以上两个解释,究竟要采用哪个呢?其实对我而言颇难抉择。相关史料若仅限于《公卿补任》,则抉择会更加困难。但若非要选择其中一个解释,从结果上看，我倾向于认为《公卿补任》的相关记载都是可信的，如一开始所说，并置两名长官的解释具有更高的盖然性。提出新设勘解由使的人是菅野真道，而首任长官则由熟练实务的左大弁真道与正在参议任上的藤原内麻吕并任，内麻吕不久之后就解除了这一兼任，大概是在担任中纳言的延历十七年八月，最晚则在担任造宫大夫的十八年四月。就勘解由使创设时期的事情而言，应该没有比这种说法更恰当的了。

然而，即使支持上述解释中的任何一种说法，也都可以说两种解释存在共通之处，即《延历交替式》撰进时的勘解由长官菅野真道，从勘解由使创设开始，就和这个官职有着密切的关系。因此，我认为菅野真道就是策划、倡导《延历交替式》编纂之人。在交替式撰上之后，真道于延历二十二年五月离任，当我知道秋筱安人取代真道被任命为长官时，这一想法就更加坚定。

《延历交替式》就是这样在长官菅野真道的主导下开始编纂。着手编纂的时间不明，但直到奏上前都还在反复推敲。《延历交替式》所收的最新官符是延历二十二年二月二十日颁下的，只比奏上的日期早五天。除真道以外，编纂阵容也不得而知。如前所述，卷尾有勘解由次官和气广世和赞岐千继的位署，但这两人是否如真道一般全程参与编纂工作，则无从推知。除此之外，作为勘解由使官员，仅知前述的判官纪广滨和主典贺茂立长。和气广世是清麻吕的长子，文章生出身，历任少判事、式部少辅、大学别当、大学头。交替式撰上时的兼官为大学头兼式部少辅。赞岐千继是当时明法家辈出的赞岐国寒川郡人。本姓凡直。《法曹类林》保留着他有关选叙令的三条解释，其一为《令义解》采用。至于此前的任官履历，只知道他在延历二十一年担任大判事，交替式撰上时的兼官为大判事兼造宫大进越前大掾。纪广滨于延历十四年任长门介，经少判事、式部少丞而成为勘解由判官，交替式撰上时的任职不明。这三人的共通点是都有式部省或刑部省判事的经历，且通晓明法道。贺茂立长任主典之事，见于《官曹事类》奏上的文书。

据卷末的奏文，在此之前就已存在名为"交替式"的法书，抄录了自古以来与国司交替相关的敕书、官符、省例、问答。但其书的撰者不明，内容也不统一，其中还包含当时已失效的法令。所以国司交替的评定有时也会失之不公,身为勘解由使,要完成其任务也有困难。有鉴于此,朝廷下令重新撰进法令格式中与交替相关的条文,以供披阅之用。但其中也包含了一些承前之格与法中归属不明的条款,以及未经奏画的官、省处分。因此奏文叙述道,相关观点均附以"今案",以决古今之疑滞,并集为一卷,名为"撰定交替式",由畿内七道的朝集使各自抄写一册。

如奏文所述,现在流传下来的《延历交替式》收录格敕类条文共计四十一条,分别是令条十二、敕二、官符十五、官宣二、官奏二、省符一、省例一、明法曹司解二、诸国朝集使起请一、问答一,以及检税使算计法二。附有"今案"者八条。但关于这种"今案",现行的延历交替式有一二未备之处,与《贞观交替式》对照可知,至少第二十九条,即天平三年四月二十七日官奏所附"今案"已全文散佚,第三十六条,即天平胜宝七岁七月九日诸国朝集使起请第一条所附"今案"也有脱文。

《延历交替式》的第一个特色,已由前辈学者一致指出:既称为"式",又原样照录令文、敕、官符等。这种形式也为《贞观交替式》所继承。如在《贞观交替式》中,像第二十二条那样,尽管格的题意与整个条文在内容上存在差别,但也将其全文照录出来。第二个特色是,卷首以"撰定诸国司交替式事"为题,其内容全部都是与国司交替相关的格敕类条文。京官解由之制的施行,是在本交替式撰进后的大同四年,从这一点来看,其内容限于国司是理所当然的。后来的《贞观交替式》是"新定内外官交替式",《延喜交替式》是"内外官交替",与它们相比较,自然可以将此点作为一个特色。第三个特色并不仅限于本交替式,《延历交替式》所收的格敕类条文,全都没有被《弘仁格》重复收载。《弘仁格序》称:"交替式者,延历年中,勘解由使撰定奏闻,遵行已久,仍旧而存,不加取舍。"所谓"仍旧而存,不加取舍",是指编纂《弘仁格》时,《延历交替式》所收格敕类条文依然委诸该式,《弘仁格》不加收录。如后所述,虽然意义上多少有些不同,但《贞观交替式》和《贞观格》的关系还是继承了这一点。

二、《贞观交替式》的编纂

几乎没有史料可以说明《贞观交替式》的编纂细节或经过。只有《延喜交替式》卷首奏文称"至于贞观九年,续亦抄内后〔外?〕事,往往加案,解释疑义,改号新定内外官交替式",《三代实录》贞观十年闰十二月二十日己酉条载"新定内外〔脱'官'〕交替式二卷,撰修甫就,敕颁天下,并〔普?〕令遵行",据此,迄今为止的通说认为这一交替式的编纂着手于贞观九年,完成于贞观十年。然而,对于通说的见解,其实不无疑问。因为前引《三代实录》的记载确实述及"甫就"一词,但若老实地阅读《延喜交替式》的奏文,则不得不以贞观九年作为《贞观交替式》的完成时间。《类聚三代格》所收与《三代实录》同日的官符载:

> 太政官符
>
> 颁行新定内外官交替式事
>
> 右勘解由使撰定所上奏也,中纳言兼左近卫大将从三位藤原朝臣基经宣偁,奉敕,宜付之内外,普令遵行。
>
> 贞观十年闰十二月廿日

这只是叙述此时施行新定的交替式而已。另有两个旁证可以支持我的这一判断。其一是,就像探究《延历交替式》那样,我在考虑《贞观交替式》的编纂者时产生了一个推测。

由于《贞观交替式》的上卷佚失,完全没有留下其编纂者的名字。但如前引《类聚三代格》收录的格文所示,其编纂也由当时的勘解由使进行,依据这一线索,则有可能推测出编纂者是何人。先从其长官开始考察。

《贞观交替式》撰进前后出现的堪解由长官有南渊年名、藤原冬绪、大江音人三人。关于三名长官的任官时期,在《三代实录》的记载中,或与《公卿补任》记载进行比较,或多或少有些差异,难以期待获得确解,但至少可以确定的是:

> 南渊年名　贞观元年二月十三日或贞观二年初任官
> 　　　　　贞观十年五月二十六日离任
> 藤原冬绪　贞观十年五月二十六日任官
> 　　　　　贞观十二年正月二十五日离任

大江音人　贞观十二年正月二十五日任官①

南渊年名担任长官长达九至十年,至贞观十年闰十二月交替式施行的半年前,才由藤原冬绪接替其任。据此,交替式施行时的长官是藤原冬绪,但是冬绪在就任长官后,能否仅在半年内就策划并完成了交替式的编纂,实不无疑问。当然,也可以假定他完成了从前任那里继承来的事业,即使如此,那么至少可以说交替式编纂工作的实际推进者是南渊年名。而与长官变动同时发生的次官补任,又进一步强化了以下推测:《贞观交替式》完成于年名担任长官的期间。

勘解由次官定员二名,其中一个职位在贞观初年以降被多人先后担任。二年九月,御辅永道在任职期间过世,此后继任者有清原惟岳、安倍清行、安倍宗行、斋部木上、大春日泽主等人,在泽主于九年正月出任丹后守后,伴兴门于同年二月至十一年正月间担任其职。至于另一职位,从元年三月二十二日上任以后,至十年二月十七日让位给大神全雄为止,一直都由家原氏主担任。亦即氏主就任次官以及离任的时间,与长官南渊年名相差无几。这种同步的情形只是偶然吗? 两人长期担任长官与次官,又同时在贞观十年离任,这种现象是否暗示其中存在着一些特别的事情?

第二个旁证是,藤原冬嗣在贞观十年五月任官后,并未插手交替式编纂,其根据就在《贞观交替式》中。

《延喜交替式》第一百七十七条载:"凡诸国定额寺资财帐,四年一进,以适勘会。"与此相应的是《贞观交替式》第五十一条,即天长二年五月二十七日官符。这一官符将以前每年进上定额寺资财帐的制度改为六年一申。而

_____

① 关于南渊年名就任长官,《三代实录》贞观元年二月十三日己亥条有所记载。但《三代实录》同年十二月二十一日条在前任者藤原良绳就任备前守时注记道"堪解由长官如故",《公卿补任》在贞观二年条也注明良绳是"堪解由长官"。然而,《三代实录》贞观十年二月十八日壬午条所载良绳的卒传称"贞观元年上表,辞堪解由长官,许之",所以《公卿补任》贞观二年条的注记恐为误传。《三代实录》元年二月条和同年十二月条到底何者为误,甚难决定,所以只能灵活处理年名的任官问题。三年正月十三日戊子条是关于年名任官右大弁的记载,内称"堪解由长官如故",可见此前在任之事无误。其次,关于其离任,虽然没有与年名自身相关的史料,但《公卿补任》中有注记称,藤原冬绪和大江音人两人在十年五月二十六日就任长官。关于音人的记载应当有误。因为在《三代实录》中,十一年十二月八日辛卯条载冬绪任官,十二年正月二十五日戊寅条则载,音人也就任长官。《公卿补任》并非只载堪解由长官的任命,十年九月也并载冬绪、音人双方就任美乃权守,所以可能是冬绪之传混杂了音人之事。

将六年一申再改为四年一进的，是冬绪任官不久后的贞观十年六月二十六日。这一修改没有被《贞观交替式》采用。《贞观交替式》在这个命令发布之前，至迟在贞观十年六月二十六日以前就已完成，据此可谓殆无疑问。

基于以上理由，我认为《贞观交替式》的完成，应在南渊年名担任勘解由长官期间，恐怕如延喜交替式的奏文所说，是在贞观九年。

在《贞观交替式》收录的格敕类条文中，目前所知最新的规定，是作为上卷佚文流传下来的贞观四年十一月十一日条（参照次节）。编纂交替式的提议出现在此后，这自然没有问题，但到底是什么时候，现在已无法确认。就我来看，这一时间必须满足以下条件：贞观交替式完成于贞观九年，施行于十年，编纂是以勘解由使长官南渊年名为中心，主要由次官家原氏主辅佐。顺带言及的是，南渊年名在之后的贞观十七年四月二十七日撰进《左右检非违使式》一卷。

关于《贞观交替式》的编纂方针等细节，因卷首的奏文散佚，无从得知。只能根据先学所论，将所知列举如下。

（一）其编纂以《延历交替式》为基础，采用追补、润色的方法。这可通过以下情况得到确认：下卷卷末所引不仅有《延历交替式》的奏文，还包括奏上的年月日、位署。因此，我认为《贞观交替式》应当是一条不漏地收录了《延历交替式》的条文。

（二）为了说明《延历交替式》撰进后制度上的修改，它采用以下两个方法：其一，在新的内容上标以"新案"，阐明据此修改、废止、订正的理由；其二，始于延历以降的制度，若可在延历以前觅得渊源，且《延历交替式》并未提及相关内容，那么就追溯至延历以前，收录表示其渊源的官符类条文。如第九条（即《延历交替式》第二十九条）天平三年四月二十七日官奏被"新案"废止，依据是弘仁五年七月二十日格，这是前者的例子；《延历交替式》没有的第十九条天平十年三月九日符，是为了说明第二十条的沿革而新加的，这是后者的例子。

（三）因为采用大同四年开始的京官解由制，所以在内容上新收录了与京官有关的条文。这在名称"新定内外官交替式"上也有所反映，与前述（一）、（二）所述编纂方针相结合，它的篇幅猛增。《本朝法家文书目录》《本朝书籍目录》皆载《延历交替式》二卷、《贞观交替式》一卷，既往研究已经指出这是错误的。现存下卷所收的格敕类条文共计五十七条,其中与《延历交替式》相同者十七条,其他皆为新增。所附"新案"九条。上卷将于次节叙述。

(四)如同《贞观格序》所述"勘解由使所奏新定内外官交替式所载数事,亦复准之前例,不烦取舍",《贞观格》大体上也是在《贞观交替式》之外另行编纂的。因此《贞观交替式》所收格敕,不再收入此后编纂的《贞观格》。但若理解无误,所谓"准之前例,不烦取舍",是指《弘仁格》编纂时未收《延历交替式》所载格敕,仿此故事,《贞观格》也不收《贞观交替式》所载的条文,因此《弘仁格》与《贞观交替式》之间不存在这样的关系。总之,这意味着即使《弘仁格》与《贞观交替式》之间有重复收录的条文,《贞观格》和《贞观交替式》之间也并无重复收录的情况。

三、《贞观交替式》的上卷

流传至今的《贞观交替式》只有下卷,上卷散佚,未能流传下来。为了推定上卷内容为何,我将现存的延历、贞观、延喜三代交替式所载的诸条加以比较,对于《延喜交替式》的条文,尽可能地追溯各条成立的时间点,另外制成一份对照简表。① 虽然很辛苦,但所得却如下述,相当贫乏,即使如此,还是想向读者报告这一工作带来的所知所得。

首先,目前所知,《贞观交替式》上卷的佚文,或确实存在于《贞观交替式》中的条文,只有以下七条。根据与它相应的《延喜交替式》的条文排列,依次胪列如下。

(一) 相当于《延喜交替式》第二十八条
《政事要略》五十一"交替杂事·调庸未进"载:

> 私记云,(中略)今案,史生以上作差弁备,所疑,贞观四年十一月廿一日交替式云,"博士医师等,准史生责解由"者,由是同预差分哉,答,不可预差,何者,式云"所有博士医师,正员之外,权任多数,是皆非练道

---

① 本稿文末所载对照简表的材料,先以《交替式的基础性研究》(《日本历史》第239、240号,1968年)为题进行了报告,请一并参照。

之辈受业之人,徒费俸料,无益生徒,望请,件人一准史生,差充纲领,运进杂物,还国之日,若无返抄,责其解由,令填欠负,凡非业之辈,皆责解由,但拘解由者,只责身犯,不预他怠者,右大臣宣,奉敕,云(行)自今以后,件二色人,若预杂事,有身犯,一准史生"者,然则虽差杂役,非有身犯,不可预差分。

在以上引文中,"　"内的文字,即是《贞观交替式》上卷所收贞观四年十一月二十一日官符的佚文。

(二) 相当于《延喜交替式》第五十七条

《贞观交替式》下卷第五条"新案"所载如下:

> 新案,不动物丈尺积高相错有欠,则令当时人填之状,具在上据帐分付之条,所以不更重劳。

新订增补国史大系本将此文训为"……之状具在上,据帐分付之条,所以不更重劳",但它的断句应如上引,意思应理解为:"不动物的丈尺与积高有误,出现欠失,则要求当时之人来填补缴纳,具体已见载于以上的据帐分付之条,此处不再重述。"由此可知,所谓"据帐分付之条"排在下卷第五条之前,是指相当于《延历交替式》第二十三条的问答。

(三) 相当于《延喜交替式》第六十五条

《类聚三代格》八"不动动用事"所收宽平九年五月十三日官符引道:

> 检案内,太政官去宽平七年七月十日下五畿内七道诸国符偶,交替式云,国司交替之时,依不动物多烦,自今以后,彼钩进官,但应修理其仓,及疑有雨损,临时请钩,新案云,不动之物,理合算勘,自非开见,何知积高,须每当交替,请其钩匙者。

上引"交替式云"是《贞观交替式》上卷的佚文,相当于《延历交替式》第二十六条天平宝字七年三月二十四日官符。其中所附"新案"依据的是本条格文。

(四) 相当于《延喜交替式》第九十条

《政事要略》五十九"交替杂事・禁断犯用官物"载:

> 交替式云(中略)
> 又云,太政官符,百姓负官稻身死不须免除事

右准令，百姓负官稻身死者，理不可征，又免死之法，十分而免一分，今诸国百姓，出举之日，多受正税，收纳之时，竞申死亡，已非有悛革，何绝奸源，自今以后，不得免除。

延历十四年闰七月廿一日

在《政事要略》中，以"交替式云"的方式引用的格敕类条文都来自《贞观交替式》（参见补说）。因此，前引官符也被视为《贞观交替式》上卷的佚文。但死亡百姓负稻的处分规定，因与出举利率的关系，在延历二十五年曾暂时恢复旧制，于弘仁元年以后再次恢复到延历十四年之制。所以这里也许是用"新案"来说明这一经过。

（五）相当于《延喜交替式》第一百二十一条

《类聚符宣抄》八"勘出"载康保四年十二月一日符引道：

又案，贞观新定交替式，天长九年十二月十七日官符，率公廨本颖，可填旧年未纳欠物。

这就是《贞观交替式》上卷的佚文，无须多言。

（六）相当于《延喜交替式》第一百二十三条

《政事要略》五十三"交替杂事·杂田"载：

交替式云，田令，凡在外诸司职分田，交替以前种者，入前人，若前人自耕未种，后人酬其功直，阙官田用公力营种，所有当年苗子，新人至日，依数给附。

这相当于《延历交替式》第三十九条。

（七）相当于《延喜交替式》第一百二十四条

《政事要略》五十三"交替杂事·杂田"载：

交替式云，太政官符，立在外官人给职田及粮限事
右新任外官，五月一日以后至任者，职分田入前人，其新人给粮，限来年八月三十日，若四月卅日已前者，田入后人，功酬前人，即粮料限当年八月卅日。

前引内容欠缺发布日期，依据田令在外诸司条集解令释所引内容，可知发

布于养老八年正月二十二日。在《延历交替式》中,它被第四十条引作"民部省例"。

如以上所述,有史料依据、可确认存在于《贞观交替式》上卷者,仅有七条,若根据前节所述《贞观交替式》的编撰方针(一),我认为收入《延历交替式》、但未见于现存《贞观交替式》下卷的二十四条条文[其中,《延历交替式》第二十三、二十六、三十九、四十条相当于上述的(二)、(三)、(六)、(七)]全部都收在上卷中。

其次,从内容的区分来看,上卷包含的条文会有哪些? 看一下对照简表,就会知道,延历、贞观、延喜三代交替式的条文排列有相当大的独立性。但若简单来说,《贞观交替式》的条文排列与《延喜交替式》比较接近。如果根据《延喜交替式》作一个大致分类,《贞观交替式》上卷所收的条文大概包括以下内容:

> 关于任符的条文,关于外官秩限的条文,关于内外官交替程期的条文,关于内外官解由的条文,关于内外官不与解由的条文,关于内外官觉举的条文,关于不动仓管理的条文,关于正税计算的条文,关于正税出举的条文,关于公廨稻出举的条文,关于国司公廨田及新任国司料的条文,关于户籍、田籍、田图的条文。

但上卷是否能够全部网罗这些内容,目前依然无法确定。

四、《延喜交替式》的编纂

《类聚符宣抄》留有两件勘解由使向外记局提出的申请文书,据此可大致了解《延喜交替式》的编纂经过。此次编纂始于延喜十一年五月四日发出的太政官符,勘解由使局认为使局所藏的前两代交替式有未备之处,难以为据,为便对校,于次年延喜十二年六月九日借用外记局所藏《天长格抄》一部三十卷,在十四年九月送还的同时,再借《官曹事类》一部三十卷、《大同抄》一部十六卷。如此参考诸书,至撰定功成而奏上,已是延喜二十一年正月二十五日,当时勘解由长官为橘澄清,次官为藤原久贞与藤原诸荫。另外还有大纳言民部卿藤原清贯的位署。

概观其经过,让人感兴趣的是勘解由长官橘澄清。根据《公卿补任》,澄清被任命为勘解由长官,是在延喜十一年二月十五日,即发布官符下令撰修《延喜交替式》之前,此后十年间,他长期担任此职,直至《延喜交替式》奏上后的延喜二十一年三月十三日离任。这与编纂《延历交替式》的勘解由长官菅野真道、编纂《贞观交替式》的勘解由长官南渊年名极为相似。推动交替式撰修工作的人,恐怕始终都是澄清。在工作结束后,他也就离任了。

如前所述,《延喜交替式》的撰修耗费了十年时光,是三代交替式中耗时最久者。其卷首奏文称:"伏见先后所撰,抄略数书,混成一部,名虽称式,实是似格",以此为理由,所以"准之诸司式,每条立凡例,约成一轴,名曰内外官交替式"。如其所述,这部交替式的最大特色是,与前两代交替式有别,所有条文皆以"凡"起首,形式上焕然一新。因此,将一条格敕类条文分割为数条,也就成了理所应当的操作(参照附表)。

如此操作自然带有一定难度,《延喜交替式》的撰修颇耗时日,但仍有疏漏之处。以下列举一些我注意到的例子。

第四十四条规定"凡京官不与解由状,依理不尽返却,十个日内即令弁申,若过此限者,不论上下,夺其季禄"。它来自贞观九年十一月十一日发布的官符,根据《类聚三代格》所收贞观九年十一月十一日官符与元庆四年十月七日官符,"若……"以下后半部分的规定,在贞观九年官符发出时作"若过此限者,责同外国,但六位夺其禄",即对五位以上的处理与外国相同,必须解官,规定颇为严厉。然而,在《贞观格》编纂时,将这条格文修改为"若过此限者,不论上下,夺其季禄",并收入《贞观格》。这一修改在元庆四年被注意到,据同年十月七日的官符,它又被要求恢复到贞观九年原官符的规定。然而《延喜交替式》的式文只是照搬了上述《贞观格》所收的官符,而未采用元庆四年的改正。

关于第九十一条春米运京国条,《延喜交替式》照抄《弘仁式》的规定,没有添加于《弘仁式》编纂后成立的加贺国。这应该不是单纯的传抄时的脱漏。

第九十五条关于杂米未进的处置规定,《延历交替式》第四十一条、《贞观交替式》第二十四条都引录了延历十四年七月二十七日官符,但延历十四年格的规定已据贞观四年九月二十二日官符加以修改,在《延喜交替式》编篡时成了失效规定。但本交替式却将贞观四年格规定录作第九十一条,还将延历十四年格的规定作为第九十五条,犯了双重错误。

第一百八十六条规定杂徭日数为三十日,这是基于承和五年八月二十九日官符,杂徭日数在贞观六年有所减少,至《延喜交替式》编纂之时已是二十日。此点可据《政事要略》所引宽平三年十一月十九日官符确认,却为本交替式忽视。

以上,我还可以再举出一些《延喜交替式》的粗疏之例,这自然有吹毛求疵之嫌。抓住些许瑕疵,对一部法典的可信度说三道四,这也是草率之举。我们通常对这一时期编纂的法典知之甚少,不可否认的是,也抱有一个潜在的大疑问。这个疑问就是,《延喜式》也好,《延喜交替式》也罢,其中所收的数量庞大的条文是否真的具有实效性? 这一时期编纂的法典到底有多大意义? 编成的法典具有何种权威? 这还是一个法令与现实相脱离的时代,对于依然留有残影的律令制度,甚至律令国家本身,我们又该如何评价? 如果倾注于法典编纂中的努力能够反映实效性的程度,那么我们就不得不正视上述所举诸例,以求逼近这些疑问的答案。说起来,《延喜交替式》曾付诸施行的确切证据,最终也没能找到。

五、交替式诸本与参考文献

《延历交替式》唯一的古写本,藏于石山寺,为卷子本一卷。所用为楮纸,墨书二十六纸。新订增补国史大系本的凡例称,它的抄写时间不晚于贞观前后。它的纸背用来抄写《南天竺般若悉昙》第十八章,现在的书卷则以其为正面。昭和二十八年被指定为日本国宝。

该写本在江户时代广为人知,出现了伴信友校本、岸本由豆流校本、墒忠实校本等许多新写本。木版印本是岸本由豆流校订的天保九年版。

至于《贞观交替式》和《延喜交替式》,称得上古写本的,只有现在前田家尊经阁所藏旧三条西家本一种而已。该本封面标题为"交替式全",将《贞观交替式》和《延喜交替式》合起来,做成线装册子本。同样用楮纸。据新订增补国史大系本凡例所言,与旧三条西家所藏许多其他书籍一样,它抄于室町时代后期。题函签如下:

此本者,西三条家传之旧籍也,有故余感得焉,可谓幸矣。
　　贞享二载乙丑之岁冬十一月十一日

　　　　　　　　　　　　　　　　　左近卫权中将菅纲纪
　　墨附肆拾捌叶

现在内阁文库所藏其他诸本,都是该本的新写本。

　　另外,关于石山寺本《延历交替式》的调查,任职于奈良国立博物馆的畏友栗原治夫给予许多宝贵意见,附记于此,以表谢忱。

　　其次,涉及交替式本身的论著,胪列于下,在写作本稿时,曾随时加以参考:

植木直一郎:《延历、贞观、延喜交替式》,《国学院杂志》第 12 卷第 12 号,1906 年。

和田英松:《本朝书籍目录考证》,明治书院,1936 年。

宫城荣昌:《延喜式研究·史料篇》,大修馆书店,1955 年。

宫城荣昌:《延喜式研究·论述篇》,大修馆书店,1957 年。

福井俊彦:《延喜交替式的基础性研究》,《早稻田大学大学院文学研究科纪要》第 7 号,1961 年。

福井俊彦:《勘解由使的设置和延历交替式》,《日本历史》第 178 号,1963 年。

福井俊彦:《贞观交替式的研究》,《史观》第 72 号,1965 年。

　　交替式的史料价值之一,是它与仓库令的关系,论及此点者有植木直一郎《交替式与仓库令》(《国学院杂志》第 13 卷第 1 号,1907 年)、泷川政次郎《仓库令考》(《法学论丛》第 16 卷第 2、4 号,1926 年)。其他以交替式为史料,论述国司制度、解由制度的论考,最早是大森金五郎、喜田贞吉等人的成果,至今已不胜枚举。

〔补说〕关于"交替式私记"

　　《政事要略》引载了许多佚书,"交替式私记"就是仅见于此书的一种佚书。正确地说,现行的《法曹类林》卷一九二中也有三条"私记云",推测是《政事要略》的写本残片混入了《法曹类林》)。

　　这一"交替式私记"虽是佚文,却是现在我们已知的唯一一种交替式注释书,可谓极为珍贵。如后所述,它是上卷失传的《贞观交替式》的私记,这一点使它的意义更为重大。因此,借阐述有关交替式的愚见之机,一并简述对"私记"的拙见,还望方家指正。

现行《政事要略》中提及"交替式云"的内容,共计三十八条。其中一条重复出现两处,所以实际上引载了三十七条"交替式"。首先第一个问题是,《政事要略》所引的"交替式",到底是延历、贞观、延喜三部交替式的哪一部?三十七条全都照录格文或令文,惟宗允亮作为典据的"交替式"并非是所有条文统一以"凡"字起首的《延喜交替式》,这是可以最先搞清楚的。其次,将这三十七条与《延历交替式》、《贞观交替式》下卷的条文进行一致性比较,可得如下结果。

与《延历交替式》一致者:十二条;不一致者:二十五条。

与《贞观交替式》下卷一致者:三十四条;不一致者:三条。

(其中有一条与《延历交替式》、《贞观交替式》下卷均不相同)

与《贞观交替式》下卷不一致者,是(1) 田令在外诸司条(新订增补国史大系本《政事要略》,第286页,以下页数均同此)、(2) 养老八年正月二十二日格(第286页)、(3) 延历十四年闰七月二十一日官符(第472页)三条。其中,(1)、(2)两条可在《延历交替式》中找到相对应的内容,因此可以推测这两条原样保留在《贞观交替式》上卷中。剩下的(3)是《延历交替式》编纂前颁布的官符,即使未收入《延历交替式》,但被《政事要略》引作"交替式云",所以这一官符极有可能也收入《贞观交替式》上卷。因此,前列与《贞观交替式》相关的数字应当修正如下:

与《贞观交替式》下卷一致者:三十四条。

推测收入同书上卷者:三条。

仅从这些信息来看,惟宗允亮编纂《政事要略》时参照的交替式应该就是《贞观交替式》,但假设允亮手头有延历、贞观两部交替式,他是否会只用同一书名,无差别地加以引用呢?允亮极其在意细枝末节,对《弘仁格》《贞观格》《延喜格》,或《弘仁式》《贞观式》《延喜式》,都会明记其宗旨,很难相信他会如此行文。何况除《延喜交替式》外,《贞观交替式》的编纂与允亮的时

代最为接近。基于上述情形,可以确认以下事项:

(I)《政事要略》引用的全都是《贞观交替式》。

《政事要略》所引全部三十七条交替式中,大部分被标以"私记云",计三十四条。剩下三条是(1)延历十九年九月十六日官符(第358页)、(2)国司迁代条(第459页)、(3)仓库令欠失官物条(第472页)。其中(2)附有长篇的对答,文中可见"案下文""案下条"等,这一问答也来自"私记"。

《政事要略》所引交替式是《贞观交替式》,所以当然可以得出结论说,所附"私记"也是《贞观交替式》的"私记"。但进一步思考的话,是否会有如下可能:惟宗允亮参照的交替式并非《贞观交替式》本身,而是"私记"所引交替式?虽然未标"私记"的还有两条,但不这么考虑的话,就难以理解允亮为何不用《延喜交替式》,而在《政事要略》中引用《贞观交替式》。以下事例也可确认这一点。

《政事要略》卷五一卷首以"交替式云"引录了延历十四年七月二十七日官符(第251页),其后以"私记云"引录了大同二年十二月二十九日官符,接着以"又条云"引录了齐衡二年五月十日官符和贞观二年九月十七日官符,最后附上问答。到问答为止,这些明显引自"私记",这样的话,"又条云"所引的两件官符也为"私记"所引。而包含这两件官符在内,"私记"所引三件官符都收入《贞观交替式》下卷,《政事要略》后文又以"交替式云"的方式引录了这三件官符(第258、262、264页)。

这样想来,"交替式私记"是否既记载了《贞观交替式》的全部条文,又在条文与条文之间加上了注释? 当然可以想见的是,对于没有疑义的条文,"私记"不会附加注释。或者它的书名也许并非"交替式私记",而只是"交替式"。至于前引三件官符的引用方式,虽然在"私记"之后明确使用了"又条云",但它实际上是指交替式本身。如此推想的话,是否就可以理解上述疑惑了呢?

归纳以上推测的结果,我想可以补充以下两项:

(II)"交替式私记"是《贞观交替式》的私记。

(III)《政事要略》所引"交替式",推测可能是"交替式私记"所引《贞观交替式》。

再次,应该思考的问题是"交替式私记"编于何时、编者为谁,但相关史料留存极少。

首先是撰成时期。如果这一"私记"是《贞观交替式》的私记,那么将其编纂时期定在《贞观交替式》施行期间,应该不会有错吧。因此,其撰成的下限是《延喜交替式》撰进的延喜二十一年,而且"私记"引用的最新官符是宽平八年十一月二十日官符(第 406 页),可以将它视为撰成的上限。管见所限,能够用以推定撰成时期的资料只有这些而已。以下探讨其编者。

在探究该书编者时,最值得参考的是《政事要略》对该书的引用态度。以下列举具体的例子。

推定为《贞观交替式》上卷所收的令文,以及确定为其下卷所收的令文,被《政事要略》引用的有以下五条。

(1) 田令:在外诸司条(第 286、289 页)

(2) 军防令:在库器仗条(第 334 页)

(3) 厩牧令:在牧失官马牛条(第 364 页)

(4) 仓库令:仓出给条(第 462 页)

(5) 仓库令:欠失官物条(第 472 页)

《政事要略》所引令文大多被认为来自《令义解》或《令集解》,而前述五条中,被认为以《令义解》为典据的只有(4)一条,其他四条皆采用"交替式云,田令……""交替式云,军防令……"的形式,冠以"交替式云"进行引用。而且(1)、(2)两条除采用这样的引用方式外,还被《政事要略》前后两处重复引作"田令云""军防令云"。总之,惟宗允亮所据"交替式"或"交替式私记"引用的令条,与其说出自《令》或《令义解》《令集解》,还是应优先考虑是"交替式"或"交替式私记"本身所收条文,或至少应认为"交替式""交替式私记"所收令条与其他引用书籍无关,而是它们单独记载的内容。

同样的情况也见于对格文的引用。《贞观交替式》所收官符,与《弘仁格》重复的有十三条,其中包括(1)延历四年七月二十四日官符(第 466、472页)、(2)延历十七年十月十九日官符(第 465 页)、(3)延历二十四年十二月二十五日官符(第 368 页)、(4)大同二年十二月二十九日官符(第 258 页)、(5)大同五年三月二十八日官符(第 405 页)、(6)弘仁二年九月二十三日官符(第 337 页)、(7)弘仁三年三月二十日官符(第 379 页)、(8)弘仁三年五月四日（《要略》作三日）官符（第 338 页）、（9）弘仁四年三月二十日官符（第 473 页）九件，为《政事要略》所引，皆采用"交替式云"的形式。对于重复收入《弘仁格》与"交替式"或"交替式私记"的官符，《政事要略》在编纂时也会优先参考后者。

仅从这些事例就可推知，惟宗允亮是多么尊重"交替式"或"交替式私记"。接着我们来看一看允亮两个值得注意的注记。

《政事要略》引录了大同五年三月二十八日官符，其后又以"私记云"的形式引录了宽平六年十月十四日官符和宽平八年十一月二十日官符（第405 页以下）。对于宽平八年官符，允亮特地注明重复引录之事：

> 件格在上，然后（衍）而依载私记，不除弃之。

如这条注记所述，这件官符在交替式文之前（第 404 页）就以"延杂格云"的形式被全文引用过。

同样地，在引录了延历四年七月二十四日官符后，《政事要略》又以"私记云"的形式引录了贞观十四年七月二十九日官符（第 466 页以下），允亮又注道：

> 件符在下，然而依载私记，不除之。

同一件官符在之后（第 469 页以下）以"延刑格云"的形式又被全文重录。

这样的引用态度，无不说明"私记"与惟宗允亮之间存在极为密切的关系。允亮竟不采用当时已存在的《延喜交替式》，而改引《贞观交替式》，这个事实同样也说明这一点。由此，我对"私记"的撰成有以下想象。

"交替式私记"是惟宗允亮极其尊重的书，恐怕与惟宗家有所渊源。因此凡是此书所引令条、格文、注释，允亮在编纂《政事要略》时几乎全部照录。与惟宗家有所渊源，或许是因为其编者是允亮的先祖。若是如此，据我们所知，允亮的祖辈包括被推断为其父的致明、祖父公方、曾祖父直本，或是致明的兄弟公平、直本之兄直宗、被认为是直宗之子的善经。其中，可以将公方以下的世代排除出《贞观交替式》私记的编者候选范围，剩下的直宗、直本、善经三人中，直本是最有可能的编者。因为在三人中，直宗、直本两人担任过勘解由次官，而且据推测，直宗于元庆八年三月出任次官、宽平年间过世，相对于此,直本任官时期不明,但知道他于延喜二年担任此职。至于善经,没有任何史料显示他与勘解由使有关。

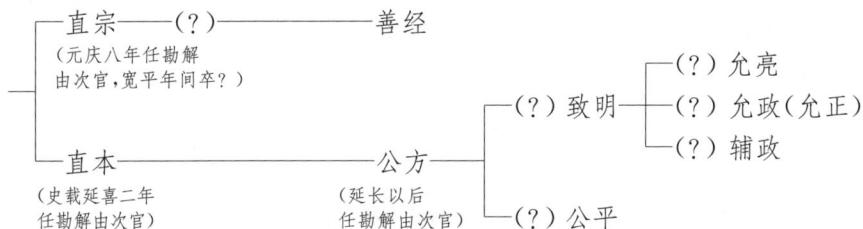

```
    ┌── 直宗 ──(?)────── 善经                          ┌──(?)允亮
    │  (元庆八年任勘解                                 ┌──(?)致明 ──┼──(?)允政(允正)
    │   由次官,宽平年间卒?)              ┌──(?)致明 │          └──(?)辅政
────┤                                    │
    └── 直本 ──────────── 公方 ──────────┤
      (史载延喜二年              (延长以后            └──(?)公平
       任勘解由次官)            任勘解由次官)
```

(据和田英松《惟宗氏与律令》,收入《国史说苑》,国学院大学出版,1914 年)

说到惟宗直本,众所周知,他是《令集解》《律集解》《检非违使私记》等书的编者。其中我关注的是《检非违使私记》。据《政事要略》载,这本《私记》是直本在宽平四—五年担任右卫门尉时所撰。征之记载"赠太政大臣讳时平为别当之时,曾祖父为右卫门尉,应彼教所撰也",此时他兼任检非违使,应该无疑。既是如此,任检非违使时撰写了《私记》的直本,也可能在担任勘解由次官时撰写了交替式的"私记"。

反复推测的结果,最后总结如下:

(IV)惟宗直本最有可能是"交替式私记"的编者。其编述的时间可能是延喜初年。

以上试着叙述了我对"交替式私记"的臆测。用作推测根据的史料极其缺乏,尤其是(IV),皆属臆测。若得方家指正,不胜荣幸。

[附表]延历、贞观、延喜三交替式对照简表

○ 本表的制作以《延喜交替式》的条文为基础,目的是阐明延历、贞观、延喜三交替式的相互关系,进而探求《延喜交替式》各条文的形成时间。详见拙稿《交替式的基础性研究》(《日本历史》第 239、240 号,1968 年)。

○ 方便起见,为《延历交替式》、《贞观交替式》下卷、《延喜交替式》的条文加上了编号。

○ 在《延喜交替式》中添加能够恰当说明条文内容的条名。

○ "典据"一栏中加 * 号项,表示无法为该条文的所有字句溯源。

○ 同样在"典据"一栏中,[ ]内为参考资料或我的按语。另外,《延历交替式》简称"延",《贞观交替式》简称"贞"。

○ 在贞观、延历二交替式栏中,若加横线,表示二交替式皆无该条文。

分类	延喜交替式		典　据	贞观交替式条文序号	延历交替式条文序号
	条序号	条　名			
任符	1	官人至任条	* 选叙令（延）		1
秩限	2	国司历限条	承和二年七月三日官奏（三代格）		——
	3	博士医师任限条	* 宝龟十年闰五月丙申（续纪）·贞观十二年十二月二十五日（三实）		——
	4	检非违使秩限条	宽平六年九月十八日官符（三代格）	——	——
	5	弩师秩限条	元庆二年二月三日官符（三代格）		——
	6	镇守府任限条	大同三年七月丙申（后纪）·贞观八年十二月五日官符（三代格）		——
	7	铸钱司秩限条	* 承和二年三月十五日官符（三代格）·贞观十年六月二十八日官符（三代格）		——
交替	8	权任国司条	贞观九年十一月十一日官符（三代格）		——
	9	镇守府权官条	［贞观九年以降］		——
交替程期	10	给假装束条	* 假宁令·天平宝字二年九月八日解（延）·天应二年二月五日宣（三代格）·延历元年十二月四日敕（延）·天长三年十月七日官符（三代格）［部分为大同四年以降?］		3
	11	任用人勘知程条	［不明,宽平九年以降?］		——
	12	国司分付程条	天平宝字二年九月八日解（延）·延历十七年四月七日官符（延）·承和元年八月丙子（续后纪）		3
	13	内外官交替程条	宽平七年七月十一日官符（三代格）	——	——
	14	交替延期条	* 延喜二年三月十三日官符（三代格）	——	——
	15	被管交替延期状条	［不明］		——

（续表）

| 分类 | 延喜交替式 | | 典　据 | 贞观交替式条文序号 | 延历交替式条文序号 |
	条序号	条　名			
解由	16	解由申官条	天平五年四月五日省符（延）		2
	17	解由与不条	［不明，天应二年以降？］		——
	18	京官解由条	大同四年十一月十三日官符（三代格）		——
	19	公文官舍等申官条	［不明，宽平元年以降？ 或大同四年以降？］		——
	20	解由状条	［不明］		——
	21	解由状不返却条	弘仁三年十一月戊辰（后纪）		——
	22	解由状可署条	［不明，恐为大同四年以前］		——
	23	太政官解由条	［不明，大同四年以后］		——
	24	史生解由条	［大同四年？］		——
	25	被管史生解由条	［不明］		——
	26	博士解由条	［不明］		——
	27	施药院司解由条	天长二年十一月二日官符（三代格）		——
	28	博士医师解由条	贞观四年十一月十一日交替式（要略）	存在上卷的佚文	——
	29	监牧秩限解由条	天长元年八月二十日符（贞）	41	——
	30	药园师乳师解由条	弘仁十一年二月二十七日官符（三代格）·贞观十一年七月十九日（三实）		——
	31	侍从女官厨别当解由条	天长八年十二月九日官符（三代格）·承和九年三月丁酉（续后纪）·贞观十二年四月二十八日（三实）		——

（续表）

分类	延喜交替式		典　据	贞观交替式条文序号	延历交替式条文序号
	条序号	条　名			
解由	32	大轮田泊使解由条	天长八年四月二十一日官符（三代格）		——
	33	续命院相替解由条	承和二年十二月三日官符（三代格）		——
	34	被管解由与不状条	［不明］		
	35	诸国任用吏解由条	宽平九年四月十九日官符（三代格）	——	
	36	大学博士解由条	＊天长二年五月庚午（类史）		
	37	遥任国司解由条	［不明，天应二年以后］		
	38	施药院别当条	［天长二年以后］		
	39	薨卒五位已上条	天长二年五月庚午（类史）		
不与解由	40	言上不与解由状条	仁和四年七月二十三日官符（三代格）	——	
	41	甄录所执条	大同二年四月六日官符（三代格）·弘仁六年十月四日官符（三代格）		——
	42	解任年月日条	［不明］		——
	43	依理不尽返却程条	承和九年八月二十二日官符（三代格）		——
	44	京官依理不尽返却程条	贞观元年十一月十一日官符（三代格）		——
	45	遁避不署条	贞观十二年十二月二十五日官符（三代格）	——	
	46	借贷犯用条	天长二年五月二十七日符（贞）	12	——

（续表）

分类	延喜交替式		典　据	贞观交替式条文序号	延历交替式条文序号
	条序号	条　名			
不与解由	47	不显欠失细由条	*天长二年五月二十七日符（贞）	12	——
	48	未得解由条	延历十七年四月七日官符（延）		3
	49	前司入京条	承和九年八月丙子（续后记）		——
	50	不给位禄等条	［不明］		——
	51	不与解由状返却条	［不明］		——
	52	检交替使帐条	［不明］		——
觉举	53	觉举遗漏条	延历十九年九月十二日官符（延）		4
	54	觉举遗漏程限条	［贞观十二年以前］		
	55	不可觉举条	大同四年二月二日官符（三代格）		
仓藏	56	定不动仓条	和铜元年闰八月十日官符（延）		22
	57	仓藏文案孔目条	仓库令（延）·问答（延）·天平胜宝七年七月五日官宣（延·贞）	与延23相当的6之问答在上卷	21·23·35
	58	仓贮积条	仓库令（延）		13
算计	59	算计法条	*宝龟七年算计法（延）		(24)·25
	60	量收糒谷条	延历十七年十月乙未（类史）		——
	61	不得除耗条	［存于弘仁主税式］		——
	62	官盐耗条	宝龟四年正月二十三日解（延）		14

（续表）

分类	延喜交替式		典　据	贞观交替式条文序号	延历交替式条文序号
	条序号	条　名			
不动谷	63	仓藏贮积杂物条	仓库令(延·贞)	1	18
	64	不动谷遗条	宽平三年八月三日官符(三代格)	——	——
	65	不动仓钩匙条	天平宝字七年三月二十四日官符(延)·交替式新案(三代格)	存在上卷的佚文、新案	26
	66	不动谷开用条	贞观八年十二月八日官符(三代格)		——
欠负欠损	67	仓出给条	仓库令(延)·交替式今案(延)		15
	68	官物收纳通计条	交替式今案(延)·弘仁五年九月二十二日官符(三代格)		15
	69	仓藏受纳条	仓库令(延·贞)·交替式今案(延)·交替式新案(贞)·承和十二年十月二十二日符(贞)	2·14	19
	70	不动仓算勘欠条	[贞观以后]	(5)	(35)
	71	不动物欠负条	天平胜宝七年七月五日官宣(延·贞)·交替式今案(延)·天平胜宝七年七月九日起请(延·贞)	5·6	35·36
	72	动物欠负条	天平胜宝七年七月五日官宣(延·贞)	5	35
	73	欠失官物条	仓库令(延·贞)	3	20
	74	欠负官仓条	仓库令(延·贞)·弘仁十年四月十五日官奏(三代格)	4	16
	75	交替杂官物欠条	承和十二年十月二十二日符(贞)	14	——
	76	规避欠负条	延历十九年九月十二日官符(延)		4

（续表）

分类	延喜交替式		典　据	贞观交替式条文序号	延历交替式条文序号
	条序号	条　名			
犯用官物	77	烧亡官物条	*延历五年八月七日符（贞）·弘仁三年八月十六日符（贞）	16·17	——
	78	监临主守自贷条	*天平八年十一月十一日官符（延·贞）	18	17
	79	犯用官物条	延历四年七月二十四日符（贞）·贞观十四年七月二十九日官符（三代格）	7	——
	80	虚纳欠损条	贞观十五年九月二十三日官符（三代格）	——	
	81	前司犯用官物条	弘仁十三年八月二十五日符（贞）	11	——
出举正税	82	以稻粟出举条	杂令（延）		27
	83	出举息利条	弘仁元年九月二十三日官符（三代格）		——
	84	出举收纳杂谷条	*赋役令·天平六年格（集解）·［存于弘仁主税式］		——
	85	正税本利条	延历十八年五月十七日官符（延）·大同元年八月二十五日官符（三代格）·［延历十一年十一月二十八日官符（延）］		（30）·31·（32）
	86	减省补填条	延喜五年十二月二十五日官符（三代格）	——	——
	87	官稻收纳条	天平二年四月十日官符（延）		28
	88	虫食烧遗谷条	［存于弘仁主税式］		——
	89	疫死百姓口分条	［存于贞观式］		——
	90	身死百姓负稻条	延历十四年闰七月二十一日交替式（要略），但为弘仁元年以降	存在上卷的佚文	——

| 分类 | 延喜交替式 | | 典　据 | 贞观交替式条文序号 | 延历交替式条文序号 |
	条序号	条　名			
杂米	91	舂米运京条	*弘仁民部式(三代格)·贞观四年九月二十二日官符(三代格)·贞观七年八月一日官符(三代格)		——
	92	租舂米未进条	[不明,宽平以后?]		——
	93	舂功条	[存于弘仁主税式]		——
	94	年料舂米条	天长三年九月十六日符(贞)	23	——
	95	杂米未进条	延历十四年七月二十七日官符(延·贞)	24	41
	96	杂米返抄条	[延喜十二年?]		
公廨	97	出羽狄禄条	贞观十七年五月十五日官符(三代格)	——	——
	98	大宰蕃客储米条	[不明]		——
	99	公廨稻条	天平十七年十一月二十七日官奏(延)		33
	100	公廨处分条	天平宝字元年十月十一日官宣(延)·延历十四年七月二十七日官符(延)·弘仁十年十二月二十五日官符(三代格)·承和八年十月己巳(续后纪)·贞观八年三月七日官符(三代格)·[弘仁主税式]	24	34·41
	101	新任国司公廨条	弘仁十年十二月二十五日官符(三代格)·承和八年十月己巳(续纪)		——
	102	没不填欠仓国司公廨条	弘仁五年七月二十日符(贞)	10	——
	103	对马岛司公廨条	天平宝字四年八月甲子(续纪·三代格)·[弘仁主税式]		——

（续表）

分类	延喜交替式		典　据	贞观交替式条文序号	延历交替式条文序号
	条序号	条　名			
国储借贷	104	新任国司借贷条	延历二十五年三月二十四日符（贞）	20	——
	105	铸钱司借贷条	［不明，弘仁以后］		——
	106	量赐借贷条	天长元年八月二十日符（贞）	22	——
	107	置国储条	延历二十二年二月二十日官符（延）		38
	108	国储过用条	［不明］		
	109	本授业师料条	贞观十二年十二月二十五日官符（三代格）	——	
	110	书生借贷条	大同二年四月十五日符（贞）	21	——
	111	驿户借贷条	弘仁十三年正月五日官符（三代格）		
杂稻交易	112	官公易条	延历十七年十月十九日官符（贞）	8	
	113	修理沟池料稻条	天长三年七月十五日官符（贞）	43	
	114	杂交易未进条	贞观十二年十二月二十五日（三实）	——	
	115	救急料稻条	［不明，弘仁以后？］		——
	116	修理池沟料等帐条	＊天长三年七月十五日官符（贞）	43	
	117	籴粜稻条	［不明］		——
未纳	118	出举未纳填纳条	天平胜宝七年七月五日官宣（延·贞）·天平胜宝七年七月九日起请（延·贞）	5·6	35·36
	119	未纳申官条	天平胜宝七年七月九日起请（延·贞）·交替式今案（延）	6	36

（续表）

分类	延喜交替式		典　据	贞观交替式条文序号	延历交替式条文序号
	条序号	条　名			
未纳	120	未纳杂官稻条	弘仁三年三月二十三日符（贞）·贞观二年九月二十五日符（贞）	13·15	——
	121	旧年未纳率分条	天长九年十二月十七日官符（符宣抄）	存在上卷的佚文	——
租·地子	122	剩征田租地子条	延历十七年十月十九日官符（贞）	8	——
公廨田	123	在外诸司职分田条	田令（延·要略）	存在上卷的佚文	39
	124	新任外官条	民部省例（延）·养老八年正月二十二日交替式（要略）·田令（延）	存在上卷的佚文	39·40
	125	遥授国司公廨田条	﹡贞观十二年十二月二十五日官符（三代格）		——
调庸杂物	126	贡调使条	大同二年十二月二十九日符（贞）	25	——
	127	调庸粗恶违期未进条	大同二年十二月二十九日符（贞）	25	——
	128	大宰府贡物粗恶违期条	承和十四年十月十四日官符（三代格）		——
	129	大宰府贡物粗恶条	贞观十三年八月十日官符（三代格）		——
	130	调庸未进条	延历十四年七月二十七日官符（延·贞）·齐衡二年五月十日符（贞）·贞观二年九月十七日宣（贞）·贞观六年十二月十四日官符（三代格）	24·27·28	41

（续表）

分类	延喜交替式		典　据	贞观交替式条文序号	延历交替式条文序号
	条序号	条　名			
调庸杂物	131	不受调庸总返抄条	宽平二年九月十五日官符（三代格）·宽平八年六月二十八日官符（三代格）	——	——
	132	调庸未进率分条	宽平五年五月十七日官符（三代格）·［承和十三年八月十七日格（三代格）］	——	——
	133	杂药未进条	承和五年六月八日符（贞）	29	——
诸使	134	诸国调使条	仁寿二年四月二日官符（贞）	27	——
	135	贡调使公文条	齐衡二年五月十日符（贞）	27	——
	136	使等无故不上条	大同五年三月二十八日符（贞）	26	——
	137	调使勘租帐条	贞观二年九月十七日宣（贞）	28	——
	138	受使入京条	宝龟十年八月二十五日符（贞）	30	——
田籍户籍	139	四证图条	［弘仁十一年以前］		——
	140	内外田图条	弘仁十一年十二月二十六日官符（三代格）		——
	141	文案条	公式令·［弘仁十一年十二月二十六日官符（三代格）］		——
	142	畿内田籍条	弘仁十一年十二月二十六日官符（三代格）		——
	143	户籍条	户令·［弘仁十一年五月四日官符（三代格）］		——
	144	庚午年籍条	弘仁十一年五月四日官符（三代格）		——
	145	年终帐条	贞观十三年十二月五日（三实）	——	——

（续表）

分类	延喜交替式		典　据	贞观交替式条文序号	延历交替式条文序号
	条序号	条　名			
官舍	146	正仓官舍修理条	延历十九年九月二日官符（延·贞）·弘仁四年九月二十三日官符（三代格）·天长二年五月二十七日官符（贞）·承和八年二月二十二日符（贞）·承和八年十月十九日符（贞）·交替式新案（贞）	34·35·36·37	12
	147	诸国正仓条	天平胜宝元年八月四日敕（延·贞）	31	9
	148	具录修理官舍申官条	天平神护二年九月五日敕（延·贞）	32	10
	149	修理官舍料条	弘仁十一年闰正月二十日符（贞）	33	——
	150	定官舍破损大小条	交替式新案（贞）	34	——
	151	渡船买替条	天长元年六月二十九日格（三实贞观十五年条）		——
池沟	152	诸国沟池堰堤条	延历十九年九月十六日官符（延·贞）	42	11
	153	沟池堰堤条	延历十九年九月十六日官符（延·贞）	42	11
	154	国郡司修固池堰条	仁寿二年三月十三日官符（三代格）		——
器仗	155	在库器仗条	军防令（延·贞）	38	6
	156	军器在库条	军防令·宽平七年七月二十六日官符（三代格）	——	——
	157	大宰府器仗条	贞观十二年五月二日官符（三代格）	——	——
	158	兵士备糒条	宝龟四年正月二十三日解（延·贞）	39	7

（续表）

| 分类 | 延喜交替式 | | 典　据 | 贞观交替式条文序号 | 延历交替式条文序号 |
	条序号	条　名			
官马牛	159	在牧失官马牛条	厩牧令（延・贞）	40	8
	160	牧马牛欠失条	宽平五年三月十六日官符（三代格）	——	——
	161	检校牧格条	贞观十八年正月二十八日官符（三代格）	——	——
	162	征欠驹直条	天长元年八月二十日符（贞）	41	——
神社	163	神宫司及神主解由条	大同四年闰二月丁酉（后纪）・弘仁三年十月戊子（后纪）・弘仁八年十二月二十五日官符（三代格）		
	164	香取乐人装束条	［不明］		——
	165	神三郡神社等破损条	弘仁八年十二月二十五日官符（三代格）・宽平九年九月十一日官符（三代格）		——
	166	神宫破损修理料条	大同四年四月辛卯（后纪）・弘仁三年六月辛卯（后纪）		——
	167	神户百姓修理神社条	弘仁二年九月二十三日官符（贞）	44	——
	168	无封神社修理条	弘仁三年五月四日官符（贞）	45	——
	169	神社封物条	天长元年八月二十日官符（贞）	46	——
	170	修理无封苗裔小社条	贞观十年六月二十八日官符（三代格）		——
寺院	171	讲读师检按条	弘仁三年三月二十日官符（贞）・天长二年五月三日官符（贞）	49・50	——
	172	国分二寺度缘戒牒条	承和十一年十一月十五日官符（三代格）		——

（续表）

分类	延喜交替式		典　据	贞观交替式条文序号	延历交替式条文序号
	条序号	条　名			
寺院	173	部内诸寺条	延历二十四年十二月二十五日官符（贞）·天长二年五月三日官符（贞）	47·50	——
	174	定额寺堂塔杂舍条	弘仁十三年三月二十六日符（贞）·天长二年五月三日官符（贞）	52·50	——
	175	诸国定额寺修理条	嘉祥二年闰十二月五日官符（贞）	52	——
	176	定额寺灯分稻条	大同三年七月四日官符（贞）	48	——
	177	定额寺资财帐条	天长二年五月二十七日官符（贞）·贞观十年六月二十八日官符（三代格）	51	——
	178	讲读师秩限条	延历二十四年十二月二十五日官符（贞）·天长二年五月三日官符（贞）	47·50	——
	179	讲读师解由与不条	［不明］		——
	180	讲读师供养料条	天长二年五月三日官符（贞）	50	——
	181	别当为长官条	贞观十二年十二月二十五日（三实）	——	——
	182	别当秩限条	贞观十二年十二月二十五日（三实）	——	——
新任国司	183	新任国司给铺设条	*天平十五年五月丙寅（续纪）		——
	184	国司迁代给夫马条	*和铜五年五月十六日格（集解）·天平八年四月七日官符（延·贞）·大同二年十二月一日官符（贞）·式云（贞）	53·54·55	5
	185	不给交替丁条	贞观八年十月八日官符（三代格）		——

（续表）

分类	延喜交替式		典　据	贞观交替式条文序号	延历交替式条文序号
	条序号	条　名			
杂徭	186	杂徭均使条	承和五年八月二十九日官符（贞）	57	——
会赦	187	杂犯会赦可免条	弘仁四年三月二十日官奏（贞）	56	——
	188	赦后在任条	延喜十三年二月二十五日官符（要略）	——	
	189	赦后在任之吏条	延喜十一年奏状（要略）	——	
	190	造进会赦帐程期条	承和九年八月二十七日诏（三代格）·贞观四年七月十五日官符（三代格）		——
度量衡	191	度量权衡平校条	延历十七年十月乙未（类史）		——
	192	度量权衡用大条	［和铜六年？］		——

（本文原载坂本太郎、黑板昌夫编《国史大系书目解题》上卷，吉川弘文馆，1971 年。）

严茹蕙译　赵　晶校

《政事要略》与日本律令研究

武井纪子

序

　　《政事要略》是 10 世纪后半至 11 世纪初期，由明法家惟宗允亮所撰的法制著作。它广泛引用律令格式等法典以及国史、日记等史料，说明与全体政务相关的各项制度和案例。[①] 据《本朝书籍目录》记载，这部鸿篇巨著原本多达 130 卷，然而现存不过 25 卷（且有一卷卷次不明）。但该书收录了许多明法勘文以及仅见于此的官符类文书，可以说是了解日本古代法律制度与政务运行状态不可或缺的史料。

　　《政事要略》备受关注的一点是它引用典籍数量众多。所引汉籍与日本书籍多达上百部，其中包括一些已经散佚的书籍、只有该书提及过的典籍和只见于此书的可补足一些传世本残缺部分的佚文。[②] 因此，《政事要略》汇集了众多佚书与佚文，从这个意义上来说，它的史料价值极高，一直以来也积

---

① 关于《政事要略》的概括性、基础性研究成果，如和田英松《政事要略考》(《史学杂志》第 26 编第 11 号，1915 年，后经修订，收入《本朝书籍目录考证》，明治书院，1936 年)、太田晶二郎《政事要略补考》(《太田晶二郎著作集》第二册，吉川弘文馆，1991 年，首刊于 1953 年)、虎尾俊哉《政事要略》(收入《新订增补国史大系书目解题》上，吉川弘文馆，1971 年，后改题为《政事要略研究》，收入《古代典籍文书论考》，吉川弘文馆，1982 年)、清水洁《〈政事要略〉欠佚篇目的复原——〈国史大系书目解题〉上卷的补遗与修正》(《皇学馆论丛》第 6 卷第 5 号，1973 年)、木本好信《〈政事要略〉与惟宗允亮》(《平安朝日记与佚文的研究——日记佚文中的平安公卿世界》，樱枫社，1987 年，首刊于 1982 年)等。且近年来，关于该书的解说还有北村安裕《政事要略》(佐藤信、小口雅史编《读古代史料》下"平安王朝篇"，同成社，2018 年)。

② 本页注①和田英松论文，196—197 页；木本好信、大岛幸雄编：《政事要略总索引》，国书刊行会，1982 年；本页注①木本好信论文，239—243 页。

累了诸多研究成果。①

《政事要略》引用了包括《六国史》在内的各类和、汉书籍,因该书本身也是一部法制文献,引用最多的自然是以律令与格式、《令义解》及《令集解》为主的法制典籍,也因此可以在该书中看到现存《令集解》诸写本所缺令私记的注释佚文,以及散佚的日本律、仓库令、医疾令条文。江户时代曾盛行日本律令条文的复原研究,而《政事要略》的这些佚文就成了复原的史料依据。总之,《政事要略》不仅是承载着平安时代制度的法制文献,也在之后的律令研究中发挥了重要作用。

除此之外,2006 年,北宋天圣令残本全文公开,推动了日、唐的比较研究,逐渐明晰了日本移植唐令的特点,包括条文的对应关系、条文排列等。② 天圣令残本中包括仓库令与医疾令,具有划时代意义,开辟了以唐、宋令为参照复原日本令的研究路径。③ 日本令的复原研究自江户时代一直延续至今,天圣令的出现成为再行检讨此前复原方案的契机,这也让我们再次

---

① 饭田瑞穗:《〈政事要略〉中的圣德太子传》,《饭田瑞穗著作集一·圣德太子传研究》,吉川弘文馆,2000 年,首刊于 1971 年;所功:《政事要略所引〈西宫记〉与现行文的对比》,《平安朝仪式书成立史的研究》,国书刊行会,1985 年,首刊于 1972 年;清水洁:《〈国史〉研究——以〈政事要略〉所引〈国史〉为中心》,《皇学馆论丛》第 7 卷第 1 号,1974 年;清水洁:《本朝月令与政事要略的编纂》,《神道史研究》第 24 卷第 3 号,1976 年;增渊彻:《〈政事要略〉所引〈勘解由使勘判抄〉详解》,《史学论丛》第 11 号,1985 年;远藤庆太:《〈本朝月令〉与政事要略——〈高桥氏文〉的引用文献》,上代文献阅读会编《高桥氏文注释》,翰林书房,2006 年;矢越叶子:《〈政事要略〉所引〈西宫记〉勘物》,《东京大学史料编纂所研究纪要》第 19 号,2009 年;古藤真平:《〈政事要略〉阿衡事所引〈宇多天皇御记〉——关于该文献的基础性考察》,《日本研究》第 44 号,2011 年。另外,关于《政事要略》所引汉籍的研究,有太田晶二郎《唐历》,《太田晶二郎著作集》第一册,吉川弘文馆,1991 年,首刊于 1962 年;太田次郎:《〈政事要略〉所引白氏文集》,《史学》第 45 卷第 4 号,1973 年;高田宗平:《〈政事要略〉所引〈论语义疏〉的性质》,《古代日本〈论语义疏〉受容史研究》,塙书房,2015 年,首刊于 2008 年;辻正博:《〈政事要略〉所引〈会要〉记事小考》,周东平、朱腾主编《法律史译评》第 6 卷,中西书局,2018 年。
② 大津透:《北宋天圣令的公开及其意义——日唐律令比较研究的新阶段》,《律令制研究入门》,名著刊行会,2011 年,首刊于 2007 年。
③ 关于《医疾令》,参考丸山裕美子 a《日唐医疾令的复原与比较》,《古代日本的医疗制度》,名著刊行会,1998 年,首刊于 1988 年;b《基于北宋天圣令的唐日医疾令复原试案》,《爱知县立大学日本文化学部论集·历史文化学科编》第 1 号,2009 年。关于《仓库令》,参考武井纪子 a《日本古代仓库制度的构造及其特质》,《史学杂志》第 118 编第 10 号,2009 年;b《日本仓库令复原研究之现状》,《弘前大学国史研究》第 138 号,2015 年,后由周东平、肖秋莲译出,收入周东平、朱腾主编《法律史译评》第 7 卷,中西书局,2019 年。

感到,高度重视日本律令复原考证所用史料本身的性质,是多么重要。

本稿旨在阐明《政事要略》在日唐律令比较研究中的史料价值,以及在参考该书时需要注意之处。本稿拟以日唐律令的比较为主线,首先根据先行研究解析《政事要略》作为史料的特性,然后交代将该书所引律令格式用于律令研究的成果与课题。

1.《政事要略》的编纂与正本

(1)《政事要略》的成书情况

《政事要略》的作者惟宗允亮[①]出身于明法博士世家惟宗氏一门。允亮在大学寮以明法得业生的身份毕业,历任明法博士、勘解由次官,正历四年(993)升任左卫门权佐之后开始兼任检非违史佐,这期间,还兼任加贺权介与备中权介。宽弘三年(1006)升至从四位下,翌年改任河内守,大约在宽弘五六年间去世。长保元年(999),允亮担任左卫门权佐时曾讲授令文,[②]那时得到敕许,改姓"令宗"(律令宗师之意)。[③] 宽弘四年,允亮与令宗允正在藤原道长府邸举办的诸道辩论中,共同负责明法三轮问答,获得了藤原道长所谓"其论议尤美也"(《御堂关白记》宽弘四年五月三十条)、"天下之一物"(《续本朝往生传》)等名声。

允亮的曾祖父惟宗直本著有《律集解》与《令集解》,祖父惟宗公方著有《本朝月令》,两人均声名在外。至于允亮自己,除了被视作其日记的《宗河记》外,他还编撰了《类聚判集》100卷、《类聚律令刑名问答私记》1卷等。虽然这些都未流传下来,但据说前者汇集了与"交替杂事"这一篇目相关的判文,而后者则是有关律令刑名的问答,《政事要略》应该是在这些成果的基础上编纂的。

史料中对惟宗允亮编纂《政事要略》一事没有明确的记载,但同时代的

---

① 关于惟宗允亮,除 160 页注①虎尾俊哉、木本好信论文之外,参考虎尾俊哉《惟宗允亮备忘录》,《古代东北与律令法》,吉川弘文馆,1995 年,首刊于 1964 年;布施弥平治《令宗允亮》,氏著《明法道的研究》,新生社,1966 年;利光三津夫《令宗氏与明法学》,《续律令制研究》,庆应通信,1988 年,首刊于 1984 年。

② 《日本纪略》载,长保元年六月某日"左卫门权佐惟宗允亮讲令。赋诗";《本朝文粹》卷九记载"七言夏日于左监门宗次将文亭听讲令诗一首 江以言"。

③ 参考 160 页注①虎尾俊哉论文,217 页;本页注①利光三津夫论文,19—24 页。

贵族藤原实资似乎也参与了该书的编纂。① 藤原实资继承了始于藤原实赖的小野宫流的礼仪规矩,精通"有职故实"。从长德元年(995)开始的两年间,实资曾任检非违使别当。长德二年,身为检非违使佐的惟宗允亮在实资麾下,参与抓捕藤原伊周。且允亮曾提交过勘文,作为对实资询问的应答(《北山抄》卷九羽林要抄跋)。再者,实资在著作《小野宫年中行事》中引用了允亮的勘文以及名为"允亮记"的书籍,据说那些就是《政事要略》中的内容。在实资的日记《小右记》的目录《小记目录》中也有关于《政事要略》成书年代的记载,即"长保四年(1002)十一月十五日,世事要略部类毕事"(第十八·临时八·杂部)。此时《政事要略》的编纂已告一段落。从一些关于两人关系的史料来看,实资对明法家允亮的评价颇高。因此《政事要略》可能是在实资的嘱托下才开始编纂的,②从上述两人颇深的渊源来看,这种可能性是极高的。

根据古代史料的记录等,《政事要略》此后就在小野宫家作为"一本书"流传下来。③可以说,《政事要略》与藤原实资或小野宫家渊源颇深,并在此背景下编述而成。

(2)《政事要略》的构成与编纂特点

《政事要略》按内容分成数篇。目前已知有七篇,如果含推断的部分,可分为卷1—30年中行事、卷31—40公务杂事、卷41—60交替杂事、卷61—90(?)弹劾杂事、卷91—99(?)至要杂事,之后的篇目则是国郡杂事与临时杂事。④

各篇之下又分成数部,并依照各部的内容,引用或转载各种相关史料。

---

① 参考160页注①和田英松、太田晶二郎论文。
② 160页注①虎尾俊哉论文,218—220页;川尻秋生《政事要略·诈伪律·日记逸文——国立历史民俗博物馆所藏〈大刀节刀契等事 小右记中右记拔书〉的探讨》,《日本古代的格与资材帐》,吉川弘文馆,2003年,首刊于1997年。川尻氏介绍了国立历史民俗博物馆所藏《大刀节刀契等事 小右记中右记拔书》所见《季仲卿记》的佚文:"件文(注:政事要略)八允亮朝臣初作书也。在帅入山〔道?〕也"(注:藤原资仲。其父资平是实资的养子)。献小野右府(实)"(注:藤原实资)也。"《小记目录》长保四年的记事说明,允亮将完成的《政事要略》献给了实资。这可印证虎尾俊哉的观点。
③ 据《后二条师通记》宽治五年(1091)八月十一日条、《中右记》宽治八年十一月二日条跋记载,《政事要略》藏于实资的曾孙显实之家。
④ 参照160页注①各论文。

其特点有以下四点：①

  a. 如果与某部关系密切的事项在其他部中也有记载，则加以注记；

  b. 没有必要单独列成一部的事项，就尽量附载在与之相近的部中；

  c. 将特别重要的项目名摘出来注记，以便查找；

  d. 在同一史料重复出现时，会别出心裁，注记其主旨等。

  例如，卷61弹劾杂事的"检非违使杂事上"这一部名下有以下注记：

>   附出，大臣各弹弁少将以上，督察殿上事事。弹正检非违使政相通事在追捕部。火长情见此中。付看督使并马事。在第二。

此注记大概说明了以下内容：该部包含"大臣各弹弁少将以上，督察殿上事事"的事项。"弹正检非违使政相通事"载于追捕部中（但现存卷中没有），至于"火长情"，检非违使杂事之中记载了相关的部分，它还载于"看督使并马事"的部目（弹劾杂事第二）中。

  仅在现存各卷中就能看到许多这样的注记，且可以从中复原出相当数量的散逸卷帙的部名。如此，本书是由能够相互参照的各关联篇目、部目有机地构成的。从这些特征可以窥知，惟宗允亮在编纂该书时作了相当充分的准备。

  各卷的基本结构采用如下体例：篇首载录本卷的部目一览，其后收录与各个项目相关的史料。原则上，在说明某政务时，会罗列其他文献中与此相关的史料，以此解释这项制度的渊源、前例或沿革等。②其中也有允亮自己参与的勘文，但他自己的思考多以注释或私案的形式附在其后。且从诸书中转引史料也非杂乱无章，而是尽量按照史料的先后顺序，对于旧例，则加以注释，反映出编者的学识。③

  本书引用的诸多书籍都是允亮实际寓目的家藏之书，主要靠明法家惟宗氏代代积累而来。其中，他的曾祖父惟宗直本编纂的《令集解》《律集解》《检非违使私记》《交替式私记》，以及祖父惟宗公方编纂的《本朝月令》等祖

---

① 160页注①虎尾俊哉论文，225页；160页注①木本好信论文，238—239页。

② 161页注①清水洁论文《本朝月令与政事要略的编纂》，44—49页。

③ 160页注①虎尾俊哉论文，225—225页。虎尾俊哉认为允亮的态度体现出"学者的洁癖"，认为本书"作为明法学者允亮的一个学问高峰，应予高度评价"。

辈们的著书成了允亮编纂《政事要略》的基础。特别是年中行事篇与《本朝月令》、①交替杂事篇对《交替式私记》的引用，②以及弹劾杂事篇与《检非违使私记》的联系等，各篇对文献的引用都有着明显的偏向，编纂方针也有若干差异。③

我们可以用具体的史料来考察这一特点。首先，年中行事篇的编排采用前述原则性的编纂方针，即罗列相关史料的方式。引用的史料类别不一，有仪式书、国史、格式等，很少有允亮自己的案语。清水洁指出这与其祖父公方对《本朝月令》的编纂方针是一致的，参照他对《交替式私记》与《检非违使私记》的态度可知，年中行事篇的基础是《本朝月令》。之所以没有一一标注"本朝月令云"，可能是像后述的弹劾杂事（卷61）那样，在篇首已有说明。④

接下来是交替杂事篇。先行研究表明，⑤尽管在编纂《政事要略》时，《延喜交替式》已经完成了，但本书所见"交替式云……"指的是《贞观交替式》，连交替式原文，允亮也是引自曾祖父直本所著《贞观交替式》的注释书《交替式私记》。《交替式私记》所注交替式本身或"私记"都会引录令文，《政事要略》在引用《交替式私记》所载的这些令文时，仅是原样照录，并未参照《令义解》《令集解》。

允亮自己的案语很少，且反复引用史料，表现出他忠实地继承父祖著作的倾向。在卷53交替杂事"禁断犯用官物事"这一章中，引用了交替式（贞观交替式）延历四年（785）七月二十四日太政官符，其后以"私记云……"的形式注明其出处《交替式私记》。此处以"私案"的形式加入了惟宗允亮的看法。他接着引用《交替式私记》贞观十四年（872）七月二十九日官符，并加注云"件符在下。然而依载私记不除矣"。贞观十四年官符已被收入延喜刑部格，《政事要略》于其后又加转载。总之，这一官符被重复收录，允亮尊重直

---

① 161页注①清水洁《本朝月令与政事要略的编纂》、161页注①远藤庆太论文。
② 早川庄八：《交替式私记研究》，《日本古代文书与典籍》，吉川弘文馆，1997年，首刊于1971年。
③ 相曽贵志：《政事要略中的式——以弹劾杂事为中心》，《书陵部纪要》第46号，1994年。
④ 161页注①清水洁论文《本朝月令与政事要略的编纂》。
⑤ 本页注②早川庄八论文；小仓真纪子：《仓库令"割取交易物直条"的复原研究——从地子制研究的视角再加探讨》，《续日本纪研究》第330号，2001年。

本的《交替式私记》,不厌其烦地加以引用。

接下来是弹劾杂事,该篇与所引史料的关系最为明确。本篇首卷的卷61在开头就有以下交代:

> 检非违使私记者,赠太政大臣(讳时平)为别当之时,曾祖父为右卫门尉,应彼教所撰也。自尔以后,凉燠推移,改易有数。仍官符宣旨新制之条,经籍国史相类之文,增演本目加载各部,弹劾之事可备鉴识。

由此可见,弹劾杂事的部分是在其曾祖父惟宗直本担任右卫门尉时所著《检非违使私记》的基础上,增补此后的新制与经籍国史的记载而成。虽然像引用其他书籍一样,没有标注"检非违使私记云"等字眼,但此篇依据曾祖父直本的《检非违使私记》则是明白无疑的。

卷61有一部名为"检非违使杂事上",首先说明兼任检非违使的卫门府的职员构成。开头引用了两条左卫门府式(①②),接下来是③案文(案:式已上二条,右卫门府准此者),并引用④弘仁卫门府式、⑤贞观卫门府式,其后还附有⑥私案("私案:检件等式,看督二人,案主长一人也。而今置案主长二人者,依政剧人少,使等权议所置不可为永例")、⑦私问答。⑥的末尾还附有小字注"已上二卷,私记所注。为见旧事所加载也",这里所说的私记就是《检非违使私记》。①—⑤是对《检非违使私记》的引录,而⑥⑦是允亮对这些的见解与问答。允亮在引用④⑤时,提及了与现行人员构成的不同,案主长变成了二人,并注解道"《检非违使私记》中有记载,为参照旧例而加以引用"。

卷61开头所注的"弹劾之事可备鉴识"表明,历代皆为明法家而被任命为检非违使的惟宗氏与弹劾杂事渊源颇深,不仅是父祖,允亮自身对此也颇为用心。[①] 弹劾杂事篇与其他现存篇目相比,不但案语数量多,且从式文的引用顺序也能看出编者允亮独特的逻辑。[②]《政事要略》收录了其编纂以前的弹劾诸事,清楚地表明该书的意图乃"可备鉴识"。

综上所述,惟宗允亮编纂本书的方针是,尊重父祖的著作,并在此基础上增补截至他那时为止的制度变迁与先例。这意味着此书以惟宗氏世世代

---

① 162 页注①虎尾俊哉论文,27 页。
② 165 页注③相曾贵志论文,3—7 页。

代作为明法家所积累的学识为成书背景。

(3)《政事要略》的写本与正本①

日本古代典籍类文献的原始文本能够完整保存至今的非常稀少,流传下来的多是写本。在抄写的过程中会产生许多写本,近世的刊本与近代以来史料丛书的活字本以优质的写本为底本,再与其他系统的写本进行对校,由此确定正本。

现行的《政事要略》的活字正本有二,分别是《改订 史籍集览》(近藤出版部,1903 年)与《新订增补国史大系·政事要略》(吉川弘文馆,1935 年,新订增补版是 1981 年)。二者所用的底本是不同的写本,前者是田中教忠所藏本(桂宫家旧藏本,经三条家归势多章甫所有,目前不明所在),后者是尊经阁文库所藏本(旧金泽文库本)与大阪市立大学所藏福田文库本(狩谷掖斋·小中村清矩旧藏本)。目前广为研究所用的是后者国史大系本。

《政事要略》共 130 卷,现存的有年中行事(卷 22—30)、交替杂事(卷 51、53—57、59、60)、弹劾杂事(卷 61、67、69、70、81、82、84)、至要杂事(卷 95)。此外,后述金泽文库本中还有卷次不明的残篇。《政事要略》130 卷在近世之初就已失传,17 世纪末至 18 世纪初时,就与现存卷帙一样,只剩卷 22—30、51、53—57、59、60、61、67、69、70、81、82、84、95 这 25 卷与卷次不明的残篇 1 卷。其中,年代最古老的写本是卷 25 与卷 60 的金泽文库本,传自加贺前田家,现藏于尊经阁文库。除了这两卷之外,卷次不明的残篇也出自前田家,前田家将它作为卷 69 的残篇加以整理。②

现存的这些卷帙被分为三个系统,卷 27、53、61、81、84、卷次不明的残篇这六卷和金泽文库本的卷 25、60 为流通本,卷 22—30 是秘本,其余的是中本。③ 18 世纪以后,前田纲纪、中原章纯、神村正邻三人分别从不同的渠道搜集到这 25 卷与卷次不明的 1 卷。其中的问题就在卷次不明的残篇上。

---

① 关于《政事要略》的写本,可参照押部佳周《关于〈政事要略〉写本的基础性考察》,《广岛大学学校教育学部纪要》第 2 部第 5 卷,1982 年;吉冈真之《尊经阁文库所藏〈政事要略〉解说》,前田育德会尊经阁文库编《尊经阁善本影印集成 36 政事要略》,八木书店,2006 年。

② 关于这三卷入藏前田家的经过,在新井白石的《退私录》(《新井百石全集》第 5 卷,国书刊行会,1906 年)中有记载。此外,其他古写本还有室町末期抄录的穗久迩文库本 24 卷(参照《国书总目录》,岩波书店)。

③ 本页注①押部佳周论文,33 页。

在中原本系统的写本中,将其作为卷 62,国史大系的正本参照的福田文库本也把它作为卷 62。但目前的国史大系本将它归入卷 69,并在眉注中注明,正本以前田家本为底本,但依据三条家本的附笺以及《改订 史籍集览》,将它插入卷 69 中刊印。

另一方面,神村本将它权宜地附在卷 27 后。稻叶通邦曾将神村正邻本借来亲自抄录,这一手抄本(藏于国立公文书馆内阁文库)在眉注中标注着"虽附于卷 27 末,但有可能是卷 69 的残篇"。虽然稻叶通邦也认为卷次不明的残篇属于卷 69,不过他插入卷 69 中的具体位置与国史大系不同,可见他与三条家本等不同,有着自己独到的见解。押部佳周考察了《政事要略》的诸写本,认为蓬左文库所藏的神村正邻本与前田家本、中原本分属不同系统,[①]但未被国史大系用作校订,目前广泛使用的国史大系的正本在校订方面亦有问题,有必要再加留意。

依据明法家惟宗氏代代积累的学识所编纂的《政事要略》,对院政时期藤原通宪(1106—1159)编纂的《法曹类林》等后世的法制书籍带来了巨大的影响,也被后世各种文献所引用。《政事要略》本身就是一个佚文的宝库,与此同时,也有许多研究从各种史料中寻找《政事要略》佚文。[②]

2.《政事要略》在律令研究中的史料意义

(1)《政事要略》所见律令条文

如本稿开篇所述,《政事要略》引用了大量律令格式以及法制书籍,其引用态度非常端正,可信度高。例如有人指出,比起日本律的写本,《政事要略》所引的律文更接近善本。[③] 这种引用的准确性正是它为佚文研究所推重的原因。

不过,正因为《政事要略》引用了各种史料,所以我们也要格外注意律令

---

① 167 页注①押部佳周论文,35—36 页。又,神村本也被认为是高桥宗直所藏本的抄本,为近世的新写本。

② 160 页注①和田英松论文;160 页注①虎尾俊哉论文;利光三津夫:《内阁文库本明法条条勘录的研究》,《律令制及其周边》,庆应义塾大学法学研究会,1967 年;利光三津夫:《关于政事要略》,《续律令制及其周边》,庆应通信,1973 年,首刊于 1964 年;清水洁:《政事要略(校略·拾遗·参考·纪要)》,《国书佚文研究》第 3 号,1979 年;清水洁:《政事要略(参考·纪要)》,《国书佚文研究》第 4 号,1980 年等。

③ 黑板昌夫:《政事要略校订述怀记》,《新订增补国史大系月报》,吉川弘文馆,1964 年,8 页。

格式的佚文是在何处又是以何种形式转载的。《政事要略》除在叙述时引用律令条文或《律集解》《令义解》外,也会引用其他书籍所载的条文等,因此这就有数种引用类型。当然,在探究这一问题时,我们需要考虑前节所见各篇编纂方针的差别,这样就能理解其编纂倾向。它们大致可分为以下情况:

第一,允亮自己引用律令条文作为部目的参考文献。在这个情况下,他从《律集解》《令义解》中加以引录,基本上连《令义解》的注释都不省略,直接转载整条文字。

第二,在引用《令集解》诸私记时,引用与其注释相关的令文与《令义解》。《政事要略》收录了一些在现行《令集解》中看不到的私记佚文,在《令集解》的研究中备受关注。① 如果从《政事要略》对律令条文的引用方式来重新评估对《令集解》的引用,那么首先以"考课令云……""职员令云……"等形式引用令文(或是《令义解》),然后提行引用令私记。这种情况下,载于私记之前的令文或《令义解》只是节引,大多只是将与注释直接相关的部分摘出来。

第三,本书所引诸书的记载引用了律令条文。如前节所述,本书的部分内容是依据《交替式私记》《检非违使私记》编修的,它们引用了律令条文,《政事要略》就将这些条文原封不动地转载过来。与第三种情况相关,惟宗允亮有时在《交替式私记》《检非违使私记》私记部分之后以"私案""私问"的形式附上自己的见解或疑问,其中也会提及律令条文。这就是第四种情况。

在第三种或是第四种情况中,"私记""私案""私问"所述都是明法家惟宗直本或允亮的见解,与第二种情况一样,会提及"仓库令云……"等。这些是论述所需而做的必要引用,或如后述的仓库令那样,不过为了概括法意,完全不同于转载整条文字作为参考资料的情况。国史大系的正本一方面忠实于写本的状态,一方面为易于分辨,在排版时采用空一格或提行的方式,但有的地方仍然难以辨清究竟是允亮在说明时引用的,还是引用史料时间

---

① 岚义人:《关于律令注释书的两三个问题》,《国史学》第 102 号,1977 年;押部佳周:《令义解、令集解的成立》,《日本律令成立的研究》,塙书房,1981 年,首刊于 1980 年;林纪昭:《后世典籍中的〈令集解〉》,岸俊男教授退官纪念会编《日本政治社会史研究》中,塙书房,1984 年;五十岚基善:《关于〈政事要略〉所引〈令集解〉的基础考察》,《古代学研究所纪要》第 3 号,2006 年。

接引用的,应根据不同情况慎重地检讨。

　　毕竟《政事要略》究竟是引用全文还是节引,若根据《律》《令义解》《令集解》等其他史料可知全文的话,一般不是问题。而且若是日本律佚文,也有传世的《唐律疏议》可作为比较对象,虽日唐之间存在条文移植的问题,但也能大致把握条文的整体状况。① 但《令义解》《令集解》中的仓库令、医疾令皆失传,且这一部分对应的唐令也散佚了,如此《政事要略》转载的佚文是全文还是节文,就成了大问题。

　　以下将利用《政事要略》,尝试讨论这两个篇目的条文复原。

　　(2) 医疾令的条文复原与《政事要略》

　　《政事要略》卷 95 至要杂事下、学校事下共引用医疾令条文 19 条。日本医疾令的佚文亦散见于《令集解》诸说与《律》《仪式》中,目前为止已经复原了总共 27 条中的 26 条,《政事要略》实际上引用了医疾令半数以上的条文。方便起见,以下采用日本思想大系《律令》(岩波书店,1976年)的条文序号与条文名称,而《政事要略》在与医学教育相关的(1)—(16)的 16 条后,接着引用了关于支给官吏医药的(24)五位以上病患条。② 其后插入典药寮式,又引用了关于典药寮每年调合药物的(25)典药寮合杂药条;最后在金光明最胜王经、千金方、五行大义之后,引用了(26)医师针巡患家条。这些条文均引自《令义解》,且包含《令义解》的注释部分,整条毫无省略地加以转录。在条文的排列方面,《政事要略》统括性地引用了关于医针生教育规程的(1)—(16)条,与学令关于教育规程的条文结构完全一致。由此可见,《政事要略》在引用这 16 条条文时并未改变其原初的条文排列。

　　在 18 世纪江户时代初期,河村秀颖、河村秀根、河村益根、神村正邻及

---

① 日本律流传下来的只有名例律前半部与卫禁律后半部、职制律与盗贼律全文,以及斗讼律的一部分,剩下的部分是从《政事要略》为首的后世法制文献中搜集佚文而成。在律令研究会编《译注日本律令》二·三律本文篇(东京堂出版,1975 年)中,为了方便比较,上半页录入唐律疏议,下半页录入日本律。若日本律是佚文,则在与上半页唐律疏议对应的地方插入字句或条文。通过上下比较,即便无法了解日本在移植唐律时作了何种程度的变动,但还是能够窥知从诸史料中搜集的佚文只是全文的一部分而已。

② 第 3 条与第 4 条之间引用了历帝记和有关前条的"释云"。

稻叶通邦等人的研究大幅度地推进了医疾令的条文复原,①这些研究也利用了《政事要略》。特别是稻叶通邦在所抄神村正邻本的《政事要略》中,写下了许多自己关于原文校订的批注。这在他复原仓库令、医疾令的著作《逸令考》中也有体现,如实反映了这两个篇目复原用到了《政事要略》。高盐博的研究表明,宽政十二年(1800)塙保己一再版赤本《令义解》(即塙本《令义解》)的仓库令、医疾令以《逸令考》为底本。② 新订增补国史大系《令义解》的条文复原及其排列是以塙本《令义解》为依据,日本思想大系《律令》虽根据后来的研究成果加以修正,③但基本上也是承袭了塙本《令义解》。其中,先行研究主要以其他文献中搜集到的佚文作为复原考证的对象,而《政事要略》中的医疾令佚文则被原封不动地当作了复原条文。因为《政事要略》收入的医疾令佚文完全保持了条文原有的体裁,所以成为复原的重要史料依据。

在这样的背景下,2006 年公布了北宋天圣医疾令全文。④ 如前所述,日本医疾令的条文复原研究又取得了进展。在天圣令公布之前,学界已经指出,日本令的字句措辞与根据《唐六典》复原的《唐令拾遗》的条文几乎完全一致,日本医疾令是在全面模仿唐医疾令的基础上形成的。⑤ 依据天圣令展开的日唐令比较研究,在准确度上得到提升,对于一直以来的医疾令复原研究,也进行了确定条文字句、条文排列的新探讨。以下是对《政事要略》所收医疾令相关条文的考察。⑥

---

① 关于江户时代的律令条文复原研究,参照利光三津夫《园田守良与其律令学》,《律令制及其周边》,庆应义塾大学法学研究会,1967 年;《江户期的律令学》,《律令制的研究》,庆应义塾大学法学研究会,1981 年,首刊于 1965 年;高盐博《养老医疾令复原的再探讨》,《日本律的基础性研究》,汲古书院,1987 年,首刊于 1983 年;丸山裕美子《尾张名古屋的律令学——以稻叶通邦的〈佚令考〉为中心》,《爱知县立大学文学部论集》第 56 号〔日本文化学科篇第 10 号〕,2008 年;161 页注③武井纪子 b 论文。另可参照本书所收吉永匡史的论文。

② 本页注①高盐博论文。

③ 以(23)合和御药条为例,《逸令考》将其复原为一条,而塙本《令义解》以及新订增补国史大系《令义解》却将其改为两条。参照福原荣太郎《养老医疾令条文的复原》,《历史(Historia)》第 69 号,1975 年。日本思想大系《律令》采用福原荣太郎的考证,将其回改为一条。

④ 程锦《唐医疾令复原研究》,天一阁博物馆、中国社会科学院历史研究所天圣令整理课题组《天一阁藏明钞本天圣令校证 附唐令复原研究》,中华书局,2006 年。

⑤ 161 页注③丸山裕美子 a 论文。

⑥ 天圣令公开后的日本医疾令复原研究,参照 161 页注③丸山裕美子 b 论文;本页注①丸山裕美子论文;丸山裕美子《唐医疾令残篇(大谷 3317)的发现与日本医疾令——收到刘子凡〈大谷文书唐《医疾令》、《丧葬令》残片研究〉》,小口雅史编《律令制与日本古代国家》,同成社,2018 年。

　　首先列举的是《政事要略》引用的条文字句与天圣令完全一致的例子。如《政事要略》所引(12)定医针师考第条如下：

　　　　医针师，典药量其所能，有病之处，遣为救疗。每年官内省试验其
　　　识解优劣。差病多少以定考第。

与此条对应的天圣令不行唐6条曰：

　　　　诸医针师，医监、医正量其所能，有病之处，遣为救疗。每年太常试
　　　验其识解优劣。差病多少以定考第。

可见，它与《政事要略》的字句几乎一致。与此相对，《令集解》职员令44典药寮条所引穴记也引用了这条令文，但将"医针师"记作"疗医针师"、将"有病之处"记作"有患之处"，可见，《政事要略》引用的条文更加准确。

　　国史大系本《政事要略》又载(6)医针生诵古方条：

　　　　医针生，各从所习，抄古方诵之。其上手医有疗疾之处，令其随从
　　　习知合针灸之法。

该条"令其随从习知合针灸之法"，在天圣令中作"令其随从习合和针灸之法"，由此可推断日本令也非"知合"，而是"合和"。[①] 从稻叶通邦本《政事要略》来看，此处的"知合"作"和合"，旁注"知"字。"知"与"和"字形相似，然而从意思上判断，"和合"更贴切。前节曾介绍国史大系本《政事要略》的校订并未参考神村本，在确定复原条文时，必须留意到诸写本之间存在的这种字句上的改动。[②]

　　日本医疾令还存在将两条唐医疾令合成一条的情况，如不行唐10条关于致仕者病患的规定与宋8条在京文武职事官病患的规定合成了日本令复原(24)五位以上病患条(末有"致仕者亦准此"的文句)，不行唐20条关于州内合药的规定与宋11条合成了复原(25)典药寮合杂药条(末有"诸国准此"的文句)，不行唐21条关于州医师派遣的内容被并入了不行唐16条对应的复原(26)医针师巡患家条(末有"诸国医师亦准此")。日本思想大系《律令》

---

① 　161页注③丸山裕美子b论文，28页。
② 　另外，日本医疾令复原(13)条的"量堪疗病者，仍听补医师"对应天圣医疾令不行唐7条中的"量堪疗疾者，仍听补医师"，"疗疾"被认为更准确(161页注③丸山裕美子b论文28页)。而这一部分在稻叶通邦本《政事要略》中仍记作"疗病"。

将"致仕者亦准此""诸国准此""诸国医师亦准此"作为注文。但丸山裕美子指出，在收录了唐医疾令佚文（宋 9、10 条）的大谷文书 3317 号中，宋 10 条文末"其中宫及东宫准此"乃是正文，据此日本令中的"准此"部分应该属于正文而非注文。[①]《政事要略》所收《令义解》就将此部分作为正文，可见《政事要略》在令文引用方面的准确性。

日本令（24）所复原的条文对应的是天圣令不行唐 10 条与宋 8 条合成的唐令，应该排在唐 9 条之后。与唐 9 条对应的日本令是（16）女医条，如果日本令的条文排列与天圣令复原的唐令一致，那么（24）条应排在日本令第17 条的位置上。由此可知，《政事要略》统括性地引用（1）—（16）、（24）条，在条文排列方面也忠实地继承了令文原本的结构。

因《政事要略》准确地引用条文，所以在医疾令的复原上发挥了重要作用。北宋天圣令的公布不仅是对一直以来复原是否正确的确认，也是一个新的契机，让我们从新的视角重新认识《政事要略》的史料价值。

（3）《政事要略》中的仓库令佚文

与医疾令一样，失传的仓库令条文自江户时代以来也积累了诸多复原研究，[②]这些仓库令的复原研究亦大量运用《政事要略》，但《政事要略》中仓库令佚文的性质与医疾令大不相同。

仓库令的相关史料分散在《政事要略》卷 53、54、59、61 中，共 9 条（如后所述实际只有 8 条）被用作复原的史料依据。而且对仓库令的引用，即使在同一卷内，也分属不同部目等，多为单条引用。这与医疾令打包引用在卷 95 的情况不同，因此无法由《政事要略》所收仓库令条文推断其排列顺序。

表 1　《政事要略》所见仓库令的相关史料（养老令条文
序号依据日本思想大系《律令》）

养老令	天圣令	《政事要略》引用之处	备　　注
（1）	宋 1	卷 54 修理官舍事	引自《令义解》。
（2）	宋 2	卷 53 杂田事	引自《令义解》。

---

① 171 页注⑥丸山裕美子论文，324—325 页。
② 江户时代及明治之后的仓库令复原研究史可参照 161 页注③武井纪子 b 论文。

（续表）

养老令	天圣令	《政事要略》引用之处	备　注
（3）	宋 5	卷 54 器仗戎具事	交替式私记的问答中引用了该令文，有省略。
		卷 59 官物事	引自《令义解》。
（4）	——	卷 59 官物事	引自《令义解》。
（5）	宋 15	卷 59 官物事	引自《令义解》。
（8）	宋 24	卷 61 检非违使杂事上	转引自《令集解》古记的相关引用。
（12）	宋 19	卷 54 器仗戎具事	交替式私记的问答中引用了该令文，有省略。
（14）	宋 20	卷 59 官物免否理事	交替式中引用了该条全文。
（15）	——	卷 59 禁断犯用官物事	交替式私记中的私案将它作为"仓库令"提及，并非令文。

　　医疾令 19 条佚文皆引自《令义解》，且皆是一字未省的整条引用。仓库令虽然也有整条引用《令义解》的情况，如（1）、（2），卷 59 所收的（3）、（4）、（5），但也出现了其他情况，大多是直接转载《交替式私记》引用的佚文。

　　从表 1 可见，仓库令佚文多集中在《政事要略》交替杂事篇中。如前节所述，交替杂事篇在编纂时借鉴了惟宗直本的《交替式私记》，《政事要略》从《交替式私记》中一并引用了连带交替式（贞观交替式）条文在内的相关内容。其中有像复原（14）欠失官物条那样，交替式引用了条文全文，[①]但也需要特别注意的是，附在交替式后的直本私记中也有仓库令佚文。在卷 54 器仗戎具事中，军防令 45 在库器仗条后附有"私记"。在关于军防令"随状推征"的问答中，可见以下（3）仓出给条与（12）仓藏受纳条这两条佚文。

　　　问，随状推征者，征何人哉。答，仓库令。仓出给者，每出一仓尽。乘者附帐，欠者随事征罚。又条云。仓藏受纳，于后出给，若有欠者，均

---

① 　通过比较对应的天圣仓库令宋 20 条，可确认养老仓库令复原（14 条）是被全文引用的。

征给纳之人。已经分付征后人者。依准此条推征耳。

卷59也引用了(3)仓出给条,且是从《令义解》中全文照录的。卷59所引的"欠者随事征罚"之后还有"藏亦准此"四个字,由此可见,这被卷54私记部分的引用省掉了。(12)仓库受纳条也省掉了末尾的"有乘,附帐申官"的文句。^① 所以,私记在提及仓库令并加以引用时会随意省略语句,仅根据《政事要略》的佚文来复原整条令文是危险的。

日本思想大系《律令》中复原的(15)割取交易物直条也是根据交替式私记的部分复原的,但这可能不是令文。《政事要略》卷59所收延历十七年(798)十月十九日太政官符所附《交替式私记》将它引作"仓库令……",本条就是据此复原的。以下引用其复原所据的史料:

交替式云,太政官符

一、禁犯用官物名公文乘事

右田租地子出纳有限。正税杂用色数非一。如闻,奸吏之辈,不惮宪章,心挟贪浊,竞事截留。至有剩征田租,过收地子,割取物直,折减粮赁。赃污多端,积习无悛。不设科条,何以惩肃。其来年正月以后,若有违反者,计赃科罪,一同隐截出举之坐。解却见任,永不叙用。

私记云,私案,仓库令,割取交易物直者,同隐截罪。剩征田租,过收地子等罪,准非法,赃敛入官坐赃论。入私者准犯法可论之。(抑可复案。)［下略］

对此私记部分被复原为仓库令文,早有学者提出过质疑。^② 这是因为这部分是《交替式私记》的叙述之文,本来作为注释,探讨的是此条太政官符列举的"割取直物""剩征田租,过收地子"等诸罪究竟适用哪条律文的罚责,所以不能将"割取交易物直"以后的部分视作仓库令文。从内容来看,此处的"仓库令"应是收录在《贞观交替式》(以及引用该部分的《交替式私记》)中的养老

---

① 复原(12)条被整条收录在《延历交替式》中,可知其全文。

② 参照泷川政次郎《令的佚文》(《律令研究》,刀江书院,1931年,首刊于1926年)、利光三津夫《律令条文复原史研究补遗》(《续律令制及其周边》,庆应通信,1973年)所收佐藤诚实的见解。另外,吉川武彦从地子制的视角提出过将其作为仓库令文复原的质疑(《租赁制的构造》,《日本古代的社会与国家》,岩波书店,1996年)。

仓库令复原(13)欠负官仓条。若确认是《贞观交替式》，那么从开头往后排列，第四引用的是(13)欠负官仓条，接着插入天平胜宝七年七月五日官宣、同年七月九日起请、延历四年七月二十四日太政官符，第八则是这条延历十七年十月十九日太政官符。因此，较为妥当的看法是，此处的"仓库令"虽未被《政事要略》引用，但应该是指《交替式私记》仿照贞观交替式的排列而记载的(13)欠负官仓条。①如此，我们在考察《交替式私记》私记提及的仓库令时，应慎重地考虑其前后的文脉关系。

此外，关于(8)置公文库锁锰条的复原，也遗留了若干问题。收有佚文的《政事要略》卷 61 记载如下：

> 仓库令云。置公文库锁锰者，长官自掌。若无长官者，次官掌之。
>
> 古记云。长官自掌。谓，退家时者，封锰付当直之人。额云，请假并有故碍时者，次官掌耳。朱云，次官，谓，次官主典以上者。

该条仓库令位于卷 61 罗列与检非违使的人员构成与职掌等相关的史料中。如前节所述，卷 61 后的弹劾杂事篇是在惟宗直本《检非违使私记》的基础上编纂的。其前后引用了各官司的长官与次官以下职务分工的相关条文，以及《令集解》令私记诸说、相关史料。这条仓库令文以及《令集解》诸说都是被作为相关史料列举出来的。

但这里未必是对条文的全文引用。例如，其前所引《令义解》考课令 1 内外官条就非全文引用，只是引用了相关的部分。照此看来，卷 61 中引用的仓库令文（"置公文库锁锰者，长官自掌。若无长官者，次官掌之"）也有可能只是该条的一部分而已。②

就钥匙的管理这一点来说，本条应与天圣仓库令宋 24 条相关，但宋 24 条是关于仓库门钥匙管理的规定，与仓库令的其他条文相比，它们的对应关系并不十分明了：

> 诸仓库门，皆令监当官司开闭，知封锁署记。（其左右藏库，记仍印。）其锁钥，监门守当之处，监门掌。非监门守当者，当处长官掌。

---

① 《交替式私记》的特质，参照 165 页注②早川庄八论文、165 页注⑤小仓真纪子论文。关于这部分令文的复原史，参照 161 页注③武井纪子 b 论文，7—8 页。

② 《政事要略》所引本条附有古记，所以有关公文库钥匙管理的条文应该也见于大宝令。

在古代日本,与仓库门即出入仓库院落所用的钥匙相比,仓库建筑本身的钥匙具有更重要的意义,其钥匙也保管在大内,形成了与天皇有关的特殊管理体制。①这些钥匙的管理与中务省品官的监物、典钥密切相关,②其管理体制在《延喜式》中被明文规定(监物式、典钥式),但令中有没有这样的规定却不得而知。③ 即便在天圣令已经公开的现阶段,该条的复原也只能言尽于此。日本仓库令的复原还留有许多课题。

综上,《政事要略》为日本仓库令的复原研究提供了诸多佚文,但与复原医疾令的情况有显著的不同,目前仅靠《政事要略》无法明确仓库令全文及其排列。④

结　　语

本稿考察了《政事要略》作为史料的特性,以及据此进行律令复原研究的状况。该书是一部法制书,展现了平安时代诸项政务中的法律解释,达到了摄关时期法律运用的一个高峰。律令作为这一原则的表现,也被该书大量引用。⑤

《政事要略》亦是明法家辈出的惟宗氏在法律解释方面的集大成者,从编者惟宗允亮的编纂方针中可以看出他重视祖辈著作的姿态。据此重新评

① 大津透:《仓库与钥匙》,岩波书店,1999 年,首刊于蒝田香融编《日本古代社会的历史性展开》,塙书房,1999 年;古尾谷知浩:《中央保管官司的钥匙管理》,《律令国家与天皇家产机构》,塙书房,2006 年,首刊于 1994 年。

② 平野卓治:《令制监物相关的札记》,《史学研究集录》第 9 号,1984 年;春名宏昭:《监物小考》,《律令国家官制的研究》,吉川弘文馆,1997 年。与监物、典钥出纳相关的,主要是保管庸调物的仓库钥匙,而这些庸调物延续了进献天皇的贡纳物的性质。参见本页注①大津透论文,以及平野卓治、春名宏昭的论文。

③ 《政事要略》所引本条中附有古记,因此可以断定大宝令中有公文库钥匙管理的规定。但仓库的钥匙管理与监物这个官司何时成立的问题相关,所以笔者认为令文中应该没有这项规定。

④ 关于日本仓库令的复原,《延历交替式》中引用了仓库令的诸多条文,自幕末发现其写本以后,又据此重新评估了 18 世纪的复原研究。参照吉冈真之《延历交替式二题》,《古代文献的基础研究》,吉川弘文馆,1994 年,首刊于 1978 年。在天圣仓库令公布后,《延历交替式》所引的仓库令,包括条文排列的问题,都有重新探讨的价值。161 页注③武井纪子 b 论文,16—18 页。

⑤ 165 页注③相曾贵志论文,9—10 页。相曾贵志考察了《政事要略》对式的引用形态,认为律令条文多被用来说明式,在平安时代、摄关时期,对律令条文进行解释成为根据实际情况适用式的原则。在考察古代日本律令与式的关系上,《政事要略》也是极好的素材。

估,可知该书所见律令条文存在于各种行文脉络之中,有的条文间接引自其父祖的成果,有的是在私记和私案中适当加以提及。《政事要略》对史料引用的态度非常端正,但该书的主要目的并非照录史料全文,我们在律令研究中利用该书时,需谨记它只是编纂文献。在古代日本的法制书中,《政事要略》可以算是与《令集解》并驾齐驱的一部至难史料,同时也是理解日本律令不可或缺的。

郭　娜译　赵　晶校

日 本 书 纪

坂本太郎

一、序　　说

　　《日本书纪》是日本最古老的历史书之一，是古典中的古典。虽然有时
与《古事记》合称"记纪"，但与《古事记》相比，既有相似的一面，相异之处也
不少。重要的相似之处在于，它们从神话时代的故事讲起，叙述国家成立，
涉及历代天皇的事迹，又将诸氏族的祖先出身与众神、皇室结合起来，叙述
他们尽力国事的功勋。然而，《书纪》不同于《古事记》的明显之处是，叙述历
代事迹极为详尽，且涵盖的期间更长，与外国交涉的记载有时极为细致，颇费
笔墨，以及所用史料种类丰富，尽力保持作为国之正史的体裁等。其相异处，
一言以蔽之，就是作为史书，《书纪》优于《古事记》。后来被称为六国史的六部
史书中，《书纪》列于首位，始终受到朝野的重视等，这自然是理所应当的。

　　作为史书，《日本书纪》颇可以这般显赫的地位为荣，但其学问上的研究
却没有什么进展可言。与《古事记》《万叶集》相比，可谓相当落后。原因可
列举如下：作为神道典籍，存在自由研究受阻的倾向；因由汉文写成，不受
国学者的重视；历史学家只把它当史料使用，忽略了对书籍本身的研究等。
以下将围绕编修情况、书名、史书体裁、史料、文体、研究史及诸版本等项，叙
述迄今为止对这些内容加以解明的研究成果。其中也有谈不上是学界定
说、仅为一家之言的看法，还请读者谅解。

二、编 修 情 况

　　关于《日本书纪》的编修情况，由于史料欠缺，诸说纷纭，没有定说。《古

事记》存在序文，叙述该书的撰录情况，但《书纪》无序。因此我们能做的，无非是从《古事记》的序文及《日本书纪》《续日本纪》的记载中，寻找被认为与《书纪》编修相关的事实。

在《书纪》中，天武天皇十年三月丙戌条历来都被视为阐明《书纪》编修滥觞的记载："天皇御于太极殿，以诏川岛皇子、忍壁皇子、广濑王、竹田王、桑田王、三野王、大锦下上毛野君三千、小锦中忌部连首、小锦下阿昙连稻敷、难波连大形、大山上中臣连大岛、大山下平群臣子首，令记定帝纪及上古诸事。大岛、子首亲执笔以录焉。"这里所言帝纪及上古诸事，大概与《古事记》序文中提及的帝纪及本辞（旧辞）相同。据《古事记》序文载，在天武天皇时代，诸家皆有帝纪及本辞，"既违正实，多加虚伪"，所以天皇加以检讨，削伪定实，希望能传之后世，又诏舍人稗田阿礼加以诵习。天武天皇十年"令记定帝纪及上古诸事"，大概是想要纠正序文所称"既违正实，多加虚伪"的记载。若是如此，天武天皇基于同样目的，一方面在太极殿召集川岛皇子以下十二名皇族、贵族，推行"记定"工作，另一方面又召来一名舍人，加以诵习。这两项工作的关系应如何解释？以下有三种说法。

第一种观点是，两项记载是从不同角度叙述同一件事。平田笃胤在《古史征开题记》中即持此说。但作为同一件事，两者的叙述实在差异太大。前者召集十二名身在高位者，后者则是一名舍人；前者是执笔记录，后者则仅仅是诵习而已。解释为同一件事，实在失之勉强。

如果是不同的事情，则前后关系成了问题。平田俊春认为，天武十年之事在先，序文所记之事在后（《日本古典成立的研究》）。若据其说，天武十年的事情与《书纪》编修无关，而是整理制定八色之姓的材料，随后就成为《古事记》撰录的基础。若据此说，《书纪》的编修就与天武天皇无关了。

我的意见是，天武十年的事在后，序文所记之事在先。最初天武天皇让稗田阿礼担任助手，亲自为帝纪及本辞削伪定实，但此事太过困难，因而中止，改为委托一大批皇族、贵族组成的委员会进行。委员会众人检讨了帝纪、本辞的各种异本，由中臣大岛和平群子首将他们认为是正确的东西笔录下来。这就是《书纪》的前身。

当然，这并不是说天武天皇十年时已经确立了像后来《书纪》这样的史书构想。应该采用怎样的史书体裁和文体，此后一定花了很长时间进行研究,对和铜五年撰录的《古事记》的反省也是重要的契机,所以在《书纪》的编修史上,无须将天武十年的意义作过高评价。它只是记定了帝纪、本辞,是对《书纪》重要史料的整理。

至于这样的整理到何时结束,目前并无研究线索。天武天皇随即崩逝,由皇后继任,成为持统天皇。持统天皇在诸事上皆以继承天武天皇的遗业为念,对史书的整理工作,大概也是往完成的方向去推进的吧。从《书纪》的记载可知,朝廷在此基础上努力地搜集更多的史料,持统天皇于五年八月辛亥诏大三轮等十八氏献上其祖先的墓记。除帝纪及本辞外,各氏也流传着丰富的古代传说,所以这是对这类传说的搜集,不再满足于仅仅整理帝纪、本辞,而想推进更高层次的史书编修,可见当局的修史意识有所发展。

元明天皇时期,修史意识进一步发展。此前像稗田阿礼诵习那样,将被湮没的帝纪、本辞笔录下来,然后呈上《古事记》,是在和铜五年(712)。和铜七年(714)二月,诏纪朝臣清人与三宅臣藤麻吕二人撰修国史,此事见于《续日本纪》。和田英松博士将此事解释为开始编修《日本书纪》(《本朝书籍目录考证》),但我认为他们应是新追加任命的编修员,而这一修史工作则始于天武天皇。当然,追加任命的举动具有一些历史意义,是修史工作的一项转机,所以无可争议的是,这是《书纪》编修历史上重要的时刻。

此后,编修事业取得重大进展,六年后的养老四年(720)五月癸酉,《书纪》完成并奏上。《续日本纪》的记载是"先是,一品舍人亲王奉敕修日本纪,至此功成奏上。纪卅卷、系图一卷"。舍人亲王是天武天皇的第三皇子,修史可以说是天武天皇的遗业,由他担任这个工作的总裁,的确合适。至于这一任命,当然也不仅仅是在此之前("先是"),将它断作元明天皇时的作为,应较稳妥。

在总裁舍人亲王之下,实际负责编修的人,除已知的上述纪清人、三宅藤麻吕外,有说法认为还可加上《古事记》的撰者太安万侣,这见于《弘仁私记序》及接受此说的若干文献。担任《古事记》撰录之人也参与了《书纪》的编修,这个看法很有趣,然而《书纪》完全无视《古事记》,丝毫未受到《古事记》的影响,所以我认为此事颇为可疑。当然,太田善麿在比较《古事记》序文和《书纪》的用语后,指出两者存在关联,认为太安万侣有可能参与了《书纪》某些部分的编修(《古代日本文学思潮论》III,樱枫社,1962 年)。这些有待今后检讨。

另外,《续纪》载"纪卅卷",与现存的《书纪》卷数一致,不存在问题,但"系图一卷",如今失传,无法知道其状况。《弘仁私记序》载"日本书纪三十卷并帝王系图一卷",其下注曰"今见在图书寮及民间也"。据此可知,仅存于《续纪》中的系图就是天皇的系图,帝纪原本就是天皇的谱系,因此将它图表化并附于"纪"后,这是很自然的做法,其实物如今已失传。有观点认为《释日本纪》中的"帝皇系图"模仿了该系图(《古史征开题记》,岩波书店,1941 年),但从形式上采用横向系图以及用汉风谥号开头等许多后世所加的元素等来看,它无论如何都不会是与"纪记"同时产生的古老之物。目前流传下来的古系图,如丹后笼神社的"海部氏系图"、园城寺的"圆珍俗姓系图",皆是平安时代的作品,因此《书纪》的系图比它们古老得多,更值得注意。

如上所述,《书纪》的编修始于天武天皇十年(681)帝纪、本辞的记定,至养老四年(720)完成,花费三十九年光阴。三十九年的确是很长的一段岁月,但后来的《续日本纪》的编修也花费了三十多年,所以也说不上是特例。为使最早的敕撰正史能够获得成功,自然需要在体例确定、史料搜集上倾注心血,数易其稿,颇费时光。

三、书 名

《日本书纪》一名"日本纪"。关于这个名称的由来以及两者的关系,诸说纷纭,难有结论。以往的通说是伴信友在《比古婆衣》之《日本书纪考》中提出的,可概括如下:日本纪是本名,日本书纪是平安时代弘仁之际的文人擅自加上"书"字而成。《续日本纪》养老四年的记载作日本纪,此后的国史则作续日本纪,由此来看此说是稳妥的。

然而,在奈良时代的文献中,不管是《公式令集解》中的"古记",还是《万叶集》的"左注",都记为日本书纪,因而也有人对本名为日本纪的说法抱持疑问。而且弘仁之际为何要在"日本纪"中加入"书"字,伴信友对其理由的说明也并不充分。

在中国的用例中,"书"被用作纪传体史书之名,"纪"被用作编年体史书之名。《汉书》《后汉书》是纪传体,《汉纪》《后汉纪》是编年体。因此一本书被命名为"书纪",则是把纪传、编年合而为一,这不合史书命名的常道。折口信夫博士曾经对此加以解释,当时构思的是名为"日本书"的纪传体史书,其中的帝纪被称为"日本纪",然而"日本书"并未实现(《日本书与日本纪》,收入《折口信夫全集》一,中央公论社,1975年)。

这种结合"书"和"纪"字义的诠释,令人兴味盎然,但这只是一种想象,真伪难明。小岛宪之博士认为,日本书纪和日本纪都是古老的名称,前者是书籍的固有名称,后者是一般表示国史的普通名称(《上代日本文学与中国文学》上,塙书房,1962年)。从平安时代中期以降,日本纪的确被用作国史的总名,并衍生出被紫式部称为"日本纪之局"等用例。与此相对,《书纪》的古写本大多记作"日本书纪卷××",严守书纪之名。这可能是遵从古名,所以也不能完全舍弃日本书纪是其本名的想法。

我现在也没有足够自信的解释,但想要说的是,日本纪也好,日本书纪也罢,都是奈良时代通行的名称,很难说一个是本名,另一个则不是。在后世,日本纪的意义扩张为国史的总称,但也非绝对不被用作具体的书名。今天我们也会因应时间与场合,在完全相同的意义上使用日本书纪、日本纪两种名称。

至于书名冠以"日本",本居宣长批评道,这仿效的是中国的《汉书》《晋书》等用例,但在与中国分属两国的日本,却是无用的,是讨好中国的名称(《古事记传》卷一)。河村秀根称他看到的古本没有日本二字,将他所著的注释书命名为《书纪集解》,故意删去日本二字。然而,这部书并不单单针对国内,也要向国外展示,如此说来,冠上日本二字是理所当然,相当有必要。日本作为国号,在大化改新时就已行用,在大宝令中更成为正式的法定用语,所以给养老年间成书的国史冠上日本二字,从时间性上来看,实在不足为奇。

四、史 书 体 裁

《日本书纪》是编年体史书,但按照天皇的统治时代作清楚划分,每代的开始之处都先简单交代天皇的世系、经历,所以严格而言,这应是以天皇为中心的编年体。在这一点上,它接近纪传体的本纪体裁。但纪传体的本纪只记载皇帝的言行与国家的重大事件,《日本书纪》则没有那么单调,涉及众神传说、与外国的交涉关系、诸氏族的祖先事迹。它运用的史料,除帝纪以外,还有本辞及诸氏传说、地方传说、与外国相关的记录等。没有相应的材料来实现纪传体的本纪、列传、志、表这一正式体例,当然也没有这样的筹划,但只是彻底地撰成本纪,又太可惜了,所以才采用了这种折中的史书体裁吧。

完成编年体,需要历法的知识。本来日本人对历法一无所知,难以精确地确定年月日。正因如此,古代传说的准确发生时间,并未流传下来。《古事记》除含糊地记录了年数或世代交替外,并未记录下精确的年月日,因为作为其史料的帝纪和本辞本来就缺少这些记录。不过,崇神天皇以下十五代天皇驾崩的年月日被记载下来了,这不是《古事记》原有的内容,而是后来添加上去的。我认为《书纪》编修时,其原始史料也没有记载年月日。

然而,就撰写国家的正史来说,纪年是必须写清楚的。因此,在五六世纪,通过朝鲜了解到中国的历法知识,据此首先确立了纪年的基本方式。《日本书纪》载,钦明天皇十四五年时,历博士渡海而来;推古天皇十年,阳胡史玉陈向百济僧观勒学习历法。在推古天皇时期,知识分子之间似乎就能制作历书了。《书纪》纪年的起点,是从推古天皇九年辛酉(601)往前推一蔀二十一元(1260年),即辛酉年(公元前660年,周惠王十七年),以此作为神武天皇即位的时间,而这种推算出现的时间大概不会离推古天皇九年太远。而现在的一个主要指标,是神功皇后的时代被视为《魏志》所载卑弥呼的时代,魏景初三年己未(239)倭女王遣使之年被比定为神功皇后三十九年。据此可以确立古史纪年的基础,然后为历代配比上合适的年份时间。这样就建立起井然有序的纪年,具备了编年体的形式。但应当说,这不是准确的历史事实,只是不得已而为之罢了。

日本撰写最早的正史,当然参考的是中国的正史。其中,利用最多的大概是《汉书》《后汉书》《三国志》三部书,大量采用它们的文辞出典,在体裁上也加以模仿。如卷首列出天皇之名,记述其世系、简历,这种体例与《汉书》《后汉书》极为相似。以下将比较《后汉书》卷三《章帝纪》和《书纪》卷四《安宁天皇纪》的开头部分。

《后汉书·章帝纪》	《书纪·安宁纪》
肃宗孝章皇帝讳炟,显宗第五子也,母贾贵人。 永平三年立为皇太子,少宽容,好儒术,显宗器重之。 十八年八月壬子,即皇帝位,年十九。 尊皇后曰皇太后。 壬戌,葬孝明皇帝于显节陵。	矶城津彦玉手看天皇,神渟名川耳天皇太子也,母曰五十铃依媛命,事代主神之少女也。 天皇以神渟名川耳天皇廿五年立为皇太子,年廿一。 卅三年夏五月,神渟名川耳天皇崩。其年秋七月癸亥朔乙丑,太子即天皇位。 元年冬十月丙戌朔丙申,葬神渟名川耳天皇于倭桃花鸟田丘上陵。 尊皇后曰皇太后。

彼此的固有名词与制度的差异,自然会导致记载不同,但所记事项几乎完全承袭自《汉书》。特别是为皇后上皇太后称号,这不是日本的制度,曾被本居宣长批判,如此原封不动地采用《汉书》的写法,实在是有些过头了,可说是为符合史书体裁而无视历史事实。

为了史书体裁而枉顾历史事实的情况,还有其他表现。可能为弥补记载的不足,或是为打造成中国正史的样子,《书纪》有时会原样照录中国史书的文句。如《显宗纪》二年冬十月戊午朔癸亥载"宴群臣,是时天下安平,民无徭役,岁比登稔,百姓殷富,稻斛银钱一文,牛马被野",这是对《后汉书·明帝纪》永平十二年是岁条记事略加文字修改后移录而成。又如《钦明纪》二十八年载"郡国大水饥,或人相食,转傍郡谷以相救",是移录自《汉书·元帝纪》初元元年九月条的文字。这些都不会是日本当时发生的事实。

在体裁上,像这样模仿中国正史之处颇多,但也有明显排斥的情况。其一就是论赞。在中国史书体例中,帝纪之末有论赞。《汉书》各帝纪之末有赞,《后汉书》是论和赞并存,《三国志》则是评,不论何者,都是评判一代之得失。然而《书纪》完全无载。笔者以为这是有意识地排斥论赞。原因首先是编者没有撰写论赞的能力。更根本的原因恐怕在于编者认为没有必要撰写论赞。或许编者觉得只要叙述事实就好,进一步的评判是不必要的。

对自己的评判加以节制的态度,也体现在处理史料上,即不进行有倾向的取舍选择,而是摆出史料,让它自己说话。如果一件事情有不同说法,编者会如实列举各种不同说法,交由读者判断。神代卷大量罗列"一书曰",即是显著之例。《古事记》的目的是保留一种正说,所以在这一点上两者大相径庭。

对于"一书曰"的引用不限于神代卷,在人治时代的《纪》中,也有许多以"一云""或云"为题之处,记录与正文相异的说法。另外,还添加了一些高雅的文句,如"后勘校者知之也"(继体二十五年纪)、"故今存注,其决焉"(齐明七年纪)等,谦虚地表示编者虽然暂取其中一说,但因为存在其他说法,所以交由后世有识之士自行判断。尽量避免出现编者的自作聪明,保存古来所传的史料,这不正体现了孔子所谓"述而不作"的精神吗?

五、史　　料

相比于《古事记》,《日本书纪》运用了更加丰富的史料。以下列举其名,并逐一作简单的说明。

帝纪　帝纪和旧辞都是日本最早的历史记录,是记纪的史料基础。自太古以来口诵相传,至钦明朝才加以笔录,天武朝时为诸家所藏,异本甚多,作为文献,已定型下来了。据《古事记》序文所言"帝皇日继"可知,其内容记载的是历代天皇的谱系。天皇之名、父母、后妃、皇子女、宫都及山陵所在等都是必须记录的事项,而天皇的寿数以及在位年数、在位期间的主要事件等,有时会被记录下来,有时也会失载。《钦明纪》称,帝王本纪多存异本,皇子女的顺序及名字有所差异。而这个帝王本纪也就是帝纪,对皇子女的记载是混乱的。对记纪有关历代的记载进行比较后可知,帝纪虽然在细节上存在如上所述的较大差异,但就历代天皇的名字及顺序等根本事项而言,则是统一的,并无疑义。这是因为传承清楚、明确。另外,帝纪之名见于《法王帝说》,其书在奈良时代也曾被抄写过,这从天平二十年的"写章疏目录"(《大日本古文书》二)和天平十八年的"穗积三立写疏手实"(《大日本古文书》二十四)等中可以了解到,但这些与作为《书纪》史料的帝纪是否是同样的文本,则难以确定。

旧辞　旧辞也被称为本辞、先代旧辞。最初是口诵相传,钦明朝时加以笔录,这与帝纪相同。其内容包括众神的故事、天皇及英雄的故事、以歌为中心的故事、地名和事物的起源传说等。这些故事的特点是,人名以及地名等被较为准确地流传下来了,但时间观念却不尽正确。如包含歌谣"八云立つ 出云武が 佩ける太刀 黑葛多卷き さ身なしに あはれ"(大意是出云武所佩长刀用大量的藤蔓缠绕起来,十分华丽,但没有刀身,真是悲惨——校者注)的平定出云建故事,在《书纪》中被记为崇神天皇六十年出云振根和弟弟饭入根之争,而在《古事记》中则作为倭建命的事迹,载于景行天皇之卷;官船枯野的故事,在《书纪》中是应神天皇时的事情,而《古事记》却记作仁德天皇时的事情。

诸氏相传的故事记录　在旧辞中,有的部分叙述了诸氏的出身及功业,此外,诸氏也各有独特的传承,来传颂祖先的功迹。持统天皇五年,诏大三轮、雀部、石上、藤原、石川、巨势、膳部、春日、上毛野、大伴、纪伊、平群、羽田、阿倍、佐伯、采女、穗积、阿昙等十八氏献上他们祖先的墓记,他们每个都是自古以来的名门望族。旧辞的不足之处,就用诸氏申上的各自直接所传的故事加以补足。阅读《书纪》可知,关于大三轮、上毛野、膳部、纪伊、大伴、石上六氏,旧辞无载,数处记载明显可知出自该氏所传的故事。此外,《书纪》还曾参照过秦氏与船氏等归化人的氏族记录。像这样大量利用诸氏相传的故事记录,有助于显著提高《书纪》的历史性。

地方流传的故事记录　旧辞也包含被认为是地方传说的内容,此外还有大量地方上流传下来的传说。古人似乎特别喜欢将地名起源与历史结合起来,然后口口相传。和铜年间《风土记》撰述之诏明确将山川名号的由来、古老相传的旧闻异事作为记载的对象,这些多是地方上流传的历史故事,表现出政府采集的热情。若比较现存古老的《风土记》和《书纪》,虽然未必找得到《风土记》原封不动地成为《书纪》素材的明证,但地方口耳相传的故事会通过某些方式收入《书纪》之中,这大概是没有问题的。

政府的官方记录　以上的各种史料主要与古老的时代相关,而记录的方法被广为推行后,就进入了政府制作官方记录的时代,这些记录当然就被用作史料。只是这样的记录未见于推古朝以后,好像没有制作。这些记录一开始并未保留日期的先后顺序,似乎是因为与某个事件相关,后来才被整理出来的。宪法十七条的正文、关于冠位的分类汇编式记录、与接待外交使节相关的记录,以及大化改新的记录等,皆属此类。日期先后的原始记录并未保留，后因各种原因而散佚，特别严重的一次当属壬申之乱，导致官书罹灾。因此，天武、持统两朝保留了日期先后的记录，两朝之纪与其他卷不同，采用了可靠的历史记录体裁，其后的《续日本纪》也是如此。

个人的手记和备忘录 作为个人手记，在被引用时明确标记其名者，有"伊吉连博德书""难波吉士男人书""高丽沙门道显日本世记"等。虽未明记其名、但被《书纪》引用、可据其他史料确知的作品，如关于壬申之乱的"安斗宿祢智德日记""调连淡海日记"等。所谓"博德书""安斗智德日记"，都不是当初的日记本身，而是后来整理编修之作，但以当时的记录为素材，可视为珍贵的史料。

寺院的修建缘起 元兴寺的缘起（有关寺院起源、由来和灵验等的传说，以及记载这些传说的文献——校者注），被用于敏达、崇峻、推古纪等。另外，《钦明纪》使用了吉野比苏寺的缘起，《用明纪》使用了南渊坂田寺的缘起，《崇峻纪》用了四天王寺的缘起。

百济的记录 百济的记录有《百济记》《百济新撰》《百济本记》三种。《百济记》见引于神功、应神、雄略三纪，《百济新撰》见引于雄略、武烈两纪，《百济本记》则见引于继体、钦明两纪。引用时，一般是在注文中明记书名，作为对正文的详细解释，但正文中也有不少地方直接写下了这些记录。特别是《继体纪》和《钦明纪》，一卷之中的大部分内容都是以《百济本记》为基础写成的。

这三部书的性质有各种说法。《百济记》把日本称为"贵国"，也使用天皇、天朝这类词汇。《百济本记》也使用天皇之号，其写法对天皇表达了最高的敬意，而且还使用了日本这个国号。因此，我认为它并非单纯的百济记录，肯定是送交日本朝廷的记录。具体来说，就是叙述过去百济如何协助日本、如何对日本采取恭顺的态度，这是想要有利于现下的百济人吧。所以我暗自认为，这些可能是百济灭亡后归化日本的百济人交给朝廷的记录。

虽然怀着这样的意图撰写了记录，但作为基础的史料可能是从本国带来的。《百济记》中颇多传说性的记载，《百济本记》在月日之末记录日数和干支两种，富有事实性。《书纪》的编者应该很信任《百济本记》，因为连继体天皇驾崩的年份都根据该书来决断。

三部书针对的时代，恰好由古至今，依次下移，这也是三书撰成的顺序。

最先写成的是《百济记》，其次是具有新撰意味的《百济新撰》，最后才是《百济本记》，它自诩为百济记录的本记。在最初撰写时，三书可能并未被精心构思过，但从结果来看，它们自然成为日本与百济之间关系史的重要佐证。

六、文　体

如"史书体裁"一节所述，《日本书纪》模仿中国的正史之文，所以原则上是用纯粹的汉文写成。但作为史料的帝纪、旧辞是带有日本国语风格的文章，无论如何也不能百分百地将它们汉文化，有时只能在汉文中原样保留国语风格的文句。而且即使汉文化了，也无法舍弃原本训读的方式，很多地方都会以训注的方式进行注记。《书纪》中随处所收的歌谣就无法译成汉文，所以就用音假名（在万叶假名中，用日语的音节标示该汉字的字音，如"山"写作"也末"之类——校者注）来标示汉字，记录全文。因此，原则上说是汉文，但事实上可以说是日文式的表达。

在这种汉文中，也存在正史风格的朴实的叙事文，以及文选风格的四六骈文。而且还有被称为六朝俗语的表达，以及来自汉译佛典的文句。不仅每一卷的文体不同，一卷之中也因对象不同而混杂着不同的文体。《书纪》整体并没有整齐划一的尺度。

《书纪》的编者在写作汉文时，依据当时作文的常法，无论是两三字的短句，还是数十字的一段文章，都要从以前的汉籍中寻求字句的出典。在江户时代，河村秀根着眼于《书纪》汉文的特点，仔细地调查各字句的出典。最近小岛宪之博士推进了这一研究，将关于《书纪》出典的精致研究汇为一书（《上代日本文学与中国文学》上）。其成果的要点是，《书纪》用典来自《汉书》《后汉书》《三国志》《梁书》《隋书》。除了史书以外，还用了《文选》和《金光明最胜王经》。有观点认为，除此之外，《书纪》主要根据《艺文类聚》，间接摘录了诸书文字。由于《书纪》编者的手头不会有那么多书籍，参考《艺文类聚》的看法确实是合理的。

近来迅速推进的研究是，着眼于《书纪》各卷文体的差别，整理特定语法与用字的异同，将数卷确定为一组，从而探讨编者的不同。例如歌谣中假名的种类，也、矣、焉、於、于等助词的用法，关于即位、定都这些例文的写法、注

文的分布状态及特征等,将它们提取出来进行整理后,可知各种迹象基本一致,据此可划分为以下十组:

1	卷一、二	神代	2	卷三	神武
3	卷四—十三	绥靖—安康	4	卷十四—十六	雄略—武烈
5	卷十七—十九	继体—钦明	6	卷廿、廿一	敏达—崇峻
7	卷廿二、廿三	推古、舒明	8	卷廿四—廿七	皇极—天智
9	卷廿八、廿九	天武	10	卷三十	持统

在上述分组中,2(神武)和9(天武),2、3(神武—安康)和7(推古、舒明),4、5(雄略—钦明)与8(皇极—天智)分别在用字遣词上有相同倾向,可各自归为一类。虽然今后应当就此再作进一步研究,但可以明确的是,各卷在文体上存在一定的倾向,这是思考《书纪》成书、编者等问题的最重要的材料(太田善麿《日本古代文学思潮论》Ⅲ;山田英雄《日本书纪的文体论》,《史学杂志》第 63 编第 6 号,1954 年)。

七、研　究　史

自奈良时代至平安初期,在朝廷上举行过七次《日本书纪》的讲授。其年份分别是养老五年(721)、弘仁三年(812)、承和十年(843)、元庆二年(878)、延喜四年(904)、承平六年(936)、康保二年(965)。养老五年是撰修完成的第二年,我们另当别论,而考察其他六例,可以算出大体上每三十年举行一次讲书。在这一讲书活动中,自大臣以下许多官人都会参加,所以官人一生中至少会出席一次《书纪》的讲书。在这些讲书时写下的记录或笔记,被《释日本纪》引用过,有佚文保留下来,其训读及解释都相当用心。《书纪》虽是汉文,但因当时存在的惯例,所以加以日语风格的训解。讲书终了时,举行竟宴,参加者以《书纪》中的神名及人名为题,吟诵和歌。这些和歌称为《日本纪竟宴和歌》,延喜、天庆(承平)两次和歌被保留下来了。从和歌可知,人们如何铭记《书纪》中的人物,关心怎样的事实。

从平安时代结束到镰仓初期,歌学之书流行引用《书纪》、探求古事古语的出典。如藤原范兼的《和歌童蒙抄》、藤原清辅的《奥仪抄》、显昭的《袖中抄》等,类似之例甚多。因为《书纪》作为古典,被认为具有较高价值。当歌学更加重视《书纪》时,《书纪》本身的和歌就成了研究对象,显昭于建永二年(1207)撰写了《日本纪歌注》。接着在正安时期(1300 年左右),卜部兼方最先撰成了《书纪》全篇的体系性注释书《释日本纪》。该书大量汇集了宫廷讲书时的《私记》及《风土记》等古书佚文,是平安时代《日本书纪》研究在训诂学、考证学领域的集大成之作。

另一方面,由于神道说的兴起,从镰仓末期开始,《日本书纪》被赋予了神道经典的地位,出现了贯彻以下立场的注释书:以儒、佛之学诠释《书纪》神代卷,从中寻求日本之道的根本。忌部正通的《神代口诀》、了誉圣冏的《日本书纪私抄》、一条兼良的《日本书纪纂疏》、吉田兼俱的《日本书纪神代抄》等皆属此类。

在成为神道经典的同时,《书纪》的训诂学研究并无进展。但从江户中期开始,伴随一般学问研究的进展势头,《书纪》也迎来了展开新研究的时运。最早出现的是谷川士清的《日本书纪通证》(宝历元年[1751]完稿)。此前只对神代卷进行过注释,而该书是对《书纪》全篇的注释,在字句解释及史事考证上煞费苦心。可惜的是,作者信奉垂加神道,所以无法摆脱垂加神道的束缚。接下来是独具特色的注释书《书纪集解》,作者是尾张人河村秀根。他立足于《书纪》运用古文修辞的观点,试图对正文进行彻底研究。其结果是,他认为注文大量掺杂私记,于是武断地加以删削,终致失败,但他为每条语句考析汉籍的出典,乃是一大功绩。

自契冲至荷田春满、贺茂真渊、本居宣长,接连不断的日本主流国学者都将《日本书纪》作为研究对象。契冲的《厚颜抄》注释了《书纪》的歌谣,春满的《日本书纪神代卷札记》、真渊的《日本纪训考》、宣长的《神代纪髻华山荫》等都是相关的注释书。但真渊和宣长讨厌《书纪》的中国风,推重《古事记》的古意古语,所以形成了《书纪》劣于《古事记》的日本国学者的《书纪》观。与此相对,平田笃胤认可《书纪》的优越性,强调不可忽视《书纪》,并试着对《书纪》成立论等展开精致的研究(《古史征开题记》)。笃胤的门人铃木重胤也为《书纪》研究费尽心血,撰成卷帙浩繁的神代卷注释书《日本书纪传》。此书止于天孙降临,未见完成,但已是多达四十一卷的大部头作品了。

敷田年治的《日本纪标注》从明治十二年起动笔,至明治十三年完稿。

其注释风格较为稳健,因为是批注,有过于简略之嫌。在这一点上,饭田武乡的《日本书纪通释》可谓详细绵密。该书从嘉永五年起笔,至明治三十二年完稿,颇耗岁月,多达七十卷。虽然新意有限,但集先行诸注释之大成,作为《书纪》的注释书,迄今仍有很高的价值。

在另一方面,因西洋的史学研究方法输入,对《书纪》的批判研究也逐渐出现。首先是诸家争论纪年问题,最终明晰《书纪》的纪年是被建构出来的,同时也指出《书纪》记载颇多谬误和错乱。如《书纪》载钦明十三年(552)佛教传入,但唐朝义净在长安三年(703)才译出《金光明最胜王经》,这才是此部分执笔的时间上限。最了不起的是津田左右吉博士在大正至昭和年间发表的一系列对记纪正文的批判性研究。他认为,为了说明皇室统治日本国的正当性,由宫廷众人撰述了《书纪》。这是划时代的学说。

在战后较长的一段时间内,祖述或申发津田博士之说,在学界占有支配性地位,直至最近,才有所超越,在《书纪》的各个领域都展开了更为基础的研究。如用字与文体研究、出典的研究、成书过程的研究、原始史料特征的探究等。这些具体研究的书名,列于本章最后的参考文献部分。

八、诸　　本

《书纪》的写本、刊本甚多。其特征是庆长以前的古写本种类尤多,这是因为本书作为自古以来的正史,颇受重视。但有关诸写本的系统,目前研究尚不充分。这里仅列举重要的写本和刊本的名称。

(一)佐佐木本、四天王寺本(神代上残卷),田中本(应神记一卷):现存最早的写本,抄写时间被推定为平安初期。没有古训、古点,"一书曰"的文字以双行小字抄写,由此可证明这是原本的格式。

(二)岩崎本(推古、皇极纪,二卷):据说写于宇多、醍醐朝时期。保留了平安时代的古训、古点。

(三)前田本(仁德、雄略、继体、敏达纪,四卷):相传是由藤原教通、能信、赖宗抄写。确实是平安时代的写本。

(四)图书寮本(神代下、应神、履中、反正、允恭、安康、雄略、清宁、显宗、仁贤、武烈、继体、用明、崇峻、推古、舒明、皇极纪,七帖):原本是卷子本,被改装为册子本。各卷书手不一,抄写的时期从院政时代至镰仓时代。神代下的题识称兴国七年北畠亲房交给显能,所以也称兴国本。

(五)北野本(除卷第二与十四,计二十八帖):卜部兼永所持本,各卷抄写的时间不同。旧的抄于院政时代、镰仓时代,新的由兼永自己补写。

(六)嘉祯本(神代下,一卷):嘉祯二年(1236)抄写,为京都下鸭神社祢宜鸭脚家祖传本。

(七)弘安本(神代上下,二卷):题识称弘安九年(1286)卜部兼方写下背注,是卜部家本的祖本。

(八)乾元本(神代上下,二卷):题识称乾元二年(1303)卜部兼夏据家内累世相传的秘本抄写。抄写的是前述兼方本。

(九)水户本(神代上下,四帖):嘉历三年(1328)昙春抄于建长寺。后归水户彰考馆所有。

(十)热田本(自卷第一至十五,计十五卷):题识称应安五年(1372)卜部兼凞加训点。热田神宫所藏本。

(十一)三岛本(神代上下、神武纪,三卷):题识称应永三十五年(1428)抄写。伊豆三岛神社所藏本。

除此之外还有很多写本,只好暂且舍弃,以下列举刊本。

(一)庆长敕版本(神代上下,一册):依后阳成天皇敕旨,于庆长四年(1599)活字印行。依据的是清原国贤校订本。

(二)庆长活字本(全三十卷十五册):庆长十五年(1610)活字印行。卷一、二是敕版本,卷三以下依据的是三条西隆以卜部家本为底本所作的校订本。

(三)宽文版本(全三十卷十五册):宽永年间,为庆长活字本加顿点后,制版印行。宽文九年(1669)再加训点、读音顺序符点、句点后印行。流传最广,是后来诸版本的源头。

明治以后的活字版本有岸本宗道、大宫宗司校订本(明治二十五年[1892]刊行),黑板胜美校订的国史大系本(第一次刊于明治三十年[1897],第二次刊于大正四年[1915],第三次刊于昭和二十六、二十七年[1951、1952]),佐伯有义校订的六国史本(昭和三年[1928]刊行)。日语改写本有岩波文库本、国文六国史本、大日本文库本、朝日古典全书本、岩波古典文学大系本等。

参考文献

卜部兼方：《释日本纪》，收入"新订增补国史大系"。

谷川士清：《日本书纪通证》。

河村秀根：《书纪集解》。

饭田武乡：《日本书纪通释》。

本居宣长：《古事记传》。

平田笃胤：《古史征开题记》。

松冈静雄：《记纪论究》，同人馆，1931、1932 年。

坂本太郎：《大化改新的研究》，至文堂，1938 年。

津田左右吉：《日本古典的研究》上、下，岩波书店，1948 年。

神田喜一郎：《日本书纪古训考证》，养德社，1949 年。

大野晋：《上代假名遣的研究——以日本书纪的假名为中心》，岩波书店，
　　1953 年。

丸山二郎：《日本书纪的研究》，吉川弘文馆，1955 年。

岩桥小弥太：《上代史籍的研究》，吉川弘文馆，1956 年。

西田长男：《日本古典的历史性研究》，理想社，1956 年。

平田俊春：《日本古典成立的研究》，日本书院，1959 年。

梅泽伊势三：《记纪批判》，创文社，1962 年。

太田善麿：《古代日本文学思潮论 III——日本书纪的考察》，樱枫社，1962 年。

三品彰英：《日本书纪朝鲜关系记事考证》上，吉川弘文馆，1962 年。

小岛宪之：《上代日本文学与中国文学》上，塙书房，1962 年。

坂本太郎：《日本古代史的基础性研究》上，东京大学出版会，1964 年。

三品彰英编：《日本书纪研究》一、二、三、四，塙书房，1964 年起。

中村启信编：《日本书纪总索引》一、二、三、四，角川书店，1964 年起。

　　（本文原载坂本太郎、黑板昌夫编《国史大系书目解题》上卷，吉川弘文
馆，1971 年。）

严茹蕙译　赵　晶校

《续日本纪》与古代的史书

笹山晴生

前　言

《续日本纪》记载了文武天皇元年(697)到桓武天皇延历十年(791)共九代、九十五年间的历史,是一部汉文史书。作为《日本书纪》之后的第二部国家正史,其编纂耗费了漫长的岁月,至延历十六年,终于完成四十卷。

因大宝元年(701)大宝律令完成,日本的律令国家型构完毕,《续日本纪》所载的九十五年即始于这一时期,还包括所谓的奈良时代,即从和铜三年(710)平城迁都,至延历三年(784)长冈迁都的这段时期。这是以皇族、贵族的繁荣为背景,所谓天平文化蓬勃发展的时代。以文学而言,这是《怀风藻》所载汉诗文、《万叶集》所载和歌大量诞生的时代,也是《日本灵异记》所载许多故事陆续登场的时代。

《续日本纪》是汉文史书,又因包含许多宣命(这是日本的国语学、国文学的重要研究对象),所以其自身不仅对深究、理解古代文学来说是重要的存在,而且对探究这种天平文学与美术诞生的时代背景,也能发挥关键作用。

一、作为史书的《续日本纪》

《续日本纪》的书名

《续日本纪》,即是第二部"日本纪"。第一部即最早的"日本纪",当然就是养老四年(720)完成并奏上的《日本书纪》。《续日本纪》养老四年五月癸酉条载:

先是，一品舍人亲王奉敕，修日本纪。至是功成奏上。纪卅卷、系图一卷。

《日本书纪》被记为"日本纪"。

"日本纪"的"纪"，在中国是指编年体的史书，"日本纪"则意指关于日本国的编年体史书。"日本纪"本来是相对于中国而言、指称日本史书的普通名词，因此《日本书纪》之后的正史，如《续日本纪》《日本后纪》《续日本后纪》，都以"日本纪"来命名。根据《日本后纪》，在《续日本纪》撰进的延历十六年二月己巳（十三日）发布的诏书中，《日本书纪》被称为"前日本纪"，而在同月癸酉（十七日）条中，编纂《续日本纪》的部门被称为"撰日本纪所"（小岛宪之《上代日本文学与中国文学》上卷第三篇第一章，塙书房，1962 年）。

《日本书纪》与《续日本纪》

先于《续日本纪》诞生的《日本书纪》，作为日本最早的正史，背负着重大使命而完成。它追溯至昔日国家诞生之初，说明天皇是神之子，接受神的意志而统治国土的来龙去脉，又叙述了从初代神武天皇继位的公元前 660 年至 7 世纪持统天皇统治为止的国家发展样态，共三十卷。它在叙述时有意参照中国的史书，尽可能地运用《汉书》《后汉书》及《文选》等中国的古典文辞，以为修饰，而且许多传说被编入其中，分别支撑起史书的体系。《日本书纪》诞生于 8 世纪初期，那时日本的律令国家开始主张自己相对于中国的独立性，书中清楚地展现了作为一个独立国家的理念和想要主张这一理念的热情。在《日本书纪》的皇极纪中，种种的怪异记载以及童谣被插在苏我大臣家灭亡、大化改新的政治改革之前，试图展现时代转变的样态，而《日本书纪》的文学性，以及作为史书的趣味性，与这样的理念及热情不无关系。

日本古代的正史，以中国史书为模板。在中国，受天命者为君主，进行统治，因恶政而失去天命时，该王朝将覆灭，由新的受天命者创立新王朝。《汉书》以下中国的正史，都是在一个王朝覆灭后，由受天命的新王朝通过总结前代王朝的历史编纂而成。史家依据事实，通过论赞阐明天命如何在历史中得到贯彻。而《日本书纪》是由业已实现国家统一的王朝撰作的史书，目的在于回顾王朝历史，主张自身统治的正统性，所以在其编纂的情由上与中国正史有相当大的区别。然而，仁德天皇系的皇统到武烈天皇时断绝，迎立应神天皇的后裔继体天皇，继承了皇位，《日本书纪》叙述这一经过以及仁德天皇的仁政、武烈天皇的恶政时，还是受到中国天命思想的影响，这大概是为了表彰编纂时天皇统治的正统性，即以继体天皇为直接先祖。而且它又强调苏我虾夷、入鹿父子行为不逊，这与讨伐消灭苏我大臣家的正当性以及强调其后的大化政治改革相关。作为史书，《日本书纪》依然明确主张，应该展示一个皇统在经受多番考验之后，依然秉承天命至今。

与此相对，《续日本纪》的情况又是如何？《日本书纪》后半部处理的是6—7世纪时期，那时发生了许多政变及对外战争、壬申内乱等，由此逐步形成了中央集权的国家，那是个疾风怒涛的时代。相对地，《续日本纪》以8世纪为中心，虽然此时存在以藤原广嗣之乱为首的内乱和许多政治事件，绝非平稳的时代，但中央集权的国家经过多次尝试与挫折，逐渐理顺了它的体制，国际关系也相对比较安定。与《日本书纪》涉及的时代相比，其样态明显不同。

《日本书纪》和《续日本纪》所涉时代的差异，也决定了两者作为史书在风格上的差异。《日本书纪》是要阐明一个王朝成立的过程，它满怀热情且生动地描述了国家应有的理念以及人们为实现这一理念所作的努力。《续日本纪》是对一个王朝历代君主统治的记录，比起提出作为史书的理念，它着眼于如实、具体地记录现实的政治。《续日本纪》的这一特点也为此后《日本后纪》以下的四部国史所继承。若在中国，这近似于每代皇帝的"实录"，是编纂王朝正史的素材。事实上，六部国史的书名也体现了这一点，《续日本后纪》记载了仁明天皇一代的历史，书名沿用了"日本纪"，但接下来的《日本文德天皇实录》《日本三代实录》，终究改称为"实录"。在《日本书纪》和《续日本纪》之间，存在着史书风格上的巨大变化。

中国的史书与日本的史书

中国的史书有纪传体和编年体两种形态。正史起源于汉代司马迁撰写的《史记》，记述了上古以来的通史，接下来从《汉书》开始，编纂的是前一王朝的断代史，采用本纪、志、表、列传的形式，确立了所谓纪传体史书的体裁。

纪传体的本纪（帝纪）按照年代顺序，追述历代皇帝的治绩；志按照门类，分别记载律历、礼乐、刑法、食货等国家诸制度；表整理了公卿、宰相等的世系、任职；列传是主要人物的传记。这些内容相辅相成，有效地展现了一个王朝的综合样貌。

《日本书纪》以中国史书为模本,仿照了这些正史的本纪体例。《日本书纪》虽是编年体史书,但并非《春秋左氏传》那样彻底的编年体,而是将天皇的即位前纪置于该篇之初,记载天皇的世系、资质、到即位为止的经历等。其体例与中国纪传体正史中的本纪以及历代皇帝的实录相同。事实上,在《书纪》即位前纪的记述中,与先帝的关系、母亲、母亲的出身、立为太子的时间和年龄、先帝驾崩与作为新帝即位、尊皇后母亲为皇太后等,很多体例都被认为模仿的是《汉书》及《后汉书》本纪(坂本太郎《六国史》第一之三,吉川弘文馆,1970 年)。《日本书纪》没有采用纪传体体裁,因为它不是一个王朝终结后写成的史书,另一个原因恐怕是史官没有足以归纳成列传、表、志的史料。《日本书纪》可能采取了将中国的志和列传部分也整合进本纪之中的书写方式。

在中国,左右史记录天子的言行,依据春夏秋冬四季进行整理并编纂为"起居注"。将天子的言行巨细靡遗、毫无错误地记录下来,是上天赋予史官的使命,即使对天子来说有所不妥,哪怕赌上自己和整个家族的性命,史官也要秉笔直书。实录是在起居注和日历(史官每日所作的记录)的基础上编纂而成的。在中国的唐代,对每代皇帝,都编有大部头的实录,其中《高宗实录》(武后等撰)及《玄宗实录》(元载、令狐峘等撰)等多达一百卷。唐代多次根据这些实录编纂"国史",唐灭亡后,在这些记录的基础上,后晋王朝又编修过《旧唐书》二百卷,北宋欧阳修等还完成了《新唐书》二二五卷(池田温《直至正史的编成——以唐书为例》,收入《中国的史书》,尚学图书,1982 年)。

日本的律令国家在史书编纂上也想要吸收中国的体制。养老令规定,中务省长官(卿)的职掌是"监修国史",隶属中务省的图书寮长官(头)的职掌为"修撰国史"。中务卿继承了唐中书令的职掌,图书头则继承了唐秘书省著作郎的职掌。值得注意的是,在唐朝,侍奉于天子左右、记录其言行、负责搜集起居注素材的官员,是门下省起居郎(左史)、中书省起居舍人(右史),而在日本,则没有这种职位。在日本,相当于起居郎的官职是中务省的内记(包括大内记、中内记、少内记),其职掌较抽象,"造诏敕,记录御所一切事",并未规定直接记录天子的言行。也就是说,日本令继受了中国撰修国史的体制,但完全舍弃了作为国史素材的"起居注"和负责其事的起居郎、起

居舍人的职掌(池田温《中国的史书与六国史》,《历史与地理》第 358 号,
1985 年)。

从轻视"起居注"来看,日本律令制下的史书编纂并未贯彻中国史书编纂所见的严格的天命思想、肯定易姓革命的思想。日本古代的正史中几乎不存在论赞,以记载事实本身为显著特征,可能与这种史书编纂的体制有关。

唐的实录和《续日本纪》

日本的史官在编纂史书时是怎样参考中国的史书呢?《日本书纪》运用中国《汉书》《后汉书》的文句进行撰述,江户时代河村秀根、益根父子的《书纪集解》已经阐明这一点,小岛宪之作了进一步考察,明确指出《日本书纪》的编者在编纂时大量引用唐朝欧阳询等撰、为中国"类书"之一的《艺文类聚》,引用的史书及诗文大多也直接来自《艺文类聚》(《上代日本文学与中国文学》上卷第一篇第四章、第三篇第三章)。与此相对,在编纂于 8 世纪后半期的《续日本纪》中,虽然还是可以看出其撰述时引用《帝德录》等文例、成语集的痕迹(东野治之《〈续日本纪〉所载汉文作品》,收入《日本古代木简研究》,塙书房,1983 年),但一般来说,它并不像《日本书纪》那样原样照搬汉籍的语句,而是更加灵活、自如地加以运用(小岛宪之《上代日本文学与中国文学》下卷第七篇第一章)。在 8 世纪,即使在低级官员的培养上,《文选》《千字文》也颇受重视等,汉籍的接受度大为提升(东野治之《奈良时代〈文选〉的普及》,收入《正仓院文书与木简研究》,塙书房,1977 年)。

据《续日本纪》神护景云三年(769)十月甲辰(十日)条载,当时大宰府虽有五经(《易》[周易]、《书》[尚书]、《诗》[毛诗]、《礼记》《春秋》),但无三史(《史记》《汉书》《后汉书》)的正本,不便于有志学问者,因而请求朝廷赐予历代诸史各一部,朝廷应此请求,将《史记》《汉书》《后汉书》《三国志》《晋书》各一部赐予大宰府。据此可知,当时中央史局藏有与此请求相应的中国正史写本。据藤原佐世所撰《日本国见在书目录》,至 9 世纪末为止,被带至日本的汉籍中,属于史部者有二百数十部,达四千二百余卷,其中网罗了《史记》《汉书》以下至《隋书》为止的诸史。特别引人注意的是《唐实录》九十卷(房玄龄等撰)、《唐实录》(许敬宗撰)、《高宗实录》六十卷(武玄之撰)、《唐历》四十卷(柳芳撰),可知初唐时期高祖、太宗、高宗三代皇帝的实录皆已完备(前

引池田温《中国的史书与六国史》）。正仓院文书中，天平五年（733）八月十一日皇后宫职移（《大日本古文书》一，第 476 页）载"实录十卷　纸六十六"表明当时抄写过实录，可证这些实录在 8 世纪即已存在；《弘决外典抄》（具平亲王撰）第一引用过《高祖实录》、元庆八年（884）五月二十九日大藏善行的勘奏（《日本三代实录》）引用过《太宗实录》，这些都是平安初期运用实录的明证（太田晶二郎《关于"唐历"》，收入《山田孝雄追忆史学·语学论集》，宝文馆，1962 年）。这些与唐实录相关的知识、其体例及文句，当然都会被当时正在进行的撰修国史所参考。

在唐的实录中，仅韩愈《韩昌黎文集》所收《顺宗实录》简本以较有体系的形式留传至今。顺宗在德宗去世后的贞元二十一年（永贞元年，805）正月即位，同年八月因病禅位宪宗，次年正月过世，是位不幸的皇帝。《顺宗实录》共五卷，记载了从他被立为太子开始，至死后葬入山陵的事迹。

《续日本纪》以下的五部国史，在形式上与《日本书纪》最大的不同点之一是各卷卷目之下标记所收记载的年月，以《续日本纪》为例，标记如下：

续日本纪卷第二　起大宝元年正月尽二年十二月

而《顺宗实录》也是如此标记：

顺宗实录卷第一　起藩邸尽贞元二十一年二月

与《续日本纪》的形式一致。而在官员等死亡的记载处插入其人物传记，是从《续日本纪》开始的国史体例。在《顺宗实录》中，也在官员任官、死亡、赠官等记载处插入传记，其整体在实录中颇占分量。从这些方面可以推论，《续日本纪》以下的五部国史在现实中都参考了唐实录的体例（前引池田温《中国的史书与六国史》）。

六国史中的《续日本纪》

《续日本纪》完成于延历十六年，此后的 9 至 10 世纪，又先后撰就《日本后纪》《续日本后纪》《日本文德天皇实录》《日本三代实录》等正史。与《日本书纪》一起，被通称为六国史（参照表 1）。

《日本后纪》以下的诸国史，基本上继承了《续日本纪》的风格，始终保持如实记录事实的特色，整体来看，记事详细缜密，作为史书的体裁及叙述方法也都相当完备。尤其是压轴的《日本三代实录》，如后所述，它采用了以日期和干支表示时间的体例，对官员的叙位、任官记事等编撰也极其周备等，说明多年来的史书编纂工作取得了一个新成果。

表1　六国史

书　名	卷数	记载的朝代、年代		完成年	作　者	备　考
日本书纪	30	神代—持统	—697（持统十一年）	720（养老四年）	舍人亲王	附系图一卷，现佚失
续日本纪	40	文武—桓武	697（文武元年）—791（延历十年）	797（延历十六年）	藤原继绳菅野真道等	
日本后纪	40	桓武—淳和	792（延历十一年）—833（天长十年）	840（承和七年）	藤原冬嗣藤原绪嗣等	现存仅10卷
续日本后纪	20	仁明	833（天长十年）—850（嘉祥三年）	869（贞观十一年）	藤原良房春澄善绳	
日本文德天皇实录	10	文德	850（嘉祥三年）—858（天安二年）	879（元庆三年）	藤原基经菅原是善嶋田良臣	
日本三代实录	50	清和—光孝	858（天安二年）—887（仁和三年）	901（延喜元年）	藤原时平大藏善行	

　　《日本后纪》以下诸国史，是依序对各代天皇的记录，与唐实录的风格非常相似。这与平安初期宫廷的变化不无关系，即天皇与官员之间的私人联结加强，每代天皇在位时都会有新的宠臣出现。如前所述，《续日本后纪》是第一部只记载仁明天皇一代的史书，其后的《日本文德天皇实录》以下，连书名都改为实录了。在记载的内容上也有很强的特色，如《续日本后纪》在一开始的序中已强调，对于人君的举动，不论巨细，悉数尽录，通过详细记载诸般行事，来炫耀朝廷的威仪（坂本太郎《六国史》第五之二，吉川弘文馆，1970年）。

　　像这样，六国史后来在形式上进行调整，造就了一种史书的形态，即在体例上模仿中国的实录,但在风格上与中国有巨大差异。中国的实录几乎不记载日常的、惯例的活动,而是以政治事件及剧烈的变动为中心来把握历史,而在日本的六国史中,并不标榜中国般强烈的劝善惩恶主义,只是详细地记述年中行事和一般性的政务,整体上是一种静态的、带有日本独自特色的史书类型(前引池田温《中国的史书与六国史》)。日本律令制国家以中国为模仿对象,从8世纪中叶的天平时代起,逐渐产生了日本独特的支配体制,而《续日本纪》作为8世纪的史书,也逐渐从中国式的史书中孕育出日本式的史书,由此可见它在历史洪流中的位置。

二、《续日本纪》的成书

两件上表文

在《日本后纪》以下的诸国史中,卷首载有撰者所写的序(即撰进时的上表文),可知其编纂的经过。《续日本纪》未见序文,是因为编纂过程复杂,四十卷并非一举完成、撰进之故。

从桓武天皇延历十三年(794)至延历十六年,《续日本纪》被分成三次撰进。第一次撰进时藤原继绳等的上表文、第三次撰进时菅野真道等的上表文见载于《日本后纪》(前一通上表文属《日本后纪》的佚失部分,但收入《类聚国史》卷一四七"国史")。据这两件上表文,可知编纂的大致经过。

首先,第一件上表文篇幅颇长,《类聚国史》延历十三年条记载如下:

延历十三年八月癸丑,右大臣从二位兼行皇太子傅中卫大将藤原朝臣继绳等,奉敕修国史成。诣阙拜表曰:

"臣闻:'黄轩御历,沮诵摄其史官,有周辟基,伯阳司其笔削。故坟典新闻,步骤之踪可寻,载籍聿兴,劝沮之议允备。暨乎班马迭起,述实录于西京,范谢分门,聘直词于东汉,莫不表言旌事,播百王之通猷,昭德塞违,垂千祀之炯光。'史籍之用,盖大矣哉。

伏惟圣朝,求道纂极,贯三才而君临,就日均明,掩八州而光宅,远安迩乐,文轨所以大同,岁稔时和,幽显于焉禔福。可谓英声冠于胥陆,懿德跨于勋华者焉。而负扆高居,凝旒广虑,修国史之坠业,补帝典之缺文。爰命臣与正五位上行民部大辅兼皇太子学士左兵卫佐伊予守臣菅野朝臣真道、少纳言从五位下兼侍从守右兵卫佐行丹波介臣秋篠朝臣安人等，铨次其事，以继先典。

若夫袭山肇基以降，净原御寓之前，神代草昧之功，往帝庇民之略，前史所著，粲然可知。除自文武天皇，讫于圣武皇帝，记注不昧，余烈存焉。但起自宝字，至于宝龟，废帝受禅，韫遗风于简策，南朝登祚，阙茂实于洛诵。是以故中纳言从三位兼行兵部卿石川朝臣名足、主计头从五位下上毛野公大川等，奉诏编缉，合成廿卷，唯存案牍，类无纲纪。

臣等更奉天敕，重以讨论，芟其芜秽，以撮机要，撽其遗逸，以补阙漏。刊彼此之枝梧，矫首尾之差违。至如时节恒事，各有司存。一切诏词，非可为训，触类而长，其例已多。今之所修，并所不取。若其蕃国入朝，非常制敕，语关声教，理归劝惩，总而书之，以备故实。勒成一十四卷，系于前史之末。其目如左。臣等学谢研精，词惭质弁。奉诏淹岁，伏深战兢。"

有敕，藏于秘府。

这一上表文叙述内容如下：（一）在中国，史书编纂的沿革和史书的效用；（二）桓武天皇有志于编纂史书，命藤原继绳、菅野真道、秋篠安人等进行撰修；（三）国初以来至持统天皇为止的历史，已明载于《日本书纪》，从文武天皇至圣武天皇为止的历史也留有记录，相对于此，从宝字年间（淳仁天皇）至宝龟年间（光仁天皇）的历史，虽曾诏命石川名足、上毛野大川等整理成二十卷，但极不完备；（四）因此继绳等加以修订，进上十四卷史书。这里进上的是现在《续日本纪》卷二十一至卷三十四（自天平宝字二年八月至宝龟八年十二月）的部分。

接着引用第二件，即延历十六年菅野真道等的上表文。这个部分的《日本后纪》留存至今，但因塙保己一校印本中有不少错误，以下所录依据的是《类聚国史》卷一四七所收文本。

（延历）十六年二月己巳，先是，重敕从四位下行民部大辅兼左兵卫督皇太子学士菅野朝臣真道、从五位上守左少弁兼行右兵卫佐丹波守秋篠朝臣安人、外从五位下行大外记兼常陆少掾中科宿祢巨都雄等，撰

《续日本纪》。至是而成。上表曰：

"臣闻：'三坟五典，上代之风存焉。左言右事，中叶之迹著焉。自
兹厥后，世有史官。善虽少而必书，恶纵微而无隐。咸能徽烈绚缃，垂
百王之龟镜，炳戒照简，作千祀之指南。'

伏惟天皇陛下，德光四乳，道契八眉。握明镜以总万机，怀神珠以
临九域。遂使仁被渤海之北，貊种归心，威振日河之东，毛狄屏息。化
前代之未化，臣往帝之不臣。自非魏魏威德，孰能与于此也。既而负扆
余闲，留神国典。爰敕真道等，铨次其事，奉扬先业。

夫自宝字二年至延历十年，卅四年廿卷，前年勒成奏上。但初起文
武天皇元年岁次丁酉，尽宝字元年丁酉，总六十一年，所有曹案卅卷，语
多米盐，事亦疏漏。前朝诏故中纳言从三位石川朝臣名足、刑部卿从四
位下淡海真人三船、刑部大辅从五位上当麻真人永嗣等，分帙修撰，以
继前纪。而因循旧案，竟无刊正。其所上者，唯廿九卷而已。宝字元年
之纪，全亡不存。

臣等搜故实于司存，询前闻于旧老，缀叙残简，补缉欠文。雅论英
猷，义关贻谋者，总而载之。细语常事，理非画策者，并从略诸。凡所刊
削廿卷，并前九十五年卅卷，始自草创，迄于断笔，七年于兹。油素总
毕。其目如别。庶使飞英腾茂，与二仪而垂风，彰善瘅恶，传万叶而作
鉴。臣等轻以管窥，裁成国史，牵愚历税，伏增战兢。谨以奉进。"

归之策府。

这一上表文的内容如下：（一）叙述史书的作用；（二）赞扬桓武天皇之德，
并记述他命菅野真道等编纂史书之事；（三）宝字二年到延历十年为止的三
十四年历史，共二十卷，在前年完成并进上；（四）但此前文武天皇元年至宝
字元年为止的六十一年历史，原有曹案（藏于官府的草稿）三十卷，前朝（光
仁朝）曾诏命石川名足、淡海三船、当麻永嗣等加以修订，但成果不尽如人
意，只进上二十九卷，宝字元年纪亡佚；（五）因此真道等重新编纂这个部
分，整理成二十卷，与前年进上的二十卷合并，进上了关于九十五年历史、共
四十卷的史书。

此时整理的是《续日本纪》卷一至卷二十（天平宝字二年七月为止）的部

分。上表文称,自宝字二年至延历十年为止的三十四年二十卷,已于前年完成奏上,即前述延历十三年进上的卷二十一至卷三十四的十四卷,不包括卷三十五到卷四十(自宝龟九年至延历十年)的六卷。这个部分可能是在延历十三年八月以后某个时期追加进上的。

以下将根据这两件上表文,参照诸家研究,对《续日本纪》的成书过程进行考察。

淳仁朝的修史

《续日本纪》成书之前,即从奈良朝后半期以来,有一段漫长的历史。关于《日本书纪》之后编纂的史书,前引延历十三年藤原继绳等的上表文(以下称作上表文 A)称,文武天皇至圣武天皇之间,"记注不昧,余烈存焉",即已存在相应的记录;而延历十六年菅野真道等的上表文(以下称作上表文 B)则称,从文武元年(697)至天平宝字元年(757)的六十一年间,虽然在光仁朝以前的阶段就已完成曹案三十卷,但所记繁杂,还遗漏了重要的史实,难以达到史书的水准。

因此笔者认为,上表文 A 所言文武天皇至圣武天皇之间的记录可能就是上表文 B 所言到天平宝字元年为止的曹案三十卷。上表文 A 所言的记录,应该截至圣武退位为上皇、然后薨逝的天平胜宝八岁(天平宝字元年的前一年)。而曹案的编纂不会离天平宝字元年太远,大概就在天平宝字二年八月即位的淳仁天皇的时代。

在淳仁天皇的时代,藤原仲麻吕的权势达到顶峰。淳仁天皇(大炊王)本来就是受仲麻吕庇护的王族,而仲麻吕在淳仁天皇身边,于天平宝字二年八月就任大保(右大臣),被赐名"惠美押胜",于天平宝字四年进位大师(太政大臣)。仲麻吕是被称为"率性聪敏,略涉书记"(《续日本纪》天平宝字八年九月壬子条)的才子,以推行官名的唐风化改革、要求每家每户收藏《孝经》等儒教式的教化政策而知名。而天平宝字元年五月,藤原不比等撰定的养老律令被付诸施行,这可能是仲麻吕想要彰显其祖父不比等的策略。仲麻吕编纂《藤氏家传》,亲自为曾祖父镰足立传。由此来看,因祖父不比等的时代完成了《日本书纪》,仲麻吕极有可能立志编纂国史的续篇。"曹案"三十卷,与《日本书纪》同,也可见其标榜为《日本书纪》之后官撰史书续篇的姿态(岸俊男《藤原仲麻吕》,吉川弘文馆,1969 年,第 306 页)。

由弘仁五年(814)撰进的《新撰姓氏录》序,以及中臣氏系图所引"延喜本系"等可知,淳仁朝还编纂了"氏族志",要求诸氏调查、申进各自的氏族谱系。这也是桓武朝开启的姓氏编纂活动的先声,而据《新撰姓氏录》序所称,因"抄案弗半,逢时有难,诸儒解体,辍而不兴",这部"氏族志"的编纂半途而废了。恐怕修史工作也是如此,虽在藤原仲麻吕(惠美押胜)的领导下有所推进,但在天平宝字八年之乱中,押胜战败身亡,淳仁天皇被废,修史工作由此遭受挫折,只留下不够完备的曹案。

光仁朝的修史

天平宝字八年淳仁天皇被废后,孝谦上皇复位,成为称德天皇,而在其统治下,道镜施行不正常的僧侣政治。至神护景云四年(770),称德天皇驾崩,由藤原永手、百川等收拾政界的混乱局面,拥立天智天皇之孙光仁天皇,取代了以往天武天皇系的皇统。

光仁朝不采用前朝以前的立场,而从新的角度重估历史,这种时机的出现并不令人感到意外。光仁朝的修史有两项工作。

第一是整理被视为淳仁朝所编、从文武天皇以降到天平宝字元年的曹案三十卷。据前引上表文 B 可知,在桓武朝之前的光仁朝,石川名足、淡海三船、当麻永嗣等三人奉命修订前述曹案,编纂接续《日本书纪》的正史,但无法对原来的草稿进行彻底修改,只进上二十九卷,最后一卷是天平宝字元年纪,其稿本亡失,所以无法进上。

据上表文 B 可知,这次修史工作并未取得理想的成果,但至少进上了全三十卷中的二十九卷,作为继《日本书纪》之后的正史,自然被藏于官府(森田悌《〈续日本纪〉的编纂过程》,《日本历史》第 430 号,1984 年)。工作的具体内容不得而知,但三十卷的卷数与曹案相同,恐怕不会大幅度削减曹案的内容、增加新的内容。至于宝字元年纪的稿本亡失,可能是因为当年经历了道祖王被废太子、大炊王被立为太子、橘奈良麻吕之变,政界动荡剧烈,这在国史中很难被叙述出来,又因为淳仁朝的修史是站在惠美押胜的立场上书写的,其史笔无法通用于光仁朝,再加上修史相关人士的意见无法统一等,这些原因导致此卷无法编就,只好托言亡失(坂本太郎《六国史》第三之一,吉川弘文馆,1970 年)。

光仁朝修史的第二项工作是打算新修淳仁朝以降到光仁朝这段时期的

史书。关于这点，据上表文 A 所述，文武天皇至圣武天皇之间的历代记录皆在，但从宝字到宝龟，即淳仁天皇到光仁天皇的时代，其事迹没有记录，因此石川名足、上毛野大川等受命编纂，编成二十卷记录。但这只是对资料的大致整理，不具备史书的体裁。此后由藤原继绳等加以修订，编成了现在《续日本纪》卷二十一至卷三十四（即天平宝字二年八月至宝龟八年）共十四卷的记录。

石川名足在光仁朝两项修史工作中都占据了核心地位，他是大臣苏我连子的后裔，其祖父石足、父亲年足都是律令制下能干的官僚，拥有良好的治绩。其父年足深得圣武天皇信任，因诸司工作之便，于天平宝字二年编纂《别式》二十卷。名足继承父业，在光仁朝历任兵部省和民部省大辅、右大弁、参议等，至桓武朝延历七年（788）六月，殁于中纳言从三位兼兵部卿任上，享年六十一岁。特别是在光仁朝的宝龟十一年（780），他担任参议兼伊势守时，举发许多隐首（未编附于籍帐者），增加了近一千人的户口，使调庸皆有增收（《续日本纪》宝龟十一年十月丙辰条）。但《续日本纪》所载薨传则载：

> 名足，耳目所涉，多记于心。加以利口剖断，无滞。然性颇偏急，好诘人之过。官人申政，或不合旨，即对其人极口而骂。因此，诸司候官曹者，值名足听事，多踯躅而避。

名足虽是能干的官员，但被指摘欠缺包容力。前述身为伊势国守的治绩，虽然取得成效，但反过来也遭致伊势国的官员与人民的恶评。

作为第一项修史工作的一分子，淡海三船是天智天皇的后裔，大友皇子的曾孙。他才学优异，与石上宅嗣被并称为宝字以后"文人之首"（《续日本纪》天应元年六月辛亥条石上宅嗣薨传）。他撰写了唐僧鉴真的传记《唐大和上东征传》，可能也是汉诗集《怀风藻》的撰者。三船还被推定曾在天平宝字年间整理了神武天皇以下历代天皇的汉风谥号（坂本太郎《关于列圣汉风谥号的撰进》，收入《日本古代史的基础性研究》下，东京大学出版会，1964年）。他在光仁朝担任过刑部大辅、大学头兼文章博士、大判事等，至桓武朝延历四年七月，殁于刑部卿从四位下之任，享年六十四岁。在光仁朝的修史中，其学识发挥了巨大的作用。

名列三船之后的是当麻永嗣,在光仁朝历任左少弁、土左守、右少弁、大判事、出云守等,在桓武朝初期的天应元年(781)五月,以从五位上任刑部大辅。上毛野大川之名见于第二项修史工作,光仁朝宝龟八年,他作为遣唐录事渡海前往中国,次年十月归国,在桓武朝历经大外记之职,在延历五年六月,以从五位下任主计头,这是他的最终官职,殁于延历九年八月(《类聚三代格》同月八日太政官符)。在平安时代,村上天皇所撰《新仪式》第五所载"修国史事"谓:

> 第一大臣,执行参议一人,大外记并儒士之中,择堪笔削者一人,令制作之。诸司官人堪事者四五人,令候其所。

在 8 世纪修撰国史时,以下这些人大概都是重要人物:(一) 代表议政官的大臣、参议;(二) 有学识、擅长写文章的学者或官员;(三) 参与史料搜集、整理等实务的官员。

在光仁朝的修史工作中,通过检讨石川名足、淡海三船、当麻永嗣三人的任官履历,可知第一项工作(即修订淳仁朝的曹案三十卷)的实施很可能是在三船担任大学头的宝龟九年(柳宏吉《名足、三船、永嗣的国史修撰》,《东方古代研究》第 2 号,1953 年;柳宏吉《续日本纪的成立》,《续日本纪研究》第 10 卷第 1 号—第 4、5 合并号,1963 年)。至于第二项工作,即淳仁至光仁朝的国史新修,因为现在《续日本纪》卷三十四包含截至宝龟八年的内容,再加上负责人上毛野大川自唐返国是在宝龟九年十月,所以基本可以确定它开始于宝龟九年以后(柳宏吉《石川名足、上毛野大川的国史撰修》,《日本历史》第 77 号,1954 年;前引柳宏吉《续日本纪的成立》)。据此,我们大体上可以认为,修史工作的展开已在光仁朝晚期,在石川名足的领导下,第一、二项修史工作几乎同时进行。若从宝龟十一年这个时间点来看,名足是参议右大弁从四位下,三船是大学头兼文章博士从四位下,永嗣是出云守从五位上,大川是外从五位下(次年五月时已任大外记),这确实是相当完备的修史团队。但第一项修史也可能始于光仁朝初期的宝龟二年或三年前后(石川名足在宝龟二年任兵部大辅,后转任民部大辅;同年,淡海三船任刑部大辅,三年,任大学头兼文章博士;当麻永嗣于二年任右少弁)。至于第二项修史,据上表文 A 所述,也可能在入桓武朝后才开始,两者并非同时进行,而是前后相继。此后,延历三年迁都长冈,四年藤原种继遭暗杀、皇太子早良亲王被废,淡海三船也殁于当年。恐怕在此前后,名足、大川进行的新修国史工作未能取得圆满的成果,最终半途而废。

桓武朝的修史

光仁天皇的皇太子,最初是皇后井上内亲王(圣武天皇的皇女)所生的他户亲王,但在藤原百川的谋划下,母子皆被废,又改立山部亲王。这位亲王的母亲是高野新笠,出身百济系归化氏族,与天武—圣武系的皇统完全无关。光仁天皇最终让位给亲王,其于天应元年(781)即位,也就是桓武天皇。

桓武天皇不属于天武天皇系的皇统,抱有一种可以说是新王朝创始者的强烈意识。他弃置了天武系的皇都平城京,在山城之地营造了新京长冈、平安,并抑制诸豪族,强化王权,这是他最重要的作为。而镇压起于光仁朝末年的虾夷之乱,确立对东北地区的统治,也是他面对的重要问题。在他的时代,淳仁朝以来的修史成果最终汇为《续日本纪》。

桓武朝的修史工作体现在《续日本纪》卷二十一至卷三十四上,大体上编纂的是关于淳仁朝至光仁朝的部分。据前引上表文A所述,虽然石川名足、上毛野大川已编成二十卷,但不具备史书的体裁,藤原继绳、菅野真道、秋筱安人等受桓武天皇之命,在其基础上推敲删改、裨补缺漏,撰就十四卷,于延历十三年八月十三日完成奏上。若据延历十六年的上表文B,"始自草创,迄于断笔,七年于兹",可知编纂始于延历十年。

主导这一修史工作的右大臣藤原继绳,在延历十三年时是太政官的领袖。继绳是南家武智麻吕之孙、丰成的次男,宝龟十一年任中纳言,延历二年任大纳言,同为南家后人的藤原是公殁于延历八年,之后继绳于九年二月袭右大臣之位,殁于十五年七月,享年七十岁。《日本后纪》的薨传载:

> 继绳历文武之任,居端右之重。时在曹司,时就朝位。谦恭自守,政迹不闻。虽无才识,得免世讥也。

虽然被说成欠缺作为政治家的能力,但在桓武天皇的朝廷中,他作为南家的代表,是非常重要的存在。在桓武天皇的朝廷中,最初以藤原式家的势力为强,但延历四年藤原种继被暗杀,夫人旅子(淳和天皇之母)、皇后乙牟漏(平城、嵯峨天皇之母)相继过世后,式家衰微,延历十年以后,因拥护藤原是公之女吉子所生的伊予亲王,南家的势力抬头。继绳的正室百济王明信作为尚侍,备受天皇宠爱(《日本后纪》大同三年六月甲寅条藤原乙叡薨传),而继绳自己也经常在葛野的别宅中招待天皇,被认为可能是迁都平安京的建议者(佐伯有清《长冈、平安迁都及其建议者们》,收入《日本古代政治与社会》,吉川弘文馆,1970年)。

其次是菅野真道,也是桓武天皇的宠臣。真道出身于居住在河内国丹比郡的归化系氏族,本姓津连,延历九年,因上表而被赐姓菅原朝臣。在这通上表中,他与百济王氏的仁贞、元信、忠信联名,这是在借助天皇重用的百济王氏成员。真道此时任图书头兼皇太子学士。延历二十四年正月,天皇已卧病在床,特地任命真道和秋篠安人为参议,可见他深受天皇的信任。同年十二月,他在殿上与参议藤原绪嗣展开了著名的德政争论。真道在平城朝历任山阴道观察使等要职,殁于嵯峨朝的弘仁五年(814),享年七十四岁。

第三位秋篠安人,本姓土师宿祢。土师氏是天皇之母高野新笠的娘家,所以在桓武朝倍受优遇。延历元年,因同族的土师宿祢古人等以早年所居地名被赐姓菅原宿祢,安人奏请比照此例,获得赐姓秋篠宿祢。延历九年,在土师氏的四支中,中宫(高野新笠)的娘家被赐姓大枝朝臣,另外三支也都被赐姓秋篠朝臣、菅原朝臣,安人则改姓秋篠朝臣。土师氏文才优异者辈出,特别是大枝(后来的大江)、菅原两氏,发展为学问世家,也深度参与修史工作。安人在延历十年时以从五位下任大判事兼大外记,后来成为少纳言,又兼右兵卫佐。此后的延历二十四年,如前所述,与菅野真道一起成为参议,在平城朝任北陆道观察使,于大同二年(807)因伊予亲王之变而坐罪,入嵯峨朝后复任参议,也参与了弘仁式的编纂,殁于弘仁十二年,享年七十岁。继绳、真道、安人三人皆参与编纂延历十三年奏进的史书,均为当时桓武天皇的近臣,且在出身谱系与职务上,可看出相互之间的紧密关系。

桓武朝修史的第二项工作,是接续前述天平宝字二年至宝龟八年的十四卷,编纂之后光仁朝宝龟九年到桓武朝延历十年的历史,汇为六卷(现在的《续日本纪》卷三十五至卷四十)。这可从延历十六年上表文 B 中窥知一二。

上表文 B 称"自宝字二年至延历十年,卅四年廿卷,前年勒成奏上"。但延历十三年八月撰进的部分,只是天平宝字二年至宝龟八年的二十年十四卷。因此,其后的宝龟九年至延历十年的十四年六卷,只能是延历十三年八月以后至延历十五年间追加奏进的。

另一方面,从现在《续日本纪》各卷卷首的撰者之名来看,后半部分卷二十一至卷四十,每卷都有藤原继绳,至卷三十五为止,其官衔是"右大臣从二位兼行皇太子傅中卫大将",自卷三十六起,则为"右大臣正二位兼行皇太子傅中卫大将"。继绳自从二位晋升至正二位,是在延历十三年十月二十七日(《公卿补任》),所以到卷四十为止追加部分的奏进是在这以后,而后继绳一直担任同一官位,直到延历十五年七月十六日过世。

在现存《续日本纪》的写本中,继绳的官位至卷三十五为止是从二位,从卷三十六起则为正二位。据此,只有卷三十五是继绳在从二位时期,即延历十三年十月前奏进的(柳宏吉《续日本纪撰修的最终阶段》,《日本历史》第64号,1953年;前引柳宏吉《续日本纪的成立》)。但像这样,在极短的时间内单独奏进一卷也太不正常了,所以卷三十五的"从二位"应该是"正二位"的误写(坂本太郎《六国史》第三之一)。

桓武朝的第二项修史,从六卷的卷数来看,当然与延历十三年奏进的十四卷修史是一体的,这可能是从一开始就设想好的。《续日本纪》卷三十一即光仁即位以后的各卷,是极其整齐的,每一卷涵盖两个年度,而与此相对,只有最后的卷三十九、四十两卷是每卷涵盖三个年度的内容。这或许是因为桓武朝最初的修史计划是截至延历八年,后来又变更为截至延历十年。这一新补的部分被推迟奏进,是因为编纂需要时日,在从长冈京迁都至平安京(延历十三年十月)之前,已完成的十四卷于十三年八月被先行奏进,暂且留下了新补的部分。

《续日本纪》的完成

迁都平安京后,又过了两年多,即延历十六年二月十三日,桓武朝的修史以《续日本纪》的完成而告终。前引上表文B就是此时的产物。

据上表文B可知,桓武朝的第三次修史始于菅野真道、秋筱安人、中科巨都雄三人奉桓武天皇之"重敕",再行修订光仁朝时石川名足、淡海三船、当麻永嗣等进上的文武朝至天平宝字元年(实际上至天平宝字二年七月为止)的历史(其中应当也包括重新补修已亡失的天平宝字元年纪),将三十卷的书稿压缩成二十卷,与先前奏进的天平宝字二年八月至延历十年的二十卷合并,汇为记载了九十五年历史、共四十卷的史书,以"续日本纪"之名奏进。当天,天皇下诏褒扬真道等人的功劳,并晋升他们的官位。稍后又在二月十七日,为在"撰日本纪所"工作的太政官及中务、式部、民部各省的五名史生叙位。

这里出现了一个新名字"中科巨都雄"。他和菅野真道都是百济系的归化氏族,在延历十年正月任少外记,改其本姓津连,因居住地而被赐姓中科宿祢。延历十六年正月,以大外记兼常陆少掾。延历十年时,秋筱安人为大外记,巨都雄是少外记。因此,巨都雄与真道、安人的关系都很密切,甚至他可能已参与了延历十三年撰进的修史工作(前引柳宏吉《续日本纪的成立》)。

因为要将光仁朝的三十卷史书压缩成二十卷,所以这次修史工作除新补天平宝字元年纪外,主要是删除已有的记述。在《续日本纪》前半部分的二十卷中,圣武天皇的继位被置于卷九的中间,这是不正常的;卷十八、十九关于孝谦朝天平胜宝年间的记事,分量也偏少。这些很可能都是桓武朝的最后修订所致。

表 2 《续日本纪》的成书过程

相当于《续日本纪》的卷次	淳仁朝	光仁朝	桓武朝	
卷一—卷二十(文武元年正月—天平宝字二年七月)	曹案三十卷至天平宝字元年止(藤原仲麻吕?)	① 以淳仁朝的曹案为基础,奏进三十卷的书稿。但缺宝字元年纪一卷(石川名足、淡海三船、当麻永嗣)。	③ 重新修订光仁朝奏进的史书,编为二十卷。自延历十三年八月以后开始?(菅野真道、秋筱安人、中科巨都雄)。	延历十六年二月完成,与①、②部分合为《续日本纪》奏进。
卷二十一—卷三十四(天平宝字二年八月—宝龟八年)		② 编集二十卷。但以案牍原貌呈现(石川名足、上毛野大川)。	① 自延历十年开始?编成十四卷史书,于延历十三年八月奏进(藤原继绳、菅野真道、秋筱安人)。	延历十六年二月作为《续日本纪》的一部分重新奏进。

相当于《续日本纪》的卷次	淳仁朝	光仁朝	桓武朝	
卷三十五—卷四十（宝龟九年—延历十年）			② 接续上述十四卷，于延历十三年八月至十五年间奏进（藤原继绳、菅野真道、秋筱安人）。	延历十六年二月作为《续日本纪》的一部分重新奏进。

一般认为，桓武朝的修史自始至终都是以完成《续日本纪》为目标的工作。然而，虽然最终编成《续日本纪》四十卷，但修史工作是否从一开始就按照一个计划进行到底，则有再检讨的余地（前引森田悌《〈续日本纪〉的编纂过程》）。延历十三年八月奏进的十四卷和其后追加奏进的六卷，这二十卷可能被规划为一部淳仁朝至桓武朝的史书。与此相对，据《日本后纪》所载"先是，重敕云云"，延历十六年二月奏进的二十卷晚于延历十三年奏进的史书，可能是基于别的史书编纂计划。桓武天皇或许因一开始看到石川名足等大体完成并奏上了文武朝至孝谦朝的史书，就命藤原继绳继续编修淳仁朝以降的史书，但后来不满意名足等修史的成果，又命真道等再次修订已经进上的文武—孝谦朝史书，最终将两者合起来，完成了继《日本书纪》之后的第二部国史《续日本纪》，将它作为桓武朝的业绩。这样的推测应该能够成立吧。

延历十三年奏进的修史工作和十六年奏进的工作，究竟是怎样的关系？此事未必清楚。后者的撰者不是继绳而是真道，所以也有人认为前者和后者可能是由不同的编纂团体负责推进的（前引森田悌《〈续日本纪〉的编纂过程》），但真道、安人与两者皆有关，包括继绳、巨都雄在内，桓武朝的修史担当者之间相互都有紧密联系，由此来看上述观点则令人犹疑。而且前者的工作完成后，后者就启动了，中间相隔的时间太短，因此一般认为两者是并行的（坂本太郎《六国史》第三之一），后者的工作是对光仁朝修史的重新修订，若主要是删减记事，即使在延历十三年以降开始，那么在时间上也不能说全无道理。在前者奏进后，可能是真道代替了年老的继绳成为核心，来推进编纂。

第三,延历十六年奏进前半部分时,是否对已奏进的后半部分再加修订,也是问题。因为《续日本纪》各卷的文风基本一致,所以最后大概对全书作了修补(小岛宪之《上代日本文学与中国文学》下卷第七篇第一章),但在内容上应当不会有大的改动。总之,将《续日本纪》汇为一书,冠以"续日本纪"之名,应是延历十六年之事(前引森田悌《〈续日本纪〉的编纂过程》),所以后半部分的二十卷就被认为在撰者上保留了藤原继绳之名,此时又另加了"续日本纪"之名和卷二十一至卷四十的卷数。

桓武天皇推动修订被认为是光仁朝奏进的史书,把完成作为《日本书纪》续篇的《续日本纪》当成自己的志业,这还是想要表明自己作为事实上的新王朝确立者的立场,并编纂出与此相称的史书。上表文 B 歌颂桓武天皇的治世:"遂使仁被渤海之北,貊种(继承高句丽的渤海国)归心,威振日河(日高见川,北上川的古称)之东,毛狄(虾夷)屏息。"在迁都平安之后的这个时期,延历十四年渤海使前来,十五年将使者送归,并带回渤海国王符合礼制的国书,所以群臣庆贺。经略东北地区是多年来想要解决的问题,终于也因延历十三、十六年两度征讨而成功平定了北上川中游流域。二十一年,天皇命坂上田村麻吕修筑胆泽城。钱货铸造与国史编纂同为国家的工作,朝廷在延历十五年铸造了新钱隆平永宝。十八年,命诸氏提交各自的氏族谱系,后来凝结成《新撰姓氏录》这一成果,氏族书编纂的工作也就此启动。二十三年,藤原葛野麻吕任遣唐使团的大使,最澄、空海等随行前往中国。如此,《续日本纪》完成的时期,正是桓武天皇朝廷向国内外显示自身威势的时期,编纂《续日本纪》也是其中重要的一环。

桓武天皇为炫耀自己的王权而修史,其具体目的之一,可能是作为否定者、胜利者对圣武天皇的皇统,特别是对称德天皇的治政给予评价。如前所述,卷十八、十九是关于孝谦天皇治政的记述,其中可能大幅度删除了光仁朝的史书记事,而且还在卷三十宝龟元年八月丙午条的称德天皇传后加入论赞,批判其事迹等,皆可显示其一端。

《续日本纪》就这样完成了,但在完成后,又进行了部分修改。《日本后纪》弘仁元年(810)九月丁未(十日)条载,平城上皇之变时,嵯峨天皇将藤原药子和其兄仲成因罪被逐出宫中之事用宣命告于柏原山陵(桓武天皇陵),内称:

又《续日本纪》所载崇道天皇（早良亲王）与赠太政大臣（藤原种继）不好之事，皆悉破劫赐。而更依人言，破却之事如本记成。此亦无礼之事。今如前改正之状，差参议正四位下藤原朝臣绪嗣，畏畏申赐奏。

延历四年（785）发生的藤原种继暗杀事件，以及与此有所关连的皇太子早良亲王被废及亡故，这一系列事件皆见载于《续日本纪》卷三十八的记述，但此后连续发生近亲死亡以及新皇太子安殿亲王重病等，桓武天皇担心是早良亲王的怨灵作祟，因而下令删除。到了接下来的平城天皇时代，天皇的宠臣藤原仲成、药子等为彰显父亲种继的事迹，又全部恢复了桓武天皇删除的记事。随着仲成等失势，嵯峨天皇认为这是"无礼之事"，再次加以删除。桓武天皇从《续日本纪》中删除这些记事的时间并不清楚，但可能是亲王被赠号崇道天皇、其墓被称山陵的延历十九年七月或以后。桓武天皇将自己的治世盛业也纳入修史的范围内，在史书完成后，却破例对此进行了修改。

现行的《续日本纪》已无被嵯峨天皇再度删除的记事。但在成书于平安时代末期、从六国史中摘抄部分国史记事而成的《日本纪略》中，延历四年九月丙辰（二十四日）、庚申（二十八日）两条保留了被认为是当时删除的记述，如暗杀种继的阴谋和事后的处分，以及早良亲王被废与死亡。这两条记事若复原到当初《续日本纪》的记事位置，则略显怪异，恐怕是通过某些形式流传至后世的，在《日本纪略》编纂时被插到那个地方。总之，这是少见的被认为是删除的国史文章，因此就研究《续日本纪》的历史而言，是值得注意的事实。

《续日本纪》的素材与《官曹事类》

关于《续日本纪》的编纂，前引上表文 B 称"搜故实于司存，询前闻于旧老，缀叙残简，补缉欠文"。原本在令制下，史书编纂是中务省辖下图书寮的职任，杂令规定，关于天文异变的记录，每季封送中务省，记入国史。但实际上在编国史时，又会重新要求诸官司提交他们的记录，调查许多机构所藏的记录，如中务省及太政官保存的诏书与敕书草稿、负责文案勘署的太政官外记局的记录、式部省保存的功臣家传、式部省与兵部省保存的叙位与任官记录、治部省保存的祥瑞记录等。

编纂《续日本纪》时收集的这些记录，在编纂结束后被汇编为《官曹事类》三十卷。《官曹事类》编纂于延历二十二年(803),其成书并未流传至今,但《本朝法家文书目录》载有篇目及延历二十二年二月十三日的序文,据此可知其内容和编纂经过,即《官曹事类》是《续日本纪》的"杂例",编纂《日本书纪》时,凡是"事合书册,理开垂训"的内容,在讨论后就加以收载,而在不予收载的记录中,除"元会之礼、大尝之仪、邻国入朝、朝廷出使"等有关朝廷仪式和外交的记录作为"别记"保存外,其他的"米盐碎事、简牍常语",即无关紧要的零碎记录,也被认为应该保存在官司,"全取本案,别成卷帙,以类相附,令易披寻",这是为了便于政务。

根据目录,《官曹事类》从神事部以下至杂部,被分成七十一部。至于各部的条数,从斋王部上、下计一九八条,到氏上部、谏词部各三条,相互之间差距甚大,分类也说不上是体系井然。其后,为编纂《日本后纪》也抄出过格条,其中官司所必需的部分日后被编为《天长格抄》,《本朝法家文书目录》同样记载了其篇目,虽然排列与《官曹事类》基本相同,但被整理为五十八部,其设计则精致得多。恐怕从一开始就没有计划要编纂《官曹事类》,在编完《续日本纪》后过了一段时间,因政务所需而出现编纂的要求,并未充分考虑其成书的体裁,只是随意地汇编起来。与此相对,《天长格抄》依循《官曹事类》的先例,可能是在充分的构思之后编纂出来的。

《官曹事类》的十来条佚文散见于《西宫记》《政事要略》等书(和田英松《国书逸文》,国书刊行会,1940 年;所功《官曹事类》,《国书逸文研究》第 12 号,1982 年)。在年代上,佚文是关于大宝二年至宝龟五年之事,涵盖《续日本纪》所载的全部年代。其中,详细记录了养老五年九月十一日作为伊势斋王的井上王迁居新造神宫时的仪式等,可补充《续日本纪》;在另一方面,也有与《续日本纪》相同的记载,所以《官曹事类》并非仅据《续日本纪》不收的资料撰修而成(和田英松《本朝书籍目录考证》,明治书院,1943 年)。从这一点上说,《官曹事类》除史料保存的意义外,还有另一作用,即分门别类地整理《续日本纪》的记事,以便披阅,而这种分类法可能是此后《类聚国史》和《类聚三代格》的先声。而且各种记事标以某年某月某日,没有采用《续日本纪》那样的干支记日法,也可展现《续日本纪》编纂前原始史料的状况(坂本太郎《六国史》第三之四)。

三、《续日本纪》的形态

整体的构成

《续日本纪》全四十卷,记述了从文武天皇元年(697)至桓武天皇延历十年(791)为止九十五年间的历史。但各年所述的分量并不平均,每年记述的繁简程度差异明显。其原因多半来自前述《续日本纪》复杂的编纂过程。

若比较《续日本纪》前半(卷一——二十)与后半(卷二一——四十)两个部分,前半收录的是文武元年至天平宝字二年(758)七月为止六十一年间的事,相对地,后半收录的是天平宝字二年八月至延历十年为止三十三年间的事。若据"新订增补国史大系"本比较其分量,前半有 232 页,后半有 301 页(仅计算记事所在的页面),由此可知后半部与前半部相比,记载的年数较少,纸张却用得较多。前半部分的记事分量较少,可能是因为原本可引以为据的材料就比较少,而且光仁朝的三十卷书稿在桓武朝再撰时变成了二十卷,大量的记事被删除、压缩。各卷所载的年数和分量互相有差异,在前半部分尤为明显(参照表 3)。这也是延历年间再撰时改变各卷构成、删减记事的结果吧。

表 3 《续日本纪》的构成

卷	天 皇	年 代	年 数	分 量
1	文武	文武元—4	4 年	7
2	文武	大宝元—2	2 年	8
3	文武	大宝 3—庆云 4・6	4 年 6 个月	13
4	元明	庆云 4・7—和铜 2	2 年 6 个月	10
5	元明	和铜 3—5	3 年	8
6	元明	和铜 6—灵龟元・9	2 年 8 个月	11
7	元正	灵龟元・9—养老元	2 年 4 个月	9

（续表）

卷	天 皇	年 代	年 数	分 量
8	元正	养老 2—5	4 年	17
9	{元正 圣武}	养老 6—神龟 3	5 年	17
10	圣武	神龟 4—天平 2	4 年	15
11	圣武	天平 3—6	4 年	11
12	圣武	天平 7—9	3 年	13
13	圣武	天平 10—12	3 年	12
14	圣武	天平 13—14	2 年	7
15	圣武	天平 15—16	2 年	10
16	圣武	天平 17—18	2 年	9
17	{圣武 孝谦}	天平 19—天平胜宝元	3 年	16
18	孝谦	天平胜宝 2—4	3 年	8
19	孝谦	天平胜宝 5—8	4 年	11
20	孝谦	天平宝字元—2·7	1 年 7 个月	20
21	淳仁	天平宝字 2·8—2·12	5 个月	10
22	淳仁	天平宝字 3—4·6	1 年 6 个月	14
23	淳仁	天平宝字 4·7—5	1 年 6 个月	11
24	淳仁	天平宝字 6—7	2 年	12
25	{淳仁 称德}	天平宝字 8	1 年	15
26	称德	天平神护元	1 年	13
27	称德	天平神护 2	1 年	10

（续表）

卷	天 皇	年 代	年 数	分 量
28	称德	神护景云元	1 年	11
29	称德	神护景云 2—3·6	1 年 6 个月	16
30	称德	神护景云 3·7—宝龟元·9	1 年 3 个月	16
31	光仁	宝龟元·10—2	1 年 3 个月	15
31	光仁	宝龟 3—4	2 年	14
33	光仁	宝龟 5—6	2 年	12
34	光仁	宝龟 7—8	2 年	14
35	光仁	宝龟 9—10	2 年	16
36	｛光仁 桓武	宝龟 11—天应元	2 年	26
37	桓武	延历元—2	2 年	16
38	桓武	延历 3—4	2 年	19
39	桓武	延历 5—7	3 年	16
40	桓武	延历 8—10	3 年	25

（备考）分量表示的是"新订增补国史大系"本的页数。

　　值得注意的是各卷的划分。在《续日本纪》之前的《日本书纪》,其卷一、二是神代纪,卷三至三十以代为单位,记述每位天皇的事迹,一卷涉及一代乃至数代天皇。只有天武天皇纪,即位前的壬申之乱在上卷（卷二十八）,即位后的事迹在下卷（卷二十九）。这些都模仿了中国正史的本纪体例。与此相对,在《续日本纪》中,有随天皇更替而另起一卷者,如文武→元明（卷三→四）、元明→元正（卷六→七）、孝谦→淳仁（卷二十→二十一）、称德→光仁（卷三十一→三十一）四例;也有不新开一卷,而在原卷中间记载新帝即位的事例,如元正→圣武（卷九）、圣武→孝谦（卷十七）、淳仁→称德（卷二十五,但无即位记事）、光仁→桓武（卷三十六），也有四例。整体而言，前半部分卷一至二十基本上是以天皇迭代进行划分的断代编年体，这恐怕是作为《续日本纪》草稿的淳仁朝所修之史留下的痕迹，它继承了《日本书纪》的体例，采取同样的编纂方针（大町健《〈续日本纪〉的编纂过程和卷篇编成》，《日本史研究》第 253 号，1983 年）。圣武天皇的即位前纪之所以出现在该卷中间，可能是因为它最初在卷首，桓武朝再撰时，将三十卷压缩成二十卷，从而改变了卷次结构。圣武天皇让位孝谦天皇之事处于卷十七中间，又缺少孝谦天皇的即位前纪，再加上卷十九结束于天平胜宝八岁圣武天皇出殡，这说明卷十七至十九诸卷原本可能是圣武太上天皇纪。

后半的诸卷中，光仁→桓武的情形是，卷三十六结束于延历元年正月庚申（七日）光仁太上天皇出殡，其后的卷三十七始于同年正月己巳（十六日）的记事。桓武天皇在父亲光仁上皇过世时，有守丧三年之志（天应元年十二月丁未条），没有因自己即位而另起一卷，而以父亲出殡为卷终，这或许表现了修史者对孝子态度的重视吧。至于在此之前已故的称德（孝谦）天皇，无论是作为孝谦天皇即位，还是作为称德天皇重新登基，《续日本纪》都没有即位前纪，但在与其埋葬有关的宝龟元年八月丙午条，却出现了罕见的论赞，这或许是在回应欠缺即位前纪的状况。桓武天皇是《续日本纪》编纂时在位的天皇，欠缺即位前纪在某种意义上是理所当然的，但在其后的《日本后纪》大同元年四月庚子条中，埋葬天皇的记事后又写有天皇的出身、经历、关于其治政的评价等，其注文称"前史阙而不载，故具于此也"，说明这些原属即位前纪的内容被写在这里的原因。桓武天皇是唯一一位让本朝的修史涵盖自己治世记录的天皇，《续日本纪》的结束、《日本后纪》的开始也不以天皇迭代为分割标志，这是六国史中唯一的例子。这种轻视断代史特征的态度，也能从《续日本纪》的卷次构成中看出来。

各卷卷首的记载

《续日本纪》各卷的卷首有一定格式的记载。这些大多与其他国史共通，来源于中国的正史及实录，在史书的体裁上具有重要的意义。

若以卷一的开头为例，首先是"续日本纪"的书名，然后是"卷第一"的卷次。这些在各卷的末尾（尾题）也有对应的记载。在现存的《续日本纪》写本中，卷首的"卷第○"没有"卷"字，除卷四外，尾题也没有"卷"字。本次校订依据卷四的尾题,仿照诸国史,为各卷补上了"卷"字。后代各种史料引用《续日本纪》时大多欠缺"卷"字,可能从很早的时候开始,写本就没有"卷"字了(参照《新日本古典文学大系·续日本纪》卷一校异补注)。

在书名、卷次之后,是"起丁酉年八月尽庚子年十二月",记录的是该卷所收记事的起讫年月。这显示了编年体史书的特征,与《顺宗实录》等中国的实录相通。《日本书纪》因为模仿中国正史的帝纪,采用了以每代天皇为单位分卷的断代编年体体裁,所以没有这种起讫的记载。《日本后纪》以下的诸国史与《续日本纪》一致,都记录了各卷的起讫时间。

在起讫年月之后,记载的是撰者的位阶、官职、姓名,以及拜受天皇敕命而撰写此书的语句。就《续日本纪》而言,经历了前述那样复杂的编纂过程,卷一至二十记录的是延历十六年撰进时的领衔者菅野真道,卷二十一至四十则是延历十三年撰进时的领衔者藤原继绳。在后半部分的二十卷中,卷三十五以前的十五卷,所载继绳的官位是从二位,卷三十六以后的五卷则是正二位,在延历十三年八月撰进后,同年十月继绳升叙正二位,这一部分是在此之后才撰进的。但延历十三年八月撰进的部分止于卷三十四,所以卷三十五中继绳的官位"从二位"应是"正二位"之误,这已如前述。除《日本书纪》外,其他的诸国史均可见这种奉敕撰者之名。

次行是"天之真宗丰祖父天皇 文武天皇 第卅二",以及该卷所述天皇的国风(和风)谥号、汉风谥号、世代之数。若在一卷的中间出现天皇迭代,如卷九圣武天皇,在前帝让位的记事之后,换行记下所立的新帝谥号、即位前纪;而其他如圣武→孝谦(卷十七)、淳仁→称德(卷二十五)、光仁→桓武(卷三十六),有关新帝即位的段落并不载明新帝的称号,要到次卷的卷首才第一次记录。

关于天皇称号的记载,因天皇而各有不同(参照表4)。对于文武、元明、元正、圣武各天皇,所记为国风谥号。孝谦(称德)天皇皈依佛门,所以未被奉上谥号,在孝谦天皇的部分,所记为天平宝字二年八月奉上的尊号"宝字称德孝谦皇帝",而对于重新登基后的称德天皇,所记则为"高野天皇",以及与山陵之地相关的追号。淳仁天皇被废而殁于淡路,所以只被记为"废帝"。其后的光仁天皇部分,所记为国风谥号,桓武天皇是《续日本纪》编纂时在位的天皇,所以被记为"今皇帝"。

表 4 六国史各卷卷首所记天皇名

日本书纪	神武(卷 3) (中略) 持统(卷 30)	神日本磐余彦天皇 (中略) 高天原广野姬天皇
续日本纪	文武(卷 1—3) 元明(卷 4—6) 元正(卷 7—9) 圣武(卷 9—17) 孝谦(卷 18—20) 淳仁(卷 21—25) 称德(卷 26—30) 光仁(卷 31—36) 桓武(卷 37—40)	天之真宗丰祖父天皇 日本根子天津御代丰国成姬天皇 日本根子高瑞净足姬天皇 天玺国押开丰樱彦天皇 宝字称德孝谦皇帝 废帝 高野天皇 天宗高绍天皇 今皇帝
日本后纪	桓武(卷 1—13) 平城(卷 14—17) 嵯峨(卷 18—31) 淳和(卷 32—40)	皇统弥照天皇 日本根子天推国高天彦天皇(卷 14、17 为 "天推国高彦天皇") 太上天皇 后太上天皇(推定,谥号为"日本根子天高 让弥远天皇")
续日本后纪	仁明(卷 1—20)	仁明天皇(仅见于卷 1 卷首)
文德实录	文德(卷 1—10)	(无记载)
三代实录	清和(卷 1—29) 阳成(卷 30—44) 光孝(卷 45—50)	太上天皇(仅见于卷 1 卷首) 后太上天皇(仅见于卷 30 卷首) 光孝天皇(仅见于卷 45 卷首)

在天皇死后敬奉谥号,是受中国制度的影响,经朝鲜传入日本。目前有说服力的看法是,这是天皇死后举行殡宫之仪的一环,从 6 世纪开始进行(和田萃《殡的基础性考察》,《史林》第 52 卷第 5 号,1969 年;和田萃《和风谥号的成立与皇统谱》,收入上田正昭等编《日本古代史专题讲座》下册,光文社,1980 年)。在另一方面,也有观点认为,7 世纪以前一般用宫号作为天皇的称号,追奉中国风的谥号并不是能追溯到这么早的习惯,《日本书纪》所载持统天皇等的国风谥号,是在它编纂时(养老四年)定下来的(山田英雄《关于古代天皇的谥》,收入《日本古代史考》,岩波书店,1987 年)。关于持统、

文武两位天皇,《续日本纪》所载送葬时敬奉的谥号(大宝三年十二月癸酉条、庆云四年十一月丙午条),与《日本书纪》和《续日本纪》内标题所记的谥号有所不同;至于元明、元正两位天皇,难以判明《续日本纪》内标题所记谥号是何时奉上的。圣武天皇因为已出家,所以薨逝时没有被奉上谥号,到天平宝字二年八月,才追奉了尊号"胜宝感神圣武皇帝"以及谥号。谥号制在8世纪发挥了怎样的功能,还有许多探讨的余地。8世纪末以降,还可以看到为光仁(延历元年正月己未条)、桓武(《日本后纪》大同元年四月甲午朔条)、平城(《类聚国史》太上天皇、天长元年七月己未条)、淳和(《续日本后纪》承和七年五月甲申条)各天皇的奉谥记事,但之后就不再实行谥号制了。

在另一方面,"文武天皇"这类所谓的汉风谥号,成立于8世纪中期左右。在《释日本纪》所引"私记"(元庆讲书时的记录?)中,师说称神武天皇以下的谥号是由淡海三船(722—785)所撰。神武以下至持统以及元明、元正天皇的汉风谥号,可能是三船在天平宝字六年(762)至八年间一举撰进的。文武天皇的谥号,已见于《怀风藻》,而后者之序写于天平胜宝三年(751);圣武天皇的谥号,也见于《续日本纪》天平宝字三年六月庚戌条之诏,所以在天皇的谥号被一举撰进之前,这两位天皇的谥号似乎已被单独撰进了(坂本太郎《关于列圣汉风谥号的撰进》,收入《日本古代史的基础性研究》下)。此外,为废帝(大炊王)奉上"淳仁天皇"的谥号,是在明治三年(1870)。圣武天皇之后,孝谦、称德、光仁、桓武、仁明、文德、光孝诸天皇皆有谥号,而一般还用皇居所在及山陵所在等作为追号(《帝室制度史》第六卷,帝国学士院,1945年)。

《续日本纪》各卷卷首的汉风谥号,仅见于有关文武、元明、元正、圣武四朝的各卷(除卷十七外),以及关于光仁朝的第一卷(即卷三十一)。日本《三代实录》也只在某代的第一卷记载天皇之名。在国史的卷首记下汉风谥号,并不被认为是一般的做法(前引坂本太郎《关于列圣汉风谥号的撰进》),很可能是追记的。至于世代之数的记载,依据的是《日本书纪》所记神武天皇以来的历代之数(将神功皇后计入历代天皇之列,但不承认大友皇子[弘文天皇]曾在位),但文武、元明、元正三位天皇,只在卷一、三、四、五、七、九记载其世代之数。这样的记载方式未见于其他国史,应该也是后代追记的吧。

年月日的记载

以下从卷首的记载转入内容。卷首记述的是天皇治世的开始,在进入编年式的记事前,会交代天皇的出身、性格等,即所谓的即位前纪。《日本书纪》模仿中国正史本纪的体裁,为每代天皇都设此纪,而《续日本纪》则不尽完备,或缺前纪,或置于某卷的中间,前文已有说明。

在一般的卷篇中,都会像卷二开头那样,记载"大宝元年春正月乙亥朔……戊寅……"之类。在编年体史书中,所有的历史事件按发生日期排序,每件事都记述在发生的那天之下,时间表述为年(大宝元年)、季(春)、月(正月)、日(乙亥朔、戊寅)。如果月、日不明,或是淫雨连绵等长期之事,则以"是岁""是夏""是月"等起句,记在当年、当季、当月的最后。如果记述事情的经过,当天以前发生的事情以"先是"起句,在当天结束则用"至是"起句(大宝二年二月乙丑条的注文等)。但地方交上来的报告等,到底系于当地发出之日,还是到达都城之日,很多都难以判断。

大宝、养老仪制令规定"凡公文应记年者,皆用年号",年必须以年号表示。但在这个规定制定之前,文武天皇元年—四年(697—700)是例外。新帝即位或出现祥瑞时就会改元。年号是天皇治世的象征,特别是天皇迭代时,改元的前一天用旧年号,改元当天则用新年号。道理虽是如此,但在《续日本纪》中,从改元当年的一开始,就全都采用新年号了。如灵龟三年(717)改元为养老元年是在十一月十七日,实际上养老元年的年号只用了一个半月,但卷七在当年一开始就记作"养老元年春正月乙巳……"。嵯峨天皇改元弘仁(810)之后,逾年改元(天皇即位的次年才改换先帝的年号)就成了通例,使用改元后的年号也就不会再有上述这种违礼的现象。《日本后纪》以下的诸国史大致都承袭了此制,在《续日本后纪》中,承和改元为嘉祥的承和十五年(848)还是以旧年号开始记述,这是唯一的例外。

另外,菅原道真的《类聚国史》分门别类地编集六国史的记事时,逾年改元的做法已固定下来了,在此基础上,该书对《续日本纪》的记事也作了相应处理,如元明天皇让位给元正天皇、和铜改元为灵龟是在那年(715)的九月二日,该日前后被分别记作"元明天皇和铜八年正月甲申朔""元正天皇灵龟元年十月丁丑"。

至于各个日期,都用干支表述。《日本书纪》记载为"大化元年秋七月丁卯朔戊辰",就算朔日当天无事可记,也一定会先写上朔日干支,再写所记之事当天的干支。而在《续日本纪》中,只要朔日无事可记,就不会写朔日的干支,但有一两处例外。之后的国史各有不同,如《日本后纪》不记,《续日本后纪》(写本的状态不佳,脱漏之处颇多)及《日本三代实录》则记。《日本文德天皇实录》只在卷九、十有记载,并未统一。

当时的历是太阴太阳历,一个月的长度是依月亮的盈亏而定。一个朔望月平均为 29.530589 日,所以通常以大月(三十日)和小月(二十九日)反复交替,大约每十六至十七个月就会出现连续两个月是大月的情况,月亮的盈亏与一个月对应起来。在现实中,因为日月运行的关系,有时也会出现不按上述顺序、大月与小月反复的情况。每年的历是由隶属阴阳寮的历博士制作后呈给天皇,再颁布给诸司。

在《续日本纪》中,日期依干支记录,但据《类聚三代格》所收诏敕、官符以及正仓院文书可知,作为《续日本纪》素材的公文书,其日期全都用某日来表示。《续日本纪》的编者在编纂该书时,大概在手边放着历书,据此将原资料的日期改写为干支。但原资料制作时所用的历与《续日本纪》编者所用的历有时存在细微的差异,而且即使历没有问题,《续日本纪》的编者在将某日改为干支时,也可能出现过失。如《续日本纪》卷一文武元年(持统十一年)八月朔的干支,《日本书纪》卷三十记为"乙丑朔",《续日本纪》记为"甲子朔",有一日之差,这是因为在《日本书纪》所用元嘉历中,七月是大月,而《续日本纪》所据仪凤历却定为小月(参照《新日本古典文学大系·续日本纪》卷一补注八"续日本纪的历法")。至于养老七年(723)七月去世的太安麻吕(安万侣),《续日本纪》所载日期与其墓志铭的记载有一日之差,应是两者所用之历不同所致。天平十三年(741)颁布建造国分寺的诏书,《续日本纪》将它系于三月乙巳(二十四日),但据《续日本纪》其他条及《类聚三代格》所载敕书等,应该是二月十四日(乙丑)。《续日本纪》的编者在改某日为干支时,或许因为某些事情而产生了错误。

如前所述,《续日本纪》在朔日无事可记时就不会记朔日的干支。当月的朔日干支为何,可据当时行用的仪凤历(麟德历)的计算方法来推算,以及按照正仓院文书中的文书类和其他文献中的日期加以推定(冈田芳朗《以古文书复原奈良时代的历日》,《日本史考究》第 13 号,1969 年)。但在现实中，根据文献确定的朔日与使用仪凤历计算出来的朔日存在不少矛盾之处（内田正男编著《日本历日原典》，雄山阁，1975 年）。

在最后一部六国史《日本三代实录》中，除一定记录朔日的干支外，还标出各个记事的日期，如"贞观元年己卯春正月戊午朔""七日甲子""八日乙丑"之类。这是每日记录天子举动的中国起居注的体例，之后也多为具有较强记录特征的史书所用，如《本朝世纪》及《吾妻镜》等。

诏敕与宣命

《续日本纪》记载的内容极为多元。一般而言，记载的是天皇的一举一动、朝廷的行事、国内的事件、政府发布的种种命令及处置等。

在《续日本纪》中，天皇即位、改元等国家大事发生时颁布的诏书，会用宣命体来写作。其原型是向集结于朝廷的官人们口头发布的天皇之命，这些都用国语原样记录下来，所以《续日本纪》的一大特色是保留了许多宣命，而宣命是研究上代语（6 世纪末至奈良时代的语言——校者注）的重要资料。

《续日本纪》记述的对象，是一个在律令制下，政府想要掌握领土内的一切，持续关注国内的各种动向，并提出相应政策的时代。因此，在六国史中，《续日本纪》的记述尤其会涉及社会百态。

在《续日本纪》中，政府发布的命令及行政处置被标以"诏曰""敕曰""制""太政官奏""太政官处分"等。一般说来，除处理日常事务外，律令制下政府发布的法令原则上都应是天皇发布的诏、敕，即使是由诸司及太政官动议，也得奏上天皇，得到天皇裁可，才会施行。但在现实中，则存在各种样态。这些法令都通过太政官的弁官所制"太政官符"传达到诸国。

在《续日本纪》记载的这些法令中，许多对应条文也见载于《类聚三代格》《令集解》《政事要略》等书。但两相对照，其内容及文字往往并不一致。《类聚三代格》所载这一时期的法令，是弘仁十一年（820）撰进的弘仁格，而弘仁格选取的是其编纂时现行有效的条文，即使同在一部格典中，那些已失效的部分都被删除、修正了。在《续日本纪》卷十五中，天平十五年五月乙丑（二十七日）条所载有名的垦田永年私财法，保留了依位阶等而限制面积的规定，这为《三代格》所缺，可能是因为该规定在弘仁格编纂时已经撤废（吉田孝《垦田永年私财法的基础性研究》，收入《律令国家与古代社会》，岩波书店,1983 年)。因为这种情况,还有其他不一致的例子。而在文字表达方面,需要注意的是,《续日本纪》编纂时,编者有时会对原本的法令文字进行润色。

叙位与任官

在《续日本纪》整体的记述中,官人的叙位和任官记录占了相当大的比例。关于叙位记事,以大宝元年(701)大宝令为基础的位阶制施行之后,《续日本纪》以下的诸国史在原则上记录的是五位以上的叙位者。这些记事的撰写依据,大概是作为叙位证明而赐给本人的位记底稿(备份),以及中务省、式部省保管的授位簿等。在《续日本纪》卷二十八神护景云元年八月癸巳条的叙位记事中,被认为是《续日本纪》编者所加的注文称,山上朝臣船主在翌年六月才被赐朝臣姓,"此据位记而书之",这就提示了记事的撰写依据(熊谷公男《位记与"定姓"——以续纪所见叙位记事与赐姓记事的龃龉为中心》,《续日本纪研究》第 183 号,1976 年)。但《续日本纪》原本就没有充分搜集这些记录,而且在编纂过程中又删除过记事等,所以叙位记事并未被网罗殆尽。如卷三庆云四年二月甲午条仅载,诏授成选人等位,男女一百一十人,但他们的名字被略去了。

叙位记事的排列有一定的标准。从《续日本纪》的叙位记事来看,它区分为(一) 为亲王叙品、(二) 为参议以上的议政官叙位、(三) 升叙为三位以上、(四) 升叙为五位以上,(三)、(四) 又各自被区分为诸王、诸臣群体。在各个群体中,又会按照新叙位的位阶高下排列,在升叙至同一位阶的人当中,再依此前所授位阶的高下进行排序。但若是从六位以下向五位以上叙爵者,就不依此原则。若是从相同的原位阶升叙至相同的新位阶,《续日本纪》因所据授位簿的材料不全,所以没有一定的标准,而《日本后纪》以下的诸国史,虽然在升叙为三位以上时存在例外,但一般是依此前所授位阶的叙进先后为序(黛弘道《律令官人的序列》,收入《律令国家成立史的研究》,吉川弘文馆,1982 年)。若同日为女官叙位,则在男官之后,按照与男官相同的标准排列。

另外,在《日本三代实录》中,叙位记事逐一记录各官人所任的官职,虽然周到,但失之繁琐,以致在后世的传抄过程中,许多叙位记事反而被省略,无法流传至今。

其次是任官记事,原则上依然以五位以上的官人为记述对象。其素材应该来自式部省、兵部省保管的文官、武官的任官簿,也有可能是为敕任官、奏任官举行任官仪式(所谓"除目")时制作的、相当于后世"大间书"这样的任官底帐(早川庄八《八世纪的任官关系文书和任官仪》,收入《日本古代官僚制的研究》,岩波书店,1986 年)。卷四和铜元年三月丙午条的任官记事作为典型之例,可见其排列依循职员令(大宝令称《官员令》)所定官司、官人的顺序,作为内武官的卫府、马寮等官人被置于京职之后、摄津职之前。造宫省、内匠寮等新设单位的官员,即所谓令外官,也按照所属关系,排在适当的位置。诸国的国司,置于摄津职之后,依畿内七道的顺序排列。大宰府在职员令中被置于摄津职之后、国司之前,但在《续日本纪》中则位于南海道国司之后、西海道国司之前。

《续日本纪》的任官记事比叙位记事更不完备。特别是卷二十以前的前半部分颇多不足,就国司而言,只记录了守的情况,介的补任记事基本阙如(馆野和己《续纪的国司记事的特征和问题点》,《续日本纪研究》第 213 号,1981 年)。另外,《日本三代实录》在任官记事上一定会仔细地记录前任及兼任之官,便于了解官人的经历及诸官的在任状况,但也失之繁杂,特别是后半部分采用"除目六十四人"等形式,所以在转抄过程中,任官记事大多都被省略了。

人物的传记

《续日本纪》撰有未见于《日本书纪》的、针对天皇治绩的论赞,以及在人物死亡、配流等处附加其传记。

《续日本纪》并没有为每位天皇都撰写论赞,这仅见于称德(孝谦)天皇和光仁天皇葬送的部分(卷三十宝龟元年八月丙午条,及卷三十六延历元年正月庚申条)。对光仁、桓武天皇的王朝而言,为标榜自己膺受天命,必须披露前朝称德天皇的恶政,而且与此进行对比,也有必要高度评价新王朝之祖光仁天皇的治政。《续日本纪》只为这两者附加论赞,可见与其编纂意图的密切关联性。

在中国的正史中,人物传记是放在本纪之外的列传部分。但正史的基础是各位皇帝的实录,在实录中,人物死亡等段落常常也会加入长篇传记。从《续日本纪》开始的日本国史中都有所谓的薨卒传,大概模仿的是中国实录的体裁吧。

《续日本纪》的原则是，记录四位以上官人的死亡，但并未将四位以上官人的死亡记录网罗殆尽，而且许多情况下只记录当事人死亡的事实，或仅介绍他的谱系、家累。传记性的记事大多为三位男臣所撰，后半部分的卷二十二以降，原则上会在记录三位男臣死亡的地方附载其传记（林陆朗《关于〈续日本纪〉所载传记》，收入岩桥小弥太博士颂寿纪念会编《日本史籍论集》上，吉川弘文馆，1969年）。在卷二十以前的前半部分，除道昭、道慈、玄昉、行基四僧有传外，只有卷八养老二年四月乙亥条立有道君首名之传。在《续日本纪》整部书中，首名的传记是唯一一例为五位男臣所撰之传。该传详细记载首名担任筑后、肥前国守时施行的善政，这可能立足于桓武天皇时代的政治思想，在编纂《续日本纪》时特别加上的吧（前引林陆朗《关于〈续日本纪〉所载传记》）。

另外，在《日本后纪》《续日本后纪》中，立传也限于四位以上之人，《日本文德天皇实录》《日本三代实录》则扩大到五位以上。

四、《续日本纪》的流传和研究

中世、近世时期的《续日本纪》

《续日本纪》完成后，国家依然继续开展史书编纂的工作，直到10世纪初的《日本三代实录》完成为止。之后朝廷虽然也设有"撰国史所"，推进编纂工作，但并无成果，结果就是只有《日本书纪》到《日本三代实录》的"六国史"，作为古代国家修史工作的成果流传后世。

在平安时代以后的史料中，以《西宫记》等故实书（记载仪式、法制、服饰等旧规定或习惯的书籍——校者注）为首，曾对《续日本纪》加以引用，引用时一般标以"国史云"，并不与六国史的其他史书相区分。原因之一大概是菅原道真将六国史的记事分类整理，编纂了《类聚国史》，可以据此检索六国史的记事。同时，除《日本书纪》记述了国家成立的由来外，其他诸国史并无作为史书的独特个性，千篇一律，不过都是政府对国家实施统治的记录而已。

六国史所述历史时期的终点，是日本古代国家发生重大变化的时期，伴随着国际情势的变化,作为支配阶层的天皇及贵族的意识也发生了重大变化。他们行事时重视先例,但这些先例基本不会上溯到摄关政治成立的 9 世纪末到 10 世纪初以前。对他们来说,《续日本纪》所述的 8 世纪律令时代,是一个拥有特殊的政治形态、社会组织的异质世界。

国史及律令等古代文献,是靠传抄流传后世的。像国史这样大部头的文献,手抄需耗费极多精力,能留存下来的数量自然是有限的。即使是平安时代,也只在上等贵族及学者之家,六国史作为国家正史才受到重视,如藤原通宪(信西,? —1159)的藏书目录记载,在第一百一十柜中,收藏着《续日本纪》全四十卷,以十卷为单位,分为四帙。而由笃学的花园天皇(1297—1348)的日记可知,他曾阅读过《续日本纪》(《花园天皇宸记》元亨二年八月二十六日条)。

在中世时期,伊势神道兴隆,记述国家成立由来的《日本书纪》,被赋予了新的理念性意义,颇受重视。但《续日本纪》以下诸国史的传抄,则面临重重困难。今天所存《续日本纪》古写本,就是在这样的情况下,因少数人的努力而流传下来。作为本书系(指"新日本古典文学大系"——校者注)的底本,篷左文库本卷十一至四十的三十卷,原是北条实时(1224—1276)在关东所创金泽文库的旧藏本;同样地,校订所用为天理图书馆藏兼右本,追考其谱系,则源自尽力保存六国史的中世神道世家卜部家代代传抄、反复修补的写本,在永正十二年(1515),卜部本又由三条西实隆(1455—1537)、公条(1487—1563)父子再行抄录(永正本)。包含《续日本纪》在内,三条西实隆父子在六国史流传上可谓居功厥伟(坂本太郎《六国史的流传与三条西实隆父子》,收入《古典与历史》,吉川弘文馆,1972 年)。

进入 17 世纪,江户幕府的支配体制形成后,幕府留心收集并普及古典,编纂了《本朝通鉴》等史书。水户藩及尾张藩等诸藩也致力于繁荣学问。前述金泽文库旧藏《续日本纪》,在庆长十七年(1612)由伊豆山般若院献给德川家康,家康补写了缺失的卷一至卷十,在元和二年(1616)家康死后,该本就给了尾张的德川义直。尾张藩在义直的领导下,对六国史进行校订,又于正保三年(1646)编纂了《类聚日本纪》。在另一方面,水户藩计划编纂《大日本史》,在收集史料的同时,推进主要史书的校订工作。德川光圀亲自校订《续日本纪》,其成果就是所谓的"义公校订本",由水户彰考馆保存。《续日本纪》的木刻版，由立野春节校订，于明历三年（1657）开始印行，包括后印本在内，作为近世唯一的刊本，该本得到普及，被用于研究。

《续日本纪》所述律令时代的历史，在进入近世后，逐渐成为学问研究的对象。特别是从 17 世纪末期开始，儒教的古学派兴起，如荻生徂徕（1666—1728）所撰《南留别志》及伊藤东涯（1670—1736）所撰《制度通》，都以古代政治制度作为研究对象，又因国学兴盛，其宗旨是以古代为理想社会、摒弃后代的价值观念、通过纯粹的文献学方法进行探究，这就使《续日本纪》研究更为活跃。本居宣长（1730—1801）认为《日本书纪》因"汉心"而有悖古传的旨趣，仅给予较低的评价；至于《续日本纪》，他认为在运用上代语的宣命上，《续日本纪》的编者保留了诏敕的古语原貌，因而给予较高评价，且撰写了《续纪历朝诏词解》，确定宣命的训读，并对历史事实加以注解。

宣长之后，各地国学者辈出。宣长过世后，其门人伴信友（1773—1846）着意阐明《日本书纪》作为史书的风格，撰写《长等的山风》，交代《日本书纪》撰述和润色的经过；至于《续日本纪》，他撰写了《续日本纪中古老错乱之文》《撰续日本纪次第考》《续日本纪中的年代历》（均收入《比古婆衣》）等，进行一系列的文献学考察。不过，一般而言，他没有对《续日本纪》作为史书的风格进行探究，对《续日本纪》的重视，也只是把它与其他国史及律令等放在一起，用作研究古代政治、制度等的素材而已。许多学者都曾校对《续日本纪》的诸多版本，抄出其记事，分门别类，制作目录、索引，推进将《续日本纪》作为史料的基础性工作。《续日本纪》的校本，以前述水户藩所校为开端，还有狩谷棭斋（1775—1835）、伴信友等许多学者的校订流传至今。若浏览《国书总目录》，就会看到先学所撰、许多名为"私记""考文""闻书""问答""摘要""部类""略注"等的《续日本纪》研究，见藏于各地的图书馆及文库。像这样校订各种古典、考究古代事物及诸制度蓄积起来的业绩，作为近世学问的遗产，奠定了明治以后史学发展的基础。

在近世对《续日本纪》的注释中，值得注意的作品有河村益根（1756—1819）的《续纪集解》，以及村尾元融（1805—1852）的《续日本纪考证》。河村益根的父亲秀根（1723—1792）是尾张藩的学者，师从吉见幸和（1673—1761），开创了河村家独特的纪典学，以探究日本的古典正史。益根精通汉学，特别是训诂学，协助父亲完成《书纪集解》，厘清《日本书纪》的汉文出典，为阐明《日本书纪》作为史书的特质,开辟了道路(阿部秋生《书纪集解开题》,《国民精神文化文献》五,收入临川书店版《书纪集解》首卷,1969 年)。从《续纪集解》到《三代实录集解》,诸国史的"集解"上都署上了秀根、益根父子之名,但实际上是在秀根死后,益根于文化三年(1806)至十四年间执笔完成的,其稿本现藏于名古屋市鹤舞中央图书馆。其中,《续纪集解》以《续日本纪》每二卷为一册,共有二十册,据题识称,此书于文化三年六月到八年五月间写就,在五国史的"集解"中最为详密,与《书纪集解》一样,以探究汉文出典为中心(村上明子《关于续纪集解》,《续日本纪研究》第 4 卷第 4 号,1957 年;镰田元一、佐藤进、矶部彰《〈续纪集解〉引用汉籍索引》,《富山大学人文学部纪要》第 7 号,1982 年)。在引用汉籍方面,有学者指出,他使用了当时已传入日本、安永九年(1780)刚刚出版和刻本的《康熙字典》(前引镰田等氏《〈续纪集解〉引用汉籍索引》)。

其次是村尾元融的《续日本纪考证》,这是近世唯一一种对《续日本纪》全书进行注释并刊行的作品。元融是远州浜松出身,学习国学,校勘、研究了《续日本后纪》《类聚三代格》等多部古典。《续日本纪考证》全十二册,以印本(明历刊本)为底本,用永正本、金泽本等六种写本进行校订,在注解中引用了谷川士清(1709—1776)、本居宣长、蒲生秀实(1768—1813)、狩谷棭斋等许多学者的学说,兼顾正文的校订与注解两个方面,是明治以后相关研究的基础(坂本太郎《续日本纪考证的价值》,《日本古代史的基础性研究》上;村尾次郎《村尾元融及其学问》,收入国书刊行会版《续日本纪考证》附录,1971 年)。《考证》完成于嘉永二年(1849),但未能在元融生前出版,他过世后,其子元矩等进行校正,于明治三年(1870)经浜松藩之手得以出版。

近代的研究进展

明治维新后,政府设置修史局,想要接续六国史,进行国史编纂,并在各地搜集、探访史料等。明治二十年(1887),在帝国大学文科大学设置史学科,由德国人里斯(Ludwig Rieß)出任教职,尝试开启学院派史学。在经历了剧烈的历史性变革后,历史因与政治性、社会性实践相关,所以颇受人们关注,以山路爱山(1865—1917)为代表的在野史家也提出了振聋发聩的史论。

记述国家起源的《日本书纪》,阐明了作为国家主权者的天皇其地位的由来,所以在近代还是被当作"神典",享有不可侵犯的权威地位。将《日本书纪》作为文献、探究其性质的近代式研究,由津田左右吉(1873—1961)首开风气。但津田的研究还是被认为冒渎皇室的尊严,在昭和十五年(1940)被问罪。

作为史书,《续日本纪》不像《日本书纪》那样有明确且强烈的立场,其性质主要是对国家统治的具体记录,进入近代之后,对它的评价也没有特别的变化,它作为古代史研究的基本文献而受到尊重。在《续日本纪》的校订、出版方面,值得注意的是田口卯吉(鼎轩,1855—1905)。卯吉主管的经济杂志社发行杂志《史海》,对史学的普及有所贡献,而且致力于复刻、编纂史书,该社出版了"国史大系"。《续日本纪》作为其中一册,出版于明治三十年(1897)。协助其事的黑板胜美(1874—1946)后来继承了这一事业,对于日本史的基本史料,采用最好的底本,加以严谨的校订,全力以赴地出版了"新订增补国史大系"全六十六册。《续日本纪》作为其中的第二卷,出版于昭和十年(1935),与收在"大系"中的律令格式及其他国史一起,作为最好的校订本,现在广为利用。

在另一方面,自明治末年开始,宫内省图书寮对六国史进行校订,其中发挥核心作用的佐伯有义(1867—1945)于昭和三年(1928)在朝日新闻社出版了《(校订标注)六国史》。后来,他又利用《类聚国史》及《日本纪略》等,尽可能地复原、补足了《日本后纪》的佚失部分,于昭和十六年完成《增补六国史》。其中,对《续日本纪》的标注以《续日本纪考证》等近世以来的注释为基础,辅以正式的解题,迄今仍是《续日本纪》研究的基本文献之一。

关于《续日本纪》的成书与性质的研究,早年有佐藤诚实(1839—1908)所著《上〈续日本纪〉表约解》(《国学院杂志》第 5 卷第 9—12 号,1899 年),坂本太郎(1901—1987)围绕以六国史为中心的古代史书,常年探究其成书由来、各自特性、流传过程等,发表了许多论文。昭和四十五年(1970)出版的《六国史》,是足以把握六国史整体面貌的上乘之作。

二战后,日本古代史研究从诸多桎梏中解放出来,有了显著进步,《续日本纪》作为 8 世纪的基本史料,与律令及正仓院文书等一起,发挥着越来越重要的作用。各地都出现了以《续日本纪》为主题的研究会,其中大阪历史学会古代史分会于昭和二十九年(1954)发行《续日本纪研究》杂志,作为全国古代史研究者发表成果的平台,为学界贡献良多,至今仍在发挥作用。

为了将《续日本纪》作为史料加以利用,在研究者的努力下,各种索引工具也陆续编成。如山田英雄《续日本纪人名索引》(昭和二十九年[1954])、熊谷幸次郎《续日本纪索引》(昭和三十三至三十七年[1958—1962])、六国史索引编集部编《续日本纪索引》(昭和四十二年[1967])等。另外,天应元年(781)以前的古代文献所见人名,已全部收入竹内理三、山田英雄、平野邦雄编《日本古代人名辞典》全七卷(昭和三十三至五十二年[1958—1977]),其出版为研究者提供了极大便利。而且与《续日本纪》所涉时代相关的史料,也由《续日本纪史料》进行编年式的网罗、整理,从昭和六十二年(1987)起,由皇学馆大学史料编纂所编纂、刊行。

近年来电子设备的快速发展与普及,推动了使用大型计算机开发各种文献数据库的工作。在日本古代的史料方面,木简及《延喜式》等数据库正在制作,至于《续日本纪》,以星野聪为中心的京都大学大型计算机中心完成了数据库,为学界提供了试用版。这使得《续日本纪》的逐字检索成为可能。

1960年代以降,木简、漆纸文书、以稻荷山古坟出土的铁剑铭为代表的金石文献等新出土的文字史料相继被发现,再加上都城及官衙、城栅遗迹的发掘调查等历史考古学的进步,古代史学迎来了新局面。在这种情况下,即使是国史及律令、正仓院文书等已知的文献史料,学界也不再满足于"新订增补国史大系"及《大日本古文书》等的校订,还要在正确把握文献流传状况的基础上,并以此为立足点,通过更加严密的校订,争取制作出能够体现研究进展的正本。关于《续日本纪》,北川和秀、镰田元一等对写本系统进行了调查研究,以往对宣命的校订、训读大多原封不动地沿袭本居宣长《续纪历朝诏词解》之说,北川氏则通过对写本系统的调查,于昭和五十七年(1982)制作了新的校订本(《续日本纪宣命[校本·总索引]》)。

因为遗迹的发掘以及《万叶集》等文学作品,越来越多的人关心古代史,古代史研究的受众范围进一步扩大,这也是近年的显著特色。与此相应,人们更加希望古代文献可以采用更易于理解、更平易近人的形式。在这样的情况下,昭和六十一年(1986),以《续日本纪》现代语译为中心,学界开始陆续出版以下作品:直木孝次郎等译注的《续日本纪》(东洋文库),林陆朗《[全译注释]续日本纪》(古典文库)则为训读文增加了简洁、确切的注解。

结　语

讨论完《续日本纪》的成书、内容、流传经过等，最后让我们再一次回过头来检视《续日本纪》的特质。

《续日本纪》作为史料，其价值在于具体地展示了依据律令进行运作的8世纪的政治，以及当时社会的样态。《续日本纪》当然是官方的史书，是为提高国家权威而制作的书籍，但8世纪的政府非常希望能够支配全国的土地、人民，始终关注社会上出现的各种事件、现象，毫不懈怠地为此施加对策，其结果就是，与六国史中的其他国史相比，《续日本纪》更能反映当时政治、社会的具体面貌。

《日本书纪》成书在《续日本纪》之前，记述的是从国家创立开始漫长的历史阶段，能够依据的材料也少，且传说性的内容较多。而且《日本书纪》担负着阐明国家统治由来的历史性使命，编纂者又热衷于撰写一部能与中国史书并驾齐驱的作品，所以《日本书纪》建构的历史体系是以8世纪的国家理念为基础，它还尽可能地运用了中国的古典修辞。与此相比，《续日本纪》成书于律令国家官制机构已然完备的时期，能够引据的可靠材料也多，没有必要像《日本书纪》那样非要摆出作为史书的架势来，在很多情况下，它秉持的原则是将流传下来的记录原封不动地编集起来。当然，在其编纂的背后，也蕴含着桓武天皇想要阐明新王朝立场的意志，如前所述，这可从论赞的存在及内容的整理等推测出来。但整体来看，我们很难发现《续日本纪》的编者曾因政治意图而修改原资料，虽然其前提还是所谓的官方史料，但被认为是可以信赖的史料。对国家而言，国史的编纂具有"资政"的意义，《类聚国史》的编纂更加说明了六国史的这种性质，但这种对现实政治的实用价值，也可以看作是记录的客观性来源吧。

今天的8世纪史研究，不再只以《续日本纪》为依据，而是要求研究者必须综合多项元素，进行多方面考察，如对大量的正仓院文书以及木简、漆纸文书等的利用，都城、官衙、城栅等遗迹及遗物，广泛适用于中国、日本的律令诸制度，以及对作为其背景的社会体制的理解等。但即便如此，对于历史性地把握8世纪政治、社会、文化诸现象的演变而言，《续日本纪》还是重要的基础。作为 8 世纪的基本史料,想必《续日本纪》的地位今后也不会改变。

《续日本纪》与古代文学的关系,我们该如何看待?《续日本纪》的体裁模仿的是中国历代皇帝的实录,而中国的正史及实录着重叙述的是皇帝及诸臣的性格及行为,作为活灵活现地展现人们活动的舞台,它们想要从中把握住历史。与此相对,六国史,特别是《续日本纪》,明显欠缺"列传"的元素,很少将刻画当时的人物形象本身作为记述的目的。相比于《古事记》,虽然《日本书纪》因政治意图而对原来的传说多加润色、修改,但其中的许多歌谣和传说,以及对大化改新时等的政变和壬申之乱等政治性事件的记述,都将焦点放在登场的人物身上,展开栩栩如生的描写。而与《日本书纪》相比,不得不说,《续日本纪》本身明显欠缺文学性。但从另一方面来说,《续日本纪》是 8 世纪的日本人留下的少数汉文书籍之一,作为敕撰史书这种高级著述,是了解当时日本人如何亲近中国古典、汉文修养的积累程度为何的绝好资料。而且其中所包含的宣命,则是探究古代国语、国文的宝贵资料,这也毋庸赘言。

《续日本纪》是 8 世纪的史书,《万叶集》及《怀风藻》也诞生在那个时代。对于了解成为文学背景的当时的社会、文化而言,《续日本纪》的记述是不可或缺的材料。对史家来说,若想进入当时之人的内心,去了解 8 世纪的历史,就不能缺少对这些文学的理解。期待随着研究的进步,我们对 8 世纪的时代认识可以更加丰满。

(本文原载青木和夫等校注《続日本紀》(一),"新日本古典文学大系"12,岩波书店,1989 年。)

严茹蕙 译 赵 晶 校

正 仓 院 文 书

杉本一树

首次将存于正仓院宝库中的一批古文书命名为正仓院文书者,是著名的幕末学者、好古家穗井田忠友。他在天保四年(1833)正仓院"开封"之际参与了对宝物的清点、检查,同时首次着手整理保存于库内唐柜中的古文书,编成《正仓院古文书》(即《正集》)45 卷。自那之后,正仓院文书为世人所知,作为古代史的重要史料迅速受到关注(皆川:1972)。本文将以这些正仓院文书为研究对象,从分布·传来论、样式·功能论、形态论三个视角依次展开论述。

一、从分布论、传来论的视角出发

1. 正仓院文书的位置

正仓院文书是奈良时代东大寺写经所留下的一大文书群。此写经所可溯源至圣武天皇的夫人光明子的府邸中进行的写经活动,随着光明子被立为皇后,在皇后宫职下设立的写经所则是它的前身。在整个奈良时代,它以写经活动为中心,表现极为出色(福山:1982)。

存放正仓院文书的正仓院宝库原本是作为东大寺的正仓建立起来的,收藏着许多世上有名的美术工艺品及染织品等正仓院宝物。这些宝物的由来与系统皆不单一,"正仓院文书"一词通常是指与写经所有关的文书(狭义),此外也有广义的用法,还包括与正仓院宝物的成立直接相关的书卷、文书类等。一旦扩大了范围,定义的外延就会变得模糊,如该如何对待被用作宝物的材料或附属品的反故文书(纸背文书,被翻过来再利用其背面的文书——校者注),以及并非写在纸上而是写在木片上的文书等。再加上自明治时期以来,文书本身也作为属于中仓的宝物加以存放,情况就变得愈加复杂。本文首先不局限于"文书",而是从正仓院现存的文字资料的角度出发进行大体分类,在此基础上再着手确定"正仓院中的文书"的位置(表1)。

对所谓"正仓院中的文书"的理解,是从所在位置、分布论的角度出发作出的区分。占主要部分的是[Ⅰ]之(3),"正仓院古文书"(仅在表示正仓院中的区分现状时,特别使用该词语)共计667卷5册。将它与从传来论的视角所见的正仓院文书即"写经所留下的文书"叠加起来,就会发现两者的范围基本重合,只有一部分存在些许差别。以下将讨论这一问题。

(1)不在"正仓院古文书"中的正仓院文书

在正仓院宝库之外,也存在着依传来论可称为正仓院文书的资料。这些资料是自天保年间穗井田忠友整理之后起,在宝物修复、整理的过程中流至库外的。迄今为止判明其所在和揭示各自本来所属的研究,由最近刊行的国立历史民俗博物馆编《正仓院文书拾遗》集其大成。其中如日名子文书、御物整理挂购入文书等,又复归正仓院所藏,但应当说是特例。

此外,续修后集最初编为53卷,之后又将其中第28—36卷这九卷和相当于53卷目录的别卷(明治27年[1894]编辑)并为十卷,改属东南院文书。当时还有其他本应留作正仓院文书的也一起被转走了。东南院文书来自收纳东大寺重要物品的印藏,在明治初年曾献给皇室,所以其性质不同于正仓院文书(堀池:1980a)。

表1 正仓院中的文字资料

[Ⅰ]正仓院宝物([Ⅱ]以外的东西)

(1)典籍:杂集,乐毅论,杜家立成(以上,北仓3),诗序(中仓32),梵网经(中仓34)

(2)与宝物的捐入、出纳管理相关的文书

    ① 献物帐5卷:国家珍宝帐,各种药帐(天平胜宝8.6.21献物帐[8.6.21表示"八年六月廿一日",下同——校者注]。以上,北仓158),屏风花毡等帐(天平胜宝8.7.26献物帐。北仓159),大小真迹帐(天平宝字2.6.1献物帐。北仓160),藤原公真迹屏风帐(天平宝字2.10.1献物帐。北仓161)

    ② 曝凉帐4卷:延历6.6.26曝凉使解(北仓162),延历12.6.11曝凉使解(北仓163),弘仁2.9.25勘物使解(北仓164),齐衡3.6.25杂财物实录(北仓165)

    ③ 出纳相关文书:礼冠礼服目录断简(北仓166),杂物出入继文(北仓167),沙金桂心请文(北仓168),出藏帐(北仓169),出入帐(北仓170),王羲之书法返纳文书(北仓171),杂物出入帐(北仓172),御物纳目散帐(北仓173)

（续表）

(3) 正仓院古文书
　　① 正仓院古文书 45 卷(所谓的正集。中仓 15)
　　② 续修正仓院古文书 50 卷(中仓 16)
　　③ 续修正仓院古文书后集 43 卷(中仓 17)
　　④ 续修正仓院古文书别集 50 卷(中仓 18)
　　⑤ 正仓院尘芥文书 39 卷 3 册(中仓 19)
　　⑥ 续续修正仓院古文书 440 卷 2 册(中仓 20)
(4) 杂札(木简。中仓 21)·往来(题签轴。中仓 22)·付札
(5) 宝物及纳器的铭文
　　① 生产·制作者所写之物：调庸铭等
　　② 所有·使用者所写之物：使用者名、所属堂舍名、斤量检定文等
　　③ 其他：鸟毛篆书屏风、鸟毛帖成文书屏风等
(6) 成为宝物材料·附属品的反故文书：鸟毛立女屏风本纸·覆褙纸，华严经论帙覆
　　褙纸，鸟兜残件覆褙纸等
(7) 古裂·尘芥整理中出现的文书等断片：官户月粮下给帐断简，屏风缘裂裱褙等

[Ⅱ] 东大寺献纳图书(中仓 14)
(1) 东大寺封户敕书 1 卷(天平胜宝元)
(2) 东大寺封户处分敕书 1 卷(天平宝字 4.7.23)
(3) 造寺司牒三纲务所诸国封户事 1 卷(天平胜宝 4.10.25)
(4) 东大寺山堺敕定 1 卷(天平胜宝 8.6.9)
(5) 东大寺山堺四至图 1 张(天平胜宝 8.6.6)
(6) 东大寺开田地图 10 张(近江、越前、越中)
(7) 山水图 2 张[无文字，为便于分类而归入此处]
(8) 殿堂平面图 1 张[同上]
(9) 酒人内亲王献入帐 1 卷(弘仁 9.3.27)
(10) 东南院古文书 112 卷(付敕书铜板)

[Ⅲ] 圣语藏经卷
(1) 圣语藏经卷
(2) 与书写经卷有关的记录(经师、校生)、跋等
(3) 圣教类纸背文书

[Ⅳ] 其他
(1) 日名子文书，佐保山晋圆献纳文书，御物整理挂购入文书

（2）不在正仓院文书中的"正仓院古文书"

667 卷 5 册的"正仓院古文书"中也包含了相当多不属于狭义正仓院文书的资料。以下枚举数例：① 正集第 2 卷的民部省牒，是在穗井田忠友整理后至明治初期为止的这段时间内，由某些人将存于东大寺药师院的文书塞到了现在这个位置（皆川：1972）。② 续修后集第 3 卷是弘长元年（1261）后嵯峨上皇御览宝物时的目录，尘芥文书第 16、18、23、36 卷是与东大寺纲封藏的开检与出纳有关的文书，年代为平安时代末期。③ 续修后集第 43 卷收录了被用作鸟毛立女屏风覆褙纸的反故文书（东野：1977a）。④ 续续修最末的第 46、47 帙前后有许多很难被称为文书的资料，如续续修 46－9、47－4 收录的反故文书，与鸟兜残件（南仓 3）的覆褙纸文书为同一类别（东野：1977b）。⑤ 续修后集第 28 卷的卷首收有经帙模型，其目的是将经卷卷起来收纳。另外，关于尘芥第 34 卷收录的二纸，根据折痕复原后可知这是有神龟元年铭文的漆柄香炉箱（南仓 52）的一部分内衬。④⑤两例都属于纸制品的范畴。⑥ 续修别集第 45、46 卷的一部分及续续修收有誊抄经卷过程中被丢掉的经卷用纸，从传来的视角来看，不得不把它们称为正仓院文书。其中续修别集第 45 卷收有一部分鸠摩罗什译的小品般若波罗蜜经，残存 12 纸 299 行，其规格与圣语藏所传五月一日经一致。不知这么有分量的资料为何会被废弃。

若精查全部的"正仓院古文书"，类似的例子还会有所增加，在此暂先搁置。由此可以说，667 卷 5 册的"正仓院古文书"几乎等同于从传来论视角理解的"正仓院文书＝写经所留下的文书"。奈良时代的文书能像这样被成体系地保存下来是非常罕见的，这多亏了以天皇敕封为核心的管理体制，正仓院宝库才被严加保护。另外，还有必要考察一下正仓院文书被存入宝库的经过。

2. 正仓院文书的传来

关注正仓院文书的传来，并对它进行全面系统整理的学者是吉田孝（吉田：1965、1983）。其分类结果总结在一张表格及其详细的注释中，在此仅转载其中与本文有直接关系的"［乙］存放于写经所政所的文书"部分（表 2）。

表 2 正仓院文书的构成

表文书(二次文书——校者注)	里文书(一次文书——校者注)、反故文书
[甲] 与收纳器物相关的残存文书 　　(细目省略) [乙] 放于写经所政所的文书 [A] 写经所相关文书⑥ (a) 于写经所(广义)写就的文书…… 　写经所的事务帐簿 　写经所相关者向写经所提交的文书 　写经所发出的文书草稿 　写经所发出,获上司确认等后又返 　　还的文书 　发送至写经所的文书草稿 　其他⑦	 (一) 于写经所政所反故的文书 (1) [A] 写经所相关文书中,不是作为表文书 　　留下来的、但被用过背面的文书 (2) 造东大寺司告朔解案⑧ (二) 于造东大寺司(金光明寺造物所)政所 　　反故的文书⑨ (三) 于皇后宫职反故的文书⑩ (四) 于中央官司反故的文书(户籍等公文) 　　⑪
(b) 送至写经所的文书 (ⅰ) 来自造东大寺司的文书……	于造东大寺司政所反故的文书⑫
(ⅱ) 来自皇后宫职(紫薇中台・坤宫 　　官)的文书………………	于皇后宫职(紫薇中台・坤宫官)反故的文 书⑬
(ⅲ) 来自他处的文书………………	无
[B] 造石山寺所相关文书 　　(包含石山写经所相关文书)⑭ (a) 于造石山寺所(广义)写就的文 　书…………………… 　造石山寺所的事务帐簿 　造石山寺所的下属机构(山作所等)・ 　　相关人员向造石山寺所提交的 　　文书 　造石山寺所发出的文书草稿 　发送至造石山寺所的文书草稿	 (一) 于造石山寺所反故的文书 (1) [B] 造石山寺所相关文书中,不是作为 　　表文书留下来、但被用过背面的文书 (2) 造东大寺司告朔解案⑧ (3) 但波吉备麻吕计帐手实继文(神龟元— 　　天平 14)⑮ (二) 从奈良带到造石山寺所的文书 (1) 天平末—胜宝 4 年文书⑯ (2) 越前相关文书(胜宝 6—宝字 4)⑰ (3) 彩色相关文书(胜宝 9—宝字 2)⑱ (4) 写经相关文书(宝字 2)⑲ (5) 东塔所相关文书(宝字 3—4)⑳ (6) 法华寺阿弥陀净土院金堂相关文书(宝 　　字 4)㉑ (7) 其他(宝字 2—5)㉒
(b) 送至造石山寺所的文书 (ⅰ) 来自造东大寺司的文书…………	于造东大寺司政所反故的文书㉓
(ⅱ) 来自他处的文书………………	无

注: 转载了吉田:1983 的部分表格。带圈数字表示原文中对应文书的示例。

　　吉田的方法是将数量庞大的正仓院文书进行表里关系的分析，x 轴设定［A］写经所相关文书与［B］造石山寺所相关文书两项，y 轴从传来的契机这一角度设置两项：成为传来契机的文书＝表文书，未成为传来契机的文书＝里文书、反故文书，也就是将整体大致分为四个象限。这种方法有效抓住了正仓院文书的特点，对之后的研究产生了极大的影响。接下来将参考吉田的观点，对正仓院文书的传来再作探讨。

　　首先要考虑的问题是，若立足吉田这种将全部正仓院文书分为表文书与里文书、反故文书两类的观点，那么每个对立项作为一种类别有什么意义？其中最重要的问题是，表文书＝成为传来契机的文书这种说法是否合适。

　　其实，正仓院文书是在何时、通过什么途径进入正仓院宝库，这点并不清楚。目前可以明确的只有以下情况：在奈良时代末期，东大寺写经所的活动停止，写经所的事务文件失去了本来的作用。它们被分藏于多个唐柜中，收入以现宝库为中心建造起来的造东大寺司的仓库，随后被逐渐遗忘。该仓库不久也被废弃，正仓院文书最终也被收入正仓院宝库（熊谷：1981）。

　　关于正仓院文书存入宝库的原因，吉田最初认为与写经所的核心活动有关，即光明皇后发愿抄写一切经（以五月一日经而闻名）（堀池：1980b；吉田：1965），但后来又修正了此说，重新采用了前述的观点（吉田：1983）。笔者也认为这一修正是正确的，因为这与抄写隔了相当长的时间，仅以显示渊源为由，说明文书随经卷而动，略显牵强。然而，旧说认为正仓院文书流转的目的是为了显示经典的由来，相比之下，新说并未说明流转的原因。

　　无论是送至写经所的文书，还是残留的草稿，保存起来的东西在数月、数年之后被翻过来再行利用时，之前的任务就完成了，被推向了纸背文书的世界。可以说，在每个具体的场合，吉田氏所持比较成为传来契机的文书与纸背文书的方法的确有效。比如，大安寺花严（749）、后写一切经（746—749）、千部法华经（748—751）等与写经相关的帐簿在用完之后就被相关活动单位统一保存起来。至于另一种类型，如手实大多按其原样加以整理、留存，月借钱解、请假解等只作为纸背文书流传下来。从这点来看，当时的各种选择（是保存还是二次利用）的确是获得承认的。

　　保存起来的东西，其效力究竟能持续多久？至少从全部正仓院文书这一宏观视角,无法看出所有的表文书在宝龟末年还保持足够的效力,可被称为传来的契机。那时,作为善后整理与日后参考,与刚抄完的五部一切经有关的文书都被保管起来,而剩下的则可被视为废品,等待再次利用。[1] 即使外观与传来的文书完全相同,但表文书=成为传来契机的文书的说法也无法普遍成立,还不如说正仓院文书从整体上可被视为一个纸背文书、反故文书。

3. 文书群的形成过程

接下来依照顺序应该探讨 x 轴的相关内容,但为论述之便,在此之前笔者想先指出被吉田氏表格删除的 z 轴"时期差"的存在。

如上所述,从整体上思考写经所文书的传来并无多大意义。真正有必要的是,通过分别研究各个时期文书群的形成史,全面构建正仓院文书的成立史。近来,对个别写经活动的分析获得显著推进,作为达成上述研究目的的基础工作,这很重要(大平:1989;荣原:1993)。

以下将从文书群形成史的角度,尝试简略建构正仓院文书成立史。

[Ⅰ]初期写经所——写经司成立以前

在正仓院文书中,最早的写经记载可追溯至神龟四年(727)。那是圣武天皇夫人藤原光明子的私人写经活动。随着光明子被立为皇后,皇后宫职被设立,此后写经便作为其直辖的活动被延续下来。从事写经的机构名称及位置发生了许多变化,但到天平十四年(742)前后为止,写经活动基本都在同一体制下进行(荣原:1984)。该时期——尤其早期,即皇后宫职下属的写经司成立之前——写就的文书·帐簿与[Ⅱ]期以后相比,尚未确立统一形式,存在明显的差别。从实例也可看出,使用的纸张在质量与规格上总是不稳定(如尘芥文书第 6、8 卷),写经活动的分工也不成熟(如续修后集第 37 卷大宝积经的校正记录显示,一个校生分担的范围比[Ⅱ]期以后要广,虽校出了错字,但还使用极其华丽的纸张)。

---

[1]　在此可以想到的是,前述鸟兜残件所用的反故文书。两面都被使用过后,又被用作覆褙纸,这与经帙模型及各地出土的漆纸文书相同。因为当时纸张贵重,这是经常提到的理由,正是因为贵重,所以表、里两面都被使用过的纸(甚至还有被使用过三次的户籍,即表、里、表),下次被期待的是书写之外,作为纸质的其他功能。如包、卷、铺、塞、捻、作吸墨纸、覆褙纸、装裱等,发挥木头无法代替的作用。

另外,对于反故文书的二次利用,在此写经机构中,除了写完就翻过来再用的草稿外,可用的只有皇后宫职下属的"所"制作的文书,并没有直接发至该写经机构的文书。相反,该机构写就的文书,却有被二次利用为皇后宫职文书的实例(续修第 16 卷)。总之,从该时期的文书特点可知,该时期尚未出现成熟的机构,相对于皇后宫职的独立性较低。

[Ⅱ] 金光明寺写经所——造东大寺司成立以前

金光明寺写经所自天平十五年(743)起正式开始活动,书写过多部一切经及间写经、私愿经。就正仓院文书来说,最先被想起来的是,这个写经所因二次利用大宝—天平年间的户籍、计帐、正税帐等律令公文而出名,可以说对这一时期的研究积累最为厚实(岸:1959;皆川:1962;渡边:1987)。

从这些公文的流入路径来看,该时期仍然保持着[Ⅰ]期以来由皇后宫职下发的特点。另外值得注意的是,帐簿的材料大多使用写经过程中产生的剩余纸张。而且也许因同时进行多个大规模的写经项目,事务用文书的格式明显趋于固定。该时期写就的部分文书于宝龟年间被二次利用(如续续修 40 - 5)。

[Ⅲ] 东大寺写经所——天平末至天平胜宝年间

[Ⅱ]期所见律令公文类的流入已停止,只是为了消耗剩余纸张而进行二次利用的现象锐减。

该时期有名的大规模书写活动,是千部法华经。校帐、料纸充帐为籍帐类的二次利用,而充本帐、请笔墨帐等开始准备新的帐簿专用纸。而且也可看到大量纸制品被使用,如被转用作经卷用纸的包装纸等。

由此可看出,对它的管理已脱离皇后宫职,即使是物资调度,也处在独立性更强的位置上。随着借贷经典等事例逐渐增加,以造东大寺司为中转站的文书移动,即写经所—造东大寺司的上申下达文书,各寺、诸家与造东大寺司之间的往返文书等也增加了。

与千部法华经相关文书的二次利用很少,与[Ⅱ]期相同,该时期的部分文书在宝龟年间也被二次利用(尘芥第 10、21、24、25、28、30、35 卷)。

[Ⅳ] 东大寺写经所——天平宝字年间

与之前相比,大量的经典在更短的时间内被写就,所以暂时被保管起来的帐簿也被频繁地二次利用(山本：1988、1993)。[Ⅱ]、[Ⅲ]期形成的文书在此时并未被二次利用,反而在该时期作成的文书在同期的其他活动中被大量使用。也就是说,帐簿被保存起来的时间短暂是该时期的特点。此外,宝字年间的写经所在机制上与东大寺、石山寺的兴建活动密切相关,这一特点从文书群的内容中也能反映出来。

[Ⅴ]奉写一切经所——宝龟年间

天平神护至神护景云年间的写经活动暂时停止,宝龟元年(770)之后,奉写一切经所重启抄写一切经的活动。该写经所于宝龟七年(776)六月左右最终完成了五部一切经的抄写,但由于最后写经的速度逐渐减慢,在财政上也被造东大寺司接管等,独立性逐渐丧失。该写经所活动的终止是直接原因,之后未再产生新的写经所文书(荣原：1977、1979)。

该写经所与其他官司之间的往返文书较少(底本入手的困难度降低是一个原因),与写经有关的帐簿,虽然量大,但书式明显呈定型化趋势,被认为像是自动化工厂的流水线作业。

以上分五个时期进行分析。这只是罗列了大体的调查结果,若缜密地进行持续探讨,则会发现写经所机构的每个阶段显现出来的文书群形成方式的特点,从而勾勒出形成史的轮廓。由此观点出发,已经有学者进行了各种尝试,如运用断代史的方法,通史性地把握写经所机构的变迁(渡边：1987);探讨机构中特定人物与文书的关系——除通过机构进来的反故文书外,也存在跟着人进来的文书。此处留意的是后一视角。

关于该观点,众所周知,吉田本人很早就以石山纸背文书为例,指出它与安都雄足这一人物的密切关系。据最近黑田洋子的分析,该文书与其他多人都有关联,作为整个天平宝字年间的文书,除了越前相关文书外,它与上马养及下道主的关系更加密切(黑田：1992)。

由此再深入分析,就回到之前尚未讨论的与吉田说 x 轴相关的问题了。从传来的系统出发,首先将正仓院文书分为两类,[A]写经所相关文书与[B]造石山寺所相关文书,这种分类法是否妥当,令人生疑。吉田氏本人持保留态度,认为"尤其是宝字六年末至宝字八年初之间的写经所相关文书——也许是与造石山寺所相关文书(包括纸背文书)混杂在一起的缘故——含有与安都雄足关系颇深的文书"。笔者认为,[B]并非因与特定人物的关系而与其他机构制作的异质文书群混杂在一起,这应是相同系统的写经所文书群在天平宝字六至七年(762—763)时的特殊样态。

最后,作为传来论,有必要提及幕末至明治期间进行的正仓院文书整理,即现状所见正集以下的编辑、成卷的过程。从其形成过程的特征来看,正仓院文书相当于堆积起来的地层,其文书"整理"的做法大体是挑选出自己感兴趣的部分,然后汇编起来,也就是说,为了探寻到包含稀有化石的地层,需要用铁锹反复地到处挖掘。因此,必须将"整理"后被搅乱的地层顺序恢复到原来的状态。这就是文书整理史的研究,是对整理过程中制作的写本、目录的研究。关于这方面的具体情形,皆川完一在其翔实的论考中已加阐明,在此不再赘述(皆川:1972;西:1992)。

二、从样式论、功能论的视角出发

1. 文书群的构造

如第一节所述,正仓院文书是写经所留下的文书群,其主要部分是伴随写经活动而制作的大量帐簿。

近年的正仓院文书研究,呈现出以写经所帐簿研究为核心的活跃景象,可以说是急于实现古代帐簿论的建构(大平:1989)。但有关帐簿论的具体展开,还有很多留待研究推进之处。以下为进一步激活相关讨论,笔者拟探讨几个概念、用语,尝试抛出问题。希望通过明确概念、用语的定义和语相,来解开一些纠缠不清的问题。[1]

写经所文书是伴随"写经所的工作"而形成的。因此置于写经所的文书究竟有哪些东西,可通过分类整理写经所的工作内容来加以概观(表3)。若吉田孝制作的表2可以说是从传来论角度进行的整理,那么这个表格则可以说是从构造论角度对正仓院文书进行的整理,当然表格中还存在许多有所保留以及需要解释的地方。

---

① 事先摆出定义会作茧自缚、有所约束。虽然多少有些模糊,但在此暂且依据文书、帐簿或古典式古文书学等普遍流行的(以及笔者所理解的)用法,若没有必要作出"狭义的""广义的"等限定,就加以省略;也不逐一区分到底是论者自己规定的概念还是史料所见的用语。因为这种多元的语相混杂在一起的想法也没什么问题。

表3 "写经所的工作"构造

工作分类	写经所内部的工作		与上级官司、外部机构的联系		
经卷书写*	继打界 ↓ 书写 ↓ 校正 ↓ 装书	写经用品、物资的支给及其记录	写经用品、物资的请求	经卷的管理出纳	[来自写经所外的文书]
		用纸定做[充装潢帐,上纸帐] 底本出借[充本帐] 用纸、笔、墨支给[充纸笔墨帐] 校正记录[校帐]	本经申请纸笔墨外的杂物申请[笔墨申请解案]	经卷借贷文书的制作保管出纳记录制作[经疏出纳帐] 经卷目录制作	
劳务管理	活动报告[手实] 工作时间管理[请假不参解]	布施支给	布施申请[布施案] 活动报告[告朔·行事] 工作时间报告[上日案]		
机构运营	[月借钱解]	衣服、食材等支给[净衣用帐、食口案、钱用帐、杂物用帐]	预算案制作[用度案] 食材、杂物的申请		
记录制作的主体	写经生(经师、校生、装潢)	写经所案主、别当			写经所以外的机构

注:此表不限于写经所的特定阶段,基本适用于所有时期。[ ]内为文书种类的示例。在天平宝字6—7年(762—763)期间,*的部分包括"营造活动"。

写经所活动的中心是抄写写经所内的经典,所以与这个工作项目相对应的帐簿占据了核心地位,狭义的文书不得不说处于边缘位置。有观点认为正仓院文书论的核心为帐簿论,这是理所当然的。但以帐簿为核心、文书居边缘的构造仅仅是写经所的特殊现象吗?

拙见以为,律令制的各个官司也都如此。在官司内,为了开展日常业务、运作整个机构,首先必需的东西,一个是口头指示(以及与此同等的文书),另一个就是帐簿。

在古典式古文书学(以相田二郎为代表)中,对公式样文书占据很大比重有所反省,所以下一世代的古文书学尝试捡拾起散落在公式样文书之外的材料。但换一个角度想,仅是公式令就规定了多种公文书式,这可能是出于以下考虑:要让想法能够正确地传达给心理上或地理上相隔遥远的对方。① 因此,基于公式令制作的文书无法涵盖传递想法的所有手段。

2. 文书与帐簿——向统合的摸索

佐藤进一《中世史料论》积极主张将帐簿纳入古文书学的对象范围。

佐藤氏以户籍为例,认为在规制现实这一点上,帐簿也会明显地影响他者,"这种材料与向来所说的文书属同一范畴,同时又在功能上与文书关系紧密。而且需要注意的是,如果综合地观察包括所谓的文书在内,会对他者产生影响的书面文本,想要明确各个书面文本之间的有机关系,那么只关注有无授受关系,有时就无法弄清楚这些书面文本的功能"(佐藤:1976)。

若将这段间接的说明再行提炼,可表述为:(1) 帐簿与文书在规制现实这一点上具有相同的功能;(2) 因此,包含帐簿与文书在内的史料论应一并处理两者。然而,虽然佐藤氏的主张本身完全正确,但把它单独摘出来看的话就会有些问题。以下将指出两点想法。

(1) 功能一词的魔法,文书被神化

可以说,由样式论到功能论是古文书学史整体的发展趋势。然而,文书是否在其中被神化了呢? 当我们说"文书的样式"时,或多或少都会意识到作者的存在,然后产生一种心理,即从语言、用纸的选择与书写风格等字里行间去找寻其个性。但提到"文书的功能"后,作者的存在就会从我们的脑海中消失,而将文书本身作为独立的主体,就像陷入了一种错觉,即文书"发挥了自行赋予的功能"。笔者想要告诫自己的是,赋予文书功能的终归是

---

① 仅在当事者之间使用的帐簿,无须对书式进行统一规定,只要对户籍、计帐、正税帐、青苗簿等要求全国高度统一的帐簿,以式的形式加以规范就足够了。在公式样文书中,符、解被大量使用,是因为这两种书式中出现了大量当事人之间交流的例子,而这在公文书中非常少见。

人。以正仓院文书为例,无用文书的背面被逐一利用,而有些文书本应保管起来,但不知何时就被翻过来再利用,它们被切割后成为某些物品的覆褙纸,最终又被发现,然后修理成卷,其中有的就被做成挂轴,装饰壁龛。这样的事例接连出现,关于文书自身拥有意识的幻想由此破灭,就像附身的邪魔离体而去一般。

文书的功能并非始终为其自身所有,一旦脱离文书所在的"场所",其功能就无从谈起。当送至写经所的文书以及经师提交的手实、请假解、月借钱解等黏连起来、放置在写经所时,与其称它们为文书,不如称为帐簿更合适。这只是如实地反映了"功能"的特点。①

(2)兼容文书、帐簿的概念

第二个问题是尚未明确能够兼容帐簿与文书的概念。

再回到定义来考察古代史料的话,可知现在所说的帐簿与文书合并起来可用"文书"一词来表示。如诈伪律对官文书的说明中有"符移解牒之类"(诈为官文书条),盗贼律中尤为重要的"重害文书"有"行军大簿帐,及户籍计帐之类"(诏书条)。另外,公式令规定了驿使所携带的"文书"(驿使在路条),若认为其中未含帐簿,则显得别扭。毋宁说,从一开始把文书与帐簿别为二物的想法就是特殊的,必要时加上限定词以示区别即可,如上官公文、上京公文、下诸国公文等(天子神玺条)。只有公式样文书或者写信人、收信人双方齐全的文书,为了与其他相区别而未加指示名词。

再补充一点,文书群被当事人放在特定的"场所"发挥其功能,这在古代被称为"公文",律作出了"在官文书"的定义(职制律公文代署判条)。从"公文库"(仓库令)、"西院公文""(收纳)公文第五柜"(正仓院文书)等用例可以发现,有非常多的表达特意使用了公文所在的场所。

由上可知,以写经所文书这种方式存在的"文书"群,兼容文书、帐簿,与"写经所公文"的称呼相匹配。既然在写经所这个带有"公"的性质的场所发挥功能,那么写经所制作的文书、发出文书的副本、送至写经所的文书等,全

---

① 如狭义的文书同时存在两种功能。以书状为例,它具有信息的搬运、传达功能,这等同于声音,同时还具有一种元(meta)功能,即记录传达这一信息的事实。前项在离开写信人、送至收信人、收信人读完,即信息传递结束的那一刻就蒸发了。此后,收信人保存的正本(写信人留存的草稿也是如此)发挥后项的元功能并流传下来。

部都被包含在内。即使是在样式上属于个人发出的私文书系统,也应归于"公文"范畴。笔者认为,日本古代的文书脱离"公"这一场所几乎无法成立。

3. 文书与帐簿——提出关于性质差异的假说

上一节是基于功能论的立场、沿着统合的方向展开的思考,接下来探讨另一个问题。

许多古代史家基本达成了一个共识,即无法通过对几个定义的合理解释,来区分一般理解中的文书与帐簿。如各国呈上的正税帐等,究竟是把规制现实作为其本质要件,还是把申送这一传达行为作为其本质要件,这就可能让人犹豫不决。

在此提出一个假说:在文书与帐簿中,各自所写的文字可能发挥着不同的作用。

(1)在狭义的文书中所写的文字是说出来的话语与声音的替代品。因此,文字采用了线型结构,来反映原本的话语及声音。[1]

(2)帐簿的文字并非声音的替代品,被写下时才开始具有意义。帐簿遵循一定的规则(书式),在二维平面上展开,采用具有行列结构的表格(spreadsheet)形式。在这里记录的文字被逐行逐列地解读、汇总,能够从中获取诸多不同的信息,这种结构无法只通过声音来表达。

根据这一分类可知:(1)文书包括宣命、闻书、宣旨等源于音声的文本和书状类(早川:1990;笠松:1979)。(2)帐簿包括普通意义上所说的帐簿类,不区分诸国诸司进上、官司备用。

再补充一点,在这种情况下,在写信人与收信人的存在,或意志的传达、现实的规制等方面,文书与帐簿是无法区别的。

[关于写、收信人]即便是帐簿,来自写信人的信息也并非送向不特定的多数人。此时的收信人是与该文书发挥功能的"场所"相关的特定者(当事人)。

[关于信息的传达]佐藤氏所说现实的规制属于传达的一种,因为想要加以规制的意志必须通过文书来表达。在书状中,它是转化为所写的内容

---

[1] 自从文字被写在纸张或木片上之后,文字不仅具有"语言本身"的功能,还产生了"记忆'语言本身'"的元功能。在书写文字的过程中,有时也并未严格遵守线型结构。

直接表达出来的,而帐簿的内容本身并未含有特别的信息。那么它在何处?若刚开始写帐簿,则会希望一直放在原处,继续书写。若是帐簿写就而上呈,则会希望得到清点检查、用作参考。有所"希望"的是制作者即写信人,如果收信人沿着这个意向加以推进,即现实受到了制作者的规制,那么意志的传达就能得到完美的实现。

三、从形态论的视角出发——由"形制"切入

作为古文书学的一个领域,形态论关注文书的形制,并对观察到的信息进行处理。所以与传来论、功能论相比,它具有就事论事的特点。仅从活字排印的内容出发进行形态论分析是不可能的,必须借助材质、尺寸、形状等辅助信息以及复制品、照片等,有时也需要进行切、贴、折、叠、包、揉等实验。

近年来,在正仓院文书的研究中,接近形态论路径的论著较少,这可以说是缺乏可直接引以为据的研究资料所致,①但出乎意料的是,古代古文书学并不迫切需要形态论。与公式令并列为主要研究对象的正仓院文书,由于传来的特殊性,几乎不存在真伪鉴定的问题。既然存在活字翻刻的《大日本古文书》编年文书这一便利之物,若非十分必要,否则无须知晓其原本的形制,这种状态持续了相当长的时期。

作为形态论的先行研究,可举土田直镇的《千部法华经料纸笔墨充帐的形态》。包括该文在内,土田氏所有关于正仓院文书的论著,皆依据具体事例进行论证,在拼接的处理和整理的过程等中,不动声色地穿插处理正仓院文书的必备知识,生动地展现如何调查、研究正仓院文书,可谓无懈可击(土田:1992、1994)。

为了探讨如何才能从形态论切入,笔者也写过几份原件调查报告,在此略作介绍。

---

① 作为形态论基础的视觉资料有:(1)宫内厅摄影的缩微胶卷;(2)国立历史民俗博物馆制作的复制品(由珂罗版印刷而成的原大原色的复制品);(3)宫内厅正仓院事务所编《正仓院古文书影印集成》;(4)国立历史民俗博物馆编《正仓院文书拾遗》。目前将正仓院文书全部做成照片的只有(1),(2)与(3)正在按照卷次的顺序陆续制作、刊行。(4)是对库外的正仓院文书的集成。带有形态论视角的研究,可参照(杉本:1993)。

只有与文书面对面,才会明白"奇妙的形制、不可思议的现象",《端继、式敷、里纸》关注这种形态,探讨功能、用途,并尝试对标题中三词的相关语义进行细致探究。

纸制品与文书的界线一般被认为是不言自明的,笔者曾将难以清楚区分两者的感受写成文章,但与第二节所述"功能"一词的魔法有关,难以很好地掌握两者连接起来的一面,即由纸制品到文书,或由文书到纸制品的转化意义。不过已经明确的是,在写经所制作而成的公文,许多材料用的是写错的经卷和写经活动用品(杉本:1991)。

在《律令制公文书的基础性观察》中,标题限定了整个范围,仅在形态论中加以考察(杉本:1993)。栗原治夫在分析奈良时代的写经时曾使用了"制作步骤"一词(栗原:1972),笔者在此观点的基础上,探讨了公文书"形制"表现出来的各种现象,就像掀起了一块薄片。

笔者尝试比较"卷子"与"一枚物"两种不同形态的公文,指出在让用纸光滑的打纸、界线的种类、书写时的文字布局及切边等公文制作的各个工序中,二者始终处于两个不同的原则之下。其实第二节已述及,这种形态的差异体现在声音、语言与文字的不同上,而且最后分析的"公文"="在官文书",是涉及功能论的核心问题。在着手写作本文之前,笔者一直未加注意,这是何等糊涂。

另外,第一节曾谈到,因很难被称为文书,而将有些材料排除出写经所文书的范围,这在原件调查报告中常有涉及。从形态论视角看,这些都是合适的素材(杉本:1982—1994)。

结 论

最先着手整理正仓院文书的穗井田忠友在后来追忆这一段体验时,曾感慨"真是千载难逢的奇遇"。随着与每件文书的亲密接触,渐渐感觉文书好像"人"一样在活动着。如提到形态这种词语时,就会不由自主地回忆往事,这也可能出于上述原因吧。但是,直面多元的个性,对正仓院文书的研究来说并非仅仅起到积极的作用。正如听到一个熟人的名字时,首先浮现出来的是其音容举止等,听到文书名时,首先想到的也是纸张、墨色及触感等,但经常会想不起来内容。从研究效率角度而言,灵活使用活字翻刻版,或从中抽取出来的索引及各种目录,也确实会更好。

作为正仓院文书的入门,也可以采用介绍目前的研究水平及正仓院文书的阅读方法、调查方法等偏执于实用的方式,作为读者的指南,会马上发挥作用,这种做法并非不可取。但站在十多年来持续关注正仓院文书的立场上,向读者传达正仓院文书带给笔者何种感受,才是笔者自己的正仓院文书论。因此,看起来像是不切实际的立论,其实是最顺其自然的结果。①

参考、参照文献一览

碧海纯一:《新版 法哲学概论》全订第一版,弘文堂,1973 年。

大平聪:《正仓院文书研究试论》,《日本史研究》第 318 号,1989 年。

冈藤良敬:《日本古代造营史料的复原研究》,法政大学出版局,1985 年。

笠松宏至:《〈无日期的陈诉状〉考》,《日本中世法史论》,东京大学出版会,1979 年。

岸俊男:《籍帐备考二题》,读史会创立五十年纪念《国史论集》1,1959 年。

Jack Goody(吉田祯吾译):《未开化与文明》,岩波现代选书,1986 年。

熊谷公男:《正仓院宝物的传来与东大寺》,《太阳系列 正仓院与东大寺》,平凡社,1981 年。

栗原治夫:《奈良朝写经的制作步骤》,坂本太郎古稀纪念《续日本古代史论集》中,吉川弘文馆,1972 年。

黑田洋子:《正仓院文书的一项研究》,《御茶水史学》第 36 号,1992 年。

佐伯胖:《认知科学的方法》,东京大学出版会,1986 年。

荣原永远男:《奉写一切经所的写经事业》,《追手门学院大学文学部纪要》第 11 号,1977 年。

《奉写一切经所的财政》,《追手门学院大学文学部纪要》第 13 号,1979 年。

《关于初期写经所的两三点考察》,岸俊男退职纪念《日本政治社会史研

---

① 对本文所有相关问题(认识与评价、语言与文字、元理论·元语言等)的思考有所助益的论著,都列在了参考文献中(碧海:1973;Goody Jack:1986;佐伯:1986)。这只是笔者在偶然阅读书籍时随便想到的,并未进行后续的系统学习。

究》上,塙书房,1984 年。

《正仓院文书研究的课题》,《新版 古代日本》10"古代资料研究方法",
角川书店,1993 年。

佐藤进一:《中世史料论》,《岩波讲座日本历史》别卷 2,1976 年。

杉本一树:《端继、式敷、里纸》,《正仓院年报》第 13 号,1991 年。

《律令制公文书的基础性观察》,笹山晴生还历纪念《日本律令制
论集》下,吉川弘文馆,1993 年。

《年次报告 古文书的调查》,《正仓院年报》第 6—16 号,1982—
1994 年。

土田直镇:《奈良平安时代史研究》,吉川弘文馆,1992 年。

《通往平安京的路标》,吉川弘文馆,1994 年。

东野治之:《鸟毛立女屏风覆褙纸文书研究》,《正仓院文书与木简的研究》,
塙书房,1977 年 a。

《从正仓院藏鸟兜残件发现的奈良时代的文书与墨画》,《正仓院文书与
木简的研究》,塙书房,1977 年 b。

西洋子:《明治初期正仓院文书的整理》,《东京大学史料编纂所研究纪要》
第 2 号,1992 年。

早川庄八:《宣旨试论》,岩波书店,1990 年。

福山敏男:《奈良朝写经所的相关研究》,《寺院建筑的研究》中,中央公论
社,1982 年。

《日本建筑史的研究》,综艺社,1980 年。

堀池春峰:《印藏与东大寺文书的传来》,《南都佛教史研究》上,法藏馆,
1980 年 a。

《光明皇后御愿一切经与正仓院圣语藏》,《南都佛教史研究》上,法藏
馆,1980 年 b。

皆川完一:《光明皇后愿经五月一日经的书写》,坂本太郎还历纪念《日本古
代史论集》上,吉川弘文馆,1962 年。

《正仓院文书的整理及其写本》,坂本太郎古稀纪念《续日本古代史论
集》中,吉川弘文馆,1972 年。

山本幸男:《天平宝字四～五年一切经的书写》,《南都佛教》第 59、60 号,

1988 年。

《天平宝字二年御愿经、知识经书写相关史料的整理与检讨》（上），《正
仓院文书研究》第 1 号，1993 年。

吉田孝：《律令时代的交易》，《日本经济史大系》1"古代"，东京大学出版会，
1965 年。

《律令时代的交易》，《律令国家与古代社会》，岩波书店，1983 年（吉田：
1965 年补订版）。

渡边晃宏：《金光明寺写经所与反故文书》，《弘前大学国史研究》第 81 号，
1986 年。

《金光明寺写经所的研究》，《史学杂志》第 96 编第 8 号，1987 年。

[附记] 以上仅是本文初刊时的参考文献。优先考虑的是入手方便，所以在
初次发表的年份、编著者名等出版数据方面尚有不充分之处。本文发表后，
正仓院文书的研究发展迅速，又出版了许多论著。本应在参考文献处再行
追补，但此处仅列举集结成书的书名。

石上英一：《日本古代史料学》，东京大学出版会，1997 年。

石上英一、加藤友康、山口英男编：《古代文书论》，东京大学出版会，
1999 年。

荣原永远男：《奈良时代的写经与内里》，墙书房，2000 年。

正仓院文书研究会编：《正仓院文书研究》第 1—6 号，吉川弘文馆，
1993—1997、1999 年。

早川庄八：《日本古代的文书与典籍》，吉川弘文馆，1997 年。

皆川完一编：《古代中世史料学研究》上，吉川弘文馆，1998 年。

山下有美：《正仓院文书与写经所的研究》，吉川弘文馆，1999 年。

（本文原载《岩波讲座日本通史》第 4 卷"古代 3"，岩波书店，1994 年；后
收入杉本一树《日本古代文書の研究》，吉川弘文馆，2011 年。现据后者
译出。）

林　娜译　赵　晶校

《日本思想大系·律令》在日本律令制研究中的意义
——出版的背景与使用方法

吉永匡史

绪 言

　　井上光贞、关晃、土田直镇、青木和夫编《日本思想大系》第3卷《律令》（岩波书店，1976年，本文以下简称岩波《律令》），对日本律令（养老律令）的条文加以注释、解说。此书可谓关注日本古代史之人在研究律令时的首选之作。自1976年出版至今，已近半个世纪，但该书在律令制研究上的重要地位仍无可动摇。作为注释、解说之作，该书并不仅仅是史料本身，而是在探讨养老律令时最值得信赖的史料刊本。鉴于这种研究上的重要性，为方便初学者使用，本文拟阐述其出版的背景和在使用上需注意之处。

一、出 版 的 背 景

　　岩波《律令》的编者井上光贞、关晃、土田直镇、青木和夫（以下省略敬称），都是曾在东京帝国大学（现为东京大学）研习日本古代史的学者。四人皆出自坂本太郎门下（各篇的执笔者也大致如此，参见该书第11页），而坂本氏从旧帝国大学时代开始就在文学部执教日本古代史。他的研究范围广泛，律令制研究是其中一大支柱。① 日本律令研究的深入有赖于坂本氏，而研究边界的扩展，又得益于其弟子，该书可以说是这一领域的重要成果。

---

① 　坂本氏主要的律令制研究成果，集中在《坂本太郎著作集》第7卷《律令制度》（吉川弘文馆，1989年）。

该书中占较大篇幅的是令的解释。该书出版时,井上光贞正担任东京大学文学部教师,其在研究生院开设的研讨课即以讲读《令集解》为内容,①这一教学成果的积累成为该部分的重要基础。讲读《令集解》是东京大学古代史研究的传统,坂本太郎任内讲读到学令,1962 年井上氏接任后又从选叙令开始,直到 1978 年 3 月退休。② 对令文本身的理解当然因此得到深化,作为研讨课的成果,还产生了井上光贞《日本律令的成立及其注释书》(收入该书)、北条秀树《令集解"穴记"的成立》③等关于令私记(令的私家注释书)的重要研究著作。可以说,这些成果不仅对于律令制研究,对日本古代史学界也有很大助益。此外,《令集解》的讲读迄今仍在持续进行。④

井上氏在 20 世纪 60 年代初接任《令集解》研讨课,他本人的研究兴趣也在这一时期发生了大的转变。其回忆录中有如下叙述:

> 大约在 1960 年代初,因为客居印度、美国,所以我关心的问题发生了相当大的变化。其一,以"令集解研究"为标志的律令研究成为主要课题;其二,自己身处研究东亚与古代日本这一浓厚的学术环境中,我也从海外生活的体验出发,积极地投入其中。因此,我转变了从学生时代开始想要了解天皇和国家起源的兴趣指向,改以"从固有法到律令法"这一特别的主题展开研究。⑤

井上氏自身对于律令学,特别是《令集解》的研究产生了强烈的志趣。⑥

而且井上氏对律令学的关心并没有局限在东京大学内部。值得特别指出的是,他在继承东京大学《令集解》研讨课之前,1960、1961 年在《日本历史》杂志上策划设立了"令的轮讲"专栏。杂志第 149 号(1960 年出版)刊登了井上氏、青木氏、龟田隆之有关田令、赋役令的轮讲,解读的是赋役令岁役

---

① 参考井上光贞《我的古代史学》第 9 章(《井上光贞著作集》第 11 卷《我与古代史学》,岩波书店,1986 年。首刊于 1982 年),第 168—172 页。
② 井上光贞《我的古代史学》第 9 章,第 171 页。
③ 北条秀树《令集解"穴记"的成立》(《日本古代国家的地方支配》,吉川弘文馆,2000 年。首刊于1978 年)。
④ 现在由大津透负责《令集解》研讨课。笔者在研究生院就读时也曾出席,讲读田令以及赋役令。
⑤ 井上光贞《我的古代史学》第 9 章,第 187 页。
⑥ 关于井上氏的《令集解》研究,参考大津透《〈令集解〉研究的回顾与展望》(小口雅史编《古代东亚史料论》,同成社,2020 年)。

条、田令公田条和赁租条。① 文本是《令义解》的养老令条文,讨论范围则涉及大宝令条文的复原以及飞鸟净御令的状况,还包括探讨律令条文时的基本观点,颇有助益。

翌年,以"户令、户籍、计帐"为题,《日本历史》持续连载了三期"轮讲",由竹内理三担任主持,参与者有井上氏、青木氏、土田氏以及中国史研究者池田温。② 这一轮讲并未限于户令条文,讨论广及正仓院保存的户籍和计帐,可以说,这种尝试成为该书得以完成的前提。此外,这一策划的前提是,以竹内氏为首的学者于 1958、1959 年对正仓院所藏户籍原件进行调查。当时的调查成果发表在《史学杂志》上。③ 轮讲的成员就是当时参与调查的人(井上氏和池田氏只参加了 1959 年的调查),不难想象,这种为以往一般研究者所缺的原件调查经验,催生了这样的策划。

此后,与律令制相关的各种研究日渐丰富,④ 至 1972 年,作为学生社"symposium 日本历史"系列第四卷,青木和夫等著《律令国家论》出版,这也是很重要的成果。⑤ 这是在该书编者青木氏的主持下,早川庄八、吉田孝、崗田香融、池田温、石井进 6 人进行的座谈会的记录,其构成如下:

一 律令国家为何
　《报告》(吉田孝)
　　　　a"律令国家"概念的特点　　b 日本史中的"律令国家"
　《讨论》
　　　　中国史上的律令国家　　　"律令体制"的概念
　　　　律令国家与发展阶段说　　 律与令的关系
二 律令继受的过程
　《报告》(吉田孝)

---

① 井上光贞、青木和夫、龟田隆之《"轮讲"赋役令、田令》(《日本历史》第 149 号,1960 年)。
② 竹内理三、井上光贞、土田直镇、青木和夫、池田温《"轮讲"户令、户籍、计帐(上)～(下)》(《日本历史》第 151、152、153 号,1961 年)。
③ 竹内理三《正仓院户籍调查概报》(《史学杂志》第 68 编第 3 号,1958 年)、《正仓院户籍调查概报(续一)》(《史学杂志》第 69 编第 2 号,1960 年)、《正仓院户籍调查概报(续二)》(《史学杂志》第 69 编第 3 号,1960 年)。
④ 律令制研究在各个领域的进展,参考大津透编《律令制研究入门》(名著刊行会,2011 年)。
⑤ 参考青木和夫等《symposium 日本历史》第 4 卷《律令国家论》(学生社,1972 年)。

　　　　a 大化以前与律令　　　　b 近江令存在吗

　　　　c 净御原律令的问题点　　　d 养老律令的编纂

　　　　e 律与令的区别

　　《讨论》

　　　　大化之前的日本与朝鲜　　　近江令与法典的体系性

　　　　净御原律与唐律　　　　　　大宝、养老律令的特征

　　　　令与律的关系

三　律令法的特征

　　《报告》(吉田孝)

　　　　a 律令国家成立的必然性　　b 中国律令法的特征

　　　　c 中国律令与日本律令的篇目差别

　　　　d 中国律令与日本律令的结构性差别

　　《讨论》

　　　　日本律令的思想背景　　　　律令制的诸要素

　　　　接受律令制的基础　　　　　礼的功能与家族组织的差别

　　　　律令篇目的排列

四　律令国家的行政机构

　　《报告》(早川庄八)

　　　　a 中央官制的机构　　　b 律令官人组织

　　《讨论》

　　　　中央官制与固有法　　内廷与外廷　　　专制与合议

　　　　合议的内幕　　　　　官人与官僚的差别　官人的额外收入

　　　　官人的培养制度　　　官人组织的创造

五　公民统治与军事警察组织

　　《报告》(早川庄八)

　　　　a 问题点的整理　　　b 户籍制作的目的

　　　　c 与军事组织相关的问题点

　　《讨论》

　　　　律令财政的上下级特征　　　个别人身支配的实现情况

　　　　个别人身支配是不必要的吗　个别人身支配的实态

　　　　　班田收授的实态　　户籍的可靠性　　行政村落与自然村落
　　　　　地方行政的末端　　田租的起源与意义　条里制与代制
　　　　　府兵制的成立过程　军队与共同体
　　六　律令国家的历史意义
　　《报告》(早川庄八)
　　　　　a 律令国家观的变迁　　　b 律令国家的定位
　　　　　c 律令国家的连续面
　　《讨论》
　　　　　《延喜式》的意义　　　　　专制君主的概念规定
　　　　　普遍奴隶制及其解体　　　发展阶段论与时代区分论
　　　　　律令国家的历史意义

　　从第一章到第六章,全部采用以下方式:由吉田氏或早川氏提出征求意见的研究报告,由全部参加者围绕这一报告进行讨论。通览《报告》《讨论》列出来的各个条项可知,其中很多主题已成为现在律令制研究的重要课题。当然,讨论的内容必然受到当时研究状况的制约。如从笔者的专业视角来看,当时尚未取得丰富成果的军事史研究,坦率来说,确实乏善可陈。① 然而,就参加者各自的专业领域,以及日本律令国家的整体面貌而言,即使现在重读,依然富有启发,可学之处颇多。其中尤应注意的是,书中有许多池田氏关于中国史的卓见以及基于日本与中国比较史的视角提出的观点。该书可以说是学习日本律令制的必读之作。

　　本文的主要目的不是概观日本律令制研究,因此对研究史的回顾就此结束,以下就该书的构成与使用方法作一解说。

二、该书的构成与使用方法

　　该书由以下内容构成。

---

① 关于日本律令军事体制的研究史,参考拙著《律令国家的军事结构》(同成社,2016 年)等。

凡例

律

名例律　第一

　　名例律(下)

卫禁律　第二

职制律　第三

贼盗律　第七

斗讼律　第八

令

卷第一

　官位令　第一

卷第二

　职员令　第二

　后宫职员令　第三

　东宫职员令　第四

　家令职员令　第五

卷第三

　神祇令　第六

　僧尼令　第七

卷第四

　户　令　第八

　田　令　第九

　赋役令　第十

　学　令　第十一

卷第五

　选叙令　第十二

　继嗣令　第十三

　考课令　第十四

　禄　令　第十五

卷第六

　宫卫令　第十六

军防令　第十七
卷第七
仪制令　第十八
衣服令　第十九
营缮令　第廿
卷第八
公式令　第廿一
卷第九
仓库令　第廿二
厩牧令　第廿三
医疾令　第廿四
假宁令　第廿五
丧葬令　第廿六
卷第十
关市令　第廿七
捕亡令　第廿八
狱　令　第廿九
杂　令　第卅
补　注
　　律
　　令
校　异
训读注
解　说
日本律令的成立及其注释书　　（井上光贞）
律令的古训点　　　　　　　　（筑岛裕）
解　题　　　　　　　　　　　（早川庄八、吉田孝）

　　该书开头有凡例，律、令按篇目排序，胪列条文并附加注释。条文注释
到杂令结束，之后附以补注、校异、训读注（详见后述）。卷末收录了井上光
贞《日本律令的成立及其注释书》（汉译本收入本书）、筑岛裕《律令的古训
点》两篇论文，该书最后是早川庄八、吉田孝为全书所作的解题。

该书所收律、令皆是养老律令。养老律令之前,还有论及日本律令制时具有重要意义的大宝律令,只是未能流传至今(此点可参见前引井上氏的论文)。另一方面,养老律令也没有完整地保留下来。律仅残存名例律上卷、卫禁律后半、职制律、贼盗律、斗讼律(仅 3 条,其中 2 条分别在首、尾有残缺)的写本,其他则是为各种书籍引用的佚文。令也没有写本传世,但官修注释书《令义解》以及私撰注释书《令集解》引用了各条全文并加以注释,因此我们现在得以知晓这些条文。

现以关市令开头部分以及第 1 条为例,说明本书的使用方法。关市令的注释从该书第 441 页开始。页面分为上、下两段,为便说明,先从下段开始(读者应对照该书进行合读,也可参考以下所附示意图)。

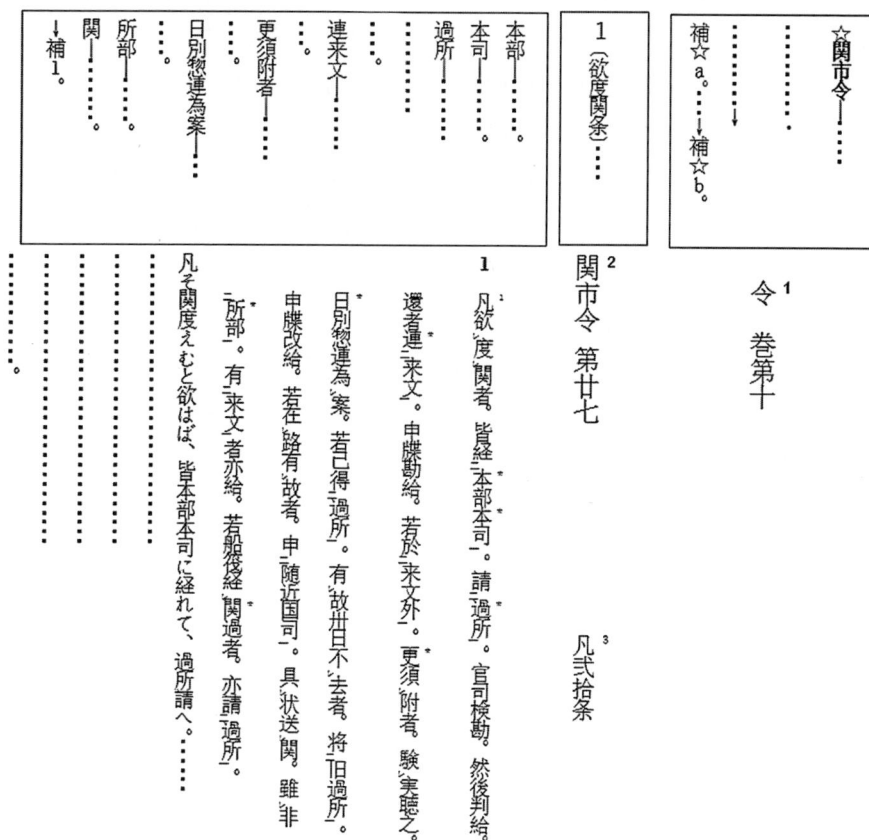

岩波版《律令》关市令开头部分示意图

1. 下段(条文原文以及训读文)解说

下段由养老令条文原文(加了日本汉文训读法中的"读音顺序符号")以及其训读文(养老令条文的古假名训读)构成。首先列出条文,然后是训读文。该书的编者为每篇的各个条文都加上了条文序号(以阿拉伯数字标记)。序号为该书特有,现被日本古代史学界承认,研究论文引用养老令条文时,一般同时标记该书的条文序号(如记作"养老关市令1欲度关条")。

关于养老令的条文,需要注意的是,各篇使用的底本有所不同。前已述及,养老令原来的写本已不存在,所以养老令的条文只能依据引用了各个条文原文的《令义解》《令集解》(有关写本的详细情况,参见该书的"解说")。如果需要特别说明写本的相关信息,则在养老令条文中用阿拉伯数字标记校异注。读者若有需要,可以参见第702—713页的"校异"。

养老令条文原文之后,是依据日本的汉文训读法撰成的训读文。这种训读文并非完全由现代的日本古代史研究者独力完成,他们尽可能地利用了底本上所存的训点,且注意与11—12世纪的汉籍训读保持同步(参见该书所收筑岛氏的论文以及"解说")。此外,在训读文中,训读注的序号以中文小写数字表示。关于训读注,可参见第714—739页的"训读注"。

2. 上段(条文序号、眉注等)解说

上段由条文序号、条文名、条文内容的概要、眉注(正文上栏所载对术语、词汇的注释)构成。各篇开头是对该篇整体的概述。第441页上段的开头就是对关市令这一篇目的解说。

如前所述,各条文都加了该书独有的条文序号,其后记载了条文名。条文名依据各篇底本所载,现在的日本古代史学界在使用条文名时,一般与条文序号一样,都依据该书。再之后就是条文的概要。这一部分便于读者简要了解条文内容。

其次是眉注,在下段的《养老令》条文原文中,凡是要在眉注中加以解释的术语、词汇,用 * 符号标记。眉注基本参照《令义解》的官方注释、《令集解》引用的令私记(古记、令释、迹记、穴记等)的注释,但以简明为宗旨,文字的长度有限。因此,若有需要就在"补注"中进行更为详细的注解。例如,起首"关市令"的眉注有"→补☆a",第1条"关"的眉注有"→补1"等。"补注"

在第485—701页，以篇目为单位进行汇总。补注的注文序号与条文序号一样，同一条文内有多个补注时，以"补1a""补1b""补1c"等方式，加字母进行区别。

这种眉注、补注对读者深入理解各个条文有很大意义，也有一些需要注意之处。因《令义解》《令集解》皆有残缺，所以不同卷帙的眉注和补注在内容的精粗程度上存在很大差异。具体情况如后详述，此处先略加说明：如医疾令、仓库令这样的篇目，不但《令集解》缺载，连《令义解》都未能加以保存，相比于其他篇目，其注释内容自然会大量借鉴该书注释者自己的研究或是既往研究。医疾令与仓库令是很极端的例子，同样可作为具体实例的关市令，虽现存于《令义解》中，但在《令集解》中散佚了，所以存在很多未解之处。以下列出存在这种情况的篇目，谨供参考。

【《令义解》《令集解》皆残缺的篇目】……医疾、仓库
【《令集解》残缺的篇目】……军防、关市、捕亡、狱、杂

此外，还有最应留意的前提是，注释的内容受限于1976年时的研究状况。补注还引用了参考文献，连同眉注，都对学界大有裨益，但需要注意的是，这些都是基于1976年以前的研究成果，有的篇目是在没有充分研究积累的情况下作的注释。如丧葬令、关市令、捕亡令等，其补注并不详细。此后的礼仪研究和利用天圣令进行的日唐令比较，都进一步推进了这些篇目的研究，须参考最新的研究成果。

三、关于复原篇目的注意事项——特别是仓库令、医疾令

使用该书时，要谨慎参考复原篇目的条文。特别是令，如前节所述，医疾、仓库两篇在《令义解》和《令集解》中皆残缺，存在不明之处，但也不能说条文内容全不可知。除佚文散见于《令集解》外，医疾令条文多被《政事要略》引用，仓库令条文多被《延历交替式》引用，因而得以复原散佚条文的具体字句。

例如，该书第407页所列仓库令第一条如下：

（1）凡（一）仓。皆于﹍高燥处﹍置之。侧开﹍池渠﹍（一）（二）。去仓五十丈内。不ㄴ得ㄴ置﹍馆舍﹍（一）（二）（三）（四）（五）。

　　（一）贵岭问答。（二）政事要略卷五十四交替杂事（修理官舍）。（三）官卫令 8 集解古记。（四）官卫令 8 集解释云。（五）官卫令 8 集解穴云。

它们与其他篇目不同，条文序号外加圆括号。需要注意的是，附加圆括号的条文序号是临时序号，可能会根据将来的研究变更条文排列，并随之改变序号。实际上，丸山裕美子就提出了医疾令条文排列的修正方案。[①]

下段的正文附有"（一）、（二）"这样的汉字注释序号。在条文正文的下一行，每个汉字的注释序号下都记载了史料名等，由此可知这些都是复原字句所依据的史料。

该书有两个篇目收录了这样的复原条文。那么，复原方案的依据为何？

如前所述，该书各篇的条文底本各有不同，仓库、医疾两篇以新定增补国史大系本《令义解》（以下称国史大系本《令义解》）为底本。国史大系本《令义解》也收录了两个篇目的复原条文。至于国史大系本依据的版本，有立野春节于江户时代庆安三年（1650）刊行的所谓京本（青本）《令义解》，以及塙保己一校勘的《令义解》（宽政十二年[1800]刊行的所谓赤本[塙本]《令义解》。但仓库、医疾两篇未收入初版，增补在再刊本中）。总之，江户时代的律令学者最早意识到能够从各种佚文中复原已经散佚的两个篇目的条文，可以说，该书的复原条文是从江户时代到 1976 年各种研究成果的结晶。现通过利光三津夫关于江户时代律令学的研究、[②]高盐博对医疾令的深入研究、[③]武井纪子对以往仓库令研究的综述[④]来考察这两个篇目是如何被复原到该书所见的这个样子。

① 参考丸山裕美子 a《日唐医疾令的复原与比较》（《日本古代的医疗制度》，名著刊行会，1998 年。首刊于 1988 年）、丸山裕美子 b《根据北宋天圣令复原唐日医疾令的尝试方案》（《爱知县立大学日本文化学部论集》第 1 号，2009 年）。

② 参考利光三津夫 a《蔺田守良及其律令学》（《律令制及其周边》，庆应通信，1967 年。首刊于1964 年）、利光三津夫 b《江户时代的律令学》（《律令制的研究》，庆应通信，1981 年。首刊于1965 年）、利光三津夫 c《律令条文复原史的研究》（收入前引《律令制及其周边》）等。

③ 参考高盐博《养老医疾令复原的再检讨》（《日本律的基础性研究》，汲古书院，1987 年。首刊于1983 年）。

④ 参考武井纪子《日本仓库令复原研究之现状》（《弘前大学国史研究》第 138 号，2015 年）。汉译本由周东平、肖秋蓬执译（载周东平、朱腾主编《法律史译评》第 7 卷，中西书局，2019 年）。

根据利光氏的研究，①就仓库、医疾两个篇目的复原研究而言，在江户时代有以下 4 本著作：

〔1〕菌田守良《逸令义解仓库 医疾 关市 令外》

〔2〕河村秀颖、秀根补逸，益根校注《令义解》第八本《仓库令补 厩牧令 医疾令补》

〔3〕稻叶通邦《逸令考》

〔4〕塙保己一《令义解》卷八（赤本《令义解》）

以上四书之中，〔4〕最晚成书但流传最广，国史大系本《令义解》是以〔4〕为底本，并加以若干校勘、增补。至于其他三本，〔1〕是伊势神宫祢宜菌田守良在其父守诸的帮助下，于宽政八年（1796）撰成的。其特点是没有参考〔2〕〔3〕，属于独立研究，以稿本传世，并未刊行。②〔2〕由尾张名古屋的学者河村秀颖、秀根兄弟所著，秀根之子益根加以校注，于文化七年（1810）刊行。值得特别说明的是，江户时代的尾张名古屋从尾张德川家初代家主义直开始就雅好学问，历代家主都很重视学问、书籍。尤其是德川义直极其关心古代史，主要对象之一就是律令学。因此，律令研究在尾张名古屋非常盛行。③ 河村家有 2 万余卷藏书，举办过与律令和古典相关的研究会。〔3〕的作者稻叶通邦就是研究会的参加者，根据丸山氏的研究，〔3〕撰写于宽政八年至享和元年（1801）的 5 年间。④

由上可知，〔1〕并未流传，被推测具有相互关联性的是〔2〕至〔4〕。泷川政次郎曾在著作《律令的研究》中提出："河村秀颖、河村秀根、稻叶通邦等江户时代的律令学者研究《政事要略》《类聚三代格》《令集解》等诸书中的令佚文，塙保己一则是这些研究的集大成者，在所谓赤本《令义解》中将令之全篇网罗起来。"⑤国史大系本《令义解》与该书都沿袭了这一理解，只把〔4〕中的这两篇令文当作底本，没有参考〔2〕〔3〕。

---

① 参考 266 页注②利光三津夫 b 论文。

② 稿本藏于神宫文库。详见 266 页注②利光氏 a 论文，第 301—304 页。

③ 关于江户时代尾张名古屋的律令研究，参考丸山裕美子《尾张名古屋的律令学——以稻叶通邦〈逸令考〉为中心》（《爱知县立大学文学部论集》第 56 号[日本文化学科编第 10 号]，2008 年）。

④ 本页注③丸山氏论文，第 8—9 页。

⑤ 泷川政次郎《律令的研究》（名著普及会，1988 年。首刊为刀江书院，1931 年），第 687 页。

然而,根据高盐氏的研究,泷川氏的理解有误。[①] 他注意到〔4〕与〔3〕相似,与〔2〕多有不同之处。以往的研究认为墙保己一在〔4〕中独自博搜史料、收集佚文,这种看法有误,实际上他未加说明,就将〔3〕作为底本,予以校勘、校订,并收入再刊本中。因此高盐氏指出,〔4〕对〔3〕的复原作了修改(也包括省略),反较前书为劣,对国史大系本《令义解》以及该书都有影响。

高盐氏围绕医疾令阐明了上述经过与情况,而吉冈真之指出,就仓库令而言,〔4〕也是以〔3〕为基础的。[②] 因此,该书所载复原方案建立在江户时代以来的研究基础上,并且存在一些研究上的疑问。在参照该书时应时刻警惕,不要盲信所载条文的复原方案,需要自己对复原所据史料进行仔细检证。

该书出版后的各项研究已对两个篇目的复原加以诸多修正。特别需要注意的是,2006 年天一阁藏明钞本北宋《天圣令》残卷的全部公开,给学界带来了许多全新的信息。[③] 在研究这两个篇目时,不能完全依据该书,必须随时参考日本古代史研究、唐令复原研究、北宋《天圣令》研究、日唐律令比较研究的新成果。

结　语

《日本思想大系·律令》是日本古代律令制研究中的重要著作之一,本文解说了其出版背景与基本的使用方法,以及参考时需要注意的事项,并阐述了它的价值。从现在的研究水准来看,作为 40 多年前的出版物,该书自然有需要修正之处,但它被反复重印,仍是学习律令时的"案头必备之书"。该书是日本各大学古代史研讨课上的必备书籍,无论是教师还是学生,该书都使他们在平日的研究、教学中受益匪浅。我们自然需要密切留意该书出版之后的各项研究进展,但如果没有该书,日本律令制研究是无论如何都不

---

① 266 页注③高盐氏论文,第 300—310 页。

② 吉冈真之《〈延历交替式〉二题》《古代文献的基础性研究》,吉川弘文馆,1994 年。首刊于1978 年)。

③ 关于医疾令,可参考 266 页注①丸山氏 b 论文;关于仓库令,可参考 266 页注④武井氏论文。

可能推进的。应当说,即使在将来,这部在研究史上熠熠生辉的名著仍将继续作为初学者或专家的重要参考书。而本文若能成为使用该书时的入门参考,将不胜荣幸。

赵 晶 译 郭 娜 校

日本律令的成立及其注释书

井上光贞

前　言

　　日本律令是日本古代朝廷继受中国律令而制定的最早的法典,深入规制古代的政治与社会,同时对国民思想有重大影响。不过,进入平安时代,公家法发展起来,镰仓时代以后,又按照武家法制定了法典,律令中的各种规定就逐渐失效了。但公家法是基于律令法形成的习惯法,武家社会是在推行公家法的社会中成长起来的,而武家法的目的是规范武家社会的习惯。因此,律令对公家法形成的意义自不待言,由此对武家法的形成也发挥了不小的作用。而且还不能忽视的是,在明治新政府以王政复古为宗旨建立的体制中,除太政官制的制定外,古代的律令也受到重视。在日本历史上,律令作为权威居高临下,作为规范源远根深,在前近代思想的深层发挥极其重要的意义。

　　如后所详述,日本律令完成于大宝律令,养老律令除了修正若干内容外,不过是改动了一些字句而已。但大宝律令的律及令皆已散佚,只能通过古记引用的逸文等得知其内容。与此不同,养老律令所采用的形式时至今日仍能观其全貌:养老律的形态是正文、注文再加上疏所构成的律疏,其中一部分(律目录、名例律前半部分、卫禁律后半部分、职制律、贼盗律、斗讼律的一部分)残存,其余大部分可由各书引用的佚文进行复原;养老令的大部分条文凭借令的官方注释书《令义解》及私人注释书《令集解》的正文及注得以流传下来,剩下的仓库、医疾两篇也能通过各书引用的佚文基本得以重构。①

---

① 　［追补：以下所述为刊登此论文的日本思想大系《律令》的编集方针。］在日本思想大系《律令》完
　　成之际,笔者等根据上述情况,力求尽可能全面地钻研养老律、令,并加以校订、标注训（转下页）

一、中国律令的吸收

律令是中国古代高度文明的产物,秦汉之后,经过很长的历史时期,逐渐发展为精致的、因而具有相当普遍性的成文法典,至少北魏以后,就演变成以官僚制式的统治机构、良贱制为基础的身份法,以土地公有为本质的土地法等为特点的法典。至于日本,如后所详述,一般认为它从 7 世纪初以前就开始部分地引进律令法,7 世纪中叶大化改新以后,进入正式地、成体系地吸收阶段。至于日本为何在这个时期接受作为中国法律的律令之法,究其原因,首先有必要着眼以下基本事实,即并非只有日本孤立地接受了律令法。也就是说,不只是北魏这种在中原立国的少数民族,中原周边许多农耕、游牧民族都相继采用了律令法。具体而言,在中国东北地区的高句丽从 4 世纪起、朝鲜半岛的新罗从 6 世纪起便制定了律令,虽然此说尚有待探讨,但 7 世纪建立的新罗统一王朝、10 世纪诞生的高丽都形成了以律令法为基础的国家体制,这是无可争议的事实。8 世纪兴起的通古斯系的渤海,10 世纪灭掉渤海并占领蒙古高原、中国东北地区及部分华北之地的契丹族辽朝,12 世纪初灭掉辽、同时将华北纳入版图的女真族金朝都建立了律令制国家。如此看来,古代日本继受中国律令法可说是中原周边各民族的这种动向之一。

中原周边各民族陆续继受律令法建立律令制国家的原因,细究起来,恐怕各个民族都不尽相同。但继受律令法的最主要原因在于,律令法作为中央集权的统治工具,是突出的典范。也就是说,无论哪个民族,达到一定的文明阶段时,集中权力就成为统一王权的最大课题。律令法在那时是最为

(接上页)读,进而不厌其烦地添加注释。但随即就发现,若采用这种方式,即使将注释限定为简短的眉批,也会远远超出日本思想大系一卷的分量。因此,令的部分仍然按照原定计划操作;而律的部分仅限于写本的残存部分,此外,对于可称为总则的名例律,只是根据唐律补出其后半部分(佚文),并为各条添加简短的旨趣说明。由于写本的残存完全出于偶然,所以笔者深知律的这种体裁是不合常理的。但最近律令研究会出版的《译注日本律令 律本文篇》(1975 年)对律进行了全篇复原,且与日本令不同,日本律与唐律几乎无异。在这一点上,将律作为日本思想大系的一篇来看,其作为国内文献的价值较低。因此,复原容易使文本产生人为性,采用上述编纂方法或许能够极力避免这一点。

合适的工具,所以各民族争相采用。至少日本是这样,日本自 6 至 7 世纪逐渐进入文明阶段,握有王权的飞鸟地区的古代贵族不仅吸收了儒学,还引进了佛教,开始超然凌驾于其他地区的文化之上。同时,大陆出现了庞大的统一国家——隋唐帝国,它对朝鲜各国施加了强大的影响,此地区之前一直处于日本王权的政治性笼罩之下。在这样的情势下,尤其对于 7 世纪的大和政权来说,集中权力、树立国家威仪是当务之急,这就是当时的统治者极力吸收律令法的原因。

日本积极吸收中国律令法的动机如上所述。那么律令的继受具体又是如何展开的呢? 我想可以分为以下三个阶段:第一为部分地、零碎地吸收律令法的时代,第二为全面地、体系化地吸收律令法的时代,第三为日本律令法典制成、实施的时代。虽然被统一称作律令,但日本继受律和令的步调并非完全一致,不过整体上经历了这三个阶段,最终建立了律令制国家。于是我将从第一个问题开始,具体探讨每个阶段。

(一)

提到律令的吸收,一般都作为大化改新之后的问题。但按照上述划分方式来看,这已属于第二阶段,其实此前便已经开始部分地、零碎地吸收律令了。这是因为根据《梁书》记载,虽然在 6 世纪初日本与中国依然有邦交,但之后约一个世纪则处于中断状态。然而,在此时期,日本为了充实自身的国力,通过与朝鲜各国的频繁交往,仍然积极地吸收中国文明,这从它接纳儒学与佛教就可以看出来。7 世纪初,日本直接与隋、唐交往以后,吸收中国文明的势头更加猛烈。若然如此,我们自然可以认为,在大化改新之前,作为积极吸收中国文明的一环,日本也开始部分地吸收律令法的相关知识,此类事实证据俯拾即是。

如《隋书·倭国传》中的刑罚记载。① 从《隋书》的性质看,该记载被认为是与隋朝同时期的日本推古朝的见闻,即使再往后推,也无疑是大化改新之前倭国的习俗。其载:"(一) 其俗杀人强盗及奸皆死,(二) 盗者计赃酬物,(三) 无财者没身为奴,(四) 自余轻重,或流或杖。"细读其文,整体从(一)以下可分为四部分:(一)、(四)为死、流、杖三种刑罚,(二)、(三)为犯盗的赔

---

① 井上光贞《隋书倭国传与古代刑罚》,《井上光贞著作集》第二卷第一篇,岩波书店,1986 年。

偿制及无法赔偿时用劳役还债的处罚方式。由此可知,在当时的倭国,
(A) 国家刑罚有死、流、杖三种,(B) 对于强盗以外的盗罪,存在一种习俗,
即国家站在加害者与被害者之间,让犯盗者赔偿损失。而且,若以此为依据
整理《书纪》的相关记载,可知这与推古朝的情况并不矛盾。若如此理解《倭
国传》的记载,则如石母田正已经指出的那样,[①](A)中死、流、杖三种刑罚大
概是受中国律五刑的影响吧。这是因为唐律中的五刑(按照由重到轻的排
序为死、流、徒、杖、笞)在北朝已经形成,杖、笞为同种刑罚,徒刑的缺失也有
当然的理由。[②] 此外,关于周边各民族继受中原律,仁井田陞指出,当周边各
民族接触到中原文明时,(a) 此民族开始广泛吸收中原律的同时,(b) 若此
民族的历史尚浅、公权力尚未完全确立,则大多会明显残留中原已经消失的
复仇—赔偿制的习俗。[③] 若考虑到这一点,则会更加自然地认为,在国家刑
罚的种类上存在二元样态,即推古朝的倭国已经有选择地导入了中国律的
五刑,在另一方面,赔偿制虽仅限用于盗罪领域,但依然有所残留。若这一
推测成立,则日本吸收中国律的五刑或可追溯至推古朝以前。

令又如何呢? 大化改新诏所见户调不就是其实例吗? 日本赋役令所定
之调征课的对象是丁,即丁调。但《日本书纪》大化二年正月条所载大化改
新诏的第四条并无丁调,列出的是田调、户调及调副物三种。若对比其中的
田调与户调,则可认为田调为改新政府所定,而户调为大化以前的惯例。这
是因为对于田调,田一町(500 代)征收布 100 平方尺(40 尺×2.5 尺),絁则
征收其半,绢则征收其四分之一,这些都是可除尽的数值,所以被认为是改
新政权现时拟定的政策,全无矛盾。而户调是每户征收赀布一丈二尺,此数
值也是购买官马的价格、仕丁的庸布规定,因此可自然地认为这是依据大化
之前的惯例所定。[④] 那么其起源如何? 分析中国的调可发现,隋唐赋役令规

---

① 石母田正《古代法小史 附论:关于古代法的成立》,氏著《日本古代国家论》第一部,岩波书店,
1973 年。

② 在王权及族长能够肆意奴役人民的社会中,劳役作为刑罚很难成立。大化政治改革提出赋役一
体化后,赋役与军役在天武朝以后逐渐分离,杂徭等赋役制逐渐完备。从这一点来看,在这一时
期将"徒"定为劳役刑是可以理解的。

③ 仁井田陞《东亚古刑法的发展过程与赔偿制(Buße)》,氏著《中国法制史研究 刑法》,东京大学出
版会,1959 年等。

④ 井上光贞《大化改新诏的研究》,氏著《日本古代国家的研究》,岩波书店,1965 年。

定的调为丁调,但此前晋朝规定的是户调,其户调之式载"丁男之户,岁输绢三匹绵三斤,女及次丁男为户者半输云云"。这一户调在南朝梁的天监元年(502)被改为丁调,北朝也一直沿用至太和九年(485)北魏施行均田制为止。[1] 了解了这一沿革后,就会更加认同坂本太郎的推测,[2]古代日本自大化以前至改用丁调为止一直推行的户调,起源于中国在丁调以前一直推行的户调。而且吉田孝在日本思想大系《律令》户令 6 条的补注中指出,大宝户令相应条文规定的丁中制越过隋唐而与上述晋朝的户调之式极为相近。曾我部静雄也认为"在中国,'次丁'这一律令语言……在晋以后,至唐为止,并未出现",得出了同样的结论。[3] 若然如此,其可能性可以说进一步增强了。百济当时发挥着日本吸收中国文明的窗口作用,与南朝交往甚密,而日本的屯仓等采用来自百济的归化人负责经营,所行税制也许就受到南朝户调制的影响,大化改新诏可能就把它作为新税制的一部分了。若此推测成立,则它可作为大化改新以前吸收中国律令法的一个例子,在有的情况下,甚至可上溯至 6 世纪。

以上从律及令两方面各举一个较为可靠的例子,说明日本在大化改新以前就已继受了中国的律令,此外当然还有一些其他实例。[4] 可以说,如果史料足够丰富,我们极有可能像考古学及美术史那样,能够阐明日本全面吸收唐律令之前移植中国法制的过程。

(二)

律令的继受经过了上述第一阶段,就进入全面的、体系化吸收的第二阶段。在思考其起点时,首先跃入脑海者有二,一是推古朝的宪法十七条,二是大化改新。

首先是宪法十七条。众所周知,《弘仁格式序》对律令的起源作了如下叙述:"上宫太子亲作宪法十七条,国家制法自兹始焉,降至天智天皇元年,制令廿二卷云云。"由此可知,平安初期的古代贵族将宪法十七条作为国家

① 越智重明《魏晋南朝的政治与社会》第三篇第三章,吉川弘文馆,1963 年。
② 坂本太郎《大化改新的研究》,至文堂,1938 年,第 369 页。
③ 曾我部静雄《十恶与八虐》,《日本历史》第 342 号,1976 年。另外也可参考氏著《以律令为中心的日中关系史的研究》,吉川弘文馆,1968 年。
④ 井上光贞《隋唐以前的中国法与古代日本》,《井上光贞著作集》第二卷第四篇,岩波书店,1986 年。

制法的起点，在此基础上又制定了律令。这个观点在一定程度上说是错误的。这是因为，晋武帝于泰始四年（268）正月颁布晋令四十卷，同年十二月向郡国颁布五条诏书（《晋书·武帝纪》）；西魏文帝大统十年（544），苏绰受宇文泰之命制作大统式，并向地方官吏颁布六条诏书（《周书·苏绰传》）。宪法十七条并非如律令一般的法律，而是像五条诏书与六条诏书一样，属于对官员的道德训诫或工作守则之类的东西。宪法十七条虽然也引入了佛教，但仍是以儒家与法家思想为两大支柱的、对官员的训诫。律令既是法律，也带有儒家式劝诫的目的，因此两者在这个精神上是一致的，这一点不能忽视。从这个意义上来看，《弘仁格式序》所见日本古代贵族的看法反而抓住了本质，虽然宪法十七条只不过是训诫与工作守则，各种规定与律令几乎毫无关系，但可以说宪法十七条所追求的目标指明了律令要规定的方向。具体来说，中国律令，尤其北魏以后的律令，其特点是以官僚制、良贱制、公地公民制为本质，这已在前面论述过了，而宪法十七条也是以官僚制式的国制为前提，将人分为"君""臣""民"三类，"臣"这类官僚层要服从"君"（天皇），遵守儒家的道德规范，对"民"（人民）要公平审判、平等征收赋役。而且还需注意的是，此规定能与同在推古朝设立的冠位十二阶相互照应，后者以作为官员的功劳为基准，给每位贵族授予冠位，并用儒家德目作为各阶的名称。宪法十七条还提出了作为律令法大前提的公地、公民的思想，"所在官司，皆是王臣，何敢与公，赋敛百姓"（十二条）、"背私向公，是臣之道矣"（十五条）等，都强调了公私之别。这毫无疑问源于法家思想，但公、私究竟为何？现在若站在绝对君主的法治立场上，则所有的中间性支配皆为"私"。宪法十七条把所有的中间性榨取当作"私"而加以剔除，由此体现君主直接支配人民与土地的公地、公民思想。

刚才已指出，宪法十七条与律令的目标一致，以迈向同一国制为前提，从这个意义上说，宪法十七条成了全面继受律令的思想性前提。但往前推进一步，正式、全面地吸收律令本身还是始于大化改新。这是因为大化改新是以推古朝时被派到隋朝长期生活的留学生为主角开展的政治改革。他们亲眼看到唐朝尤其唐太宗贞观之治下律令政治的具体运作过程。大化的政治改革通过大化五年间相继颁布的诏得到推进，《书纪》所载之诏的内容及其施行明显反映了实现律令目标的过程。不过，大概很难将这些诏，尤其是体现改革大纲的二年正月诏看作是当时的原物,并进而推测它们受到留学生带回的唐武德令(武德七年,624)、太宗贞观令(贞观十一年,637)的影响。这是因为藤原宫木简已经证明津田左右吉对二年正月诏的质疑是正确的。也就是说,若把它作为确凿的证据,则只能认为该诏并非大化原诏,而是根据编纂《书纪》时的现行法大宝令进行整理的产物,若去除加入的修饰,则固有法、朝鲜及隋唐以前的中国法制等综合在一起的各种制度便会作为原诏呈现出来。① 尽管大化政治改革以此方式开始,但通过对正月之诏的这一理解,以及能更好地反映原诏面貌的大化五年间颁布的各诏,可以看出其目标在于向律令式国制的转变。这是因为其中可以看到:(一) 官僚制的创制(二年八月诏、三年四月诏等),(二) 从部民制向公民制的转变(二年正月诏第 1 条、二年三月奏状、二年八月诏、三年四月诏)、向郡县制的转变(二年正月诏第 2 条、二年八月诏)、统一性租税制度的建立(二年正月诏,尤其是第 4 条)及(三) 良贱制的创制(元年八月诏)。这些完全都是律令初创的各种特点。也就是说,大化朝廷重用从中国归来的留学生,目的在于向律令制国家转变,具体的做法就是参照中国武德与贞观令的知识,从古代开始习自中国与朝鲜的制度以及自己固有的习惯法等,在此基础上陆续颁布各种单行法令(诏)。

如上所述,我认为律令法继受的第二阶段,即全面、体系化地吸收律令法,应始于大化改新,这与早先的看法一样。若是如此,那么第三阶段日本律令的编纂又是如何进行的呢?对此,我将在下一章进行讨论。

二、日本律令的成立(一)

如前所述,古代中原的周边成立了诸多律令国家,这意味着这些民族根据自己的国情继受了中原的律令。但他们是否一定制定了自己民族的律令或律令性质的法典?当然也有编纂律令的民族。如辽在建国后立志编纂及修订法典,于兴宗重熙五年(1036)制定了"新定条制"。此条制也被称为律令,岛田正郎根据唐律令进行了复原。② 此外,金占据华北后,开始向中原式

---

① 前引井上光贞《大化改新诏的研究》。
② 岛田正郎《辽制之研究》,汲古书院,1954 年。

的国家形态转型,产生了整备法制的需要,在 12 世纪中叶参照隋、唐、辽、宋
的律令格式,颁布皇统新制,后于泰和二年(1202)制定了泰和律令。这些都
是编纂律令的国家实例。另一方面,虽然渤海采取了律令体制,但它是否编
纂过律令,则事实未明。据说新罗已于法兴王时期颁布了律令(《三国史
记》),也有以统一新罗为中心复原新罗律令的尝试,①但尚无确凿证据证明
新罗制定过律令。如史料所载"高丽一代之制,大抵皆仿乎唐,至于刑法,亦
采唐律,参酌时宜而用之,云云"(《高丽史·刑法志序》),高丽大量采用了唐
律令,但是否制定过法典,尚存疑问。花村美树探讨了高丽律,认为高丽以
唐律作为刑政的基准,并未"根据王命,编纂统一性的律"②。由此可知,明确
建立了律令制国家的民族也未必制定过固有的律令法典。因此,日本在大
化改新的同时,不仅开始全面继受中国律令,且随后不久即积极制定本国的
律令法典,这一点是不能忽视的。

从日本律令的编纂历史来看,7 世纪后半至 8 世纪初可称为日本律令
的形成期。唐代高祖制定武德律令(武德七年,624)、太宗制定贞观律令(贞
观十一年,637)、高宗制定永徽律令(永徽二年,651),每逢皇帝迭代便会重
修律令法典。日本沿袭中国模式,天智朝编纂近江令、天武朝编纂净御原
(律)令、文武朝编纂大宝律令、元正朝编纂养老律令,不断编纂、施行律令法
典。但关于各律令法典的编纂与施行,皆遗留了未解决的问题,处于各种学
说并立的状态。因此,为了便于说明,先从现存史料最丰富的大宝律令开
始,再追溯至净御原(律)令、近江令,最后再考察养老律令。关于这些律令,
我会尽可能正确地介绍各种学说,尤其是通说的内容及论据。但与此同时,
我有许多不同于通说的意见,所以也会毫不客气地申说自己的观点。

(一)

最先考察大宝律令,是由于《续日本纪》中有诸多相关记载,能据此得知
具体的过程,由此贴近古代人的意识,理解法典的制定经过及意义。

关于大宝律令的编纂与施行,通说为泷川政次郎《律令研究》的推断:

---

① 田凤德《新罗律令考》,氏著《韩国法制史研究》,首尔大学校出版部,1968 年。日译有《新罗的律
令考》,氏著《李朝法制史》,北望社,1971 年。
② 花村美树《高丽律》,京城帝国大学《朝鲜社会法制史研究》,岩波书店,1937 年。

（1）《续纪》文武四年三月条"诏诸王臣，读习令文，又撰成律条"表示着手编纂；（2）同年六月条载，刑部亲王与诸臣奉敕"撰定律令，赐禄各有差"，这说明任命编纂官；（3）第二年大宝元年八月条再载"撰定律令，于是始成，大略以净御原朝庭为准正，仍赐禄有差"，表示编纂完成。① 关于其施行，一般以（2）与（3）之间的时点为开始施行的始点，即（4）大宝元年三月条大宝改元之日"始依新令，改制官名位号"，列举位阶与服制，更换左大臣以下一百二十五人的位号，任命大纳言以上官员。一年半后，（5）大宝二年十月条"颁下律令于天下诸国"，表示律令（准确来说应是"新令"）的全面施行。② 以上为大宝律令编纂与施行的基本观点，许多学说与此类似。但我对这一通说持有部分疑问：把（1）解读为"着手编纂"律与令有些勉强；因为赐禄一般是在事情完成后进行，故将（2）视为任命的记载有些不合常理；若把（1）看作着手编纂、（3）看作完成编纂，那么大宝律令这一划时代的法典的编纂期过于短暂；像大宝改元日（4）的重要施行仪式之后五个月才最终完成（3）律令法典，这也有些不可思议。

　　以上是我对通说抱有的疑问。与此相对，希望注意的是，直木孝次郎梳理了持统天皇时期的政治史，已将文武四年六月（2）视为大宝律令编纂结束时的赐禄记载，而非任命编纂官，③押部佳周建议据此重新思考大宝律令的成立。④ 如此看来，不仅应将（2）中的赐禄视为编纂结束时的褒赏，而且关于（1）的旧说（把令文看作旧令文，律条看作新律条，合起来就被视为大宝律令编纂的开始）也需再加探讨，以下理解则更有道理：在（1）之前大宝令就已制定，朝廷让诸王臣读习⑤新令文（大宝令文）的同时，又下令编纂新律（大宝律）。若如此解读（1）与（2），那么大宝令的编纂在文武四年三月以前就完成

① 泷川政次郎《律令的研究》第一编第四章第一节，刀江书院，1931年。

② 泷川政次郎《律令的研究》第一编第四章第二节。

③ 直木孝次郎《持统天皇》，吉川弘文馆，1960年，第260页。

④ 押部佳周《大宝律令的成立》，《historia》第60号，1972年。另外，押部认为（2）不可能是关于任命编纂官的记载，证据是列名于最后的调伊美伎老人在那时已死亡。若能证成这一点，那就成了定论，但其证明并未成功。

⑤ 读习的是新律令而非旧律令，证据是大宝二年七月条"令内外文武官读习新律"（"律"字依据《类聚国史》）。就大宝律令而言，无论律还是令，首先是让王臣及内外文武官读习，然后再进行一般的讲授。

了,文武四年三月的(1)则是向朝廷贵族公开此令,同时开启大宝律的编撰。同年六月的(2)举行的是大宝令编纂完成时对大宝令编纂者的赐禄仪式。大宝元年八月的(3)记载的是大宝律也完成编纂,律令到此全部完成,朝廷对编纂者举行赐禄仪式。通过以上对大宝律令编纂记载的整理可知,《续纪》并未记载开始编纂的时间。作为其中一个假说,直木孝次郎推测也许在文武天皇即位后不久就着手编纂。这一假说也是有可能的、妥当的。理由是:策划文武天皇即位的是其祖母持统太上天皇,正如天武天皇在立草壁皇子为皇太子之日下令编纂净御原律令一样,持统在文武即位时,或者至少在其被立为太子时,下令编纂新律令,以期能在将来文武执政时加以施行。总之,若不必将(1)解读为编纂开始,大宝律令编纂期限也就不必局限于通说所谓的只是短暂的一年半了。不过,关于大宝律令编纂的上述解释还需要再行考究,尚非定论,仅作为一种假说供方家参考。

接下来考察大宝律令的施行。从史料所见来看,(4)大宝元年三月的记载作为大宝令开始施行的证明并无疑义,但通说认为这个时间处于令尚未完成的中间阶段,两者有所矛盾。与此相对,在上述假说中,首先应予注意的是,大宝令在前一年(1)以前已编纂完成,(4)是大宝令开始施行的记载。至于这一记载的内容,我认为这不仅表示大宝令的一部分(官位令、职员令、衣服令等)得到施行,还如石尾芳久与青木和夫①所论,更具有象征性的正式仪式的意义。这是因为此日不仅是大宝这一年号的改元日,而且朝廷想要通过大量官员就任大宝令规定的位阶、官职,并身穿官位对应的朝服展现威仪,以此让大家意识到新令所开启的新时代。而且像这样在新令编纂之后,选择特定的吉日颁布新令的官位、衣服并付诸实施的做法,也见于净御原令、近江令,这种仪式超出了单纯的施行,而具有所谓的"公布"新令的意义。

关于大宝律令的施行,还想指出另外一点:上述(4)公布的三个月后,(6)元年六月条又载:颁布(一)"凡其庶务,一依新令"、(二)"国宰郡司贮置大税,必须如法"二敕,且遣使七道,向各国宣传(a)"依新令为政"与(b)

---

① 石尾芳久《日本古代法的研究》,法律文化社,1959 年,第 106 页;青木和夫《奈良之都》,中央公论社,1965 年,第 25 页。

"给大租之状"。正如村尾次郎所论，[1]（一）与（a）、（二）与（b）分别为同一件事，首先发布此二事的敕令，接着通过官符向各国传达，这只能是向中央及各国下达的全面施行新令的命令。不过，由（5）可知，向各国颁布新令是第二年十月份的事情，所以此时即使称依照新令，各国也没有应当遵守的新令。可以这样来理解：在（6）的记载中，各国应当推行的措施，就如（二）即（b）所示的具体事项，这是由于各国没有拿到新令，朝廷将这些具体内容从新令中提取出来，通过单行法令（官符）的方式发布。关于大宝律令的施行，还应当附加说明的一点是，上述第二年十月向各国颁布（律）令一事与大宝二年户籍的关系。大宝户籍上写有二年十一月的日期，而大宝令文中也有与养老户令 19 造户籍条"凡户籍六年一造，起十一月上旬云云"相同内容的字句，由此可知朝廷十月颁布（律）令，十一月起就开始造籍。岸俊男指出，[2]自近江令以来，令的施行与造籍密不可分。可以这么说，在中央，若新令的官位、衣服等施行之日具有所谓"公布"的象征之意，那么各国在施行新令上起到相同作用的就是依照新令造籍。

（二）

如前所述，日本律令制定史上争论最多的就是近江令与净御原令的问题。关于它们，有以下三种观点。第一是佐藤诚实[3]、中田薰[4]等人的观点。他们从《日本书纪》《家传》与《弘仁格式序》中寻找主要史料，认为近江（律）令制定于天智（即位）元年（668），并得到部分实施，自天武十年起开始修改，完成后于持统三年向各国颁赐。第二是泷川政次郎[5]、坂本太郎[6]等人的观点。在史料处理上与第一种观点无别，最大的分歧在于他们将天武十年的修改看作是编纂新的律令法典。也就是说，由此开始编纂近江令之后的净

---

[1] 村尾次郎《律令财政史的研究》，吉川弘文馆，1961 年，第 215 页以后。
[2] 岸俊男《造籍与大化改新诏》，首刊于 1964 年，后收入氏著《日本古代籍帐研究》，墙书房，1973 年。
[3] 佐藤诚实《律令考》，首刊于 1899 年，《国学院杂志》第 68 卷第 8 号再录，1967 年。
[4] 中田薰《唐令与日本令的比较研究》，首刊于 1904 年，收入氏著《法制史论集》第一卷，岩波书店，1926 年；《古法杂观》，首刊于 1951 年，收入氏著《法制史论集》第四卷，岩波书店，1964 年。
[5] 前引泷川政次郎《律令的研究》。
[6] 前引坂本太郎《大化改新的研究》；氏著《日本全史 古代Ⅰ》第三章第一节，东京大学出版会，1960 年；氏著《飞鸟净御原律令考》，首刊于 1954 年，收入氏著《日本古代史的基础性研究》下，东京大学出版会，1964 年。

御原（律）令，完成后于持统三年颁赐。第三是战后青木和夫的主张。① 他指出上述两种观点重视的《家传》与《弘仁格式序》并非当时的史料，所以不足为信，由此认为近江令是不存在的（但承认曾着手编纂），第二种观点所谓的净御原（律）令被他看作是最早的律令法典。另外，一般认为近江令无律，净御原令中有律，但上述青木说持否定意见。关于近江令与净御原（律）令有以上三种对立的学说，究竟哪种妥当呢？目前处在通说位置上的大概还是第二种。接下来将以此说为基础，先考察净御原（律）令，再考察近江令的编纂与施行过程。

以第二种和第三种学说为前提，通说所论净御原（律）令编纂与施行的基本情况是能够成立的。但正如分析大宝律令编纂与施行过程时所阐明的，要注意古代人的法典编纂意识。依此对净御原（律）令进行考察，可确定以下几点：第一是天武十年二月的律令修改问题。《书纪》载，天武立草壁皇子为皇太子、统摄政务，在这一吉日宣布"朕今更欲定律令改法式"，开始编纂法典。这在第二、第三种学说中被认为开启了净御原（律）令的编纂。第二，《持统纪》三年六月条载"班赐诸司令一部廿二卷"，表示净御原令已编纂完毕，该日将它颁赐中央各司。但令的颁赐应与施行不同，由大宝令的例子可知，颁赐指的是向官署发放法典的复本。第三，结束编纂在颁赐之前，有观点以《天武纪》十一年八月条"造法令殿内有大虹"为据，认为净御原令编纂在该年结束，或结束于后述《天武纪》十四年条冠位施行之前，但两者皆非定论。② 第四，持统四年四月诏称，官员的考选叙位需遵循"考仕令"的规定，同时命令更改朝服。此"考仕令"应该是净御原令，新朝服也应规定于该令的衣服令。到了七月，公卿、百寮人于一日着新朝服，五日高市皇子被任命为太政大臣，该日和翌日还有"八省、百寮""大宰、国司"一齐迁任。这些都是新令的官职。然后新令的官位、衣服制度颁布并施行。其中，七月五、六日任命太政大臣以下官员的仪式相当于大宝改元日"公布"大宝令的仪式。第五，在大宝令的颁布与施行中，二年十月向各国颁下令的复本，第二

---

① 青木和夫《净御原令与古代官僚制》，《古代学》第 3 卷第 2 号，1954 年。
② 近藤芳树以《标注令义解校本》（1864 年）"造法令云云"为据持《天武纪》十一年以前说，但此处应释读为"造法令殿"。泷川政次郎在前引《律令的研究》中将《天武纪》十四年的冠位理解为令的部分施行，在此之前令已制定完毕。但如后所述，这也并非定论。

个月开始造大宝二年的户籍。就净御原令而言,也是在向中央各司颁赐新令复本的两个月后,即持统三年闰八月下令各国司"今冬,户籍可造,宜限九月纠捉浮浪",同时对士兵作出规定"每于一国四分而点其一,令习武事",又在"公布"新令的两个月后,即四年(庚寅)九月再次下诏各国司等"凡造户籍者依户令也"。此处所见造籍的命令下达了两次,第一次与大宝令相关的元年六月的处理一样,通过单行法令向各国传达造籍的命令及新令相关的必要事项,然后借统一向各国颁下新令复本之机,第二次下诏指示各国应"依户令"造籍。

以上是净御原令编纂与施行的大体情况。最后再补充一点,净御原令开始编纂后的第四年,也就是颁赐新令的四年前,天武十四年正月发布新冠位制,授予草壁皇子以下诸王诸臣新的冠位,同年七月又制定了朝服。这个新冠位及朝服与净御原令的关系就是一个问题,如通说所论,这个冠位与朝服就是净御原令的内容,[①]没等净御原令完成,就以单行法令的方式付诸实施了。这是因为天武十四年制与持统四年"公布"的新令几乎完全一致,当然也存在差异,可归结为令编纂过程中与编纂完成后的形态之别,这自然是合理的。另外,天武十四年颁布新冠位,由此广行叙位,这与前一年颁布的八色之姓的施行密切相关。正如阿部武彦所论,[②]天武天皇即位后大力推行官人考选法,由此出现了官员冠位的急速上升,造成冠位与姓之间的失衡。正是受这一严峻形势所逼,一方面制定与施行八色之姓,另一方面还在新令发布前,甚至在编纂结束前,就实施新令的冠位与衣服之制。

结合整理大宝律令所知的古代人的意识,以上梳理了净御原(律)令的编纂与施行过程。用同一方法考察近江令,则可再列出以下几个问题点:第一,前述第三种观点指出,虽然可因缺乏证明近江令编纂与施行的一手史料而否定其存在,但《日本书纪》天智九年(称制九、即位三)二月条"造户籍,断盗贼与浮浪"是庚午年籍的造籍记载,这是此制在全国广为推行的证据,难以否认。[③] 然而,就大宝令而言,是在令编纂完成后的第三年(大宝二年)

①　前引泷川政次郎《律令的研究》,第 101 页以后;前引坂本太郎《飞鸟净御原律令考》,第 3 页。

②　阿部武彦《关于天武朝的族姓改革》,《日本历史》第 134 号,1959 年。

③　井上光贞《庚午年籍与对氏族策》,首刊于 1945 年,收入氏著《日本古代史的诸问题》,思索社,1949 年。

才开始造籍,净御原令也是自令"班赐"的第二年(持统四年)起开始庚寅造籍。因此对比来说,在造庚午年籍的两年前,即天智七年(称制七、即位元),《家传》载"先此帝令大臣选述礼仪刊定律令……大臣与时贤人,损益旧章,略为条例",《弘仁格式序》载"降至天智天皇元年,制令廿二卷,世人所谓近江朝庭之令也",这些不能因非当时史料而轻易否定。① 第二,无论是大宝令还是净御原令,都是在令编纂完后选择特定日子,举行实施新令的冠位、衣服之制的仪式,此被称为新令的"公布"。而且在大宝令时,特定之日选在大宝改元日,净御原律令时则选在高市皇子就任太政大臣之日,新令的颁布也带有政治意义。因此,《天智纪》十年(称制十、即位四)正月条载,任命大友皇子以下为太政大臣等的同时,"东宫太皇弟奉宣,(中略)施行冠位法度之事,大赦天下。法度冠位之名,具载于新律令也"。这可被视作近江令的"公布"。而且大宝令是在公布的前一年(文武四年)结束编纂,净御原令是在公布的前一年(持统三年)进行的颁赐。就近江令而言,上述《家传》及《格式序》称它制定于公布的前三年(天智称制七、即位元)。从这点来说,《家传》及《格式序》的记载也不必否定。综合以上分析可推断其步骤如下:天智天皇即位时,此前就已开始编纂的近江令大致完成,两年后依据此令造籍,再过一年,在大友皇子就任太政大臣时公布此令。

不过,还有两点需要补充。第一,我将天智十年(称制十、即位四)条暂且判为近江令公布的记载,而《日本书纪》中另有一条近似的记载,被认为七年前即天智三年(称制)曾制定令,即"天皇命大皇弟,宜增换冠位阶名,及氏上、民部、家部等事",接着又记录了冠位阶名及氏上、民部、家部的制定内容。此记载与"公布"近江令记载之间的关系就成为一个问题,坂本太郎有如下观点,②即天智天皇先称制,于称制七年即位,所以天智朝的纪年出现了从称制开始计算和从即位开始计算两种方式。其结果是,《书纪》中产生了像上述那样同一事件被重复记录在两处的情况。《天智纪》三年条与十年条相似的记载恰好就是此类例子。两者相较,十年条的记载更近乎史实。在

---

① 岸俊男在前引《造籍与大化改新诏》中也指出了此点。
② 坂本太郎《天智纪的史料批判》,首刊于 1955 年,收入氏著《日本古代史的基础性研究》上,东京大学出版会,1964 年。但其内容已公布于 1943 年东大授课时。

另一方面，青木和夫继承了坂本太郎的"同事重出"说，认为三年条更具有史实性，因此十年条的公布记载就游离其外，成为其主张近江令不存在的有力证据。[①] 在讨论这两种观点哪种更妥当之前，有必要考察三年条与十年条是否属于"同事重出"。因为如果是"同事重出"，则根据即位的纪年与根据称制的纪年之数差应是六年，但两条记载差了七年，两者存在矛盾。另外，也没有明确的证据证明，两条记载存在内容上的必然性，可被视为"同事重出"。黛弘道将这些联系起来思考，质疑坂本氏的"同事重出"说，认为二者是两件事，且都是史实，类似于净御原令中"天武十四年施行新冠位制与持统三年班赐令一部二十二卷的关系"[②]。黛说接近事实的真相。我之前提到三年六月颁赐净御原令，四年七月公布新令，在此之前因形势所迫提前施行了新令中的冠位与朝服之制，即公布五年前的天武十四年，而天智三年冠位的制定也是如此，朝廷需要进行甲子改革，所以将编纂中的一部分近江令（即新冠位）以单行法令的形式加以颁布并付诸施行。

追申的另一点是近江令所谓"施行"的含义。就此前出现的"施行"一词，我认为有两种不同的含义。（一）仅执政者持有法典，这种情况下的施行，法典的施行通常只是一部分内容，且以单行法令的形式向内外传达。（二）将法典的复本颁给所有的诸司、诸国，则施行的是全部内容。（a）大化改新以后的律令式政治是朝廷收藏中国律令等法典，以单行法令（诏）的形式颁布必要的内容而推行的政治改革。如前所述，这是"施行"的第一种含义，即通过律令的单行法令实施。与此相反，（b）朝廷颁赐净御原令给诸司后施行，分发诸司与诸国并加以施行的是法典的复本，所以这是"施行"的第二种含义，大宝律令亦是如此。那么，近江令的施行属于哪一种？我认为无论九年的造籍还是十年的冠位与法度，都按照（一）的形式施行。[③] 这是因为此令与上述两令不同，没有颁赐法典的记载。也就是说，近江令作为法典被制定出来，但其施行方法是否就像基于此前唐律令的政治一般，先由朝廷收

---

①　前引青木和夫《净御原令与古代官僚制》。

②　黛弘道《坂本太郎博士〈天智纪的史料批判〉》，《日本上古史研究》第 1 卷第 8 号，1957 年。

③　石母田正在《日本的古代国家》(1971 年)第三章第一节中指出，(一) 同意近江令不存在的第三种见解；(二)《天智纪》十年条的冠位、法度是以单行法令的形式施行的。我认为(一)近江令被制定出来了，但其施行与之后的时代不同，是以(二)单行法令的形式付诸实施的。

藏法典,等条件成熟后再付诸施行? 关于这一点,下一节将从另一角度进行考察。

(三)

关于日本律令成立的问题及其起源的追溯,目前尚有许多不明之处。围绕近江令争论不断,原因也在于此。我们不能仅考察与近江令有关的史料,应将它与净御原令、大宝令联系起来,按照古代人的意识与逻辑,分析这三部前后相续的法典的编纂与施行。若然如此,《家传》与《弘仁格式序》所载近江令于天智七年(称制七、即位元)即天智天皇在近江即位之年编纂完毕是可信的。因此,在第(二)节开头列出的关于近江令成立的三个观点中,认可近江令存在的第一、第二种观点应是妥当的。然而,再进一步说,这两种观点哪个更妥当呢? 虽然我一直都以目前的通说第二种为基础展开论述,但必须指出的是,重新审视第一种观点的话,它在以下这些方面是合理的。即比较第一种与第二种观点,第一种认为日本的律令法典指近江令、大宝律令和养老律令三部,第二种观点认为近江令与大宝律令之间还有净御原律令,共四部法典。但《续纪》养老三年十月条叙述法典的沿革时称:"(A) 开辟已来,法令尚矣,君臣定位,运有所属,(B) 泊于中古,虽从由行,未彰纲目,(C) 降至近江之世,驰张悉备,(D) 迄于藤原之朝,颇有增损,云云。"并未在(C)与(D)之间列出净御原(律)令。另外,《弘仁格式序》在叙述律令沿革史时也是如此:"(a) 降至天智天皇元年,制令廿二卷,世人所谓近江朝庭之令也,(b) 爰逮文武天皇大宝元年,赠太政大臣正一位藤原朝臣不比等奉敕,撰律六卷,令十一卷,云云。"再有,《本朝法家文书目录》在"令一部十卷卅篇"(养老令)后又列出"令廿二卷_{天智天皇元年作},近江国令是也","令十一卷_{大宝元年不比等大臣与律遂作}",在此也无净御原(律)令。由此可知,日本律令法典不是四部,而是三部,无论哪种史料都不涉及净御原(律)令,第二种观点无法对此加以说明。与此相反,像第一种观点那样,着眼于《弘仁格式序》所记近江令廿二卷,《持统纪》三年条所载颁赐令一部廿二卷,则会非常自然地认为近江令制定于天智朝,自天武十年起修改,持统三年颁赐修改后的近江令。若如此比较第一种与第二种观点,结合古代人的律令制定史观来进行考察,可知须遵循第一种观点,即天武十年的修改律令并非开始编纂新律令,而是修改近江令。因此，若各令的称呼完全按照第二种观点，①内容上参考第一种观点，则可以说近江令基本完成于天智七年，天武十年开始修改，被发展性地吸收于持统三年颁赐的净御原令中。我之前提到了近江令施行的含义，指出无论天智九年的造籍还是十年的冠位、法度的施行，都不是像净御原令以后那样将令法典颁赐给诸司、诸国，而是朝廷将其中的一部分以单行法令的形式传递、施行。这种施行方式也延续至壬申之乱后的天武朝，具体例子如天武二、五、七年等与考选有关的立法等，天武十年修改令之后，就被吸收入净御原令。正因如此，后世只留下了持统三年颁赐的令一部廿二卷的记载，即我们所说的净御原令。但近江令施行的这一特性是基于所谓的原始性，即它是日本最早的律令法典的施行。

关于近江、净御原两部法典遗留的第二个问题是，当时是律、令并作，还是没有制定律。通说认为近江令制定时没有律典，而净御原令有律典。泷川政次郎根据《持统纪》六年七月条"大赦天下，但十恶、盗贼，不在赦例"等，认为净御原令的时期适用了律的十恶，②坂本太郎也以《持统纪》七年四月条"但赃者依律征纳"为证，主张当时编纂、施行过净御原律。③ 不过，泷川政次郎已经注意到，若结合上下文考虑弘仁刑部式的"其大宝二年制律以后云云"（引自《政事要略》卷八十四），则可得出结论：凡律的制定皆始于大宝律令。此外，散见于《续日本纪》中的两个例子也自然会引出如下疑问：正如吸收律令的第一、二阶段，当时或许处于适用中国律（此处指唐律）的延长线上吧。况且前已述及，在朝鲜半岛，高丽所用之律就是唐律，这一有力的看法也算是旁证。因此，青木和夫曾以上述刑部式的文句为可靠线索，质疑净御原律存在说的论据，④而石尾芳久认为，存在说的论据"无法对以下疑问给

---

① "近江朝庭之令"名称见于《弘仁格式序》，官位令集解的或说中也有此记载："上宫太子并近江朝廷，唯制令而不制律。"但在另一方面，并无飞鸟净御原（律）令之名，仅《续纪》大宝元年八月条载"大略以净御原朝庭为准正"。坂本太郎将后者作为净御原律令这一名称存在的证据，认为此名古已有之，但到平安时代消失，这是因为光仁天皇之后，皇统移至天智系，所以不再回顾天武天皇的业绩（前引《飞鸟净御原律令考》）。我认为第一种净御原（律）令不存在的意见较为合理，近江、净御原两（律）令的名称是现代确定下来的。在此仅暂且使用该名称进行说明。

② 前引泷川政次郎《律令的研究》。

③ 前引坂本太郎《大化改新的研究》。

④ 前引青木和夫《净御原令与古代官僚制》。

出充分回答：日本是否尚未编纂律，故而照搬适用唐律"①，我对此颇有同感。这是因为，如后所述，从律继受的整体趋势来看，很容易得出日本律始于大宝律的看法。也就是说，如前所述，律令的继受可划分为三个阶段：（一）部分、零碎地吸收中国律令的时代；（二）全面、体系化地吸收中国律令的时代；（三）编纂日本律令之后的时代。对令来说，可划分为：（一）是推古朝或此前；（二）是始于大化改新；（三）是始于近江令。关于律的第（一）阶段，即局部的继受始于推古朝或此前，前文已叙述过与五刑相关的内容，若仔细梳理《书纪》的记载，就会明显发觉律的部分吸收自大化改新时起就逐渐扩大了，天武朝初期进入划时代的阶段。也就是说，《天武纪》四年二月诏称"群臣、百寮及天下人民，莫作诸恶，若有犯者，随事罪之"，要求严惩犯罪，巧合的是，《书纪》在此后的记载中突然出现了大量律的适用例，如"坐对捍诏使"（天武四年四月。名例律6八虐条大不敬等）、"造槛阱及施机枪等之类"（同上。唐杂律6施机枪作坑阱条。杂令39作槛阱条）、"徒罪以下已发觉、未发觉"（天武五年八月。首见五刑之"徒"。参照273页注②。已发觉、未发觉也是律的概念）、"常赦所不免"（持统三年三月。唐断狱律20赦前断罪不当条，《政事要略》卷六十引日本律同条）、"坐赃"（持统七年四月。唐杂律1坐赃致罪条，《法曹至要抄》等引日本律同条）等。后来的《续纪》也有大宝律适用之前的实例，此处不再列举。为何天武初期尤其四年以后，律的适用例会突然增多？也许所有律令研究者都会犹疑，这是否因为当时或相近时期日本律已经制定并付诸实施。因为官位令集解的或说称"上宫太子并近江朝廷，唯制令而不制律"，这表示近江令无律相伴。因此，我们会很自然地认为，正如吸收令的第（二）阶段，从此时开始律也进入第（二）阶段，即全面、体系化地吸收唐律的时期。在另一方面，天武朝为严格施行律，于天武八年下诏加强纠弹，应当注意的是，此为弹正台的起源。持统朝延续此做法，持统三年设置刑部省判事，四年设置解部，强化司法。律的严格适用也与这些纠弹、司法机构的配置相结合并具体化，古代国家型塑出律令国家的样子。如此考虑的话，律在适用上的转折在天武初年，决不是颁赐净御原令的持统初期。那么，肯定净御原律存在的学者将持统四年至文武四年间律的适用例看作净御原律的适用例，其实这些例子同天武天

---

① 前引石尾芳久《日本古代法的研究》第三。

皇以来的情况一样,只不过是唐律适用的延续而已。如此看来,认为日本律的制定始自大宝律的青木、石尾的学说是妥当的,自大宝律以后才开始进入(三)日本律的适用时代。

(四)

如上所述,日本律令的编纂最迟始自天智朝,一直持续不断、反复试错,至大宝元年(701)完成大宝律令。制定日本律令的基准是作为中国律令的永徽律令。也就是说,虽然不能一一确定近江令、净御原令所据的具体蓝本为何,但从全局上看,在中国律令制定史以及中日文化交流史上,与三部法典关系最密切的是永徽律令。关于大宝律令,还有几点需要具体展开讨论。

首先从整体来看,唐高祖的武德律令制定于武德七年(624),太宗的贞观律令制定于贞观十一年(637)。作为大化改新的核心人物,僧旻于舒明四年(632)、高向玄理于十二年(640)归国。由此不难理解,大化政治改革(645—649)活用了大量的律令知识。接下来,唐高宗于永徽二年(651)即日本白雉二年制定了永徽律令。朝廷于白雉四年、五年、齐明五年(659)先后派遣了第二、三、四次遣唐使。这些遣唐使也许具有政治作用,在唐—新罗联盟与高句丽、百济对立激化的形势下,力图确保日本外交上的地位。遣唐使无论在何时都是唐代最先进文化的输入者,永徽律令也因此得以引进,并作为近江令编纂的参照,这是自然而然的结果。其实,翻看唐代律令格式制定史可发现,在此之后,高宗麟德二年(665,天智四年)、仪凤二年(677,天武六年)都曾奏上律令格式,武则天于垂拱元年(685,天武十四年)删定律令,不过这些都是小范围的法典编纂。[1] 日本与唐的往来在上述第四次遣唐使之后,由于与新罗及唐的战争而暂时中断。战争结束以后,为了善后,天智四年(665)、天智八年(669)日本又派使者赴唐,但随后的三十年间一直无来往,至大宝元年(701)完成大宝律令之后,才任命粟田真人为遣唐执节使,率一行人去中国。被船运回国的律令法典不仅包括律与令,还有各种格式。在日唐交往中,除由遣唐使展开的外交外,可能还有新罗的介入,虽然具体情况比较复杂,但由以上的演进来考虑的话,总体而言,持统三年(689)颁赐的净御原令及大宝元年完成的大宝律令极有可能以当时最有权威的永徽律

---

① 仁井田陞《唐令拾遗》,东方文化学院东京研究所,1933 年,第 15—17 页。

令为蓝本。

不过,永徽律令现已散佚,其佚文也仅留下一部分。① 且不论近江令,即使净御原令,也仅知其名而不明其实,因此以上所述只不过是基于总体趋势的推测。但大宝律令以永徽律令为蓝本,可从目前能够复原的大宝律文中得知,从形式上看,除了正文、注文外,还有疏文。唐高宗于永徽二年制定律十二卷(永徽律),第二年以"律学未有定疏,每年所举明法,遂无凭准,宜广召解律人,修义疏,奏闻"为由,下令制作律疏。于是长孙无忌等作成律疏三十卷,于永徽四年奏上,朝廷下诏颁布天下(《唐会要》卷三十九)。如此,唐律中开始出现律疏这种官撰注释书,开元二十五年(737)制定律令格式时也制作了律疏。从日本大宝律的佚文可知,除律正文及注外,还包含疏文。养老律也是如此。所以其形式受到唐律历史上首次制作疏文的永徽律的影响,这是很明白的。与此相反,大宝令与永徽令的关系缺少如律那样的决定性史料。日本令与律不同,有漫长的沿革史,并非像律那样是直接引进的。但也并非完全没有证据显示大宝令文是根据永徽令文制定的,如养老职员令2太政官条载"太政大臣一人,右师范一人,仪形四海",由古记可知,这与大宝令文相同。然而,令的注释书之一穴记记载"永徽令仪形者,开元令仪刑也"。穴记成立之时,开元令拥有权威性。在穴记作者的眼中,从日本令文来看,"仪刑"被写成了"仪形",由此可判断这是由于日本令依据永徽令制作所致。另外,泷川政次郎指出,② 养老选叙令23癫狂酗酒条称,癫狂酗酒者不得就任侍卫官,大宝令文也是如此。然而,穴记将此条与宫卫令28宿卫近侍条进行比较,认为两者存在矛盾,称"此条先在永徽令,今于开元令省除,故两条难会"。其意是此二条皆在永徽令中,日本大宝令及养老令相继沿用此二条,但由于两者存在矛盾,中国在制定开元令时将后者删除了,而依然保留此二条的养老令只能是"两条难会"。一般来说,《令集解》所见诸说在引用唐令时,明示唐代特定令名的只有永徽令与开元令。引用开元令

① 律有职制、户婚、厩库各一部分(内藤乾吉《敦煌发现唐职制户婚厩库律断简》,首刊于1958年,收入氏著《中国法制史考证》,有斐阁,1963年),令有东宫诸府职员令(那波利贞《唐钞本唐令的一条佚文》,《史林》第20卷第3、4号,第21卷第3、4号,1935—1936年)。仁井田陞《唐的律令及格的新资料》,氏著《中国法制史研究 法与习惯、法与道德》,东京大学东洋文化研究所,1964年。
② 前引泷川政次郎《律令的研究》第一编第四章第三节及第五章第三节。

是由于它见重于注释者所在的时代，而引用永徽令是由于它是形成日本令的基础。[①]

三、日本律令的成立(二)

如前所述，律令的编纂从近江令开始，约四十年后，直至大宝元年(701)的大宝律令才基本完成。之后又开始讨论律令编纂，根据通说，养老二年(718)，在藤原不比等的带领下制定了养老律令。关于大宝律令与养老律令流传至今的情况，我在本稿序言中已有过介绍，不再赘述。关于大宝律令各个条文的复原，学者之间存在不少分歧，且相关的各个研究领域都提出了缜密的复原方案。因此，就大宝律令与养老律令的比较来说，若仔细分析，会有许多问题。详细比较大宝、养老律令的泷川政次郎现有如下论述。[②]

首先关于律，大宝与养老之间存在以下七处差异：名例律有二处、卫禁律有一处、职制律有二处、户婚律有一处、斗讼律有一处。由此可知，"养老年间律的刊修与令相同，采取的方针主要就是精简前律的赘文冗句，矫正扞格之处，将前律直接复制中国条文、不合国情的规定进行日本式的删改"。其次关于令，泷川政次郎在广泛复原大宝令文的基础上与养老令文进行比较，指出令三十篇中存在差异的有127处，无差异的只有家令职员令、神祇令、仓库令、医疾令与杂令五篇。其中15处差异是像户令23应分条那样的重要修改（即财产继承由嫡庶异分主义变成近乎均分），或与其程度接近的变更，但整体上多是"不增补古令，而加以删除"，大部分"仅止于改动字句、更改名称"，"古令急于模仿唐令，所以将条文中不适合我国国情的内容删除，努力适应日本的国情"，又"将古令用语改为浅显且概括性强"的语句。另外，利光三津夫大幅推进大宝律的复原，并基于这些数量庞大的史料，再次比较了大宝、养老二律，得出如下结论：[③]第一，养老律的编者整理了大宝

---

① 顺带说明的是，泷川政次郎在上引论文中指出，大宝、养老两令的各注释所称"本令"皆指永徽令。这应该是可能的，而且没有能否定本令为永徽令说的例子，但目前也未找到能正面确证此说的例子。

② 前引泷川政次郎《律令的研究》第三编"新古律令的比较研究"。

③ 利光三津夫《律的研究》第一部第二章"大宝律考"，明治书院，1961年。

律条文,努力改善其行文体裁;第二,遵循宽刑主义,进一步减轻大宝律所定的刑罚。但从整体上来看,他认为"养老律对大宝律的行文与法定刑进行了若干改动,但大宝、养老二律在对唐律的修改程度上未见差异"。

以上我围绕大宝律令与养老律令的不同点,通过介绍先行研究论述了养老律令的大概内容。关于养老律令,还包括其编纂与施行的种种问题,未解决的疑问还有很多。以下为便于说明,先考察施行,再探讨编纂,最后论述养老律令施行后进行的律令删定。

(一)

早先认为养老律令制定于养老二年,并同时付诸实施。但中田薰主张养老律令在制定完毕后就始终藏于府库,直到天平胜宝九岁五月二十日才开始施行。①《续日本纪》同日条载,孝谦天皇任命藤原仲麻吕为紫微内相后,下敕曰:"顷年,选人依格结阶,人人位高不便任官,自今以后,宜依新令,去养老年中,朕外祖故太政大臣,奉敕,刊修律令,宜告所司早使施行。"中田薰以此诏为养老律令施行之诏,这是因为有以下旁证:第一,大宝令的注释古记形成于天平年间(后述),这说明养老令的施行并非在养老年间,而是天平年间以后。另外,令释等养老令的注释于延历年间(后述)形成,这说明养老令在延历以前就已施行。上述天平胜宝九岁之敕正好处于天平与延历之间,把它作为大宝、养老二令交替的敕命,是合适的。第二,在《续日本纪》与官符等史料中,大宝令的固有制度及名称经常出现在天平胜宝九岁之前。兵卫府的四等官在大宝令中被写作率、翼,该名称也见于天平胜宝九岁敕之前的史料中。这也符合对该敕为养老令施行之敕的判断。第三,《本朝法家文书目录》将养老律令记作"律一部十卷""令一部十卷",两者之后都可见"天平胜宝九年五月廿日敕令施行"。中田氏的这一主张是正确的,如上述第二点所论,在最近相继出土的木简中也未发现反例。

关于养老律令的施行,还需再附说两点。第一,养老令的这种施行方式仍然延续了一直以来日本令"公布"方式的传统。这是因为当天朝廷首先下诏任命藤原仲麻吕为紫微内相,然后提到官人考选法的问题,废除将大宝令所定选限(晋升位阶的年限)缩短两年的庆云三年二月格,根据新令恢复旧

---

① 中田薰《关于养老令的施行期》,首刊于 1905 年,收入前引《法制史论集》第一卷。

法。同时在该敕中下令施行养老令,接着又对藤原丰成以下的官员广行叙位。这是近江令以来的传统,即通过发布和实施新的位阶法与考选法来公布新令,在此没有必要再行赘述。这一考选法的修改只是废止庆云格、恢复大宝令而言,大张旗鼓地通过颁布新令来推行,在某种意义上不合逻辑,但考虑到新令公布的传统,就可以理解了。

第二,在新令公布之前,是否通过单行法令施行部分内容? 往前追溯,若大宝令编纂的假说能够成立,那么法典在完成之前并未公布,但在编纂过程中,会根据情况以单行法令的形式施行部分令文。因此,如前所述,尽管养老律令的更改部分极少,但若这些在当时属于必要的修改,即使新法典被藏入府库,也极有可能会以单行法令(格)的形式将修改部分付诸实施。实际上也存在一些实例,可枚举一二。如户令 6 三岁以下条,大宝令文称一至三岁为绿,四至十六岁为小,十七至二十岁为少,二十一至六十岁为丁。而养老令文称一至三岁为黄,四至十六岁为小,十七至二十岁为中。在施行养老令的天平胜宝九岁之前,公文书上不可能出现养老令所定名称。但从天平开始的籍帐里出现了称少丁为中男的例子。对此,平野博之认为,[1]中男作物这一税制创立于养老律令制定前的元年十一月,由于现实中需要中男这一称呼,所以在籍帐中只对此作了特别修改。再如养老户令 28 七出条规定了休妻的七个条件,而根据古记可知,大宝令只有六出,缺少最后的恶疾。但《万叶集》卷十八收录的天平感宝元年大伴家持所作《教喻史生尾张少咋歌》(4106)的题词记有“七出例云,(中略),无七出辄弃者,徒一年半”。因此,在养老令施行以前六出就被七出取代,对此有各种解释,坂本太郎将题词中的“例”理解为补正律令未备、未便而制定的单行法令,指出朝廷在那之前便已经公布了该单行法令。[2] 关于大宝令田令 11 公田条的复原也有各种观点,虎尾俊哉根据古记复原为“凡诸国公田,皆国司随乡土估价赁租,其价贩卖,供公廨料,以充杂用”[3]。即大宝令规定,各国公田耕作的地子作为国衙财政中的公廨料充当杂用。与此不同,养老令文载“凡诸国公田,皆国司

---

① 平野博之《中男与少丁》,《日本历史》第 281 号,1971 年。
② 坂本太郎《大宝养老令异同二题》,首刊于 1968 年,收入氏著《古典与历史》,吉川弘文馆,1972 年。
③ 虎尾俊哉《围绕公田的两个问题》,竹内理三博士还历纪念会编《律令国家与贵族社会》,吉川弘文馆,1969 年。

随乡土估价赁租,其价送太政官,以充杂用",也就是说将地子送给中央的太政官。而《续纪》载,天平八年三月,太政官奏上法令"诸国公田,国司随乡土沽价赁租,以其价送太政官,以供公廨",得到许可。养老令公田条在养老令施行之前,就以天平八年格的形式得到部分施行。这些都是此类例子中特别让人感兴趣的,此外还有许多例子。

(二)

为便说明,以上首先考察了养老律令的施行,接下来再回到编纂养老律令的时间点,包括为何在那时编纂、何时编纂完成、完成后为何不马上付诸实施等问题。围绕这些问题,坂本太郎的论文《关于养老律令的施行》①至今仍具有标准性意义。坂本氏首先以之前提到的泷川政次郎对大宝、养老二令的比较研究为基础,考察了养老律令如何处理大宝以来的格,得出如下观点:养老律令不涉及格所规定的事项,这些事项依然交由格来处理,养老律令仅对格所未及的部分进行细微改动;律令删定的主要指向基本不是实质性的必要内容,只是修正了行文中出现的矛盾及不足,尽管如此,其修正并不彻底等。其次,他立足于养老律令的如上特点,试图析出律令删定的理由,却发现很难找到有力地推动律令删定的内部原因。坂本氏着眼于此,认为(一)养老年间的删定"虽然存在国家层面的因素,即受唐代数次更改律令的影响,但主要还是出于不比等的个人原因,即以主持这一活动之功来强化自身的权势"。也就是说,藤原不比等的权势欲是促使律令被删定的首要原因。若聚焦于不比等个人的权势欲,那么(二)之所以养老律令编纂完后长期未付诸实施,是因为不比等在养老四年八月的去世导致施行延迟。(三)虽然不能"过度揣测",但我对通说所论养老律令于养老二年完成编纂持存疑态度。即据《续纪》所载,养老六年二月赐予律令撰修者功田,这个时间与通说所论律令编纂完毕的时间相隔太久。而且养老律令的撰修年代首见于之前提到的《续纪》所载天平胜宝九岁之敕,但其系年并非养老二年而是"养老年中",同年十二月的记载中有规定功田等级的太政官奏,内写"养老二年",但此官奏将大宝律令的制定误系为大宝二年等,这些证据瑕疵是又一理由。若编纂年代并非养老二年而是养老年间甚至之后,则编纂结束

① 坂本太郎《关于养老律令的施行》,首刊于 1936 年,收入前引《日本古代史的基础性研究》下。

是在养老四年八月不比等死后,若然如此,那么也可以说明其理由是令文修改不充分、最终半途而废。

坂本太郎关于养老律令编纂动机、年代及延期施行理由的观点至今仍然有价值,但若要对(一)的编纂动机略加补充的话,则他将一切仅归诸不比等的功利心,也许过于片面了。在考虑律令制定的沿革时,一般认为出于两个目的:第一是国家目的,即创立律令国家体制;第二是个人目的,即让这一制定、公布权在自己的皇统里传承下去。这从以下事实中可以窥见:近江令公布于天智天皇之子大友皇子就任太政大臣之日,净御原令的编纂宣布于天武天皇之子草壁皇子被立为太子之日,法典公布于高市皇子就任太政大臣之日。利光三津夫认为,①元明太上天皇与藤原不比等想在文武天皇的皇子,即藤原氏出身的首皇子(后来的圣武天皇)即位时公布新律令,故下令编撰养老律令。从律令制定的漫长历程来看,此说有可赞同之处。不比等在大宝律令编纂时受刑部亲王领导,这次打算在自己的主持下推进新律令的编纂,并在首皇子即位之日公布。由此来看,养老律令的编纂与之前的律令编纂具有一定的连续性。虽然如上所述,编纂意图并非仅出于不比等的私人功利心,但相较于大宝律令编纂、施行以前,那种一以贯之的、实现国家目的的强烈欲望已明显弱化,这从养老律令的大部分修正仅止于行文字句层面就可看出。石尾芳久②从坂本太郎对养老律令的特点分析出发,认为大宝律令用韦伯的话来说是"出于明确革新意图的目的主义式的编纂",而养老律令是"虽然外在看似法典编纂,但实际上不过是在家产式君主委任家产式官僚的基础上进行的行政性法令的搜集",这可以说很好地概括了指导精神转变的特点。而这种时代精神的转变也体现在后述各法令集的出现及明法学者的兴起上。

坂本说的观点(三)质疑的是养老律令制定于养老二年的看法,他认为应在养老四年八月不比等去世至养老末年这一期间。对于坂本氏这一自称的"臆说",利光三津夫与野村忠夫加以肯定,并从各自的角度进行缜密的论

---

① 利光三津夫《养老律令的编纂及其政治背景》,氏著《续律令制及其周边》,庆应义塾大学法学研究会,1973年。
② 石尾芳久《律令的编纂》,收入前引《日本古代法的研究》;马克斯·韦伯《法律社会学》第六章第三节,石尾译,法律文化社,1957年。

述。首先，利光三津夫关注的是养老律令编纂官之一大和宿祢长冈（原大倭忌寸小东人）的入唐事件。他以养老律令编纂始于灵龟二年为前提，长冈在第二年的养老元年三月与遣唐使多治比县守"入唐请益"（《续纪》神护景云三年十月条卒传），县守于二年十月回国并于十二月十五日献上节刀，由此可知，若养老律令在养老二年编纂完成，则长冈应该没有参与编纂的机会。所以利光氏否认养老二年说，依据下述野村忠夫的观点，主张律令完成于养老五年末或六年初。[①] 而野村忠夫发现，养老官位、职员令规定卫门府、左右兵卫府置医师，而《续纪》养老三年九月与五年六月条载，这些卫府于那时才开始置医师；养老衣服令规定亲王、诸王、诸臣的礼服与五位以上的朝服使用牙笏，六位以下使用木笏，而《续纪》养老三年二月条记录了此规定。因此，他认为养老令吸收了这些格，在养老五年以后才编纂完成。[②] 两位学者的研究推动了对养老二年说的批判。不过从现在来看，利光说的前提是养老律令的编修是在大和长冈被任命为入唐请益生之前的灵龟二年，但律令删定为何开始于这一任命之前？我对此持有疑问。长冈可能在那之前就参与了律令删定，然后带着许多疑问入唐，回国后禀报朝廷，这样的话，养老二年奏上律令也并非没有可能。另外，前节曾言及养老令的一部分内容曾以格的形式付诸施行，而野村氏所举也可被看作这方面的实例。养老令在编纂后长期藏于府库，有些条文因应时势所需，以格的形式先行实施。之前已举过几例，关于卫府医师和官员之笏的规定也属此类，先规定在养老令中，之后立即通过格付诸实施。我对坂本氏质疑养老二年说并无异议，只是尚无决定性证据。

第三是养老律令的编纂是否参考过开元律令的问题。对此，泷川政次郎[③]很早便主张养老律令参考的是永徽律令，并非开元律令。其证据是，开元四年（716）下令删定的开元七年令的篇目中未见养老令的学令、继嗣令、禄令[*]、假宁令、捕亡令等篇目。而且据仁井田陞的考察，[④]带 * 号的禄令见

① 前引利光三津夫《养老律令的编纂及其政治背景》。
② 野村忠夫《关于官人把笏的札记》，《续日本纪研究》第 128 号，1965 年；《围绕养老律令成立的诸问题》，《古代学》第 13 卷第 2 号，1966 年。
③ 前引泷川政次郎《律令的研究》第一编第五章第三节。
④ 前引仁井田陞《唐令拾遗》，第 15 页。

于永徽令,所以这可作为养老令参考永徽令的有力证据。泷川氏还认为,开元律令所避与武则天之讳同音的诏、中宗之讳(显)、玄宗之讳(与隆基同音的癃、蕃、期等字),在养老律令中被正常使用,这也可证明养老律令并未参考开元律令。与此相反,石尾芳久认为,唐开元令包括三年令、七年令及二十五年令,开元三年相当于比养老二年早三年的灵龟元年。灵龟二年遣唐使多治比县守回国,因此从情势上看,开元三年令有可能对养老令产生影响。同时,他还列出十六条令文作为证据,推断养老令据开元令修改过大宝令。① 若这一点可被确证,那么不仅开元令对养老令的编纂有所影响,而且这也成为前述养老律令编纂年代延长说的有力证据。因为如果养老律令被奏上是在养老二年之后的话,那么它据开元令修改的可能性就会增加。在石尾氏所举之例中,如丧葬令 5 职事官条最有可能根据开元三年令进行了修改。该条养老令文以"凡职事官薨卒赙物"开头,穴记称"古及本令,称百官,此令称职事云云"。也就是说,在大宝令与本令(也许是永徽令)中,"职事"二字为"百官"。在另一方面,根据《唐令拾遗》,在开元七年令中,该条以"诸职事官薨卒云云"开头。如此,开元三年令也用"职事",大宝令的"百官"据此而被修改。但在永徽律令之后,唐廷曾多次修改律令,有麟德、乾封、仪凤、垂拱、神龙、太极等律令。其间,大宝年间的遣唐使粟田真人一行在回国之前有可能接触到垂拱以前的律令格式。因此,大宝令被认为是根据永徽令所定,即使推测日本曾依据永徽之后的令文对大宝令进行修改,也不一定要将其依据判为开元三年令。经过以上缜密分析发现,之前被认作证据的事例也存在一些问题。不能否认的是,在开元令与养老令的关系上,石尾氏所举十六条中的多数令文提供了留待今后解决的课题。

(三)

如上所述,石尾芳久认为大宝律令与养老律令在法典编纂的精神层面大异其趣。具体来说,在近江→净御原→大宝三法典中,权力层对政治革新的关心始终贯穿其中,在这个意义上,其核心是卡里斯玛(Charisma)式的法的宣示传统,而在养老律令中可以看到一种征兆,即"行政性法令的搜集这种类型的法典编纂"。这被认为是相当准确地把握住了时代的趋势。随着

---

① 前引石尾芳久《律令的编纂》。

养老律令的编纂，日本律令的编纂进入了搜集、整理行政性法令的阶段，延历年间施行删定律令及删定令格终结了律令的编纂。与此相反，自养老律令编纂之时起，格式的编纂露出苗头，逐渐发展为平安初期真正的格式编纂。

养老律令施行十二年之后，即称德天皇的神护景云三年（769），朝廷着手编纂删定律令。当时，右大臣吉备真备与之前参与养老律令编修的大和宿祢长冈删定了律令廿四条，但不久之后称德天皇驾崩、光仁天皇即位，因这种代际交替，立法活动暂时搁置，直到桓武天皇于延历十年（791）下诏付诸实施（《续日本纪》延历十年三月条、《日本后纪》弘仁三年五月条）。另外，大纳言兼弹正尹神王与右中弁橘入居奏上删定令格四十五条，延历十六年获得桓武天皇的批准，施行于天下（《类聚国史》卷一百四十七"律令格式"延历十六年条，及"撰书"橘入居卒传）。就这样，在延历后半期，删定律令与令格两者并存。之后的弘仁三年（812），删定律令因"诉讼逾紧，事不便人，理难取则"而被停止施行（《日本后纪》同年五月条），删定令格也随后被废除。毫无疑问，删定律令廿四条与令格四十五条都是对养老律令条文的删定，泷川政次郎已对相关实例进行过考察。[①] 如后宫职员令尚侍的职掌"禁内礼式"四字被改为"纠正推罚"（同条，《集解》穴记）、户令 5 户主条注文中皇亲的范围被更改（同条，《集解》穴记）等。无论从这些实例看，还是从《续纪》对删定律令内容的评价"弁轻重之舛错，矫首尾之差违"（延历十年三月条）看，删定仅限于解决各条间的矛盾之处、变更不恰当的字句而已。

延历年间施行的删定律令及令格是律令删定的最后阶段，古代律令的编纂至此退出历史舞台。随之进入日本律令展开的第二期，用石尾氏的话说就是"行政性法令的搜集"这种法典编纂时期。此时展开的积极活动并非删定律与令这些基本法，而是把修改律令格的单行法"格"和律令格的施行细则"式"等法令汇集起来，编纂成法令集。其中最典型的是"例"的编纂。

据虎尾俊哉研究，[②]在养老令的编纂过程中，自然会对令文进行讨论，其结果是在养老三年之前撰定了八十一例，主要是为了弥补令文的不足，或者

---

① 前引泷川政次郎《律令的研究》第一编第六章。
② 虎尾俊哉《例的研究》，坂本太郎博士还历纪念会编《日本古代史论集》下，吉川弘文馆，1962 年。

明确令文的解释。此外，每个官司也以敕裁、官处分、太政官判等形式（比太政官符更加简便），制定了各官司内部执行庶务所必需的细则。大概在神龟年间，几乎同时制定了式部省例、治部省例、民部省例、刑部省例、囚狱司例。如民部省例，后来和气清麻吕又在延历年间再行编纂。除此之外，与上述诸司例同时，弹正台还制定了弹例。这也是诸司例的一种，明确了弹正台的纠弹对象。这些诸司例与弹例的特点是，规定了与各官司各自执行庶务的对象及方法有关的施行细节。但值得注意的是，它们与作为施行细则、按诸司之别分类汇纂的式（如延喜式等）采用相同的原则，可以说自此开启了后世的格式编纂。后来，在天平宝字三年六月，中纳言兼文部卿石川年足上奏"臣闻治官之本，要据律令，为政之宗，则须格式，方今科条之禁，虽著篇简，别式之文，未有制作，伏乞作别式，与律令并行"，得到天皇的批准（《续日本纪》），于是制定了别式廿卷，"各以其政，系于本司"（《续日本纪》天平宝字六年九月条），意在编纂一部吸收之前所有诸司之例的法令集。此式"虽未施行，颇有据用焉"（同前），即虽然大受朝廷的重视，但并未付诸实施。随后桓武天皇以"方今虽律令频经刊修，而格式未加编辑，稽之政道，尚有所阙"（《弘仁格式序》）为由，命左大臣藤原内麻吕、参议菅野朝臣真道等负责编纂格与式的集成之典。不久之后桓武天皇去世，编纂工作一度中断。进入嵯峨朝后，大纳言藤原冬嗣等再行编纂，终于弘仁十一年四月完成，奏进弘仁格式。弘仁格是大宝至弘仁年间各司所定之格的集大成，式也是诸司之式的集大成。之后贞观格式与延喜格式的制作过程在此省略。由上述考察可知，格式编纂的开端可追溯至养老律令编纂，经过延历年间的律令删定，进入正式的格式编纂时代。

四、日本律令的注释书（一）

毫无疑问，无论是吸收中国律令，还是编纂日本律令，都需要应对外交、指导政治的见识及创造制度、编撰法典的学识。在这个意义上，如果回顾之前所述参与律令吸收与编纂之人，可想起以下名单：在大化政治改革中，除中臣镰足与中大兄皇子之外，有在中国停留三十年左右、亲眼见证过隋唐律令政治的汉人，尤其是僧旻和高向玄理；在近江令的编纂中，除镰足外，还有从百济亡命而来的"时贤人"(《家传》);从《续纪》中还可窥见大宝律令撰修者的名字,除刑部亲王、藤原不比等外,如在唐代官界被誉为"好学能属文,进止有容"(《新唐书·日本传》)的粟田真人,出使唐朝,因唐与百济之战被拘禁,回国后长期从事外交活动的伊吉博德,担任丹后国司,创作《浦岛子传》,具有文人之才的伊余(予)部马养,担任筑后国司,被赞为善政的道首名,作为留学生赴唐学习的土部甥与白猪骨,精通律令且被称为令师[1]的明经第一博士锻大角等;在养老律令的编纂中,主导者不比等之下,有历任明法博士、刑部省大判事、大学头的矢集虫麻吕,以及与他拥有相同经历的盐屋古麻吕,精通唐语、被认为是《杨子汉语抄》著者的阳胡真身,被誉为"少好刑名之学,兼能属文"(《续纪》神护景云三年十月条),自唐回国后被认为"当时言法令者,就长冈而质之"(同条)的大和小东人(长冈),作为明法博士,"律令之义,无所不通"(《文德实录》天安二年六月条)的百济人成(山田白金);在删定律令、令格的编纂中,有赴唐二十年,在输入唐文化方面有所贡献,也在奈良末期的朝堂上暗自发挥作用的吉备真备等。

日本对律令的吸收与编纂,凭借这些人的见识与头脑而得以实现,若留意上述这些人的经历则可发现,吸收中国律令与早期编纂律令的参与者几乎都是归化人、外国人甚至留学生,并非律令专家,很多都是精通中国学术的饱学之士。而到了养老律令编纂时期,从履历上看,大多都是律令专家,并不讲求出身与留学经历。以参与编纂养老律令与删定律令的大和长冈为例,他生于持统元年(687),"少好刑名之学",即开始接触律令学是在文武朝初年前后。大概就在这个时期,也就是编纂大宝律令的阶段,律令学从所谓的第二、三代开始崛起。养老律令编纂之时,长冈正值三十多岁,年富力强,约十年后的神龟五年(728),作为大学寮明法道的教官,设立律博士(后来的明法博士)与助博士,天平二年(730)又置专门科的明法生。律令学被称为明法道,明法科是培养律令学专家的机构,所以其设置可说是律令学发展的一个标志。若如上所述,大宝律令编纂之时为律令学崛起期,那么经过

---

[1]　虎尾俊哉在《令集解考证三题》(《弘前大学人文社会》第 33 号,1964 年)中指出,在养老令制定前后出现了被称为"令师"的一类人,他们参与大宝、养老令的制定,且主要任务是制定大宝令的施行细则。令释中"师说"之"师"并非令释作者的老师,而是上述"令师"之一。当然,师说被认为是对大宝令的注释。

一个世代,天平初年前后可称为律令学的成立期。到大宝律令为止,这是建立律令制国家体制的时代,此后律令的运作成为所有官员的日常业务,所以与之前相比,此时对律令这一专门知识的需要就正式化了。在这一时期,还需要对律令令条进行修改(格)、制定施行细则(式),以及搜集这些规则(诸司例),并在审判时决断刑名、解决争讼,为此提交明法勘文则是普遍的要求,进而又必然产生相应的需要,即明法道学生的教育与考试。其结果就是律令学专家明法家出现,开始由他们担任令师、刑部省判事及明法博士等职务、职掌。

此处拟讨论的是这些专家被寄望的另一任务,即在律令的适用上,无论如何都需对律令条文加以解释,为此将撰写注释书。贞观年间,惟宗直本撰述的令注释书《令集解》引用了许多令的注释书及诸种学说,起自天平年间成立的古记,下至《集解》成书之时。此外,尽管引用的分量相对较小,但《集解》还是引用了律的注释书及学说。不仅如此,这些令与律注释书的佚文又被红叶山文库本《令义解》与《律》的背注等、《政事要略》《法曹至要抄》与《令抄》等法制书、少量的贵族记录等引用。由此可知,自天平时期起,为了在律令适用上明确律令正文的语义,明法家群体首先撰写了大宝律令的注释书,在进入养老律令施行阶段后,即被称为格式编纂时代的平安初期,许多明法家竞相提出学说,涌现出了诸多注释书。对这些注释书,尤其是令的注释书的考察,始于宽政年间稻叶通邦的《神祇令和解》①等,经佐藤诚实的《律令考》②与泷川政次郎的《定本令集解释义·解题》③等,至今已极尽细致。与此相反,律的注释书因仅知其名而佚文极少,所以只有利光三津夫的研究作为标志性成果而备受重视。以下关于律的注释书只参考利光的成果,④关于

---

① 稻叶通邦《神祇令和解》,无穷会藏,宽政八年写本。

② 前引佐藤诚实《律令考》。

③ 泷川政次郎《定本令集解释义·解题》,首刊于1931年,收入氏著《日本法制史研究》,有斐阁,1941年。

④ 利光三津夫《成立于奈良、平安时代的日本律注释书》《律集解佚文的探求》(前引《律的研究》)。此书所载注释书罗列如下(△见于《本朝书籍目录》):△律集解(三十卷,惟宗直本)、△律疏(三十卷)、△律附释(十卷)、古答(大和宿祢长冈?)、物私记(物部敏久?)、律释(与令释的作者同?)、五记、春记、额记(额田国造今足?)、穴记(穴太内人?)、宗记、赞记(赞岐一族?)、律义、迹记(与令的迹记的作者同?)、新删定明法义。在这些书的作者中,很多都是本文所举令的注释书的作者。

令的注释书则参考主要的研究,借此阐明律令学展开过程的一个侧面。另外,最近在唐招提寺发现了被命名为"古本令私记"的令文注释,共五个残片,内容由军防令(E、D、A三个残片。E从养老令第一条开始,A的最后为第二十二条)、营缮令(B的前半。第七条至第十七条)、关市令(B的后半与C。第一条至第十七条)的正文字句及其注释组成。从内容与书风上看,不会晚于平安初期。注释用甲、乙作标记,包含数人的解释,但内容普遍简单,并非出自当时一流明法家之手。但令文字句存在与养老令有别之处,从时间上推测有可能是删定律令之文,但也有学者认为"有可能是比养老令早的令文"①。关于其定位,留待日后再论,在此不作考察。

(一)

关于大宝令的注释,当下能够真切地了解其面貌的只有古记。② 除《令集解》外,古记有时以"古记云"的方式被直接引用,有时被间接引用,如穴记以"古私记云"的方式加以征引。除异质本系统的部分外,古记涉及所有令篇,所以可被视为大宝令全篇的注释。关于古记的撰成年代,早先中田薰认为,选叙令9迁代条的古记引用了天平九年格,所以古记在此后撰成,而公式令53京官条的古记未体现天平十二年和泉监被并入河内国,可知古记撰成于此前。③ 之后,经许多学者的研究,其撰成年代的上、下限又被限缩。关于上限,坂本太郎认为,丧葬令10三位以上条的古记反映了橘诸兄于天平十年正月就任右大臣,所以撰成应在此后。④ 关于下限,青木和夫认为,赋役令8封户条的古记未体现天平十一年五月改为封户租全入制,所以撰成应在此前。⑤ 岸俊男又根据田令11公田条的古记未体现天平十年三月国司借

<hr/>

① 田中稔、狩野久《关于唐招提寺所藏古本令私记及音义断简》,《奈良国立文化财研究所年报 1972年》;狩野久《唐招提寺所藏古本令私记断简补遗》,《奈良国立文化财研究所年报 1973年》。

② 除此之外,古记引用的"一云"当然也是大宝令的注释。一般认为《令集解》所见古答为古记问答中答的部分,但利光三津夫《集解所引〈古答〉为大宝律令注释书》(前引《律的研究》第一部第一章)指出,它是与古记不同的大宝令注释书。前引虎尾俊哉《令集解考证三题》认为令释等引用的师说也是大宝令的注释。关于"古记无别",参照松原弘宣的《关于"古记无别"》,《续日本纪研究》第157号,1967年。还有松原氏的《〈令集解〉中的大宝令》,《史学杂志》第83编第11号,1974年。

③ 前引中田薰《关于养老令的施行期》。

④ 坂本太郎《关于列圣汉风谥号的撰进》,首刊于1955年,收入前引《日本古代史的基础性研究》下。

⑤ 青木和夫《关于古记的成立年代》,《史学杂志》第63编第2号,1954年。

贷制的停止,推断古记撰成在此前。① 由此可知,古记的撰成年代为天平十年。但如上所示,古记的注释分量如此巨大,很难想象其作者能在天平十年正月至三月这段时间内开始动笔并最终完成。田令 18 王事条的古记称"死王事,谓,选叙令已说讫也",这就提出了棘手的问题:古记是否按照令的篇目顺序撰写? 或大宝令的篇目顺序是否与唐令相近? 这些姑且不论,若不考虑古记每卷的撰成年代各不相同,则其上下限的设定恐怕令人犹疑。所以我根据上述成果,采用古记于天平十年左右撰成这种模糊的表述。关于古记的作者,泷川政次郎认为应是活跃在天平十年左右的法律学者,如大和长冈或山田白金。② 青木和夫主张是《续纪》天平七年五月条载结束入唐请益、回国献上问答六卷的秦大麻吕。③ 他的主要依据是,古记引用的诏敕官符类超过五十条,但天平以后的只有五条,数量如此少,极有可能是因作者于天平年间入唐留学。西宫一民指出古记的语法中广泛存在当时唐代的口语与俗语,④正好符合入唐的归化系氏族的背景等。青木说被认为可能性较大。关于古记不同于其他注释书的特点,泷川氏归纳为以下四点:⑤(一) 切合实际且具有常识性,在令文所列 90 个时行事、今行事⑥等活动中,古记涉及 38 个;(二) 大多根据具体事例解释条文,所以包含丰富的当时习惯、俗语等;(三) 相比于之后的令释较多地引用中国故事,古记列举的是日本的俗语及史实等,具有日本特色;(四) 古记的论述方式简单,行文及用语大多生硬、古拙。我认为(三)的日本特色可归入(二)中,不过总体而言,熟悉《集解》的人大多赞成泷川氏总结的四个特点。正如上文恰巧提到的"古拙"一词,我认为古记的确是具有古典性(匀称、普遍、客观)气韵的注释。

　　作为养老令的系统性注释,令释撰成最早,在年代上也接近养老令。从

① 岸俊男《班田图与条里制》,收入前引《日本古代籍帐的研究》。
② 泷川政次郎《关于大宝令的注释书〈古记〉》,收入前引《日本法制史研究》。据说氏著《平安时代的法家》(《历史教育》第 9 卷第 6 号)提出了长冈说。
③ 青木和夫《古记的作者》,《新订增补国史大系月报》第 52 号,1966 年。
④ 西宫一民《关于令集解所引〈古记〉》,首刊于 1958 年,收入氏著《日本上代的文章与表记》,风间书房,1973 年。
⑤ 前引泷川政次郎《关于大宝令的注释书〈古记〉》。
⑥ 一般认为时行事与今行事为习惯法,而中田薫在前引《古法杂观》中认为"这是指以法例为依据的相关官司的现行法,并非官司内部可随意制定的惯例"。

与迹记、穴记的引用关系来看,令释并未引用后两者,但常见后两者引用令释。关于令释的撰成年代,中田薰认为是延历十年之后的大同二年,但并未明示理由。① 龟田隆之认为,神祇令 18 大祓条的令释引用了延历六年六月的法令,所以撰成在此之后;禄令 9 宫人给禄条的令释引用了大同二年格,所以撰成在此之前(龟田氏认为,令释引用格文时一般以必要为限加以节引,但对大同二年格却是全部引用,未作删节,或许是后人追加所致,令释作者未曾寓目——校者注)。② 关于下限,黛弘道以延历十四年八月前撰成的迹记引用过令释为由,认为它撰成于此前;③ 井上辰雄根据考课令最条 46 国司的令释未体现延历十二年三月摄津职被废,推测它撰成于此之前,④ 后又在另一文章⑤中根据比令释晚出的迹记的撰成年代关系,指出令释撰成于延历十年。如此,令释的撰成大概在延历六年至十年之间。作为养老令的注释,令释较有权威,《本朝法家文书目录》养老令的部分列出三种“令一部十卷卅篇”“令释一部七卷卅篇”及“令义解一部十卷卅篇并序”。中间的“令释”被认为大概就是通常所说的注释书。作为官方注释书,后述的《令义解》也多据令释立论。根据上述《目录》,令释七卷的内容包括第一卷官位令至僧尼令,第二卷户令至学令,第三卷选叙令至禄令,第四卷宫卫令至营缮令,第五卷公式令,第六卷仓库令至捕亡令,第七卷狱令、杂令。令释最大的特点是引用中国的古典、故事来解释条文字句。⑥ 作者应是一位素养深厚,通晓明法与

① 中田薰《日本庄园的系统》,氏著《法制史论集》第二卷,岩波书店,1938 年。
② 龟田隆之《关于令释说的成立》,《日本历史》第 54 号,1952 年。氏著《关于令释说的二、三个问题》(《日本历史》第 219 号,1966 年)曾探讨本页注④井上说。
③ 黛弘道《关于令释的成立年代》,《史学杂志》第 63 编第 7 号,1954 年。
④ 井上辰雄《围绕令释的二、三个问题》,《续日本纪研究》第 10 卷第 8、9 号,1963 年;《〈令集解〉杂考》,坂本太郎博士古稀纪念会编《续日本古代史论集》中,吉川弘文馆,1972 年。
⑤ 井上辰雄《迹记及穴记的成立年代》,《续日本纪研究》第 122 号,1964 年。
⑥ 有人指出,古记、令释等引用中国古典时,大多转引自原本《玉篇》。这不仅是《玉篇》研究领域,更是古代律令学研究上的一大收获。关于这一研究,如井上顺理《令集解所引玉篇佚文考——孟子传来考附论》(《鸟取大学教育学部研究报告 人文·社会科学》第 17 卷,1966 年;西宫一民《令集解与玉篇》,《万叶》第 70 号,1969 年;小岛宪之《平安朝述作物的某种场合——围绕“类书”的利用》,《人文研究》第 21 卷第 6 号,1969 年;森鹿三《令集解所引玉篇考》,《东方学报(京都)》第 41 册,1970 年;小岛宪之《上代学问的一面——原本系〈玉篇〉的周边》,《文学》第 39 卷第 12 号,1971 年。

训诂学的儒者,井上辰雄推测是伊予部家守。① 家守是大宝令撰者之一,也被认为是《浦岛子传》作者伊予部马养一族的后裔,其子真贞被赐姓善道朝臣,是《令义解》的编者之一。由家守的卒传(《日本纪略》延历十九年十月条)可知,他作为遣唐使(小野石根,代行大使)的随员,于宝龟八年入唐,学习《五经大义》《切韵》与《说文》的字体,回国后相继担任大学的直讲、助教,后又奉大臣之命,讲授左氏、公羊、谷梁三传。另外,据《令集解》学令 5 经周易尚书条引延历十七年官符可知,学令只列《春秋左氏传》,未列其他二传,所以其他二传并未受到重视。但宝龟七(或是九?)年回国的遣唐使明经请益直讲博士正六位上伊予部家守学习了二传,自延历三年起私下讲授三传,直到延历十七年,朝廷才下发应该学习其他二传的正式官符。综合以上两条史料可知,撰写令释时,讲授公羊、谷梁二传的只有家守。而从《令集解》诸说引用的汉籍来看,只有令释引用了十数例《公羊传》,公式令 50 国有瑞条等甚至论及与《左传》的差异。将这些事实与家守之子真贞的传记(《续日本后纪》承和十二年二月条)所载"当代读公羊传者,只真贞而已"结合起来考虑,井上氏认为令释的作者即伊予部家守。

延历年间还出现了另一部养老令的注释——迹记,明显晚于令释。除异质本系统外,迹记也见于《令集解》全篇,即使是缺卷部分,其迹记也基本可在其他各篇中找到,可以说这是对养老令全篇的注释。关于其撰成年代,黛弘道根据禄令 11 皇亲条中迹记引用了延历十年施行的删定令,推测其撰成于延历十年以后,又根据僧尼令 3 自还俗条中存在延历十四年时被废止的国师之称,推测其撰成于延历十四年以前。② 因公式令 80 京官出使条的迹记未体现延历十二年二月征东使改为征夷使,井上辰雄将下限提至此前。③ 总之,从令释与迹记的引用关系上看,令释早于迹记,但两者撰成年代接近,基本都在延历六年至十二年间,先是令释,后是迹记。而这一时期产生两种大部头的注释书,有可能与桓武朝延历十年施行删定律令、十六年施行删定令格等一系列养老律令的删定活动有关。关于迹记的作者,佐藤诚

---

① 前引井上辰雄《围绕令释的二、三个问题》。
② 黛弘道《关于迹记的成立年代》,《史学杂志》第 63 编第 7 号,1954 年。
③ 前引井上辰雄《迹记及穴记的成立年代》。

实认为迹即阿刀，指的是作者的氏名。① 该时期有许多与阿刀氏关系密切的
知识人。兴福寺的善珠俗姓是迹连（《日本灵异记》卷下第三十九），空海的
母亲也是阿刀氏，他自己受教于阿刀宿祢大足，后入大学（《三教指归序》）。
在大学寮，阿刀宿祢真足在宝龟三年及延历元年担任过大学助（《续纪》）。
迹记与令释是同时代的作品，但后者言辞雄辩，大量引用中国古典，前者用
语简洁，多就事论事的叙述。

　　以上考察了大宝令注释书（天平年间的古记）及养老令注释书（延历年
间的令释与迹记）。不论哪部作品，都留有或多或少的问题，但可以说，三书
的大致情况是清楚的。而穴记被认为是与令释、迹记同时的注释，但留下的
问题较多，接下来将对它展开讨论。

（二）

　　一般认为穴记与令释、迹记一样都是延历年间的注释，从《令集解》的现
存部分及佚文看，它也是对全篇的注释。与迹记一样，穴记这一书名也被认
为出自作者的氏名，若注意到户令 27 先奸条将穴之说记作穴太博士说，②那
么可推测穴记的作者是穴太氏，是一位明法博士。《法曹类林》卷二百收录
了弘仁五年"勘式部执申大被行立事"勘文，其中除明法博士螺（贞）江继人、
中原敏久之外，还有穴太内人的名字，自佐藤诚实③以来，诸多学者都认为这
位穴太内人就是穴记的作者。最近出现了穴记作者多人说等，④我还是倾向
于旧说。穴记所言不像令释那样注重训诂，其说明细致入微，多为冗长琐碎
的论述，所以风格与简洁的古记、迹记完全不同。

　　如上所述，且不论天平年间的古记，连延历年间的两大注释都与穴记有

---

① 前引佐藤诚实《律令考》。
② 参照本页注④。
③ 前引佐藤诚实《律令考》。
④ 神野清一《令集解"赞记"的性质分析》（《续日本纪研究》第 138、139 合并号，1968 年）主张穴记
是不同时代的数人共同编撰的作品。如在户令 27 先奸条中，穴云"（中略）令释云'（中略）'，问，
（中略），答，穴太博士说云云"，穴引用了穴太博士，所以穴与穴太博士为两个人。我认为前例应
是在其前朱云的一部分，应作如下读断：迹"A"。朱云"（B）。穴云'（C）'。令释云'（D）'者如
何，答（E）耳。问，（F）。答，穴太博士说云云"。因此穴为穴太博士全无问题。神野氏所举另一
例是户令 34 国郡司条，穴云"具同先私记，迹云'A'，令释云'（B）'，穴太云'（C）'"，他认为此处
的形式也是穴引用了穴太博士，所以两者并非一人。我认为这里的穴太是穴这一作者的自称，
是为了区别于其他学说而使用的称呼。

明显差别,这可以看作是同时代的人存在类型差异,但也可能是因撰写时代不同所致。这是质疑穴记撰成于延历年间说的一个理由。在近十数年我一直参加的令集解研讨课(seminar)上,出席的各位学者也多次对延历说提出质疑。首先,关于学令 8 先读经文条的穴记所见音生的句试,早川庄八依据桃裕行的主张,[1]指出这部分内容应是弘仁八年设置音生四人(《日本纪略》《弘仁格抄》)之后的记述。前述中原敏久,原本叫物部敏久,弘仁四年称物部(中原)敏久(《日本后纪》),至弘仁十五年一直使用此氏姓,天长四年正月称兴原宿祢敏久。早川氏指出户令 23 应分条穴记载"原大夫并掠哲云"中的"原大夫"即为物部中原宿祢敏久,这是穴记撰成于弘仁四年以后的证据。吉田孝认为穴记引用了兴大夫之说,"兴大夫"指兴原宿祢敏久,他于弘仁十五年至天长四年期间被赐姓兴原,所以穴记应撰成于其后。顺便一提,之后提及的赞记、赞说大量引用了"兴大夫云",但就考课令 1 内外官条集解而言,比较新订增补国史大系本第 549 页的兴大夫与第 551 页的记载可知,这应是穴记的引用。此外,神野清一[2]、森田悌[3]等也大多主张将穴记的撰成年代延后。我则依据早川氏、吉田氏的观点,认为其撰成年代不应是延历年间,而是弘仁、天长年间。穴记的作者有可能于弘仁初期开始注释养老令的开头部分,但由于注释详细,需要花费更长的时间,注释到考课令部分时就已是弘仁末期或天长年间了。

当然,若采用弘仁、天长说,则需要将从前的诸说及其论据都重新考察一遍,在这一点上,很难说延历说是定论。如泷川政次郎指出"穴记中出现了延历十五年设置、延历二十四年废除的造宫职及删定令的名称,所以穴记应撰成于延历、弘仁期间"[4]。造宫职云云见于公式令 21 诸司会式条穴记,为说明诸司收到官符后受纳各国送来的春米,举造宫职为例,此职存续至延历二十四年,所以穴记的这一部分应撰成于此前。删定令云云指的是后宫职员令 4 内侍司条与户令 5 户主条穴记提到删定令一事,删定令施行于延历十年,废止于弘仁三年,所以穴记的这一部分应该写于

① 桃裕行《上代学制的研究》第二章第二节,目黑书店,1947 年。
② 前引神野清一《令集解"赞记"的性质分析》。
③ 森田悌《关于令集解"穴记"》,《续日本纪研究》第 155、156 合并号,1971 年等。
④ 前引泷川政次郎《定本令集解释义·解题》。

这个期间。暂且不管删定令一例,就造宫职而言,需要综合考虑的是,在同一部分,延历六年以后撰成的令释却用了延历元年废止的造宫省为例进行说明。之所以如此,其中的逻辑是,注释书撰成在后,注释无论好坏,都会脱离社会,很难成为确定年代的绝对标准。其次,黛弘道认为穴记的成立下限是延历十七年。[①] 第一个理由是,职员令 45 正亲司条的穴记将令的注文"皇亲"解释为"谓四世以上也。五世王非。但放格耳",若根据令文,"皇亲"仅指四世以上,但庆云三年三月格(A)将五世王纳入皇亲范围,穴记又据此解释了"皇亲"。事实上,格(A)被延历十七年五月格(B)废止,又回归到令文的规定,而穴记未体现这一点,黛氏据此认为穴记撰成于此前。我则认为以下解读或许更易于理解:皇亲指四世以上,其依据就是延历十七年之格(B)。黛氏的第二个理由是,学令 5 经周易尚书条的穴记称,令文只列左氏传,未载公羊、谷梁二传,这点与唐不同,并言"但于今读,此临时行事耳"。如前所述,延历十七年,此二传也被视为小经。黛氏抓住这一点,认为穴记未体现此事,其撰成应于延历十七年以前。但"临时行事"的含义也可以理解为以下状态:以左传为主、二传为辅,而且只有很少的人学习二传。总之,将穴记撰成的下限置于延历年间的观点并非定论。

(三)

《令集解》以赞记、赞云、赞案、赞博士、赞说等各种形式,引用或转引了与赞相关的一系列观点。早先就有稻叶通邦认为此赞指的是赞岐永直,[②]此说至今依然占据主流地位。永直称赞岐公,出身赞岐,天长七年成为明法博士,与大判事兴原敏久(前述)一起参与编纂《令义解》;承和元年,永直依然为明法博士,又担任大判事、勘解由使次官;承和三年与同族廿八烟一起被赐姓赞岐朝臣;承和十三年,卷入法隆寺僧善恺事件,悖逆权臣伴善男之意;嘉祥元年,因和气齐之大不敬事件而遭连坐,被处以配流,允许入京后,又被暂时剥夺了身份,之后再获重用,直到贞观四年去世,享年八十。其间,文德天皇于天安二年下敕称"明法博士是律令之宗师也","惜其齿在耆老,不传正说",让他在里第讲授其学(《续日本后纪》《三代实录》《令义解序》)。关于

---

① 黛弘道《关于穴记的成立年代》,《史学杂志》第 63 编第 7 号,1954 年。
② 前引稻叶通邦《神祇令和解》。

赞是赞岐永直的旧说具有一个缺陷,即没有确凿的证据,因此布施弥平治①主张赞指的是多个人。即赞岐氏是平安初期以来明法学者辈出的一族,在永直之前,赞岐千继是由氏姓"凡直"被赐姓赞岐公的第一人,作为勘解由次官、大判事,参与编撰延历廿二年奏上的延历交替式;还有赞岐广直,《政事要略》卷六十七载,他于大同二年作为明法博士上勘文;与永直同时代的,有右少史兼明法博士赞岐永成,承和三年与永直一起被赐姓朝臣。布施氏着眼于这些事实,指出虽然他们都被称作"赞",但赞博士指的是广直,考课令 50 一最以上条所见"后赞"才是永直。神野清一沿着这一思路,认为"《赞记》是一部……千继、广直、永直、永成等……几代赞岐氏共同完成的令注释书"②。神野氏之说有模棱两可之处,但从"最后完成作品的是贞观时期的永直"这一点来看,《集解》中的"赞"整体上指永直,若将其学说理解为历代赞岐系明法学者的学问集成,则可以表示赞同。如前所述,"赞"是永直的确凿证据至今并未发现,但在前述意义上,我将沿袭作者是永直的旧说。

如上所述,赞在《令集解》中呈现出多种形式。这是因为(一)有时是《集解》的作者惟宗直本直接引用了赞写的书,(二) 有时是《集解》作者引用的其他著述引用了赞的观点,或者在这些著述中添加批注之人引用了赞的观点,其关系颇为复杂,直本意识到了这些情况,所以加以区分。我注意到这点,姑且提出一个假说,既有可以确信之处,也有可被质疑的地方。属于(一)的有三种:第一是《集解》写作"赞记"的场合。如在户令 33 国守巡行条中,令释之说后的小注载"古记无别,赞记亦取此文",管见以为全部属于此类。这明显就是《集解》撰者的注释,书名是赞记或者暂称为赞记。换言之,《集解》直接引用的、由赞创作的书可能名为赞记。第二是《集解》中有大量以"赞云"开头的引文。这与古记、令释、迹记、穴记的引用方式一致。赞云不外乎赞记之文。第三是在 159 例赞云中,以"私案"云云陈述己见的有25 例,以"案之"陈述己见的有 6 例。另外,《集解》写作"赞案"的,职员令中有 1 例,户令 33 国守巡行条中有 11 例,考课令中有 1 例;写作"赞案之"的,在职员令中有 1 例。这些可视为只引用了赞记中"私案"或"案之"以后的文

---

① 布施弥平治《明法道研究》,新生社,1966 年,尤其第 146 页。

② 前引神野清一《令集解"赞记"的性质分析》。

句。这些"赞案""赞案之"也属于引用赞记之例。

"赞记""赞云""赞案""赞案之"的引用分布不均,《集解》三十篇,*职员令、僧尼令、*户令、赋役令、选叙令、继嗣令、*考课令、营缮令、公式令、丧葬令、关市令、狱令这十二篇里,带*的篇次引用了二十次以上。因此,学者们怀疑赞记与穴记以前的四大注释不同,并未注释全篇,且关注度高低不一。赞记与穴记一样,都是长文注释,从中能感受到一些时代的共通之处。赞记也引用令条,引用律条尤多,由此可窥知其作者想在律令的整体中,从而在律令的法意中理解律令每个条文的态度。我从中仿佛看到了法律学者而非实务家的风采。另外,赞广览先行学说,除引用天平年间的古记,延历年间的令释与迹记,被认为是弘仁、天长年间的穴记外,还引用了许多兴原敏久、额田今足的观点,分别标以"兴大夫云""额大夫云"。前已述及兴原敏久,原名是物部敏久,大同年间任大外记(《外记补任》),弘仁二年为明法博士(《法曹类林》卷一百九十二),弘仁四年任大判事(《日本后纪》),著有"物记"。弘仁末至天长四年间,被赐姓兴原宿祢,然后因编纂弘仁格式有功,于天长七年叙正五位上,继而受命撰修《令义解》,天长十年的上表中写有正五位上、大判事。关于额田今足,《政事要略》卷五十三中载他作为明法博士于弘仁十三年提交的勘文,天长三年同样作为明法博士,上奏称应该编纂官方的律令注释,开启了《令义解》的撰述(《应撰定令律问答私记事》)。今足于天长六年正月叙从五位下(《类聚国史》卷九十九),但天长十年的《令义解序》中未见其名,大概此前就去世了。赞云在引用时称此二人为大夫云云,这或许是因为著者并非通过其著书引用二人之见,而是将直接听到的二人之见记录下来。

《令集解》中出现的赞,除了上述考察的(一)外,还有(二)包括的两种情况:(a)《集解》以外的著述引用赞记;(b)在这些著述中添加批注的某人引用赞的观点。第一,关于(a)的情况,神野清一与森田悌曾指出,穴记以赞云的形式引用赞说。① 我对此有所怀疑,因为在神野氏举出的 20 个例子中,有多处确定可以分解为穴云"(中略)"、赞云"(中略)"这样的形式,这时赞云不会被视为穴云的引用。当然,不可否认的是,在这些例子中,有数处好像可

① 前引神野清一《令集解"赞记"的性质分析》;森田悌《关于令集解"赞记"》,《续日本纪研究》第172 号,1974 年。但森田氏认为神野氏所举之例中大多不是穴引用赞,而是穴的注记引用赞。

读作(A)穴云"(中略),赞云'(中略)'",这就是穴云引用赞云。如赋役令 9 水旱条作：

> 穴云(A)。又问(B)，答(C)。赞云(D)。问(E)，答(F)。迹云(G)……。

若如此，从内容上看 A、B、C、E、F 是连续的，而且能从别处证明 G 是转引的，所以赞云的 D 似乎只能被视为穴的引用。应注意的是，类似形态在继嗣令以下频繁出现：

> 穴云"A"。赞云"B"。或云"C"……静可检之，师后同之，在穴记背。（继嗣令 2 继嗣条）
>
> 穴云"(A)。问(B)，答(C)"。赞云"D"。公"问(E)，答(F)"在穴记。（考课令 59 内外初位条）
>
> 穴云"A"，赞云"B"在穴记。（公式令 11 解式条）

如后所述，这些例子是附在《令集解》作者的手批本穴记中的背注与注记，最多的是"穴云'A'，或云'B'在穴记"这种形式，A 是穴记正文，B 为其注记。而且这种注记除了或云及公云外，还多引用赞云。若考虑到这些，那么在上引赋役令 9 水旱条中，穴云在(C)处结束，因为引文的最后缺少如"在穴记背"或"在穴记"的注记而混在一起了。[①] 因此，我很难认同穴记引用赞记的观点。换句话说，这种例子乍看之下属于(a)，但其实属于(b)，即"在《集解》以外的著述(在此指穴记)中添加批注的某人引用了赞的观点"。

第二，与赞、穴的关系极其相似的是《令集解》中出现的五次赞博士。后面会提到此赞博士与穴记有密切关系，神野氏与森田氏认为这是穴记引用赞博士之说，或在文中列出其人之名。[②] 若此主张正确，且赞是永直的话，如前所述，永直于天长七年成为明法博士，由此可知穴记撰成年代的上限。但这五个实例也如上述赞和穴的关系一样，是对穴记的批注。只不过，批注者用赞云时指的是赞记这个书名，称赞博士时主要指向这个人，或者采用的是

---

① 关于赞与穴的关系，前引森田悌《关于令集解"赞记"》认为，穴的注记中有许多引用赞的例子，这与我的观点一致。但森田氏指出另外也有穴引用赞的例子，我无法认同。

② 前引神野清一《令集解"赞记"的性质分析》、森田悌《关于令集解"赞记"》。

边听边作记录的方式。如赋役令开头的穴记后载"从此令奥所所加赞博士云，赞云'A'"，说明对穴记添加批注之人在赋役令以后有时会引用赞云，而且引用了赞记 A 部分。与穴记关系密切的"赞云"20 例中除 1 例（户令 23 应分条）以外，其余都位于赋役令以后，这与上述所说的情况一致（类似例子也见于选叙令开头）。在另一方面，户令 23 条穴记之后是"赞博士云'B'。问（C），答（D）"，此话题与穴的内容不一致，所以这是穴记的注记，B 有可能是边听边作的记录，C、D 问答是对听写记录的反馈。赋役令 4 岁役条穴记中间所载"赞博士同之，师亦同之"，也非穴记之文，而是穴记的注记，还是从赞那里边听边写的记录（类似例子是考课令 50 一最以上条）。这些都是未将注记部分标示出来的例子。在另一方面，考课令 59 内外初位条载："穴云'A'。'赞云"B'，私案此说不当。……赞博士后同。问（C），答（D）。……'在穴记。"我赞同以下理解：这表示赞云以下皆是穴记的注记，写注记的人将从赞记引用的 B 称作赞云，而称赞博士时，并非指向书而是指向人物。

如此，穴记所附"赞博士"也与"赞云"一样，非（a）型，而是（b）型。因此，若将"赞云"定为（b-1），赞博士定为（b-2），那么第三种又与它们有别，《令集解》中散见的"赞说"也属于（b）型，可将其定为（b-3）。因为迹记的注记引用赞的观点时，就会标以"赞说"。为便于叙述，下一节再证明朱是迹记的注记，尤其是存在背注。但关于朱与"赞说"的关系，只看职员令 1 神祇官条的例子就可明白：

迹云"A"。朱云"贞说'B'，未知，而何……欤何。私案……何。赞说'C'者，未知。（中略），又云'D'者。"赞云"E"。

如前所述，上文的赞云"E"是（一）惟宗直本对赞记的直接引用，而赞说"'C'"与又云"'D'"是写入迹记的朱注中的文字。类似的例子在别处还有 9 个，职员令有 8 例，户令仅 1 例，原理皆相同。此外，在赞说是朱的引用这一点上，神野氏与森田氏意见一致。①

以上是关于穴记与赞记的想法，这大概是目前注释书研究的焦点之一，所以斗胆提出己说的依据，请方家指正。

---

① 前引神野清一《令集解"赞记"的性质分析》、森田悌《关于令集解"赞记"》。

五、日本律令的注释书(二)

　　创作穴记与赞记的时代,定得稍微宽泛一点,可以说是弘仁、贞观时期。众所周知,这在文化史上是一个划时代的阶段,无论文学、佛教还是美术,整体上都充满着异国气息。而在法典编纂领域,也有类似的划时代性质,这从以下描述的格式编纂状况中就可窥见一斑:弘仁十一年完成弘仁格式的编纂,经诸司讨论后,于天长七年颁行;贞观十一年施行贞观之格,贞观十三年施行贞观之式。朝廷认为律令等基本法已大体完成,随着时势的变化,法典编纂的中心转移到了对格与式的分类编辑工作上,格是对律令的修改,式规定的是律令格的施行细则。这说明律令所定行为要求已充分日常化,其威力已进一步渗透进现实,与此同时,当政者不再驰骋想象力,相比于改革时代的意愿,他们只是享受既得的成果。对于思考弘仁、贞观时代律令注释的性质而言,这种状况也很重要。在这半个世纪中,从穴太内人、贞江继人、兴原敏久、额田今足、赞岐永直,再到惟宗直本等,诸多明法家相继涌现,一时辈出,竞相争鸣。且不论天平年间的古记,即使是延历年间的令释、迹记,也与这一学风截然不同,这从穴记与赞记就能一目了然地看出。此外,上述贞江继人,原本叫螺江部继人(《类聚国史》卷九十九),弘仁十三年成为明法博士(《政事要略》卷六十九),天长五年叙从五位上(《类聚国史》卷九十九)。与结合现实运作、就事论事、简洁、断定的风格截然不同,其学风是渊博而演绎、详密而思辨,它弥漫在整体中,没有人能加以否定。而且就每一个事项,都要对照比较这一时期的诸家之说,不少学者都想要穷尽各个问题在解释上的诸说,由此可见律令学作为一门学问得到了深化,但反过来,有时也会让人感到律令学因脱离社会而进入训诂游戏的时代。以下论述的两个对象,即官方注释书《令义解》的制定与各种注释的集大成之作《令集解》的编纂,就是以这种时代风潮为背景的。

(一)

　　根据红叶山文库本卷首所载天长三年十月的"应撰定令律问答私记事",官方注释书《令义解》的撰修是因明法博士额田今足在此前的提议而启动的。据今足所述,撰定养老令之后,各学者"或为问答,或为私记",但它们

"互作异同",后来的学者难以取舍,陷入"每有论,决难塞"的状态。为"塞异端,绝异理",朝廷命"当时博士等"取舍先儒之旧说,省"迂说"而取"正义",需要撰成书籍以"备解释",使"学者"易于理解,不会犹豫于"异"。这是事情的起源,朝廷采纳此议,批准编修官方注释。根据天长十年十二月奏上《令义解》的上表文所载"星霜五变,缮写功遂"可知,正式开始编纂《义解》是在天长六年,经过五年时间,最终于天长十年完成这一工作。其序称,主持其事者是右大臣清原夏野,其下有参议右大弁藤原常嗣与左京大夫兼文章博士菅原清公等。据推测,从事编纂工作的人员有大判事兴原敏久、善道真贞(伊予部家守之子,其父被认为是令释的撰者)、小野篁与明法博士勘解由判官赞岐永直等。编纂官的名单中没有倡议者额田今足,我们认为是由于他中途去世了。编纂官除明法道外,都是精通文章、明经的大家,之所以如此,是因为《令义解》作为官方注释书,朝廷希望它在文采方面也能成为后世的典范。其序称,若对各个条文的理解存在不同意见,则"其善者从之,不以人弃言,其迂者略诸,不以名取实",若最终难以决断时,则仰听圣断。如此,天长十年奏上的《令义解》,于承和元年十二月下诏施行天下。

编纂与施行《令义解》就是官方将有关律令条文的各种解释予以统一,因此它明明白白地带有实务性目的。但在撰进《令义解》的弘仁、贞观时期,律令已与社会严重脱节,所以从这个意义上说,由《令义解》来统一解释在推动行政发展上没有太大意义。《令义解》这种两面性在私家注释书集成《令集解》中也有所体现。既然依靠公权力、用《令义解》对令条作出解释,那么围绕令条进行解释的研究热情自然会减退。而且,律令与社会的脱节导致条文解释本身失去了积极意义。而《令集解》在每条一开始就先列出《义解》之说,再广泛汇集所有关于此条的各种注释,对古代律令研究者而言,这实在是莫大的功绩。但作者罗列诸说的同时,并未积极陈述自己的观点,明显反映了此书不过是客观的、回顾式的注释集成,从这个意义上说,这是律令注释时代的完美收尾。《本朝书籍目录》载"令集解,三十卷,直本撰",据此可知,《令集解》是惟宗直本撰述的。直本旧姓秦公,是赞岐国香川郡人(《三代实录》)。兄弟都出身法曹,兄直宗于元庆元年任左少史,八年以大判事与明法博士兼任勘解由次官(《三代实录》),《政事要略》卷三十可见他在仁和的阿衡事件中勘申橘广相罪名的勘文。直本为其弟,元庆元年任弹正忠,七年任右卫门少志(《三代实录》);宽平四至五年,藤原时平任检非违使别当时,他作为检非违使右卫门尉撰写了《检非违使私记》(《政事要略》卷六十一)。在此期间,元庆七年,兄直宗等十九人同获赐姓惟宗朝臣(《三代实录》),之后不久就获晋升,延喜七年的勘文中可见其头衔是主计头、明法博士(《源语秘诀》)。又,《西宫记》卷十四载:"以明法博士惟宗直本,于里亭,可讲律令由,给宣旨。"[①]这暗示了直本的晚年生活。而且如前所述,与此相同,被推定为赞记作者的赞岐永直在天安二年七十六岁时接受了来自文德天皇的荣誉。其次是关于《令集解》撰述的年代,泷川政次郎认为其创作于贞观年间。[②] 理由是"本书所引格及式皆是弘仁年间的格式,不是贞观格式。即本书引用的格,除为后人所追记,总体上皆是弘仁十一年以前的条文。且本书引用的式中有明记为弘仁式的(选叙令 1 应叙条——井上注),但没有一条明记为贞观式。所以应当推断本书撰成于贞观格编就的贞观十年以前"。我对此说是否成立进行过探讨,发现难以撼动其论。在被视为直本直接引用的格中,除以下三条外,都见于《弘仁格抄》以及《类聚三代格》所收弘仁格。在这三个例外中,职员令 40 大膳职条引用的弘仁十二年八月的官奏、职员令 30 刑部省条引用的贞观七年三月官符未见于无穷会本的正文,所以可能是后人写入的。至于未见于《弘仁格抄》的弘仁十一年闰正月格(职员令 55 内扫部司条),类似之例全都不标记为格,而写作诏、官符、官奏,从这点不同之处可知它也可能是后人写入的。[③] 若撰成于贞观十年以前,从直本的履历看,他应该在四十岁左右。

(二)

现行的《集解》诸本有不少脱字、错简,若与《政事要略》的同条文句进行比较,就会发现许多需要注意的形式问题,如应是夹注的文字被写成了正文等。因此,在研究构成《令集解》的诸注释书或诸说时,天平年间的古记、延历年间的令释与迹记另当别论,对于前章作为问题提到的穴记与赞记,需要

---

① 关于这类讲书,参照早川庄八《贞观讲书与延喜讲书》,《新订增补国史大系月报》第 50 号,1966 年。
② 前引泷川政次郎《定本令集解释义·解题》。
③ 吉田孝《垦田永世私财法的变质》,宝月圭吾先生还历纪念会编《日本社会经济史研究》古代中世编,吉川弘文馆,1967 年;鬼头清明《关于令集解所引格与弘仁格》,《大和文化研究》第 13 卷第 3 号,1968 年。

注意其说的段落划分等各种情况。现依据之前所述学说的各种引用方式，简略地分成如下三类：

（一）《集解》直接引用该人（A）的著作或学说；

（二）《集解》所引著作的作者 A 引用他人 B 的著作或学说；

（三）在《集解》所引 A 撰写的著作中，有某人 C 引用了 D 的著作或学说。

现以迹记、穴记为例，迹记、穴记本身标作 A、A'，迹记引用的古记与令释、穴记引用的古记等及兴大夫等标作 B、B'，被视为迹记中朱笔注记（C 撰写的著述）的赞说、被视为穴云的注记（C'撰写的著述）的赞云与赞博士标作 D、D'。在此需要注意的是（三）C、C'的问题。为便于说明，我在前节使用了迹记背注及穴记的注记等词语，但其实态究竟如何？再往上说的话，其存在与否又该如何证明呢？对此，我打算坦陈自己的假设，并结束此文。此处所称的注记是指，在《集解》作者直本的手批本注释书（作 A、A'）的正文中间，也许是内容上的特定之处，某人 C、C'用墨笔或朱笔写下文字，而那些文字引用的 D、D'的著作或学说，即第（三）种引用。另外，所称的纸背是指如红叶山文库本《令义解》《律》那样，在纸背上写下对正文相应字句的注记。

1

迹记是延历年间的著述，至直本撰写《令集解》时，已过了八十多年，迹记也被传抄多次，落到直本手中的手批本是添加过朱笔注记的。我的这个观点曾在昭和三十九年（1964）东京大学演讲时提出过，时至今日也未曾改变。这点很难简单地予以证明。现以宫卫令 5 未宣行条的集解作为典型例子，聊作说明。

迹云"A"。朱云"……何。贞云'B'者。或云'C'。两先云'D'者。未明何，贞云'E'者"。在迹。

其形式特点如下：（a）朱云是在迹记之后用朱笔书就的；（b）在引用其他观点（贞、先等）时，文后会写"者"；（c）贞、先、或被引作其他观点；（d）最后会写"在迹"等。由此可知，朱指的是迹记行间所加朱笔注记，引用了贞、先、或等其他观点。另外，通过调查①发现，（d）的"在迹"或"在迹记"等注记见于户

---

① 此类调查得到了北条秀树、佐藤信两位的大力协助。

令、考课令、禄令、宫卫令、衣服令、营缮令、公式令。一般来说,有无这种注记,因卷而异,[①]许多卷帙都将它省去了,如田令 29 荒废条载:

> 迹云"A"。朱云"……何。私案……。先云'B'者何。或云'C'者,贞反不同也。"

虽然未见(d),但满足(a)、(b)、(c)条件,这也属同类。考课令 2 官人景迹条载:

> 迹云"A"贞云"B"者私未同。"C"。朱先云"D",不得最者。

这也是常见的形式,A 与 C 是迹云的正文,贞云以下是对迹 A 的注记,朱先云以下是对 C 的注记,所以此处虽无(d),但满足(a)、(b)、(c)条件,也属同类。

再有,仪制令 6 文武官条载:

> 迹云"A"。朱云"额云'B'者,违释及贞说,而……何。又云'C'者,额云'D'。"

由此可知,这种朱云不仅满足(a)、(b)、(c)条件,很多还在(b)中引用令释与额。通过调查额云的分布就能注意到,它大多存在于迹云的朱记中。由上看来,迹记的朱笔之注(权且称作"迹朱")非常多。通过进一步调查,我发现即使未能满足(d)甚至(a)的条件,仍可被看作迹朱的例子依然不少。如从职员令到僧尼令的各篇中都没有"在迹记"或"在迹"等注记,笔者认为这是因为此类注记并非必需之物。职员令 30 刑部省条载:

> 迹云"A"。朱云"贞云'B'者。未明,问,令释云'C'者,未知,其别何。答……者。未明。"

这是常见的形式。而如职员令 69 大宰府条所载:

> 穴云"A"。朱云"……者,后反,或云'B'者,贞及先同也。……者何。"

虽然朱云在穴云之后,但通过对照(b)、(c)条件可知,此类引用大多可从内

---

① 　关于此类注记的存否及标记法,参照下文所制的表格。

容上判为迹朱。站在撰者的角度来看,可能是因为迹记中没有应该特别记下的注释文,或者即使有,也没有引用的价值,但由于朱笔注记很精彩,所以只引用了朱云部分。

以上分析了迹朱的存在、它的形态及其衍生方式。在《令集解》的研究中,朱说①被认为是难题,而拙见则是一个假说。在此拟追加三点:第一,如前所述,迹朱的分量极大,而实际上我认为,除穴记的朱注等特殊之处外,《令集解》的朱记可能都是迹朱。第二,即使迹朱的分量限于如上所述,它也足可与古记、令释、迹记及穴记这四大注释相匹敌。其实,其作者 X 是何人,目前全无所知,但从朱的引用来看,除令释、迹记与穴记外,X 还引用了物(兴原敏久)、贞(贞江继人)、额(额田今足)。此外,若依据前文对赞说的讨论,X 还引用了赞(赞岐永直)。也就是说,X 引用、评判了弘仁、贞观时期所有学者的观点,总算比《令集解》作者惟宗直本先行一步。而且从职员令 44 典药寮条可知,朱还引用了《令义解》,所以它写下来的时间应该比赞记略晚,也并非对迹记全文都作了朱笔批注。第三,迹朱是写在迹记行间的朱笔批注,但《集解》里有"在迹记背"(户令、学令、选叙令、继嗣令、考课令、禄令、丧葬令)、"在迹背"(学令、考课令、禄令)、"迹背云"(考课令)、"在迹记后"(田令)、"在迹后"(田令、赋役令)等文句,在迹记纸背上也有批注。关于这些纸背上的批注,我之前暗自认为它与迹朱没有差异,但在本稿完成之际,因研讨课上北条秀树的指教,我转而认为两者极有可能是不同的。如户令 34 国郡司条载:

迹云"A"。朱云"……何。或云'B',先云'C'者,'D'者,私同。问(E)未知何"。或云"问(F)。答(G)"在穴记。或云"问(H)。穴答(I),未明。"在迹记背。

我所言的迹朱,其范围是"朱云"以后,包括或云与先云,直到"问(E)未知

① 关于朱说,井上辰雄在《以"朱说"为中心》(《新订增补国史大系月报》第 52 号,1966 年)中推测"朱说有可能主要是附在迹记里的朱批",但未加证明。押部佳周《关于朱记》(《续日本纪研究》第 150 号,1970 年)否定了井上说,并从一处出现数个朱批的现象得出朱有数种的结论等。但我不认同此说,因为朱是对迹记中 A、B、C 等每个问题点的旁注,所以撰者多次写下朱云"A"、朱云"B"、朱云"C"是很自然的。

何"。接下来的或云,如后所述,是穴记的注记,只有最后的或云是迹记纸背之注。由此可以明确的是,迹朱与"在迹记背"的部分是没有关联的。立足于此,通观纸背系注记就可发现,相当于这种夹注的文字大抵如上,多数只有夹注之前紧邻的那段或云文字。另外,这种纸背系注记有显著特点,即如选叙令 8 在官身死条所载:

> 或云"生云'A'者,又'B'者,未知。"在迹记背也。

这种纸背中有很多"生"说,包括上例在内共六例。而且若将考课令 59 内外初位条中"生云'……'在迹。"的夹注认为也是"在迹(记)背"的误写,那么所谓的迹朱没有出现一例"生云"。若注意选叙令 9 迁代条的夹注:

> 迹云"A"。朱云"B"。生云"……或云'C'。"生云以下,在迹记背。

可清楚地读到"生云"以下在迹记背,迹与"生"以下的文字无关。生云究竟是谁的观点,现在无从得知,但上引同令同条的"奏闻别叙"中单独出现的"生云'A'"也写在迹记纸背,被视为同类,因此大概所有的生云都只出现在迹记纸背上。

2

以上就迹记行间与纸背的注进行了论述。如前所述,穴记里也有注记,从表面上看,至少有四种形式:

(一) 注有"在穴记"的形式,见于户令、选叙令、继嗣令、考课令、禄令、公式令、厩牧令。如考课令 60 任二官条载:

> 穴云"A"。或云"问(B),答(C)。公问(D),答,师云(E)。私思(F)。公问(G),答,师云(H)。"在穴记。

这种形式中大多包含"或云"或"公"。我在前文论述"赞云"时,曾提到其中有一类大多被包含在穴记的注记里。不过,这仅限于注有"在穴记"的情况或者下述(二)形式。此外,因为这个注记引用了赞,所以其撰写年代自然就明了了,而厩牧令 3 官畜条载:

> 穴云"A"。或云"问,义解云'B'者,……何,答……。"在穴记。

由此可知其撰成于《令义解》施行以后。以上二例碰巧是穴云之后有注记的情况,而如迹朱之后有此类注记的例子也很多。

　　(二) 注有"在穴记背"的形式,其出现的篇目与(一)有部分重合,即户令、选叙令、继嗣令、考课令,在内容上也与(一)相似。如户令 33 国守巡行条载:

　　　　穴云"A"。或云"B"。在穴记背。

继嗣令 2 继嗣条载:

　　　　或云"A"。在迹记背。公云"B……,问,古答云'C'者,D……。文云'E'者,F……。未知,此说依不。答,师云'G'。"在穴记背。

将它们与(一)的用例进行比较就可知道相似之处。继嗣令 2 继嗣条又载:

　　　　穴云"A"。赞云"B"。或云"C"……。静可检之,师后同之,在穴记背。

其中的赞云与(一)相同,都是写在穴记纸背的注记。如上所述,(一)"在穴记"与(二)"在穴记背"在引用及行文脉络等方面都同出一源。

　　(三) 注有"在穴"的形式,见于宫卫令、仪制令、衣服令及营缮令。典型之例如衣服令 7 服色条载:

　　　　穴云"A"。或云"师云'B'。"在穴。

或仪制令 9 元日条载:

　　　　或云"师云'A'者,(B),令释(C),案文不合,可问他人也。"在穴。

此"在穴"的显著特点是,未见(一)、(二)经常引用的公与赞的观点,与此相反,如上两例皆引用或云"师云'……'"。

　　(四) 注有"穴后"的形式,与(三)同,出现在宫卫令中,有两例,引用方式也与(三)类似。如宫卫令 25 诸门出物条载:

　　　　穴云"A"。或云"师云'B'者,(C)。"在穴。又或云,"义解云'D'者E"。后人注穴后。

由以上可知,从注记与背注的关系来看,(一)与(二)可归为 A 组,(三)与(四)可归为 B 组。然而,A 组的(一)、(二)未见于宫卫令至营缮令,而 B 组的(三)、(四)仅见于这些篇次。而且若将 A(一)与 B(三)进行比较,可发现两者多为问答体,都关注唐令与其他律令条文,多见相同的表达,如文云、不安、为当、私思等,无法将两者归入完全不同的两个系统。或许《集解》作者参考的穴记在正反面都有各种注记,而作者或笔录者对宫卫令至营缮令部分、其他部分分别采用了不同的引用标记法,自然就产生了上述差异。如此也能简单地解释为何公与赞只出现在 A 的(一)与(二)中,"或云,师云"只出现在 B 的(三)与(四)中。这是因为在 A 中,公与赞是作为一个个固有名词被写下来的,而在 B 中,这可能只是或云的一部分。我们应该这么想:在 A 中,引用方式是"或云 a,师云'b'",而在 B 中,a 被删除,改成了或云"师云'b'"。

以上论述了迹记及穴记的注记。接下来考察惟宗直本参考的四大注释中的另外两种,即古记与令释又是如何引用的。关于古记,类似形式有如下三例:

释云,天平元年八月五日有诏,改司成寮。在古记。(职员令 19 诸陵司条)

释云 A。或云"B。都良奴也。在古记。"(宫卫令 6 车驾出行条)

释云 A。或云"贮,麻宇久"。在古记。(宫卫令 7 理门条)

这些古记云与注记不同,撰者如此标记的说明意义在于:在第一例中,令释引用的天平诏也见于古记;在第二、三例中,令释注记中的或云引用了古记的文字解释。由此来看,这些并非古记的注记。与此相反,令释里有注记。其内容如户令 14 新付条载:

释云"A"。又"B"。又字以下,在释云背。

僧尼令 1 观玄象条载:

或云"A"。此云在释后。未知谁云。

衣服令 2 亲王条载:

释云"A"。或云"B"。在释。

由此可知四种标注形式:(一)"在释"、(二)"在释云背"、(三)"在释背"、(四)"在释后"。

在四大注释中，除古记外，其他三种在行间或纸背皆有注记。以上我对这一现象及三种注释各自注记的性质进行了论述。整体来看，《令集解》中的这些注记，按照卷次可整理如下表。由此表可知，三大注释的注记在《集解》中的位置不同，其标记之法也略有不同。这些标记上的差异并非因所记对象的不同而产生，而是因作者采用不同的标记法所致。在《令集解》的编纂中，即使作者是一个人，也会有多人参加，至少会有人参与录写。

篇　目	令　释		迹　记		穴　记	
	a	b	a	b	a	b
(1) ～神祇令(卷六)						
(2) 僧尼令(卷七·卷八)		在释后				
(3) 户令(卷九～卷十一)		在释云背 在释背	在迹记	在迹记背	在穴记	在穴记背
(4) 田令～赋役令(卷十二～卷十四)				在迹记后 在迹后		
(5) 学令～禄令(卷十五～卷二十三)			在迹记 在迹	在迹记背 在迹背 迹背云	在穴记	在穴记背
(6) 宫卫令～公式令(1)(卷二十四～卷三十一)	*在释		**在迹		在穴	在穴后
(7) 公式令(2)～丧葬令(卷三十二～卷四十)	在释	在释背		在迹记背	在穴记	
(8) 关市令(卷四十一～)	(不明)	(不明)	(不明)	(不明)	(不明)	(不明)

* 在释也可以理解为在纸背，或者包含在纸背。

** 在迹也可以理解为在纸背，或者包含在纸背。

结　论

　　我在本稿后半部分的两章日本律令的注释书(一)及(二)中,(A)较为简单地考察了古记、令释、迹记及《令义解》《令集解》的撰成情况,(B)用大量篇幅分析了穴记与赞记系统,以及各注释的注记。关于(A),学界对于这种程度的问题已大体有所了解。至于(B),由此引出的课题才刚刚开始。在东京大学文学部,我十多年来一直在研究生院解读《令集解》,其中重要的课题之一就是(B)问题,本稿所述大体都立足于这些年的积累。年轻学者之间也各自就此课题展开了讨论,借此机会我也阅读了数篇论文。难以赞成之处,虽坦率地表达了拙见,但仍然从中受到很多启发。大山诚一整理了这些论文,北条秀树及佐藤信整理了注记,这三位以及研讨课的年轻学者都给予我极大的帮助。受惠于他们的热心帮助,我才能在此时将自己长期所持的所有想法进行重新思考。然而,不仅关于(B)课题,就本稿中全部的拙见而言,既有本人自信基本无误的部分,也有自觉需要再行确认的部分,恳盼方家不吝叱正。

　　(本文原载《日本思想大系·律令》,岩波书店,1976 年;后收入《井上光贞著作集》第二卷,岩波书店,1986 年。此次据后者译出。)

林　娜译　赵　晶校

《令集解》与律令制研究

大津透

绪　　言

在日本古代史研究中,律令法是处于中心地位的框架。无论是对更早的大化以前感兴趣,还是关心平安时代,如果缺乏对奈良时代律令法、律令制的理解,研究是难以有所进展的。在律令之中,作为行政法的令,因为注释书《令义解》《令集解》的存在,使得养老令的大部分内容(无仓库令、医疾令)得以流传至今,而且还附有注释,所以应该有利于今天的研究,然而众所周知,这部《令集解》是古代史史料中最难解的。

关于《令集解》,迄今没有出版过任何一部分的注释,所以向大家展示一种阅读的方法,就不是徒劳无益的。此处以两条令文为例,在进行解释的同时,一并展示日唐律令法的比较研究方法,希望由此帮助大家初窥研究门径。

《令集解》是对养老令的私撰注释书,是对以《令义解》为首的、以前的令注释书的集成。原本有 50 卷,现存 35 卷,由明法博士惟宗直本撰写,成书于贞观(859—877)前半期以前。被广为使用的版本是新订增补国史大系本(弥永贞三、皆川完一两氏等校订)。然而,其中的卷一官位令、卷二十三考课令第三、卷三十五公式令第五这三卷为原本的《令集解》所无。它们以“义云”的形式引用《令义解》的观点,如后所述,对于先行学说则不标记学说或书名,以“或云”的形式加以引用,再以问答的方式阐述己说,这三卷被称为“异质令集解”。虽然有学者认为它们是平安初期的作品,但早川庄八的观点更为有力,即这是比《令集解》晚出的、摄关时期(长保前后?)的明法家个人所撰的令私记。①

读赋役令 5 计帐条(卷十三)

如果读的是国史大系本,那么就会知道,大字的养老令正文被划分为数个段落,其间以双行小字的形式记载集解诸说。若以(A)、(B)……为序,对所附集解的各段注解加以标识,那么笔者将首先引用令正文,其次是以(A)、(B)为序的各段注释。赋役令第十(规定税和力役的赋课、程序)第 5 条计帐条在国史大系本中仅有大字四行,是比较短的。

> 凡每年八月卅日以前,计帐至,付民部。主计计庸多少,充卫士、仕丁、采女、女丁等食(A)。以外皆支配役民雇直(B)及食。九月上旬以前申官。

令文的训读和注释,参考井上光贞、关晃、土田直镇、青木和夫等校注《律令》(日本思想大系 3,岩波书店,1976 年)。《律令》将本条总结为"通过计帐制定庸的收入与支出预算的规定",除补注 5 对"庸的收支"进行说明外,主要语词的注解皆见于该页天头处。

关于律令用语的说明,在引用日本史的辞典以前,更为重要的是应当先参考律令的相关条文(令的条文序号与条文名,以《律令》所定为准,如赋役令 5 计帐条这种附有序号的形式十分方便,值得推荐)。

所谓计帐,由户令 18 造计帐条规定,每年六月以前地方官汇集户主自行申报的手实,在此基础上制作"历名"亦即户口统计,"八月卅日以前,申送太政官"。本条规定的是计帐申送太政官之后该如何处理。也就是说,实际上计帐交给民部省(职员令 21 民部省条规定其职掌)后,主计寮(职员令 22 主计寮条,为民部省所辖)计算作为税目之一的庸,作为卫士(军防令 12 兵士向京条称"兵士向京者,名卫士")、仕丁(根据赋役令 38 仕丁条,每五十户取二人,赴都城上番,充任官司杂役)、采女(在后宫职员令 18 氏女采女条中,采女须选择郡司的姊妹、女儿中"形容端正"之人,充任后宫杂役)、女丁(女性仕丁)的粮食。剩余部分则分别配充雇役之民的雇直(营缮令 1 计功程条规定各季的功直)和粮食,在九月上旬以前报告给太政官。

① 早川庄八《异质令集解三卷》,《日本古代的文书与典籍》,吉川弘文馆,1997 年,首刊于 1977 年。

以下就来看《令集解》的注释。(A)部分逐一分列如下:

> 谓：除当年须役人之外，皆惣输庸，充卫士、女丁食，并役民雇直及食也。

以"谓"起头的部分，是对《令义解》的引用。它解释道：除当年服役之人外，其他人都得被征收庸，充作卫士(仕丁、采女)、女丁的食物和雇役之民的雇直、食物。[1]

《令义解》是养老令的官撰注释书，共十卷。由右大臣清原夏野领衔，在天长十年(833)完成、奏上，翌年颁行。《令义解》本身仅传存七卷，收入新订增补国史大系。龟田隆之等编有《令义解总索引》(高科书店，1991年)。

> 释云：主计依支度书，除可役人数之外，皆计可输庸，而支配卫士、女丁等食及役民直食耳。

"释云"是令释，延历年间(782—806)所撰注释书。此处所见"支度书"，是《令集解》职员令21民部省条古记所载"今令进诸司支配文"，即各个官司制作的关于仕丁与雇役等劳动力使用的预定计划书。根据该计划书扣除这部分的庸后，计算庸的总额，再行分配。乍一看，《令义解》的注释与令释基本相同，是对令释之说略加简化。这样的例子还有很多，令释大多展现的是正统性解释，可以说是权威的注释。还有很多例子显示令释继承的是后述的古记之说，古记也是权威的注释。

> 穴云：上条一端称庸布。其无布国，亦量合输米。故云充食也。

"穴云"是指穴记，因作者穴太内人而名之，但这并非他独撰之作，是在延历前后完成的原穴记的基础上进行层层补写，经长期润色、修改后形成，性质颇为复杂。[2] 该注释称：上一条(赋役令4岁役条)仅仅规定了庸布，但无布之国可以输庸米，所以本条令文里有充作食物的规定。

---

[1] 关于以下明法家的各种注释，可参考日本思想大系《律令》所附解说——井上光贞《日本律令的成立及其注释书》(后收入《日本古代思想史研究》，岩波书店，1982年)。也可参考水本浩典《令集解》，皆川完一、山本信吉编《国史大系书目解题》下，吉川弘文馆，2001年。

[2] 北条秀树《令集解"穴记"的成立》，《日本古代国家的地方支配》，吉川弘文馆，2000年，首刊于1978年。

　　朱云：充采女、女丁等食者，未知，等之字意何也。兵卫依给诸司
食料例耳。不依此条也。

"朱云"是指朱记，似因用朱笔所写而得名。虽然在"迹记"（延历至弘仁前后
撰成，由阿刀氏所撰）中还有附注"迹朱"，但此处的朱记被认为是独立的注
释书。它提出的问题是"等"字在令文中有什么意义、兵卫是否被包括在内，
而答案是兵卫作为兵卫府的职员，会配给诸司食物，所以并不适用本条。
"未知"与"问"基本同义，是疑问句的发语词。

　　接下来是对（B）部分的注释。

　　古记云：役民，谓每年国上番上雇民。

所谓"古记"，是《令集解》引用的唯一的大宝令注释书，撰成于天平十年
（738）前后。所以此处的"役民"是引用大宝令原文来作注释，可知大宝令本
条存在"役民"字句，如此可复原大宝令。仁井田陞、池田温等编《唐令拾遗
补》"唐日两令对照一览"汇集了大宝令复原研究的成果（就本条而言，大宝、
养老两令基本没有差别）。[1]

　　此处还有"番上雇民"。在日本，尽管称为雇役，其实还是以国和郡为单
位，强制性地让役民入都上番，参与大营建的工程。如赋役令 24 丁匠赴役
条古记把"以近及远"解释为"最先役使近国，其次是中国，再次是远国"，即
按畿外各国的顺序，让雇役上番，需要为这些役民拨付雇直与食物。

　　朱云：问，役民雇直者，未知，下条云，雇役丁者此欤何。

朱记问，所谓役民，是否为下条（赋役令 22 雇役丁条）中的雇役丁，但没有写
下回答。明法家在注释令文时经常使用"问"与"未知"等自问自答的形式。
而在朱记中，问与答很多时候会加上"者"来引用对话，而且并非自问自答，
而是许多人的质疑与讨论（可以说是座谈会的记录）。[2] 其中，也会看到这种
只写下问题、没记录答案的例子。

　　另外，作为《令集解》的索引，有水本浩典等编《令集解总索引》上、下（高

----

① 仁井田陞著，池田温编集代表《唐令拾遗补》，东京大学出版会，1997 年。也可参考笔者的介绍，
　载《唐代史研究》第 1 号，1998 年。
② 森田悌《关于〈令集解〉朱云》，《日本古代律令法史研究》，文献出版，1986 年，首刊于 1978 年。

科书店,1991 年),有助于核查。① 至于相关的律文,日本律并未被完整保存下来(小林宏、岚义人编《译注日本律令》二、三《律本文篇》予以复原,东京堂出版,1975 年),作为其母法的唐律,则由庄为斯编《唐律疏议引得》(文海出版社,1964 年)编就索引,便于检索律令用语。

唐的预算制度

虽然说这样可以对《令集解》进行粗略的解读,但无法了解律令法的含义和特性。律令法从中国输入日本,本来就有继受法的性质,如果不仔细检证日本在继受时是否或如何改变与之相对应的隋唐令条文的法意,那么将无法评价日本令的特色。

然而,与被完整地保留下来的唐律不同,唐令已经散佚了。仁井田陞的《唐令拾遗》(东方文化学院,1933 年。东京大学出版会,1964 年重版)搜集各种史书引用的唐令残文,试图加以复原,很难想象这样的伟业竟是仅凭人力成就的。其中,他根据中唐时期杜佑所著,叙述制度沿革的《通典》卷六复原了开元二十五年(737)赋役令第 8 条:

> 诸课役,每年计帐至尚书省,度支配来年事,限十月三十日以前奏讫。若须折受余物,亦先支料同时处分。若是军国所须,库藏见无者,录状奏闻。不得便即科下。

关于课役的征收,计帐进呈尚书省,度支司(六部中户部所管的财政官司,与主计寮相对应)安排来年的各种财政计划、指示,在十月中奏上。在"折受余物"时,要预先制定计划,同时进行处理。当军事活动所需物资有所不足时,允许录状奏闻,不能随便征发。这是负责上呈计帐的度支司编制来年预算的规定。这在结构上与日本令相似,且对应关系也很清楚,但日本令仅限于庸的计算与分配,对它进行了修改。日本令编纂时的这种修改有什么意义呢? 在思考这个问题时,我们有必要对度支司与主计寮在职掌上的区别进行探讨。

唐代度支司的职掌是"支使国用"(职员令,据《通典》卷二三。也可参考

---

① 另外还有户川芳郎等编《令集解引书索引》,汲古书院,1990 年,附加了小口雅史《〈令集解〉相关文献目录稿》。

《唐令拾遗补》)。这条赋役令对此进行了具体阐述,即计算国家财政的收入与支出并编制计划。开元二十六年(738)完成的,叙述制度沿革的《唐六典》卷三更加详细地记载了度支的职掌:

> 掌支度国用、租赋少多之数,物产丰约之宜,水陆道路之利,每岁计其所出而支其所用。

在唐公式令所定奏抄式(尚书省上奏皇帝的书式)的条文中,"支度国用"是适用奏抄式的事项之一(《唐令拾遗》公式令第 2 条,据《唐六典》卷八侍中)。度支的支度国用,是用奏抄上奏而获得皇帝裁可的。

唐代还存在与此有关的文书。[①] 20 世纪初期,西本愿寺门主大谷光瑞三次派遣探险队到西域调查佛教遗迹(称大谷探险队)。在吐鲁番的阿斯塔纳进行古墓发掘调查时出土的文书现藏于京都的龙谷大学,被称为大谷文书。其中,以汉文书写的文书由 7、8 世纪的唐代文书和此前麹氏高昌国时代的文书组成,大概有一百多件残片的表面存在苇席痕(被称为苇席文书)。大约十五年前,笔者还是研究生时,与友人榎本淳一致力于将一系列残片拼合起来,进行文书复原。而另一方面,中国也在"文革"前后进行了吐鲁番的古墓发掘,在阿斯塔纳 230 号墓出土的文书中,存在着以"一"开头的、记载财政相关规定的文书群,被推定为唐代度支式的残卷。大谷文书复原研究的结论是,它与中国方面发掘的吐鲁番文书在内容上属于同一系列,而且根据照片可知,大谷文书的某个残片与中国方面发掘的残片能够拼合在一起,本来就是一件文书。在复原后的大谷文书末尾,以"一"为开头的各条项之后,有以下内容:

> 尚书左仆射(中略)
> 尚书右仆射(中略)
> 户部尚书(中略)
>
> > 户部侍郎(中略)等启谨,
> 依常式支配仪凤四年诸州庸调,及折造杂

---

① 关于苇席文书,参考大津透、榎本淳一《大谷探险队吐鲁番带来苇席文书群的复原》,《东洋史苑》第 28 号,1987 年;拙稿《关于唐律令国家的预算》,《史学杂志》第 95 编第 12 号,1986 年;《唐仪凤三年度支奏抄、四年金部旨符补考》,《东洋史研究》第 49 卷第 2 号,1990 年。

綵色数,并处分事条如右。谨以启闻谨启。

仪凤三年十月廿八日　朝散大夫行度支员外 郎 狄仁杰 上

这是"启",即向皇太子上启的书式,其后所写是皇太子批准时所画的"诺",采用的是尚书省送呈皇帝的奏抄的书式。也就是说,奏抄式末尾的"谨以申闻谨奏"的"申""奏"被"谨以启闻谨启"的"启"代替,皇帝裁可所画的"闻"被"诺"代替,所以这是在皇帝外出等而临时由皇太子监国时,以"支度国用"为内容、请求皇太子批准的奏抄。

奏抄的内容是以来年即仪凤四年(679)的庸调和折造为首的财政指令,确实属于度支司"支度国用"的范畴,而十月二十八日是文书奏上的日期,这与赋役令第 8 条"十月三十日以前"的规定完全一致。因篇幅所限,此处省略奏抄的具体内容,不过可以说明的是,它对庸调折纳、交易折造、漕运、料物送纳、脚直、牧监经费、蕃胡税钱等大范围内的整体财政进行指示、支配。由此可知度支编制预算的实态,每年制定来年课役等各种物资的征收以及物资送纳等计划后,上交皇帝裁可,这是一种强而有力的财政运营。

需要附带说明的是,在苇席文书的复原中,有些不过是只有两三字的小纸片,不能仅从纸形进行拼接,而要根据文意的相关性推测是否拼合,这是非常重要的。所以最为有用的材料就是《唐六典》《通典》。此外,对于律令研究而言,通览正史的职官志、食货志等,由此熟悉律令用语,也是非常重要的。

日本的支度国用

了解了唐制的结构后,接下来的问题是:沿袭唐制的日本制度有何特色?[①] 为了说明日本制度的结构,我们首先来看职员令 22 主计寮条:

> 主计寮:头一人,(掌计纳调及杂物,支度国用,勘勾用度事。)助一人,大允一人,少允一人,大属一人,少属一人,算师二人,(掌勘计调庸及用度事。)史生六人,使部廿人,直丁二人。

其长官"头"的职掌是"支度国用",《令集解》诸说的前半部分对此的解释如下:

---

① 参考拙稿《律令收取制度的特征》,大津透著《律令国家支配构造研究》,岩波书店,1993 年,首刊于 1989 年。

释云：依计帐而计丁数，以勘当年可输物并可用之数。

迹云：支度国用，谓八月卅日以前，诸国计帐进上，则计算可输之调庸，校定来年用物，可足不足之状申官也。又司々令进支度之书，则预勘定，可足之状申官也。

穴云：支度国用，谓寻常支度来年用物，及可出之数，预知足不也。公式令支度，谓临时量事增减是。然则彼此各殊也。余同迹云。

诸说都指出，依照计帐算出被摊派课役的课丁数，再据此算出收入，比照来年的支出预算，判断是否充足，再上申太政官。赋役令、职员令所定主计寮的预算职能仅限于计算财政上的收入是否充足。而且如赋役令所定，庸被分配充作仕丁、采女以及雇役丁的食料与雇直。这样规定的历史背景是，庸被称为チカラシロ（"庸"的古训——校者注），如大化改新诏所见，这是给仕丁与采女的资养物，在传统上，一直由民部省的前身"民官"管理チカラシロ，所以与雇役制相应，作为律令税制的庸是在チカラシロ的基础上创造出来的。这种分配等预算只针对庸来制定，对于调，只计算是否充足。

公式令的"支度国用"又是什么呢？养老公式令 3 论奏式将"支度国用"作为其应用的事项，这与唐代相同。前引穴记认为，公式令规定的是临时根据情况进行增减，职员令的"支度国用"规定的是通常状况，所以二者有别。论奏式"支度国用"所附集解诸说的注释如下：

谓：太政官准年丰俭，增减用度。仮令，年事不入，冢宰留用，年事皆入，乃复其初之类，是也。即与主计寮支度国用，同文异义也。

释云：支度国用，谓支度国用，长短断论，其便宜申奏耳。

古记云：问，支度国用。答，仮令，用度物过多者，奏减之。若不足者，奏加。如是多支度国用也。

迹云：支度国用，谓仮令，不合足朝庭之用物者，量可出用物之便之宜，而奏闻之类。

根据一开始《令义解》的注释，太政官会根据该年是丰收还是歉收，来增加或减少支出，收入不足的话，宰相保留支用，足够的话，恢复原本的额度。而且它还明确指出，这与主计寮"支度国用"的功能是同文异义。令释和古记也作出了基本相同的解释（只有迹记认为要考虑收入的"便宜"，略有差别）。

论奏式的"支度国用"是指，太政官面对收入不足的局面，向天皇奏上削减支出等节约用度的建议（削减俸禄等），请求天皇许可，这在平安时代也有一些实例。也就是说，这一论奏与主计寮的职掌并无直接关系，在收入不足时，由太政官决定支出的削减，与唐朝的度支预算编制功能大相径庭。

日本没有与调相关的预算，无需调整其种类与数量、送纳至指定场所等，中央只要接受进贡即可。主计寮的主要任务只是计算财政上是否充足，然后勘检是否按照计帐之数纳入（称作"勘会"）。如果有所不足，太政官将提出俭约的建议。国造制以来ツキ、ミツキ（ツキ、ミツキ均为"调"的古训——校者注）的进贡传统得到继承，国郡入贡长期以来固定的物品种类，中央政府只是接受而已，因此无需编制预算。

条文的排列

日唐令比较研究的方法之一，是根据篇目构成、条文排列来思考律令的逻辑结构。① 在日本令中，户令—田令—赋役令前后相续，被编在令典的前半部分，而在唐令中，户令位于前半部分，田令、赋役令被置于后半部分。在日本，掌控民众—班田收授制—实施调庸制是被串联在一起的，田令、赋役令被认为很重要。

检讨条文排列，是一种研究方法，可据以思考赋役令或田令的篇目结构与意义。实际上，由于唐令是对搜集起来的佚文加以复原而成，所以很难复原条文排列。《唐令拾遗》基本参考日本令的顺序加以排列，此后的研究大多指出这一问题，《唐令拾遗补》也提示了排序的修正方案。

然而，到了1999年，在中国浙江省宁波市天一阁（中国屈指可数的藏书楼）发现了北宋的天圣令钞本（仅存原书的三分之一）。虽然目前尚未全部公开，但幸运的是，最近披露了赋役令的部分。② 北宋天圣令（1029年）以唐令为基础，首先列出"因旧文，以新制参定"的宋令条文，这是对唐令有所改订的部分，然后附录"右令不行"的唐令，即现已失效的部分。这部分唐令虽可能被略加修订，但其主体是唐代最后一部令典开元二十五年令。换言之，

① 石上英一《律令国家与社会构造》，名著刊行会，1996年等。
② 关于天圣令的日文介绍，参考池田温《唐令与日本令（三）——唐令复原研究的新阶段》，《创价大学人文论集》第12号，2000年；拙稿《北宋天圣令、唐开元二十五年赋役令》，《东京大学日本史学研究室纪要》第5号，2001年。

后半部分是开元二十五年令的佚文本身,而前半部分也可以被推定为据开元令制定。在前半与后半的各自范围内,唐令原本的条文顺序可能未被打乱,所以把它们合在一起,就能推断出原本的排序了。天圣令"不行"唐令的首条如下(以〔〕补出脱字):

> 诸课〔役〕,每年计帐至户部,具录色目牒度支支配〔来〕年事,限十月三十日以前奏讫。若须折受余物,亦豫支料,同时处分,若是军国所须,库藏见无者,录状奏闻,不得〔便〕即科下。

加着重号者,是《唐令拾遗》中没有的文字,加波浪线者,是与《唐令拾遗》不同的文字,"尚书省"变成了"户部",但在法意上,这与《唐令拾遗》的复原基本无异。

从《天圣令》来推断复原的话,开元赋役令将课户条(宋令第 1 条复原为唐令,规定的是调和租的税额)置于篇首,接下来则是计帐条。而在日本养老赋役令中,1 调绢絁条(调的税额、物品种类)、2 调皆随近条(调的合成、纳入方式)、3 调庸物条(调庸的纳入期限、运送)、4 岁役条(庸的税额)之后,排列的是 5 计帐条,相比于唐令,这就有了很大的改变。在唐令中,计帐条靠近赋役令的篇首,这或许说明,度支司编成预算以及作出各种财政指示,特别是向何处配纳等,在赋役令这一篇目中具有重要意义。而日本并没有这种强而有力的财政运营,主计寮的主要任务是检核缴纳上来的调庸,所以日本令可能将此条改列至调庸的税额和输纳规定之后。这种条文排序的改变说明了日唐财政状况的不同,恐怕赋役令的目标指向也有差别吧。

读丧葬令 2 服锡纻条(卷四十)

以下拟从丧葬令第二十六(规定天皇以下官人死亡时的葬送、陵墓、服丧等)中选取第 2 条天皇丧服的规定及其注释加以解读。

> 凡天皇,为本服二等以上亲丧,服锡纻(A)。为三等以下(B)及诸臣之丧(C),除帛衣(D)外,通用杂色(E)。

此条规定,本服二等(按照仪制令 25 五等亲条)以上亲属死亡,天皇要穿被称为锡纻的麻衣,本服三等以下亲属以及诸臣死亡,除所谓帛衣的白色练衣外,可以穿各种颜色的衣服。

首先,从《令义解》的解释开始,依序解读《令集解》对于(A)部分的注释。

> 谓：凡人君即位，服绝傍期，唯有心丧。故云本服。其三后及皇太子，不得绝傍期，故律除本服字也。依仪制令，子为一等。故称二等以上，即外祖父母亦同。依同令，皇帝不视事与二等亲同故。其天皇为考姚令条无文。依式处分也。锡绖者，细布。即用浅墨染也。

此处用较长的段落注解令文。君主一旦即位，就不再为傍期（旁系的期亲）服丧，仅申心丧，因此称"本服"（本来应服之丧）。这是中国自《礼记》以来的制度，中国皇帝仅为直系期亲（父母、祖父母）服丧。三后和皇太子服丧不绝傍期，所以不称本服，名例律六议条议亲的注文（养老律）称"皇后三等以上亲"，删去了"本服"二字。

仪制令 25 五等亲条规定子是一等亲，所以本条称"二等以上"，是指外祖父母也一样。因为《仪制令》7 太阳亏条规定，外祖父母之丧视同二等以上亲之丧，废朝三日。以下是仪制令 7 太阳亏条：

> 凡太阳亏，有司预奏。皇帝不视事，百官各守本司，不理务，过时乃罢。皇帝二等以上亲，及外祖父母、右大臣以上，若散一位丧，皇帝不视事三日。国忌日（中略），三等亲、百官三位以上丧，皇帝皆不视事一日。

对去世的父母（考姚），天皇该如何服丧？对旁系亲绝服，对直系亲该如何？令文对此没有规定，所以依式处理。至于锡绖，注释则解为麻制细布，染成浅黑色。

接下来是令释：

> 释云：天皇即位则绝服期，唯有心丧。故称本字也。唐令锡绖者，仪礼丧服传，无事其缕有事其布曰锡。音先击反。此令锡绖者，锡色绖服耳。镵黑曰锡，然则黑染浅色耳。三后皇太子可服本服。为除名例律本服字之故。

唐令所谓"锡绖"（如后所述，"锡缞"为是），是《仪礼》丧服传（郑玄注）中的"锡"[1]：

> 锡者何也。麻之有锡者也。锡者十五升抽其半，无事其缕有事其

---

[1] 对汉籍出典的核查，可参考奥村郁三等《令集解所引汉籍备考》（关西大学出版部，2000 年），但仍然不能缺少对汉籍原典的查对。

布曰锡。

锡的反切是先击反。反切是汉字表音的方法,两字并举,以前字的声母与后字的韵母、平仄表示字音(若以现代中国拼音表示,则是 xiān＋jī→xī)。作为字书,南北朝时期的《玉篇》十分有名,对《令集解》有很大影响,而在原本系统的《玉篇》中,锡的反切是"思的",与此不同。①

至于日本令,锡色是镴那般的黑色,锡纻是被染成浅黑色的纻服。而且三后、皇太子理应服丧,所以养老名例律删除了"本服"(大宝律则有)。此处所见"为……之故",不太像正规的汉文,可能是口语式的表达,在《令集解》中相当常见。

接下来的古记行文较长,所以分段摘引(对新订增补国史大系本的句读略加修改):

> 古记云：本服,谓天皇即位则绝服。则准有心丧之时,服锡纻,退则脱耳。锡纻,谓黑染之色,若自不临者不服耳。

> 然案礼,天子绝傍期。今验令文,本服三〔五〕月以上则明。令意于父母亦绝服期也。三后亦同。何者？案名例律议亲条注,云太皇太后本服七日以上亲,皇后本服一月以上亲故,但于皇太子者,且特合勘也。

> 问,以文称本服,何知绝服期也。答,若不绝服期者,文称临五月以上服亲丧,可云本字不合称故,绝服期可知也。

在研究古记的内容前,先依据古记辑出被认为是大宝令文的字句(以着重号标记。以下出现古记之处亦同),复原大宝令文如下：

> 凡天皇,临本服五月以上亲丧,服锡纻。为三月以下及诸臣之丧,除帛衣外,通用杂色。

养老令用亲等,大宝令用服纪(服丧期间),养老令的"为"字在大宝令中作"临",除此之外,此条在内容上与养老令相同。

古记的解释十分难懂,且容后再加研究。在其后半部分,引人注意的解释是,相对于中国之礼所定皇帝绝傍期,大宝令规定的是本服五月以上亲,

---

① 林纪昭《〈令集解〉所引反切考》,大阪历史学会编《古代国家的形成与展开》,吉川弘文馆,1976 年。

所以天皇也不给父母服丧(令释也相同吧)。此外,按照大宝律,三后也绝服,养老律则进行了修改。

帛衣

因篇幅的原因,以下稍微跳过一部分,略去迹记、穴记、朱记,列出《令集解》有关(D)部分"除帛衣"的注释。

> 谓:白练衣。

> 释云:帛衣,白练衣也。除帛衣故者,我朝以白色为贵色。天皇服也。各以所好色为贵故。诗云,有客有客,亦白其马。殷礼以白为贵,故云然也。

> 古记云:问,除帛衣,其意如何。答,当朝以帛色为贵色,天皇朝闻上品饰用之。各以己所好色为贵故。诗云,有客有客,亦白其马。殷礼以白为贵。故然也。

> 穴云:帛衣,旧古之代属意称白衣。(一卷私记云也。)但今可求帛字训。

关于"除帛衣外,通用杂色"的"帛衣",令释和古记的注释大致相同,即白色的练衣,似乎是天皇的正装。至于"各以所好色为贵",它们引用《诗经·周颂·有客》,举殷代以白为贵之例,但以中国古典为据的说法近乎牵强附会,这恐怕是日本天皇的传统服装。日本的衣服令没有规定天皇的衣服,只能从本条的这一规定窥见一斑,而天皇穿白色帛衣,则展现出与唐代皇帝截然不同的形象。[1]

唐代皇帝与日本天皇

《令集解》引用了很多中国的古典和唐制,丧葬令是与唐制密切相关的篇目,所以在探讨集解诸说之前,有必要先阅读唐令。《唐令拾遗补》根据《唐六典》卷十八司仪令复原了丧葬令第四条(开元七年令):

> 皇帝,临臣之丧,一品服锡缞,三品已上缌缞,四品已下疑缞。皇太子临吊,三师三少则锡缞,官臣四品已上缌缞,五品已下疑缞。

比较日、唐令文可知,虽然日本令改锡缞为锡纻,且增加了天皇的亲属,唐令

---

[1]　参考拙稿《天皇的服与律令、礼的继受》,《古代的天皇制》,岩波书店,1999 年,首刊于 1997 年。

还有皇太子为东宫官吊丧的规定,但两者皆是君主临臣下之丧的丧服规定,好像是一样的。实际上,两令之间存在本质性差别。

唐令规定的并非丧服。在中国,礼规定的亲等是五服(斩衰、齐衰、大功、小功、缌麻),这一丧服之制是社会规范,皇帝也要遵从五服。如前所述,皇帝"绝傍期",不为旁系亲属服丧,仅为直系的父母服斩衰。对于其他亲属之丧,仅申心丧,穿如上所定的吊服。本条规定的是皇帝在臣下死亡时为吊问、举哀(表示悲伤的礼仪)所穿的吊服,而非丧服。

在平安时代就已有人注意到了这一日、唐之别,他就是后来卷入阿衡事件的橘广相。《日本三代实录》贞观十三年(871)十月五日条载,因上一个月太皇太后藤原顺子崩逝,清和天皇应为祖母穿何种丧服就成为问题,儒者们议论纷纷。当时从五位下民部少辅、东宫学士橘广相征诸《仪礼》《隋江都集礼》《唐开元礼》等汉籍,得出"天皇为太皇太后可服锡纻五月"的结论。他谈道:

> 盖以为,令文为二等已上亲也服锡纻者,锡纻是君吊臣丧之服,而非丧服也。唐天子丧服,用斩衰齐衰。而国家制令,殊以锡纻为丧服。至于为考妣服此,则恐甚轻。故云为考妣依式处分者。是则谓丧服所服之衣色也,非谓丧服日月之数也。

在日本令中,天皇为二等以上亲服锡纻,而唐的锡纻(锡缞、缌缞等为是)是皇帝为臣下吊丧时所穿特别之服,并非丧服,唐天子的丧服是礼所规定的斩衰、齐衰。但日本制令时,将这一锡纻特别定为丧服。此外,前述《令义解》之所以注释"为考妣依式处分",是因为考虑到唐代原本的用途(唐皇帝为父母用斩衰),若将锡纻作为对父母的丧服,则失之简陋,这就充分说明了日唐令的差异。

在唐代,皇帝也受制于五服即礼的家族秩序,但对于非亲属的臣下之丧,则对应于臣下为君主所服之丧,君主为臣下行举哀之仪,并着吊服。古老的《周礼·司服》载"王为三公六卿锡缞,为诸侯缌缞,为大夫士疑缞,其首服皆弁绖"。这是与自古以来的举哀相结合的、对重臣的报恩规定。

然而在日本,为臣下所穿的吊服锡缞变成了为二等以上亲属所服的锡纻,可以说创造了天皇的丧服。因此,如古记所载,大宝令规定父母死时也要穿锡纻(如前所述,令释亦同,《令义解》则未提及对父母的丧服)。

锡缞是用细麻制成的丧服,在编织成布的前后要经两次漂白,是白色的麻布。对于日本令的"锡纻",集解诸说的注释一致,似乎是染成浅黑色的纻麻布制成的丧服。日本自古以来的丧服是白色的,却由律令法改成了黑色。立法者究竟是对锡字有所误解,还是因天皇之服是白色,所以有意将丧服改为黑色,目前并不清楚,但无论如何,锡纻都是日本式礼制的产物。

关于锡纻的这一规定,后来也被吸收入贞观临时格,仅增加了为外祖父母(仪制令规定的四等亲)之丧也着锡纻的规定,此后则成为定制。然而,唐令的主要目的是规定君主为臣下之丧所穿的衣服,日本令中确实也有"诸臣之丧"的规定。接下来阅读的是集解的诸说对此([C]部分)的注释。

> 谓:仪制令皇帝不视事是也。释无别。
>
> 古记云:问,诸臣之丧有限以不。答,且可谓五位以上也。一云
> (以下略)。

《令义解》称,此条与仪制令第7条规定的范围相同,皆是三位以上。令释的解释亦同("释无别"是《令集解》的编者惟宗直本的注记,表示令释与它完全相同,所以被省略。同样地,令释之后称"古记无别",则表示古记的记载也一样,这有助于大宝令的复原)。在另一方面,古记把范围定在五位以上("一云"之后的内容被省略了,它引用的是仪制令,解释为三位以上)。如果考虑到律令制下天皇与五位以上官人之间存在特别的关系,那么解释为五位以上的看法可能是符合令意的。无论如何,对于臣下之丧,"除帛衣外,通用杂色",是不得穿着帛衣的禁忌规定,与君主的吊服规定存在本质差别。

在日本,天皇与臣下的关系是官人单方面的侍奉,并没有引入维系中国传统礼制的双务性关系,对于臣下之丧,天皇无需举哀,也不用穿吊服。这种状况恐怕沿袭自大化之前,没有什么变化。而在另一方面,制度上又规定了不得穿着帛衣。帛衣是天皇祭神所用的正装,而臣下之死并非祭神,为此而穿帛衣,就可能导致所谓的"触秽"。仪制令7太阳亏条规定,对于右大臣以上以及散一位的臣下之死,天皇要废朝三日,对于三位以上官人之死,则废朝一日。这看似是对唐令的继承,但与其说是天皇对死亡的哀悼,倒不如理解为臣下死亡导致不能上朝的状况体现到了天皇的身上。因此仪制令的

规定继受自唐朝，但没有吸收唐丧葬令一系列的举哀规定。①

大宝令与养老令

关于丧葬令服锡纻条，拙文已经阐述了日、唐的性质差别，以及日本在此基础上制定的所谓丧服之制。以下重新回到《令集解》，讨论大宝令与养老令的差别。

大宝令规定"临本服五月以上亲丧"，用的是"临"字，且古记称"退则脱耳"，"若自不临者不服耳"，所以在大宝令的时期，这与唐令相同，都是关于吊问时的衣装规定。② 实际上，天皇不对臣下或亲属行吊问、举哀之仪，所以这个规定没有什么实效性。养老令将"临"改作"为"，这就成了天皇在哪些日子里穿丧服的规定了。

注释大宝令的古记还称天皇"绝服"，明言与唐的"傍期"不同，甚至对父母都"绝服期"、不服丧。换言之，天皇本来没有中国式的服丧义务。到了《令义解》，注释就成了"绝傍期"（与中国同），至于天皇对考妣（父母）的服丧问题，它认为令条没有明文规定，应依式处理，天皇需要服丧。由此可知，以本条为中心的天皇制在这一期间发生很大的变化，令人颇感兴趣。

在日本，天皇不一定会为父母之死服丧，在大宝令实施期间似乎并未稳定地实施过服丧。这可能与天皇在先帝殡宫停灵后即位以及丧葬礼仪的性质有关，而服丧在进入平安时代后才固定下来。③ 条文所示的内容，可以作为奈良时代到平安时代继受中国式礼制时有所变化的例证，值得重视。

此外，到了养老令，三后、皇太子"不得绝傍期"，应该服丧，这成为养老律修改大宝律的依据，在令释和《令义解》中都有提及。然而，实际上此后似乎都未曾对皇太子加以明确规定。《类聚符宣抄》卷四"皇太子·服纪"收录了承和十四年（847）的宣旨：

> 定皇太子服纪事
> 右，右大弁安倍朝臣安仁传宣。左大臣［源常］宣。奉敕，令义解

---

① 前注拙稿《天皇的服与律令、礼的继受》。
② 稻田奈津子《丧葬令与礼的接受》，池田温编《日中律令制的诸相》，东方书店，2002 年。
③ 稻田奈津子前注论文《丧葬令与礼的接受》。稻田氏认为，延历八年桓武天皇为皇太后服丧以后，才开始将锡纻作为丧服。

云,天子绝傍期,三后及皇太子不绝傍期。自今而后,宜依此文行之者。

　　承和十四年三月九日　　　　　　大外记朝原良道　(奉)

引人注目的是此处引用了《令义解》,可知其解释成为官方的、具有法律性质的规范。《令义解》完成后十多年,规定皇太子服纪的命令方才出台。

　　所谓服丧,是中国的礼或文明的一环。随着律令制的引进,服丧也被引入官人阶层。但对天皇以及皇太子等天皇周遭的群体来说,还存在一些禁忌,无法如此简单地引入服丧,所以令文没有明确规定。

　　在律令的解读以及研究中,探讨《令集解》所载与未载的内容、它们与令意之间的距离,需要以理解中国律令制为前提,同时还要与日本的实例进行比较。

（本文原载池田温编《日本古代史漢文入門》,吉川弘文馆,2006 年。）

　　　　　　　　　　　　　　　　　赵　晶　译　林　娜　校

日唐格典的编纂与体裁的特征

坂上康俊

前　言

日本古代通过遣隋使、遣唐使等进行日中交流，得到了隋唐时期的律令法典，以此为参照，编纂了本国的律令法典并加以施行，从而建立了中央集权制的国家体系（参照表 1"中国的法典等编纂与日本的法制完善年表"）。因此，比较隋唐与日本的律令法典，可窥知古代日本的施政者如何理解隋唐时期的国家体制，如何把握日本当时的社会现状，又如何构想未来。正因如此，在日本，日唐律令的比较研究有着悠久的学术传统，可以说在剖析两国法律与社会特征方面已经留下了诸多可观的成果。[①]

但是格典与律令不同。在日本，格的编纂始于 9 世纪之后，日唐在编纂过程与体裁（体例）方面出现了明显的差异。但除了后述的川尻秋生的研究[②]之外，几乎没有学者对此进行过比较探讨。因此，本文将重点比较日本格与唐格，并从中分析日本格典的特征。

1. 唐代格典的编纂简史

在比较日唐格典之前，首先需要明确唐代格典的编纂史。关于唐格的编纂历史，最早是刘俊文进行了简要的论述。[③] 之后，滋贺秀三[④]与楼劲[⑤]等

① 参考大津透编《律令制研究入门》（名著刊行会，2011 年）等。
② 川尻秋生《奈良时代的格及其特质》（收入《日本古代的格与资财帐》，吉川弘文馆，2003 年）。
③ 刘俊文《唐代法制研究》（文津出版社，1999 年）第二章"唐代法典研究"第三节"唐格初探"。除特别说明外，以下刘氏之说皆出自此文。
④ 滋贺秀三《法典编纂的历史》（收入《中国法制史论集 法典和刑罚》，创文社，2003 年）。
⑤ 楼劲《魏晋南北朝隋唐立法与法律体系：敕例、法典与唐法系源流》下卷（中国社会科学出版社，2014 年）。

表1　中国的法典等编纂与日本的法制完善年表

中国编纂法典等	日本遣使	日本完善法制
隋(文帝)开皇律令格式 581.3		
	600　遣使者 (《隋书·倭国传》)	
		603 制定冠位十二阶 604 发布十七条宪法
隋(炀帝)大业律令 607	607.8 第1次遣隋使 608.9 第2次遣隋使 614.5 第3次遣隋使	
唐(高祖)武德律令 624		
	630.2 第1次遣唐使	
唐(太宗)贞观律令格·贞观礼 637		
	640　留学生回国	
		646 大化改新诏
唐(高宗)永徽律令格式 651 唐(高宗)永徽律疏 653 显庆礼 658 麟德令格式 665 仪凤令格式 677	653.4 第2次遣唐使 654.5 第3次遣唐使 659.6.1 第4次遣唐使 665.7 第5次遣唐使 669.7.1 第6次遣唐使 684　留学生回国	(670 庚午年籍) 671 近江令?
唐(则天)垂拱律令格式 685		689 颁布净御原令 701 施行大宝律令
垂拱格后敕 唐(中宗)神龙律令格式 705	702.4 第7次遣唐使(执节使) 707　同回国(副使)	
唐(睿宗)太极令格式 712 唐(玄宗)开元前(三年)令格式 715 唐(玄宗)开元后(七年)令格式 719 唐(玄宗)格后长行敕 731 大唐开元礼 732	717.8 第8次遣唐使 ? 733.6 第9次遣唐使	约 721　修撰养老律令
唐(玄宗)开元新(二十五年)律令格式 ·律疏·格式律令事类 737 (《唐六典》738)	752.4 第10次遣唐使	738《令集解》古记 757 施行养老律令
贞元定格后敕(未公布)785 (《通典》801)	804.6 第11次遣唐使	(797《续日本纪》) 803《延历交替式》 ·《官曹事类》)
元和删定制敕(未公布)810 元和格后敕 818		820 呈献《弘仁格》 830 施行《弘仁格》(第一次)
太和格后敕 833 开成详定格 839	838.9 第12次遣唐使	840 施行《弘仁格》
大中刑法总要格后敕 851 大中刑律总类 853		869 呈献施行《贞观格》 (此时《日本国见在书目录》撰成) 907 呈献施行《延喜格》

学者在律令格式的编纂史中提及了格的编纂,但仍有需要再探讨之处。故笔者想重新梳理唐格的编纂史,并进行简略的说明。以下所引与唐格编纂史有关的史料,出自《唐会要》卷三九《定格令》、《通典》卷一六五《刑法三·刑制下·大唐》、《唐六典》卷六"刑部郎中"条、《旧唐书》卷四六《经籍志上》与卷五十《刑法志》。① 据仁井田陞②与滋贺秀三③等学者的研究,可知《新唐书》的《刑法志》与《艺文志》无参考价值,故笔者在此不涉及。

另外,武德元年(618)编纂了被称为"新格""五十三条格"的"格",但其不属于可与律令式并列的、本稿所研究的格典范畴,故在此也不涉及。

表 2　唐格、格后敕年表

	施行年代	名　　称	卷数	《日本国见在书目录》的记载
1	贞观十一年(637)	《贞观格》	十八卷	《贞观敕格》十卷?
2	永徽二年(651)	《永徽散颁天下格》 《永徽留本司行格》	七卷 十八卷	《散颁格》七卷? 《永徽格》五卷
3	麟德二年(665)	《永徽散颁天下格》中本 《永徽留本司行格》中本	七卷 十八卷	
4	仪凤二年(677)	《永徽散颁天下格》后本 《永徽留本司行格》后本	十一卷	
5	垂拱元年(685)	《垂拱格(垂拱散颁格)》 《垂拱留司格》	二卷 六卷	《垂拱格》二卷 《垂拱留司格》二卷

---

① 《唐会要》采用上海古籍出版社版,《通典》《唐六典》《旧唐书》采用中华书局版,《令集解》《类聚三代格》采用国史大系本(吉川弘文馆),《续日本纪》采用新日本古典文学大系本(岩波书店),敦煌吐鲁番所发现的法制文献基本引用山本达郎、池田温、冈野诚编 *Tun-huang and Turfan Documents Concerning Social and Economic History* I，V：Legal Texts，Supplements(东洋文库,1980、2001 年)的释文等。但因本稿引用释文的主要目的在于展示体例,故有几处在字句表达方面与原文未尽一致。

② 仁井田陞《敦煌发现唐水部式的研究》(收入《补订中国法制史研究：法与习惯、法与道德》,东京大学出版会,1980。首刊于 1936 年),第 335 页。同氏《唐的律令以及格的新资料》(同前书。首刊于 1957 年),第 269 页。

③ 滋贺秀三《关于汉唐时期法典的二三点考证》(340 页注④书。首刊于 1958 年),第 425—428 页。

（续表）

	施行年代	名　　称	卷数	《日本国见在书目录》的记载
6		《格后敕》	十四卷以上	《垂拱后常行格》十五卷
7	神龙元年(705)	《神龙散颁格》《神龙留司格》	七卷一卷	
8	太极元年(712)	《太极格》	十卷	
9	开元三年(715)	《开元(前)格》	十卷	《开元格》十卷
10	开元七年(719)	《开元后格》留司格散颁格	九卷一卷	《开元后格》九卷
11	开元十九年(731)	《格后长行敕》	六卷	《长行敕》七卷
12	开元二十五年(737)	《开元新格》	十卷	《开元新格》五卷

《贞观格》　根据《唐会要》"贞观十一年正月十四日,颁新格于天下。凡律五百条(中略)格七百条"、《通典》"删武德、贞观以来敕格三千余件,定留七百条,以为格十八卷"、《唐六典》"皇朝贞观格十八卷,房玄龄等删定"(《经籍志》略同)、《刑法志》"又删武德、贞观已来敕格三千余件,定留七百条,以为格十八卷,留本司施行"的记载,《贞观格》为房玄龄等整理从武德至贞观十年(636)前后颁行的三千余条诏敕而成,是最终留存了七百条的法典。刘俊文称《贞观格》为唐代编纂的首部能与律令比肩的真正的格典,并指出《贞观格》按尚书省诸曹分为二十四篇。《刑法志》记有"留本司施行",故《贞观格》并未颁行于天下。① 其中,刘俊文认为《贞观格》按尚书省诸曹分为二十四篇的根据在于,前述《刑法志》所载"留本司施行"之后的语句"斟酌今古,除烦去弊,甚为宽简,便于人者。以尚书省诸曹为之目,初(《唐六典》作"共")为七卷。其曹之常务,但留本司者,别为留司格一卷。盖编录当时制

---

① 　滋贺秀三也认为《贞观格》只有《留司格》(340页注④《法典编纂的历史》,第73页)。

敕,永为法则,以为故事"。划线部分与《唐六典》中有关格的说明几乎一致,不过是抄写了《开元后格》(七年格)的篇目与卷数。① 本来《贞观格》的卷数在各书记载中皆为"十八卷",与"七卷"不符。如此看来,则不存在与《贞观格》的篇目结构相关的史料。② 另外,《旧唐书》中的"留本司施行"与《唐会要》中的"颁新格于天下"相矛盾,这是由于《贞观格》的卷数与《永徽格》(分为《留司格》与《散颁格》)中的《留司格》卷数相同,官员在编纂《旧唐书》时凭推测记录了"留本司",故不可信。应该如《唐会要》所载,《贞观格》被颁行于天下。

此外,《唐律疏议·断狱律》(第18条)"制敕断罪条"规定,"诸制敕断罪,临时处分,不为永格者,不得引为后比。若辄引,致罪有出入者,以故失论"。如果该规定可追溯至《贞观律》,那么除非诏敕中明确有"永格"字样,否则应该不适用于断罪。因此,《贞观格》颁行后,从作为使用者的官员来看,《贞观格》对《贞观律令》进行了补正,应以此为依据操持政务。然而,实际上,也不可避免地出现了参考格典中未规定的单行指示(个别敕令)处理事情的状况(参考后述)。

《永徽格》 根据《通典》"高宗永徽初,又令长孙无忌等撰定格式,旧制不便者,皆随有无删改。遂分格为两部,曹司常务为留司格,天下所共者为散颁格"、《唐会要》"永徽二年闰九月十四日,上新删定律令格式。(中略)遂分格为两部,曹司常务者为留司格,天下所共者为散颁格。散颁格下州县,留司格本司行用"、《唐六典》"永徽留司格十八卷,散颁格七卷"、《刑法志》"遂分格为两部,曹司常务为留司格,天下所共者为散颁格。其散颁格下州县,留司格但留本司行用焉"、《经籍志》"永徽留本司行格十八卷,长孙无忌撰""永徽散颁天下格七卷"的记载,《永徽格》以《贞观格》为基础,是修订永

① 滋贺秀三《关于汉唐时期法典的二三点考证》(342页注③),第422—425页。另外,滋贺氏还指出"七卷"其实是"九卷"(第425页)。

② 《通典》载"贞观二年七月,刑部侍郎韩回(洄)奏(中略)又先有敕,当司格令并书于厅事之壁(中略)敕旨,宜委诸曹,各以本司杂钱,置所要律令格式。其中要节,仍准旧例,录题官厅壁",所以自《贞观格》时起,官府可能开始整理与各曹相关的法条。但楼劲在340页注⑤书第382页中指出,韩洄于贞元二年(786)正月由京兆尹迁至刑部侍郎,故此处的"贞观"为笔误,《唐会要》所记的"贞元"是正确的。说到底唐朝编纂施行的第一部式为《永徽式》,滋贺秀三《关于汉唐时期法典的二三点考证》(342页注③)对此已作论证,故贞观二年并不存在理应颁布的唐朝"格式"。

徽元年(650)之前所颁诏敕而成的法典。

《永徽格》首次把"天下所共"与"曹司常务"的相关事宜分开,前者为《散颁格》七卷,后者为《留司格》十八卷。《留司格》的卷数与《贞观格》相同,故虽其内容不明,但有可能延续了《贞观格》的篇目结构。关于《散颁格》的篇目结构,若从卷数来推测,可能是将《留司格》中与各州县相关的条文,逐一从尚书诸曹的卷帙中摘出而编就。① 也可能是都省、吏部、户部、礼部、兵部、刑部、工部等七卷。② 若《留司格》以官府诸曹分篇,则与时间上略晚的"文明元年(684)四月敕。律令格式,内外官人退食之暇,各宜寻览。仍以当司格令,书于厅事之壁,俯仰观瞻,使免遗忘"(见载于《通典》)这一敕令的宗旨相符。

《麟德格》 根据《通典》"麟德二年,重定格式行之"、《唐会要》"龙朔二年二月,改易官名,敕司刑太常伯源直心等重定格式,唯改曹局之名,而不易篇第,至麟德二年奏上之"(《刑法志》略同)、《唐六典》"永徽中,又令源直心等删定,唯改易官号曹局之名,不易篇第"、《经籍志》"永徽留本司行中本十八卷,源直心等撰""永徽散行天下格中本七卷"的记载,编纂《麟德格》的主要目的是吸收龙朔二年(662)改易官名的成果。刘俊文指出由于施行了《麟德格》,《永徽格》便被废除了。官员今后以《永徽律令》及《麟德格》为依据操持政务。对他们来说,此一"中本"(《麟德格》)施行的意义极小,实际上可说没有,但必须以《麟德格》为法律依据,而非《永徽格》。

在此需注意的是,若根据官名改易的结果来修改格典中的官名,那么应该附在单个条文后的年月日(最近在中国展开了关于每个格条是否附有年月日的讨论,参照下节)与这一条文中出现的官名就会产生矛盾。此现象也可能出现在编纂贞观、永徽两格典之时,但编纂《麟德格》时一定就发生了。

《仪凤格》 根据《通典》"仪凤二年,又删缉格式行之"、《唐会要》"至仪凤二年,官号复旧,又敕删缉。三月九日删缉格式毕,上之。尚书左仆射刘仁轨(中略)等"、《唐六典》"永徽留司格后本,刘仁轨等定"、《刑法志》"至

---

① 楼劲在340页注⑤书第418、452—454页中进一步指出,《散颁格》是以删订敕例制成的《留司格》为基础,将其一部分再行加工、编纂而成,《留司格》与原敕体例十分接近。由于此观点也与《神龙散颁格》的体例问题相关,故容后再述。

② 340页注⑤楼劲书第436页。

仪凤中,官号复旧,又敕左仆射刘仁轨(中略)等删缉格式。仪凤二年二月九
日撰定奏上",《经籍志》"永徽留本司格后本十一卷,刘仁轨撰"的记载,《仪
凤格》是在《麟德格》的基础上修订的。关注卷数变化的刘俊文认为,这次修
订的重点在留本司格。修订的方针首先是官名的复原。仪凤元年(676)十
二月五日"删定刑书制"(《文苑英华》卷四六四)"颁行新令制"(《唐大诏令
集》卷八二)称:

> 比者在外州府,数陈表疏,京下诸司,亦多奏请。朕以为帝命多绪,
> 范围之旨载弘,王言如丝,弥纶之道斯洽。前后处分,因事立文,岁序既
> 淹,条流遂积。览之者滋惑,行之者逾怠。但政贵有恒,词务体要,道广
> 则难备,事简则易从。故自永徽已来,诏敕惣(严?)令沙汰,详稽得失,
> 甄别异同,原始要终,捐华摭实。其有在俗非便,事纵省而悉除,于时适
> 宜,文虽繁而必录。随义删定,以类区分。(中略)仍令所司编次,具为
> 卷帙施行,此外并停。

刘俊文据此认为《仪凤格》是将永徽以来的诏敕重新筛选后编成的。楼劲也
认为《仪凤格》是在重视"详稽得失,甄别异同"的前提下,所作的全面整理、
修订。① 也就是说,这份"后本"可谓是《永徽格》的全面修订版。官员今后以
《永徽律令》及《仪凤格》为依据操持政务。只是,特意标注"此外并停"说明
也可能出现以未被律令格吸收的单行命令为判断标准的情况。

《垂拱格》 根据《唐会要》"至垂拱元年三月二十六日,删改格式。(中
略)又以武德以来垂拱已前诏敕便于时者,编为新格二卷。(中略)其二卷之
外,别编六卷,堪为当司行用,为垂拱留司格(中略)故垂拱式,议者称为详
密"(《通典》略同)、《唐六典》《经籍志》的记载,《垂拱格》由两卷《散颁格》与
六卷《留司格》构成。刘俊文指出《垂拱格》并非《仪凤格》的修订版,是将武
德至垂拱期间颁行的诏敕进行再讨论后整理编成的。卷数也明显减少,如
评语所谓的"详密",其内容十分简练。反过来,可以设想这样一种文书管理
体制,即将618年建国以来至684年为止颁行的诏敕保存下来,并以此为参
考,大幅修改现行法律《仪凤格》,使之焕然一新。但是,滋贺秀三认为"这个

---

① 340页注⑤楼劲书第428页。

意思是重新修订了《永徽格》所收建国初期以来之敕及其后颁布之敕,故没有必要理解为是全部从原诏敕修订而来的"①。总之,官员今后以经《垂拱格》补订的垂拱律令为依据操持政务。

《垂拱格后敕》 该法典见于 9 世纪末藤原佐世编纂的舶来汉籍目录《日本国见在书目录》(列有"垂拱后常行格")、《令集解》所引《古记》(738 年成书,列有"格后敕"),原本也许应称为"垂拱格后(常行)敕"。其编纂年代不明,但由于《令集解·赋役令》(第 17 条)"孝子顺孙条"的《古记》(第 411、413 页)引用了(垂拱)格后敕②的条文,而这一条文又见于 S.1344(此为格法典的断简,下节再述)所收证圣元年(695)四月九日敕(第 4—14 行),故推测《垂拱格后敕》的编纂、施行应在 695 年以后、704 年以前。编纂方针不明,从字面意思判断,应是从垂拱律令格式施行后颁布的诏敕中选出今后长期持续有效的命令,加以集成而来。由于此次编纂未达到修订格典的程度,故《垂拱格后敕》施行后,官员以垂拱律令、《垂拱格》及《垂拱格后敕》为依据操持政务。未经《垂拱格后敕》修订的条文,依然还须不避烦杂地参照垂拱律令、《垂拱格》。

《神龙格》 根据《通典》"神龙中,又删定垂拱格及神龙元年以来制敕,为散颁格七卷"(《刑法志》略同)、《唐会要》"至神龙元年六月二十七日,又删定垂拱格及格后敕。尚书左仆射唐休璟(中略)等同删定至神龙二年正月二十五日已前制敕,为散颁格七卷"的记载(不知为何,《唐六典》未载),《神龙格》删定了《垂拱格》编纂施行后至神龙元年前,即武则天执政期间的制敕。但根据下节提到的敦煌出土《神龙散颁刑部格》残卷开头所载,编纂者之一苏瓌的官衔为"银青光禄大夫行尚书右丞上柱国",其中"右丞"任命于神龙元年,十月前迁为左丞。③ 由此可知,《神龙格》肯定成立于神龙元年,故不可能将"神龙元年以来制敕"作为删定对象。此外,实际上《唐会要》明确记载,武则天下令编纂的《垂拱格》及《垂拱格》之后的敕也被作为此次删定的对

---

① 滋贺秀三《法典编纂的历史》(340 页注④),第 86 页。

② 泷川政次郎《令集解所见唐代法律史料》(收入《中国法制史研究》,岩南堂,1979 年。首刊于1929 年),第 113—114 页;拙稿《关于〈令集解〉所引用的唐代格、格后敕》(《史渊》第 128 辑,1991 年),第 9 页。

③ 严耕望《唐仆尚丞郎表 一》("中研院"历史语言研究所,1956 年),第 37 页。

象,故《通典》的记述应改为"神龙元年以前制敕"。再者,《唐会要》"神龙二年正月二十五日已前"也出现了纪年的错误,据《册府元龟》卷六一二《刑法部·定律令四》所载,应为"神龙元年正月二十五日已前",即中宗即位前。也就是说,《神龙格》是以《垂拱格》为基础,将神龙元年正月以前的诏敕加以修订而编成的法典。正如《唐会要》对之后的《太极格》的明确记载所示,它制定于神龙元年(大概六月)。此时,《垂拱格后敕》也毫无疑问地被列为删定编入的对象。官员今后以《神龙律令》及《神龙格》为依据操持政务。由于《格后敕》被编入内,故一定程度降低了繁杂程度。

需要注意的是,至此,《散颁格》与《留司格》的卷数开始发生了逆转。《太极格》之后格典固定在十卷。但由此开始,《太极格》以后格的主体内容不会延续一卷的《神龙留司格》,而应是七卷的《神龙散颁格》。

在此之后,据《唐会要》卷五四《省号上》记载,景龙三年(709)八月九日颁行了以下需要注意的诏敕:

> 应酬功赏赐,须依格式。格式无文,然后比例。其制敕不言"自今已后"及"永为常式"者,不得攀引为例。(《通典》也记载了几乎同样的内容)

在皇帝颁布的命令中,有的想作制度性、恒久性改变,有的只被定性为临时措施,这一诏敕规定,只有前者才能被作为前例加以参考。将来会被编入格后敕或格的单行指令与规定单个事情的解决办法的指令,在颁行之际就被区别开来。对官僚来说,若无前述的两句文字,则可不必将其作为规范考虑。对格后敕、格的编纂者来说,在编纂时只要把范围限定在必须调查的单行指令上即可。也就是说,它是对前引《断狱律》规定的重申(当然,严格来说,景龙三年现行的《断狱律》规定不明),只不过当时的实际状况并不清楚,从开元十四年九月敕"如闻,用例破敕及令式,深非道理。自今以后,不得更然"(《通典》《唐会要》)来看,必然存在着规定不被遵守的情况。也因如此,开元二十五年的律令格式颁布后,"二十五年九月三日,兵部尚书李林甫奏,今年五月三十日前敕,不入新格式者,并望不任行用限"(《唐会要》。《通典》略同),要求禁止适用未编入现行格的单行指令。反过来说,也可认为,现实中有的官员在参照未编入格及格后敕的、以往颁布的单行指令。这种参照格典、格后敕、单独指令的实例将在本节末予以列举。

《太极格》 根据《通典》"景云初,又敕删定格式令。太极元年二月奏上,名太极格"、《唐会要》"景龙元年十月十九日,以神龙元年所删定格式漏略,命刑部尚书张锡集诸明闲法理人,重加删定。至景云元年,敕又删定格令。太极元年二月二十五日,奏上之。名为太极格"、《唐六典》"太极格十卷,岑义等删定"的记载,《太极格》为修订《神龙格》的留司、散颁两格而成。刘俊文认为,《太极格》又改回到不区分留司、散颁的《贞观格》的旧例,此形式也为开元年间三次编纂的格典①所延续。从《旧唐书·睿宗本纪》所载太极元年(712。景云三年正月改元)二月"己巳颁新格式于天下"来看,此格似乎既散颁又留司,但基本上记载了开元七年之制的《唐六典》却称"凡格二十有四篇(以尚书省诸曹为之目,共为七卷。其曹之常务但留本司者,别为留司格一卷。[中略]开元前格十卷,姚元崇等删定)"("共为七卷"是"共为九卷"的笔误),由此可知,从《太极格》到开元前、后、新格,都是由九卷《散颁格》、一卷《留司格》,共计十卷组成的。② 实际上,日本《贞观格式》序载"准开元留司格,号贞观临时格"(《类聚三代格》卷一《序事》),可知传到日本的开元年间的格无疑仍然存在留司、散颁之别。若作如此考虑,那么可以说,《太极格》及开元年间三次编纂的格皆为十卷(九卷《散颁格》、一卷《留司格》),唐格的架构至《太极格》就已确定。

与此相关,滋贺秀三认为"从此以后(《太极格》以后——坂上注)格的框架基本固定,当出现与前格中某一条文相冲突的后敕时,以此敕文取代格文,可能就是格的修改方式"③。这种格编纂方式的具体实例可见于日本《令集解》。《令集解·赋役令》(第 17 条)"孝子顺孙条"《古记》(738 年成书)引用"格后敕""格后敕十三卷"对"孝"及"义"进行说明(第 411、413 页)。其中对"义"的说明,与该条所附延历年间成书的《令释》(第 412 页)所引《开元

---

① 340 页注③刘俊文书第 130 页。滋贺秀三也称十卷"也许全部为《散颁格》",同时指出开元七年格"可能为《散颁格》九卷,《留司格》一卷"(340 页注④论文第 75 页),但并未举出《太极格》皆为《散颁格》的依据。

② 拙稿《有关唐格的若干问题》(赵晶主编《法律文化研究》第十三辑,2019 年。首刊于 2007 年),第 307—308 页。

③ 滋贺秀三《法典编纂的历史》(340 页注④),第 86 页。

格》(从名称判断可能为《开元前格》)所作的说明一致。由此可知,编入格后
敕(《垂拱格后敕》)的诏敕中,存在着最迟在《开元格》(《开元前格》《开元三
年格》)时被编入格典的条目。①

　　总之,《太极格》施行以后,官员就以它和《神龙律令》为依据操持政务。

　　《开元(前)格》《开元后格》《开元新格》　《唐会要》载"开元三年正月,又
敕删定格式令,上之,名为开元格,六卷。黄门监卢怀慎(中略)等同修。至
七年三月十九日,修令格,仍旧名曰开元后格。吏部尚书宋璟(中略)等同
修。(中略)二十五年九月一日,复删辑旧格式律令,中书李林甫(中略)等,
共加删辑旧格式律令及敕总七千二(四?)十六(八?)条。其一千三百二(衍
文?)十四条于事非要,并删除之。二千一百八(五?)十条,随事损益。三千
五百九十四条,仍旧不改。总成律十二卷,律疏三十卷,令三十卷,式二十
卷,开元新格十卷。又撰格式律令事类四十卷,以类相从,便于省览。奉敕
于尚书都省写五十本,颁于天下。二十五年九月三日,兵部尚书李林甫奏,
今年五月三十日前敕,不入新格式者,并望不任行用限"②(《通典》略同),《唐
六典》载"凡格二十有四篇。以尚书省诸曹为之目,共为七(九?)卷。其曹之
常务但留本司者,别为留司格一卷。盖编录当时制敕永为法则,以为故事
(中略)开元前格十卷,姚元崇等删定,开元后格十卷,宋璟等删定。皆以尚
书省二十四司为篇名",《经籍志》载"开元前格十卷,姚崇等撰""开元后格九
卷,宋璟等撰"。《日本国见在书目录》载有"开元格十卷""开元后格九卷"
"开元新格五卷"(打乱其排列顺序),应指《开元前格》(三年格)、《开元七年
格》《开元二十五年格》。从卷数判断,《开元三年格》为全本,《开元七年格》
少一卷(也许只传来了《散颁格》),《开元二十五年格》只有一半传到了日本。

　　《(开元)格后长行敕》　与上述《开元后格》颁行时间相隔不久,《唐会
要》载开元"十九年,侍中裴光庭、中书令萧嵩又以格后制敕行用之后,与格
文相违,于事非便,奏令所司删撰格后长行敕六卷,颁于天下"。《日本国见

---

① 拙稿《关于〈令集解〉所引用的唐代格、格后敕》(347 页注②),第 4—5 页。
② 关于条文的数量,一般认为是在传写过程中出现了讹误。池田温在《唐令》(滋贺秀三编《中国法
制史——基本资料的研究》,东京大学出版会,1993 年)第 211 页;《唐朝开元后期土地政策的一
个考察》(《唐史论考——氏族制与均田制》,汲古书院,2014 年。首刊于 1995 年)第 570、581
页,以( )标示补订意见。

在书目录》中的"长行敕七卷"可能所指即此,但不知为何《目录》所载卷数较多。另外,《日本国见在书目录》所见"格后敕三十卷",应是开元之后的立法文本。①

以上梳理了盛唐之前格典的编纂史。为了之后与日本格进行比较,以下将总结唐格编纂方针的特征。一般认为,唐代被称为律、令的法典一个时期只有一部,②而格并非如此。原因是,如果对皇帝命令的有效性进行排序的话,第一为相对较新的诏敕,其次为现行格,第三是现行律令,有时还会在新的诏敕与格典之间排入格后敕。官员一般(未编纂格后敕时)以最新的律令格为基础,参照对此律令格内容有所修订的诏敕进行判断。但如果最新的律令格施行之后又编纂、施行格后敕,则应将编入格后敕的诏敕视为比现行律令格更有效的法律进行参照(格后敕会说明修订现行律令格相应条文的理由),在格后敕施行之后颁布的、对现行律令格、格后敕有所改订的诏敕,将被作为更有效的新法,据以处理相关事务。

不过,由以下所引 P.4978《开元兵部选格》(暂称)残片可知,至少在开元二十五年以前,在现实中曾参照过格后敕编纂、施行之前的个别诏敕。

(前阙)

2　节度管内诸军镇健儿,其中所有勋官□□

3　诸色有资劳人,及前资常选□□□□□

4　劳考,每年为申牒所(?)田(由?),并先在军注(?)□□

5　已上有柱国、上柱国勋者,准勋官□满□

6　听简试。十五年已上者,授武散官。两个上柱

7　国已上者放选。各于当色量减次上定留放。

8　其中有先立战功得上柱国勋,长征(?)□□□

9　军由分明者,免简听选。余依本条。

---

① 孙猛认为,从时间来看,《见在书目录》中的"格后敕"为《贞元定格后敕》《元和删定制敕》《元和格敕》等三十卷格后敕中后两部之一(《日本国见在书目录详考》上,上海古籍出版社,2015年,第769页)。由于前两部未公布,所以应是《元和格敕》。
② 滋贺秀三《法典编纂的历史》(340页注④),第20页。

10 一准兵部格后敕，同□□满□□等，如简□□

11 结二万人数者，其中有得劳番考人□□

12 免，并申所司，准式合 承 ，选日任依常例。

13 一准兵部格，诸色有番考，资策 出 (?)身□□□

14 者，初至年及去军年经三 个 月 (?)已上□□

15 折成一年劳，中间每年与一年，不得累折。

16 一准开元七年十月廿六日敕，上柱国及柱国 子

17 年廿一已上，每年征资一千五百文。准本色宿

18 卫人，至八年满听简。其及第者，随文武□

（后阙）

该选格一并引用了《兵部格》《开元后格》，开元七年三月施行)、《兵部格后敕》①(开元十九年编纂、施行的《格后长行敕》)及开元七年十月二十六日敕。先不论《格后敕》施行之后的情况，若把《格后敕》施行之前的敕文看作有效之法，则从结果上可知《格后长行敕》的编纂有所疏漏。也许在编纂《开元二十五年格》之际，为了防止此种事态发生，李林甫在自负之下于开元二十五年九月奏上"今年五月三十日以前制敕，不入新格式者，望并不在行用"(《通典》)。但开元二十五年五月末之前的单行制敕是否果真不再使用，则无法证实。②

另外，正如后述，单行指令(单个敕所载的处分)被编入唐格典时，并非保持发布时的原样，而是提炼成大概二至十行、每行二十字左右、抽象度较高的法律条文。通过这一操作，当发生与这些单行指令处理的案件相类似的事情时，这样的条文应该就能应对了。然而，将过去发布的、今后可能适用的某一单行指令的内容用抽象化的方式全部编入格典条文中，这种做法果真可行吗？ 这样想的话，以格这种法典形式集中对律令进行修订本身，从一开始就是不可能的。

---

① 戴建国在《唐宋变革时期的法律与社会》(上海古籍出版社，2010 年)第 159 页提到，P.4978 的"兵部格后敕"未载年月日，故为"兵部格敕"的误写，引用自《格式律令事类》。但若是"选格"，只要被收入开元十九年的《格后敕》，就作为法源而具有法律效力，在引用时可以省略年月日。
② 拙稿《有关唐格的若干问题》(349 页注②)，第 314—315 页。

2. 西域所出有关唐代格典的定名问题

为了与日本格作对比,本节与下节将探讨唐格典的编纂方针,尤其考察在编纂格时,是否对原诏敕发布时的内容、表记进行了修改,若修改的话,又是如何进行的。在此之前,有必要确认格典中每一条文的体裁(体例)。这是因为,唐格并未以完整的形式保存下来,主要形式为① 敦煌吐鲁番所出残片、② 各书引用的佚文。关于①,必须要分析这些残片是否本来就是格典的一部分;若是,则是哪个年代的格典,在抄写过程中有无省略或更改。关于②,必须要判断引用时有无省略;这些佚文究竟是与律令式并行的格典的一部分,还是只是单行诏敕。关于法典残片的定名问题,除了池田温、冈野诚①梳理了日本的相关研究史外,还有刘俊文②、戴建国③、楼劲④等学者的先行论述。笔者也曾加以分析,但想利用日本典籍所引唐格、格后敕,再次对此进行探讨。

关于《神龙格》,幸运的是,在敦煌文书中发现了标题为"散颁刑部格"的残卷(S.4673+P.3078)。其开头部分如下:

1   散颁刑部格卷
         银青光禄大夫行尚书右丞上柱国臣苏瓌等奉 敕删定
         刑部   都部   比部   司门
    一   伪造官文书印,若转将用行(行用),并盗用官文书
5   印,及亡印而行用,并伪造前代官文书印,若
         将行用,因得成官,假与人官,同情受假,各先决
         杖一百。头首配流岭南远恶处,从配缘边有
         军府小州,并不在会赦之限。其同情受用伪
         文书之人,亦准此。
10   一   官人在任,缘赃贿计罪成殿已上,虽非赃贿,
         罪至除免,会恩及别敕免,并即录奏。量所

---

① 池田温、冈野诚《敦煌、吐鲁番发现唐代法制文献》(《法制史研究》第 27 号,1978 年)。
② 刘俊文《敦煌吐鲁番唐代法制文书考释》(中华书局,1989 年)。
③ 352 页注①戴建国书。
④ 340 页注⑤楼劲书。

犯赃状,贬授岭南恶处及边远官。

　一　　流外行署州县杂任,于监主犯赃一匹以上,先

　　　　决杖六十。满五匹以上,先决一百。并配入军。如当

15　　州无府,配侧近州。断后一月内,即差纲领送,所

　　　　(下略)

这是敦煌、吐鲁番所出法典残卷中唯一一份在标题处明确记有"格"字的文献。其特点是:每条以"一"[日本古文书学用语为"逐条列记"(一つ书き)]而非"敕"开头;条文皆未记载原敕发布的年月日。对于如何看待该体例,目前有四种观点。

首先,刘俊文探讨了在敦煌发现、目前收藏在柏林的残片 TⅡT(Ch. 3841)。那波利贞认为它是《吏部留司格》,池田温、冈野诚则记为"《吏部留司格》残片?"①。其释文如下:

(前阙)

1　陈 其 ……

2　敕,诸司有大事,及军机,须仗 下 ……

3　须奏者,并宜进状。仍令仗家 觉 ……

4　其应仗下奏事人,夏中炎热,每日……

5　肆刻停。长寿三年腊月十一日　敕,……

6　宜令日午以前早进。如有军机及……

7　封上注日辰早晚。皆令本 司 官……

8　若经两时无处分,任即放去。状过 时 ……

9　奏请。若急事,宜当日即请。万岁通天……

10　敕,文昌台郎官已下,自今后并令早……

11　必自中门,不得侧门来去。日别受事……

12　勾迟者更催。仍令都司壹勾勤……

---

① 那波利贞《唐钞本唐格的一断简》(《神田博士还历纪念书志学论集》,平凡社,1957 年);池田温、冈野诚《敦煌、吐鲁番发现唐代法制文献》(353 页注①),第 216 页。

13 敕,冬官、屯田两司,宜各于令史员内补⋯⋯

14 敕,鸾台事务繁多,其令史宜⋯⋯

15 敕,夏官勾三卫令史,宜补起家□

16 ⋯⋯考经⋯⋯

（后阙）

该残片的体例特点有：每条以"敕"字开头,条尾所附年月为长寿三年（694）与万岁通天（696—697）；可见"军机"字样,未避玄宗"隆基"之讳；可见光宅元年（684）至神龙元年（705）使用的官名（文昌台、冬官、夏官、鸾台）；内容多为"曹司常务"之类。由此,刘俊文将ТⅡТ断为《神龙留司格》,[①]而把前述以"一"为条文起首的残卷（S.4673＋P.3078）判为《神龙散颁格》。[②] 也就是说,《留司格》与《散颁格》在体例上是有区别的。

但是,将ТⅡТ断为《神龙留司格》有以下几点疑问：

（一）无法解释本应保管在尚书省各司、各曹的《留司格》为何在僻远的敦煌被发现。

（二）无法解释《散颁格》与《留司格》为何在体例上有所区别,即为何《散颁格》以"一"起首、结尾不附年月,而《留司格》起于"敕"字、结尾附年月。

（三）倘若ТⅡТ为神龙年间的《留司格》,那么为何该残卷未用神龙年间的官名？如前所述,编纂《麟德格》是专门为了体现官名的改易。另外,《散颁刑部格》（S.4673＋P.3078）中有刑部、都部、比部、司门（第3行）、东都（第17行）、尚书省（第18行）、刑部、大理寺（第26行）、中书省（第27行）、雍、洛（第106行）、国子助教、大学四门博士（第107行）,这些皆非武则天执政时的名称,而与删定者苏瓌的信息相契合,都是神龙元年的官司名及地名。这种《散颁格》与《留司格》之间官名书写规则不统一的理由与背景并未明确说明。

由此可知,将ТⅡТ断为《神龙留司格》,并通过与它的对比,判定《散颁

---

① 以ТⅡТ为《神龙吏部留司格》的观点,之后也见于唐耕耦、陆宏基主编《敦煌社会经济文献真迹释录》第二辑（全国图书馆文献缩微复制中心,1990年）,第574页；郑显文《唐代律令制研究》（北京大学出版社,2004年）,第43页；赵贞《唐尚书六部二十四格初探》（《中国古代法律文献研究》第三辑,2007年）,第261页；桂齐逊《唐格再析》（《中国古代法律文献研究》第四辑,2010年）,第256页等。

② 340页注③刘俊文书,第130页。

刑部格》为《神龙散颁格》，甚至将特殊体例作为认定《散颁格》的理由，并不具有说服力。其实，刘俊文自己曾将ＴⅡＴ推定为《垂拱格后敕》，最近楼劲也认可此种观点。①

其次，滋贺秀三对敦煌出土的《散颁刑部格》(S.4673＋P.3078)提出以下三点疑问：

（一）第1行的"散颁刑部格卷"下方未载卷数。

（二）第2行记录了删定者苏瓌的名字，这原本应该记在卷末，而且只写一人之名，本来就难以解释。

（三）第3行集中列举了刑部四司的名称，原本应各司分别编纂。

他指出，该残卷与同样以"一"为条文起首的P.4978《开元兵部选格断简》(暂称)一致，也应视作便于使用的私制本。② 但即便如此，它极有可能誊抄自《神龙散颁格》。再者，方便的私制本为何采用以"一"作为条文起首的形式，并非重要问题，可暂且搁置，但为何会省略年月日呢？由于《狱官令》规定"诸犯罪未发，及已发未断决，逢格改者，若格重，听依犯时，格轻，听从轻法"③（《唐令拾遗补·狱官令》第22条，第1434页），当官员作出判决之际，犯罪发生时该格条的原敕[本条所说的"格"不仅限于法典，也指之后编入格的个别诏敕（单行指令）④]是否已发布，有时会成为大问题。若重视这一点，则很难认同因是私制本而省略了年月日的看法，应该是这一残卷的抄写母本《神龙散颁格》本身就没有记载年月日。

然而，对于滋贺氏提出的疑问(二)、(三)，池田温认为并不是问题，还以《神龙散颁格》的卷首为标准，复原了周字69号《开元新格·户部格》残片

---

① 353页注②刘俊文书，第272页；340页注⑤楼劲书，第450页。

② 滋贺秀三《法典编纂的历史》(340页注④)，第85—86页。

③ 关于本条的唐令复原，最近，冈野诚发表了极其细致的考证（《关于唐令复原方法的一个考察》，陈俊强主编《中国历史文化新论》，元华文创股份有限公司，2020年）。此处所列为冈野诚的开元二十五年令文复原方案。

④ 泷川政次郎《伯希和带走的唐贞观吏部格断简》(《国学院法学》第15卷第1号，1977年)，第21页；滋贺秀三《法典编纂的历史》(340页注④)，第87页。Wallace Johnson也将《断狱律》第20条引用的该《狱官令》条文中的"格"译为regulation，并未译为Regulations (ko)(The Tang Code VOLUME Ⅱ，Princeton University Press，1997，p.563，589)。楼劲在340页注⑤书第462页主张"格"指的是格后敕。若如此，则原本依敕也许能得救的被告，极有可能因该敕尚未编入格后敕而无法蒙受恩惠，由此获罪，故无法认可此解释。

(暂称)的开头部分：①

　　格卷第三

　　　　兵部尚书兼中书令集贤院学士修国史上柱国成纪县开国男臣李林
甫等奉 敕删定

　　　　户部

在条数次序上，也认为可能会将所属的部门(子司)编入别卷。

　　最近学界开始提倡第三种观点，即这才是唐格普遍的体例。比如楼劲
重视唐代的式与散颁格的编纂皆始于永徽年间，认为它们在体例上也存在
关联性，两者应皆为"法典""制定法"，而非"敕例集"。② 如敦煌出土的《开元
(二十五年)水部式》(P.2507)与《神龙散颁格》，虽然前者的条文以"诸"开
头，后者以"一"开头，但两者存在共同点，即逐条换行抄写，各条文皆未记载
原敕的日期。③ 据此可知，敦煌发现的《神龙散颁格》绝非特殊情况，应视为
遵循了《散颁格》的一般体例。

　　但是，这个见解是不成立的。因为如果这一《散颁格》残卷遵循的是散
颁格的一般体例，那么在敦煌文书中发现的，一直被视为《(开元户部)格》残
片的文献(S.1344 与周字 69 号)就无法得到解释了。以下所列为 S.1344 的
一部分。这两件残片有共同的样式，即每条换行抄写且以"敕"字开头，各条
末尾皆载年月日。

　　　　(上略)

　　　　15 敕，长发等，宜令州县严加禁断。其女妇识文解书，

　　　　　　堪理务者，并预送比校内职。

　　　　　　　　　　　　　　　　　　　　　　咸亨五年七月十九日

———————————

①　池田温《唐朝开元后期土地政策的一个考察》(350 页注②)，第 571 页。

②　340 页注⑤楼劲书，第 435—439 页。

③　楼劲将大津透定名为"仪凤三年度支奏抄"的残卷(《关于唐律令国家的预算》，收入《日唐律令制
的财政结构》，岩波书店，2006 年。首刊于 1986 年)，依循刘俊文的定名(353 页注②书，第 314、
324 页)，定为"仪凤度支式"，并以每条始于"诸"字及欠缺年月日作为式典的体例(340 页注
⑤书，第 437 页)。然而，一是原本就没有仪凤三年制定过式典的证据，二是从文书末尾的体例
看，该残卷为皇太子监国期间对度支有关支度国用的提案予以裁可的奏抄(仪凤四年度预算方
案)，所以刘俊文、楼劲对此的定名是有误的。

　　　　　敕，诸山隐逸人，非规避等色，不须禁断。仍令所由觉

　　　　　察，勿使广聚徒众。

　20　　　　　　　　　　　　　　　　　　　长安二年七月廿八日

　　　　　敕，如闻诸州百姓，结构朋党，作排山社。宜令州

　　　　　县严加禁断。

　　　　　　　　　　　　　　　　　　　景龙元年十月廿日

（下略）

以上的确也可称为"敕例集"。但如前所述，司法判决时必须确认犯罪时的现行法律为何，所以格中必须记录年月日。此外，从它与日本三代格的体例之间存在共同点来看，此两件残片极有可能是格典。[①]

　　其实，楼劲认为此两件残片并非散颁格，而是开元十九年编纂、施行的《格后长行敕》的残片，主张散颁格的体例即如《神龙散颁格》那般。[②] 由证圣元年（695）四月九日敕发展而来的 S.1344 的一条条文（第 4—14 行），被《令集解·赋役令》（第 17 条）"孝子顺孙条"所载《令释》作为《开元格》（如前所述，从名称判断，也许为《开元三年格》）加以引用，而且该敕文又被该条所载《古记》作为《（垂拱）格后敕》加以引用，所以都无法说明它没有被编入《开元十九年格后敕》。

　　接下来将详细解释这一点。关于证圣元年敕，楼劲推导出了其被删定、编纂、引用的复杂过程：原敕曾收入《垂拱格后敕》，被《古记》引用；又经若干修订，被编入《开元十九年格后长行敕》，即为 S.1344；到了开元二十五年，被收入《开元新格》，又被《令释》引用。[③] 换言之，该敕文被收入《垂拱格后敕》后，在神龙至开元七年间未被编入格，直至开元十九年再次被编入《格后敕》，开元二十五年终于被立为格条。对"孝""义"这种并不复杂的概念为何

---

① 仁井田陞在《唐的律令以及格的新资料》（收入 342 页注②书。首刊于 1957 年）第 283—301 页考证了 S.1344 为开元年间的《户部格》。

② 340 页注⑤楼劲书，第 455、515 页，同氏《证圣元年敕与南北朝至唐代的旌表孝义之制——兼论 S.1344 号敦煌残卷的定名问题》（《浙江学刊》2014 年第 1 期）。再早之前，马小红探讨了 S.1344 断简为《格后敕》的可能性（《格的演变及其意义》，《北京大学学报》1987 年第 3 期，第 115 页），但并未列出依据。

③ 340 页注⑤楼劲书，第 518—519 页。

作如此复杂的处理，其理由并不可知；而且违背了"格后敕"这种"在最新格典之后颁行的敕"的语义，这本身就无法解释。强行将《令释》所引"开元格"限定为《开元二十五年格》，就很难与其名称相对应。所以以下解释更为简单明了：该敕颁布在《垂拱格》之后的证圣元年，所以被编入《垂拱格后敕》，接着在格典编纂之际成为《神龙格》的一条，继而再被编入《开元格》（三年格）。

其实即使不用这么冗繁的论证，从周字 69 号收录的开元二十年敕与开元二十三年敕便可简单得知，该残片不可能是开元十九年的《格后长行敕》。

另外，按照楼劲的定名，也无法解释为何格后敕必须有"敕"字及年月日，而《散颁格》却不需要。一般认为，《宋刑统》所引格条未逐一标记年月日，是由于作为这些格条前身的敕命颁行已久，敕命与罪行的先后关系不会影响量刑。各书所引佚文也包括欠缺年月日者，其理由恐亦如此。

其实，关于格典的每个条文有无必要标记年月日，戴建国也有论述。① 的确，条文作为格典整理编纂后，在判决时从结果上看似与原敕年月日无关。但是，在原敕颁行后被编入法典前这一时期，当出现量刑不当或申冤等情形时，原敕的年月日就成了焦点，为确定最初犯罪时的法律就需要年月日。戴建国将日本公认的《户部格》两残片视为载入《格式律令事类》的长行敕，②这个推导的过程与楼劲说同样复杂，也有年代上的矛盾。另外，下节所涉格后敕的体例，如较为详细地记录了原敕的开头文句与制定过程（戴建国对此也认可），与上述结论也存在矛盾。

再者，唐格典通常逐条标记年月日的体例，也可从最近公布的敦煌所出Дх.6521《格式律令事类》残片中得到证明。该残片所载《户部格》佚文也始于"敕"字，条末标有原敕颁行日期（也许是"开元八年十一月十二日"）。③ 现

---

① 352 页注①戴建国书，第 160 页。
② 352 页注①戴建国书，第 148—149 页。
③ 辻正博《格式律令事类》残卷的发现与唐代法典研究》（《敦煌写本研究年报》创刊号，2007 年），第 87 页。戴建国在 352 页注①书第 141—146 页指出，该断简所见"户部格. 敕"并非《户部格》条文，而是《长行敕》的一条，附属于《户部格》。楼劲在 340 页注⑤书第 531 页认为此处应断句为"户部格敕"，表示《格后长行敕》的一条被《格式律令事类》引用之意。但是，该断简最初的标题为 考 课 令，接着又罗列了"诸"字开头的《考课令》的一条，说明"户部格"显然为法典的篇目名。此外，开元十九年《格后长行敕》的条文称未编入《开元新格》之条目无效，故不太可能被收入《格式律令事类》。

移录部分文字如下：

（上略）

4　考 课 令。诸都督、刺史、上佐……

5　□朝集。 若上佐已上有阙及事故，只有……
　　　　　参军代集，若录事参军有……

6　月廿五日到京，十一月一日见。……

7　解代，皆须知。其在任以……

8　辩答。若知长官考，有不……

9　以状通送。

10　户部格。敕，诸州应朝……

11　计，如次到有故，判……

12　集限。其员外同正……

13　　　　　　　　开……

14　敕，刺□到任，当年……

（后阙）

从以上所述可知，围绕敦煌所出《神龙散颁格》的体例，学界一直以来尝试着提出过诸多看法，但皆有可疑之处，无法得到完全认同。笔者曾经对此问题提出了第四种观点：由于神龙年间法律的修订具有特殊性，即编纂、删定法律只是表面否定武则天广泛的改革，将重点放在宣扬李唐复辟上，因此删除了武则天执政时的年月日，同时将武则天执政时独特的官名皆改为唐朝复兴后神龙年间的官名。[1] 换言之，朝廷借此表达一种态度，实则充分利用武则天执政时的制度变革，[2]但不承认这种改变源于武则天时期。《神龙散颁格》的体例是特例，散颁格的一般体例应以 S.1344 与周字 69 号（两者皆为开元年间的《户部格》，从发现地点来看判断为散颁格）为标准。现在笔者依然坚持这一观点。

　　本节最后想考察 TⅡT 的定名问题。关于该残片的特点，正如之前刘

---

① 拙稿《有关唐格的若干问题》(349 页注②)，第 310—311 页。

② 金子修一在《关于唐代诏敕文中则天武后的评价》(《东洋史研究》第 68 卷第 2 号，2009 年)第 66—73 页指出，难以否认，中宗、睿宗时期的政治方针与武则天执政时具有连续性。

俊文的梳理所示,笔者对此没有异议。只是,刘俊文也提到了该残片未使用武周新字。但不知为何(也许由于其中出现的年号与官名?),刘俊文主张该残片为神龙元年以前法典的一部分,曾定名为《垂拱格后敕》,该观点现在成为权威学说之一。然而如前所述,《垂拱格后敕》包含了证圣元年(695)四月九日敕,所以必定在该敕之后颁行。这已是载初元年(690)武周革命之后,也是使用武周新字(则天文字)的时期。敦煌发现的唐律残片(P.3608+P.3252)使用了武周新字,《垂拱格后敕》应该也使用武周新字。因此,没有武周新字的该残片应该为神龙元年以后、开元以前的散颁格断简,而对照前节梳理的格典编纂史,只能是《太极格》。如下节所述,编纂格后敕时一般多保留原敕颁行的经过及原敕的开头部分,从这点来看,将 T Ⅱ T 视为格后敕也存在疑问。

　　T Ⅱ T 一旦被视为《太极格》,其中值得注意的是,像"胧月""文昌台""鸾台""夏官""冬官"并非编纂、施行时的用语、官名,而是保留了原敕颁行时(武则天执政期)的原貌。这种现象不仅存在于 T Ⅱ T,S.1344《开元户部格》残片(第 28 行)也保留了原敕颁行时(垂拱元年)的名称"庭(州)"(开元年间为北庭州。《唐六典》卷三户部郎中员外郎条、《旧唐书》卷四十《地理志三》)。由此可知,在编纂格典时,官名、地名等有时会保留原敕的原貌,故从残片的官名等推测年代时需要格外留意这一点。但并非所有的格典在编纂时都会保留原敕的地名、官名等,也有像前述《神龙散颁格》或《麟德格》这样的情况。

　　3. 唐代格典的编纂方针——原敕、格后敕、格

　　接下来考察原敕与格条的关系。下文所引《开元格》佚文(《通典》卷一七〇《刑法八·峻酷》)末尾有"敕依前件",接着标记颁行日期"开元十三年三月十二日"。由此可判断,该格条在一定程度上保留了原敕的体例。

　　　　《开元格》
　　　　周朝酷吏来子珣_{京兆府万年县} 万国俊_{荆州江陵县}(中略)王处贞_{以上检州贯未获及}
　　　　　　右二十三人,残害宗支,毒陷良善,情状尤重。身在者宜长流岭南远处,纵身没,子孙亦不得仕宦。
　　　　陈嘉言_{河南府河南县}鱼承晔_{京兆府栎阳县}皇甫文备_{河南府缑氏县}傅游艺。

> 右四人，残害宗支，毒陷良善，情状稍轻。身在者，宜配岭南，
> 纵身没，子孙亦不许近任。
> 敕依前件。
> 　　　开元十三年三月十二日

楼劲认为该格条为《留司刑部格》的佚文，其根据有二：一是内容涉及刑部职掌，二是其体例与楼氏主张的《散颁格》体例标准（《（神龙）散颁刑部格》）不同。[①] 笔者不认同此观点。对酷吏子孙的处理也涉及吏部许多事务，不能简单说由刑部专管。本来抓捕酷吏及其子孙的责任首先应在全国的州县，既然未提"无必要下至各地州府"，则更有可能是散颁格。也就是说，虽然敦煌发现的两件《户部格》残片未能体现，但有些散颁格也可能在一定程度上保留了原敕的格式。

不过，此《开元格》或许如戴建国所述，[②]引自《开元格后长行敕》，呈现的并非是格的体例，而是格后敕的体例。的确，在已知的格后敕佚文中，被《令集解·考课令》（第 50 条）"一最以上条"《古记》（第 581 页）所引的条文，规定了京官文武九品以上的表请需经群议，可能被收入《垂拱格后敕》。如下所示，它以"敕旨"开头，根据敕旨式颁布，并记录了制定的过程。该格后敕佚文有"军机"字样，未避玄宗"隆基"之讳，可以推断为《垂拱格后敕》条文。

> 格后敕下帙十四卷云。敕旨。京官文武九品已上壹千贰百贰人表
> 请，内外官各出壹月俸料钱供军。其无俸料，请准往例，节级处分者。
> 卿等情切奉公，志存忧国，请申私俸式助军机。修览所陈，深以嘉尚。
> 今依来奏，以遂群议。其蕃官不在此例也。

另外，《令集解·公式令》（第 69 条）"奉诏敕条"《令释》（第 893 页）载：

> 格后敕云，令扬州造甲八千领。长史里（李）怀远奏不辨之状。

同条《古记》（第 894 页）载：

---

① 　340 页注⑤楼劲书，第 447 页。
② 　352 页注①戴建国书，第 145 页。

　　检格后敕文,敕令造甲八千领。杨州事长史里(李)怀远奏不辨之
状之类。

所引的《格后敕》佚文同样记录了敕文制定的部分过程。但是 P.4978《兵部
选格》(暂称)残片引用的"兵部格后敕"未记录此类敕令的颁行过程。因此,
收入格后敕的敕文也许并非都明载其制定过程,也有可能在引用"兵部格后
敕"时进行了删节。总之,从敦煌发现的格典残片与各书所引格后敕佚文的
对比中可得出以下推论:在编纂格后敕的时候,原敕的样态被很大程度地
保留下来;而在编纂格典时,原敕被改造成更加抽象与简洁的条文(也有合
并或分割敕文的情况)。①

　　抛开从典籍中辑佚出来的条文,在敦煌所出的格残片中,每条都以"敕"
字开头,以下将对此进行考察。唐代皇帝下令修改律令格的规定时,使用的
文书极有可能采用七种王言中诏(制)书、发日敕、敕旨、敕牒的样式,册书、
慰劳诏书、论事敕书虽然也是王言,但恐怕不会用以下令修改律令格。因
此,其各自的开头本应为"门下"(或"诏""制")、"敕""敕旨""中书门下牒"。
若格典保留了原敕开头的体例,敦煌所出唐格残片的各个条文皆以"敕"字
开头,所以会得出原敕皆为发日敕的结论,但这是不成立的。因为《公式令》
规定,发日敕用于"增减官员,废置州县,征发兵马,除免官爵,授六品已上
官,处流已上罪,用库物五百段、钱二百千、仓粮五百石、奴婢二十人、马五十
匹、牛五十头、羊五百口已上"(《唐令拾遗补·公式令补二》"发日敕式",第
727 页)。虽然规定增减官员、废置州县的发日敕也有可能被收入格典,但

① 滋贺秀三也从浅井虎夫指出的(《支那法典编纂的沿革》,京都法学会,1911 年,第 205 页)《令集
解》收载《格后敕》下帙十四卷佚文(本文前述)认为"格后敕也许是收录的敕文原文,未经充分精
选、简化"(《法典编纂的历史》340 页注④,第 91 页)。侯雯也主张"格后敕与格的编纂方式不
同,(中略)编入格的制敕(中略)经过改写、删辑、加工;而格后敕却只是将大量的制敕'分朋比
类,删去前后矛盾及理例重错者,条流编次'(《唐会要》卷三九)。制敕在内容上没有进行删减和
改动,只是制敕的编集。所以,与格前期法律对比而言,格后敕的适用范围比较窄,仅适用于制
敕中所指的人和事"(《唐代格后敕的编纂及特点》,《北京师范大学学报》2002 年第 1 期)。此
外,戴建国在推断《宋刑统》收载的附年月日的敕节文来自《格后敕》的引载后,关于《格后敕》的
编纂阐述道"对收载的敕文通常不再进行大幅度改写加工,最大程度地保持了诏敕的原貌,并保
留了当初皇帝颁布制敕的日期,每条末尾署有年月日"(《唐格后敕修纂体例考》,《江西社会科
学》2010 年第 9 期,第 146 页)。但记录原诏敕的日期这种现象不仅存在于《格后敕》,笔者在前
文已有论述,格中同样也存在,故此不是《格后敕》的特征。

正如敦煌所出唐格残片所收的敕命不会涉及使用发日敕的各种法定事项一样,发日敕几乎不用于修订律令格的规定。也就是说,敦煌发现的唐格残片每条皆以"敕"字开头,这只能被视为编纂格典时统一格式的结果。① 而另一方面,从前引格后敕的佚文来判断,原敕被编入格后敕时,"敕旨"等开头文句被原样保留了下来。其实,就 S.1344 所收唐(隆)元年七月十九日敕而言,其最初颁行的样态可见《唐大诏令集》卷一百十《政事·诫谕》所收同日诏书,以"门下"开头,前段的篇幅较长,但被收入格时,仅从中段提取出要点,且将开头改为"敕"。

以上为编纂格典时修改原敕样式的事例。关于取舍原敕内容的例子,已为川尻秋生指出。② 川尻氏将上述 S.1344 所收唐(隆)元年七月十九日敕与《唐大诏令集》的诏书进行比较,指出诏书的"纳州县仓""租地人"被格文改为"充课役""邻保",格条增加了诏书没有的"有剩官收,若逃人三年内归者,还其剩者。其无田宅,逃经三年以上不还者"字样,而且除诏书特有的文句外,格条还删除了明经进士贡进,圣庙、学校修建,乡饮酒礼,州县长官劝农,僧尼、道士的戒行,禁止私度,禁止州县官依其专断而授夺官位,禁止寺观兼并土地等内容。也许删除的部分皆已是令、式、格等的基本规定,只是在敕令颁布时要求州县官遵守,所以未编入格文。

此外,还有一度编入格典的条文在之后编纂格典时又被删改的例子,这见于《神龙散颁刑部格》与《令集解·仪制令》(第 23 条)"内外官人条"或云(在穴)所引的《刑部格》(第 726 页)。前者记为"班秩","故犯情状可责者"的文句,在后者中被改为"班品","故违宪法者";前者未载的"其徒以上,依常法",被附在后者的末尾。如此删改的原因不明,也许《穴记》所引《刑部格》为《开元三年格》,《养老令》中的"故违宪法者"的表达模仿自《开元三年格》。③

关于诏敕入格以及修改现行格条时采取的方针,川尻氏举出第一节提

---

① 《册府元龟》开元二十三年九月的命令开头为"诏曰",而周字 69 号(《开元新格》)却以"敕"开头,由此,池田温判断"官员在编纂格时改为了敕"(《唐朝开元后期土地政策的一个考察》350 页注②,第 576 页)。

② 川尻秋生《三代之格的格文改变及其渊源》(340 页注②书。首刊于 1995 年),第 107—109 页。

③ 拙稿《关于〈令集解〉所引用的唐代格、格后敕》(347 页注②),第 14—16 页。

到的开元二十五年编纂法典时的三个方针：① 删除不需要的内容，② 加以增删修改，③ 维持原样不改；同时也指出日本编纂三代之格时遵循的三个方针：① 删除无法律效力的部分，② 更改增补部分内容，③ 删除有关施行的文句及修辞性文字。上述两者具有共通性，推测其原因在于日本格的编纂方针模仿自唐格。另外，在格条的排列上，《弘仁格抄》将有关联的内容按照年代顺序排列，同样的方针也体现在 S.1344（《开元户部格》）上，该格大体上分为与禁止结党有关的条文、与诸藩边境有关的条文、与逃弃田宅有关的条文，且各自基本皆按年代顺序排列。① 由此也可知，日本格典模仿自唐格。但楼劲认为《神龙散颁格》残卷"看不出其排序背后有何理致"②。若认可两位学者的观点，则必须探讨其观点为何不同。如前所述，楼劲视 S.1344 为格后敕，若该主张成立，则会得出格后敕的条文排列比散颁格更有秩序这一不可思议的结论。由此也可佐证不能将 S.1344 视为格后敕。

还有一点是川尻氏未言及的。上节提到唐格在地名与官司名、官名上有时还明显保留了原敕的痕迹，这种情况在日本编纂《弘仁格》时也有五处体现（《类聚三代格》，第 115、137、166、298、348 页），即保留了原本的唐风官名（在 758 年 8 月—764 年 9 月使用），如开头所用并非"太政官符"而是"乾政官符"，并非"太政官奏"而是"乾政官奏"。但如《类聚三代格》卷三元庆六年六月三日太政官符所载"右得权僧正法印大和尚位遍照奏状称，谨案太政官去天平宝字三年(759)六月二十三日符称（下略）"（第 135 页）、卷五天平宝字三年七月三日敕所载"准令弹正尹者从四位上官，官位已轻，人不敢畏（下略）"（第 220 页。当时"弹正台"改称为"纠政台"），当时也有不使用唐风官名的情况。从《续日本纪》及正仓院文书来看，在那个时期内使用唐风官名的规则是得到遵守的，所以编纂《弘仁格》时，格条中的官名又改为原本令制的官名（即编纂时的官名），在开头则保留"乾政官"字样。

唐格与日本格最大的区别在于，与日本格相比，唐格典的条文在体例上较为简洁，而日本格文多为太政官符，事无巨细地记载了单行指令的成立过程，对于诏敕，也原样保留了华丽的辞藻，两者差别极大。也就是说，唐格十

---

① 川尻秋生《三代之格的格文改变及其渊源》（364 页注②），第 109—111 页。
② 340 页注⑤楼劲书，第 441—442 页。

分抽象,适用范围相对广泛。可能发生的事情尽量都用律(及律疏)、令、格处理,可以说是想让格得到广泛的适用。反过来,这也可以说是为了防止律、令、格之外的规范成为判断的标准。

日本的格条大幅度保留了颁行时的样态,也许是由于日本在编纂格时模仿的不是唐格,而是格后敕。如前所述,唐格后敕在一定程度上保留了颁行时敕令的文书样式及背景说明,这与日本格典相同。

其实,这也与日本格编纂的基本方针有关。日本共编纂了三次格典,最初的《弘仁格》暂先不提,《贞观格》所收格条来自《弘仁格》编纂后发布的诏敕、官符,包含着修改律、令及《弘仁格》的内容,且被赋予永久的效力,故称其为《弘仁格后敕》也不为过。《延喜格》延续了《贞观格》的编纂方针,也可称其为《贞观格后敕》或《弘仁格后敕后敕》。日本格的编纂方针与原本的唐格不同,其背景也许可从以下两个方面考虑:一是收于《弘仁格》的诏敕、官符记录了各个具体的成立情况,抽象化程度不高,因此适用范围小,在处理当前的事情时,不仅要参照编纂的格典,还必须参考该格典实施时的每个诏敕、官符,否则政务无法正常运行。二是唐代自安史之乱后,放弃了一个时期编纂一套律、令、格、式作为有效之法的理念,只编纂如格后敕这种敕例集形式的法典,同时代的日本对此也有了解。在制定贞观格、式的编纂方针时,日本放弃了编纂一套律、令、格、式的原则,这极有可能也是效仿唐代。

关于唐后期的几次格后敕,滋贺秀三认为它们都是以《开元二十五年格》为起点的"格后"之敕,[①]戴建国也作相同理解。[②] 也就是说,《贞元定格后敕》《元和格后敕》《太和格后敕》等皆以开元二十五年律、令、格、式为基准,收录的条文分别是在各自编纂之前颁行的、被认为在编纂之后依然有效的敕令(因此,在法律适用上以格后敕为最优先),至于体例,事实上采用了与格相同的立法方式。唐代虽然的确放弃了一个时期编纂一套律、令、格、式作为有效之法的立法模式,但一直致力于实现一个时期编纂一套律、令、格、式和一部格后敕作为有效之法。日本与此不同,即使在《延喜格》施行后,《弘仁格》《贞观格》中还依然保留着有效的条文。

---

① 滋贺秀三《法典编纂的历史》(340 页注④),第 89—91 页。
② 352 页注①戴建国书,第 49—53 页。

4. 日本的《弘仁格》及其编纂材料

日本古代格的编纂史,不如虎尾俊哉等学者精心梳理的式的编纂史^①那样清楚。梳理格典的编纂史首先应参考以下所引《弘仁格式序》:

> 先帝(桓武天皇)(中略)以为,律令是为从政之本,格式乃为守职之要。方今虽律令频经刊修,而格式未加编辑。稽之政道,尚有所阙。乃诏赠从一位行左大臣藤原朝臣内麻吕、故参议从三位行常陆守菅野朝臣真道等,始令撰定,草创未成,遭时遏密,寝而不为。天朝(嵯峨天皇)(中略)爰降纶言,寻令修撰。申诏大纳言正三位兼行左近卫大将陆奥出羽按察使臣藤原朝臣冬嗣(中略)等,上遵睿旨,下考时宜,采官府之故事,撼诸曹之遗例,商量今古,审察用舍,以类相从,分隶诸司。

也就是说,桓武朝开始编纂格、式,但并未完成。嵯峨朝再次编纂,终于完成了《弘仁格式》。由此我们无法从中了解桓武朝以及之前编纂格典的具体情况。

可作为参考的是,《续日本纪》前半部分集中出现了"语具别格""语在格中"等字句。具体胪列如下。

① 和铜六年(713)二月壬子(十九日)条:

> 始制度量调庸义仓等类五条事。语具别格。

② 灵龟元年(715)五月己亥(十九日)条:

> 太政官奏。更定义仓出粟法,分为九等。语在别格。

③ 养老元年(717)十一月戊午(二十二日)条:

> 诏曰。(中略)于是,太政官议奏精粗绢絁长短广阔之法。语在格中。

④ 养老六年(722)闰四月乙丑(二十五日)条:

> 太政官奏曰。(中略。百万町步开垦计划等)奏可之。其六位已

① 虎尾俊哉《贞观式的体裁》《〈例〉的研究》(同收入《古代典籍文书论考》,吉川弘文馆,1982 年。首刊于 1951、1962 年)、同氏《延喜式》(吉川弘文馆,1964 年)等。

下,至八位已上,随程远近运谷多少,亦各有差。语具格中。

⑤ 神龟元年(724)三月甲申(二十五日)条:

令七道诸国依国大小,割取税稻四万已上廿万束已下,每年出举,取其息利,以充_下朝集使在京及非时差使,除运调庸外,向京担夫等粮料_上。语在格中。

⑥ 神龟五年(728)三月甲子(二十八日)条:

敕定外五位位禄荫阶等科。又敕,补事业位分资人者,依养老三年十二月七日格更无改张。(中略)余依令。敕,京官文武职事五位以上给防阁者,(中略)。事并在格。

⑦ 神龟五年(728)八月甲子朔条:

诏曰。朕有所思,比日之间,不欲养鹰(中略)布告天下,咸令闻知。是日,敕始置内匠寮。头一人,助一人,(中略)使部已下杂色匠手各有数。又置中卫府。大将一人〈从四位上〉(中略)使部已下亦有数。其职掌,常在大内,以备周卫。事并在格。

⑧ 神龟五年(728)八月壬申(九日)条:

太政官议奏。改定诸国史生博士医师员并考选叙限。(中略)医师每国补焉。选满与替,同于史生。语并在格。

这些文末注记与《延喜式》式条末尾所载"事见仪式"相同,被认为是"详情参见格"之意。既然为《续日本纪》的读者作了如此标注,则一般认为在《续日本纪》编纂时,已经准备好了"格"作为参考资料,或者已经形成了完备的"格"的文本。

但《续日本纪》的编纂过程十分复杂,简单总结如下:

A. 延历十三年(794)八月,藤原继绳、菅野真道、秋筱安人等编纂、奏上现在的《续日本纪》卷二十一至三十四[天平宝字二年(758)八月至宝龟八年(777)];

B. 之后某个时间又奏上卷三十五至四十[宝龟九年(778)至延历十年(791)];

C. 延历十六年(797)二月,菅野真道、秋筱安人等奏上卷一至二十[文武元年(697)至天平宝字二年(758)七月]。

其中,C以淳仁朝(758—764)整理的《曹案》三十卷为基础编纂。这是在藤原仲麻吕的主导下,以同于《日本书纪》的卷数,对文武朝(697—707)至圣武朝(724—749)之事加以编集,但藤原仲麻吕之乱导致这一编纂活动中断。之后的光仁朝(770—781)对此《曹案》进行修订整理,进呈了除天平宝字元年(757)一卷之外的其他二十九卷。在光仁朝期间,A的原型也得以完成。①

由以上《续日本纪》编纂史可知,淳仁朝整理的《曹案》三十卷收录了文武朝至圣武朝之事,其中二十九卷于光仁朝进呈。而据延历十六年奏上《续日本纪》前半部分的菅野真道等人的叙述,《曹案》三十卷所载“米盐”即琐碎之事太多(可谓是精于理财的藤原仲麻吕的特色),他们又重新整理记载,将三十卷编修为二十卷。“语在格中”等之类的表达仅存在于《续日本纪》元明朝(707—715)至圣武朝部分,所以有可能是菅野真道等人在编纂前半部分二十卷时,从国史原文中删除了被视为“米盐”的部分,然后在其中数处标以参照“别格”来应付了事。实际上,从前引《弘仁格式序》可知,菅野真道参加了桓武朝的编格事业。也就是说,《续日本纪》的“语在格中”“语具别格”“事并在格”等透露了桓武朝格典编纂事业的些许痕迹,这意味着编格事业与国史编纂事业同时进行,且由相同的责任者推进。所以笔者曾认为由此注记可依稀窥见《延历格》的影子。② 进一步说,桓武朝的编格事业也可能开始于延历十三年以后、十六年以前,因为在延历十三年奏上的《续日本纪》后半部分未再见类似“语在格中”的注记。

此外,川尻氏也收集了同样的史料,发现《续日本纪》的“语在别格”注记在神龟五年(728)之后消失,推测彼时作为法典的格已经编纂完毕,且正是《本朝法家文书目录》(《续续群书类从》杂部)所见的《古格》廿三卷。③ 川尻

① 笹山晴生《〈续日本纪〉与古代的史书》(《平安初期的王权与文化》,吉川弘文馆,2016 年。首刊于 1989 年)。
② 拙著《日本历史 5 律令国家的转换与“日本”》(讲谈社学术文库,2009 年。首刊于 2001 年),第 200—201 页。
③ 川尻秋生《奈良时代的格及其特质》(340 页注②书),第 71—75 页。此外,岩桥小弥太关注《东大寺要录》所载“杂格中卷”“杂格佛法僧中卷”“杂格课役卷中”,指出天平至天平胜宝年间的敕旨、官符、省符有十一条被作为杂格引用。但岩桥氏也指出,其为官撰还是私撰尚不清楚(《格式考》,《上代史籍研究 第二集》,吉川弘文馆,1958 年,第 129—130 页)。

氏还指出，这些记载集中在《续日本纪》前半部分，可能是为了将《曹案》三十卷压缩至二十卷，菅野真道等人在编集于延历十六年（797）完成的《续日本纪》前半部分时，将不晚于神龟年间成书的《别格》与三十卷《曹案》相比较，对于两者的重复之处，采取了删除《续日本纪》所载琐碎细节，委诸七十年前编纂的《别格》的方式。然而，同时负责编纂延历朝格典的真道，竟会让《续日本纪》未来的读者参照七十年前的《别格》去了解其中的细节，这未免不够体贴。在《令集解》诸说中，并没有出现只能被认为是成书、法典的"别格""古格"，这意味着《续日本纪》注记的"别格"应该指的是真道等人于同时期编纂的格。①

《续日本纪》指示参照的"别格"其实可能并未成书，其理由是：与①③对应的格，其残文皆见于《令集解·赋役令》（第 4 条）"岁役条"《古记》，且正如川尻氏所指，①被③否定了。由此，川尻氏认为神龟年间之后不久编集的"格"并未只收录如《弘仁格》以后的有效法律。对此，本稿推测在菅野真道手中的是延历年间收集的、用于将来编格的原始材料，由于格典尚未定稿，其中有可能并存着相互矛盾的法令。

作为《续日本纪》编纂材料收集起来的诏敕、官符等单行指令，其实并未被菅野真道等人编入格典，而是与其他记事之文一同编成了史料集，即《官曹事类》三十卷（803 年成书）与《外官事类》。在《本朝法家文书目录》中，记载了《官曹事类》的序文与篇目（按照神事部、斋王部、佛寺部等分类，并非按官司分类），目前只留下该书的一些佚文，见引于《西宫记》等各书。② 佚文几乎都是年中行事性质的记录，这是因为加以引用的都是此类书籍。据《类聚符宣抄》卷六《文谱·勘解由使》"请借行官曹事类大同抄事"记载，延喜十四年（914）九月，在编纂《延喜交替式》时，勘解由使为了确认原官符，欲从外记

---

① 《本朝法家文书目录》成书于平安中期之后，一般认为其中编入了实际未见的著作，如大宝的"律六卷""令十一卷"等。所功《平安朝仪式书成立史研究》（国书刊行会，1985 年），第 8 页。"古格"是否真实存在也尚未确定。

② 和田英松《国书佚文》（私家版，1940 年），第 148—150 页收录八条佚文，所功《〈官曹事类〉佚文与〈续日本纪〉》（《宫廷仪式书成立史再探讨》，国书刊行会，2001 年。首刊于 1983 年）收录两条佚文。最近，京都御所东山御文库藏《新撰年中行事》及阳明文库藏《勘例》也收录了断续的佚文残片。参见西本昌弘《〈官曹事类〉〈弘仁式〉〈贞观式〉等新出佚文》（《日本古代年中行事书与新史料》，吉川弘文馆，2012 年）等。

局借出《官曹事类》，①由此可知官符之类也大量收于《官曹事类》中。因此，延历年间计划修纂的格典，若从这一史料集中选出单行指令并加以调整，这当然很理想，但此工作未能完成。而同样由菅野真道（时兼勘解由使长官）等人编纂，与《官曹事类》一同完成于延历二十二年并奏上的《延历交替式》，虽然名为式，但其实编入了与国司轮替程序有关的四十一条令条及诏敕、太政官符等，基本上采用了不妨称之为"勘解由使格"的体例。官员在编纂《延历交替式》时，无疑使用了被视为史料集的《官曹事类》与《外官事类》[现已失传，据《本朝法家文书目录》载，共十一卷，收录了大宝元年（701）至延历二十二年（803）间与外官即国司、郡司有关的史料与法令]的稿本。"官曹事类""外官事类"之类的名称，与唐代的《格式律令事类》或者宋代的《庆元条法事类》相似。日本的"事类"包含成书之前或成书之时颁行的格，并作为此后编格的材料，这是与唐、宋的不同之处；然而，与唐、宋相同的是，它们都对法令等规定及前例进行分门别类，与格、格后敕、编敕的编纂有着密切的联系。

从《续日本纪》之后的正史《日本后纪》的编纂过程，也能看出正史的编纂与格的编纂之间存在密切联系。那时编集的是《天长格抄》三十卷，虽未传存至今，但据《本朝法家文书目录》载"撰日本后纪之次，所抄出之例"可知，其与《日本后纪》相同，皆收集了延历十一年（792）正月至天长十年（833）二月的史料（佚文皆为太政官符②）并将其分门别类。从名称上看，这似乎为格典，但实际上是比《官曹事类》更专门的官符等的法令集，③既可用作正史编修时的框架，也可当作编纂格典的基本材料。《类聚符宣抄》卷六《文谱》载，在编集《延喜交替式》时，勘解由使为了确认原官符，自延喜十二年（912）至十四年间将保管于外记曹司的《天长格抄》三十卷借出查阅。其实，由于《弘仁格》的修订事业颇费工夫，所以朝廷放弃了同时编纂《日本后纪》与新格典的计划，之后的正史编纂也不再与格典的编纂同时进行。但可以想象，格典的编纂与正史的编纂的确紧密联系在一起。古代日本格典的特征是条

---

① 岩桥小弥太《官曹事类与天长格抄》（369 页注③书）第 170—173 页有相关叙述。

② 和田英松《国书佚文》（370 页注②）第 175—177 页收录五条（六官符）。

③ 岩桥小弥太《官曹事类与天长格抄》（369 页注③书），第 176—179 页。

文的精炼度极低，但过程记录得很详细，这种史料集的性质，可能就说明了与正史编纂事业的"双生子"关系。相反，起居注→实录→国史这种层累而成的唐代史书编纂与格典的关系，目前不知道是否有讨论的实例。

总之，日本在延历年间提出编格之前，并不存在对诏敕、官符等进行收集、分类，从而编集、施行的格典。不过，就删定令格或者删定律令，有必要作一些说明。关于删定律令，神护景云三年（769），吉备真备、大和长冈等人为了补订（养老）律令的不足而制定了二十四条法律，直到延历十年（791）三月才付诸施行，反而招致混乱，于弘仁三年（812）五月被废止。关于删定令格，神王、橘入居等人作为编者同样制定了四十五条法律，于延历十六年（797）六月付诸实施，据推测，这些与删定律令的法律同时被废止。《令集解》所见"删定令""删定"等三处，被认为是删定律令或删定令格的痕迹。① 两者的条文数量都很少，且说不定是以诏敕、官符等单行指令为基础编集而成，不能称为真正的格典，故未在《弘仁格式序》中提及。

另外，在编纂《弘仁格》时，原诏敕、太政官符、太政官奏等署名部分被统一删除，太政官符的接收地以及与格的主旨无直接关系的部分也都被删除了。这种简洁化处理，只要比对《政事要略》卷五十一（第255页）所载宽平二年九月十五日官符本身（弁、史的位署除外）与《类聚三代格》卷八（第343页）从《延喜格》中收录而来的该官符，就可以直接看出。

不过，更为重要的是，收集原诏敕、官符、官奏是为了彰显编纂时依然有效的法律，所以格的编纂不单单是敕令、官符集的制作，而且是一种立法行为。吉田孝通过举例详细论述了这一具体样态。②

吉田孝之后，川尻秋生对《弘仁格》编纂时对原诏敕、官符等的改变进行了深入探讨，列举了A格文的制作、B官符的改写增补、C换用措辞、D分割条文等事例，指出日本的格对编纂时依然有效的原诏敕、官符、官奏进行了删除、增补、改写、分割，但同时也承担了展现历史脉络的矛盾使命，因此在

① 泷川政次郎《律令研究》（刀江书院，1931年）第六章"删定律令及令格"。
② 吉田孝《垦田永年私财法的基础性研究》（《律令国家与古代社会》，岩波书店，1983年。原题《垦田永年私财法的变质》，1967年），第239—263页；同氏《类聚三代格》（《续律令国家与古代社会》，岩波书店，2018年。首刊于1971年），第295—299页。

编纂格时也会保留已经无效的旧规定。① 如前所述，川尻氏也指出，原法令的内容在编入格后被删除、改写、增补，这在唐代也同样存在。

川尻氏又进一步指出，《弘仁格》颁行后，官员在引用法令时，无论该法令是否被收入《弘仁格》，有时称"格"，有时称"符"；《贞观格》颁行后，引用收入《贞观格》的法令时基本称"格"，引用未收入的法令时基本称"符"；《延喜格》颁行后也是如此，由此形成了一种认识，即通过某法令是否被收入格，来判断此法令是否受到重视。对于此变化的背景、原因，川尻氏举出以下几点：一是《弘仁格》的编纂、修订过程复杂，先对弘仁十一年（820）四月撰上的文本进行修订，至天长七年（830）十一月施行，又因不足之处明显而再行补订，至承和七年（840）四月最终施行（此为收于《类聚三代格》的《弘仁格》）；②二是官员使用不便；三是《贞观格》也收入了与天皇衣服相关的规定，遵循的是中国礼法的观念；四是在编纂《贞观格》时，撰格所的活动十分频繁。③ 但据昌泰元年（898）十二月九日官符（《类聚三代格》卷二，第47页）载"藤原朝臣时平宣。奉敕，每年正月修吉祥悔过者，为祈年谷攘灾难也。其御愿之趣，格条既存"可知，施行《贞观格》之后，也出现了将从未收入格典的单行指令（神护景云二年四月十五日官符）称为"格条"的情况。④ 因此，是否断然以《贞观格》的编纂、颁行为契机，以及能否区分收录与未收录格典的条文，依然有所疑问。

以上概述了日本格典，尤其编纂《弘仁格》时对原法令的处理方针，既有与唐代格典的编纂方针基本相同的一面，也存在不同点。主要的不同点有两处：一是川尻氏所言，日本在编纂格时执着于展示"历史过程"，反过来说，作为法条，它的抽象程度较低；二是编纂《贞观格》时采用了格后敕方式，编纂《延喜格》时也是如此，所以日本古代在编纂《贞观格》时放弃了唐代编格的方针，即特定时期只有一部律令格式法典有效。这两个特征也许是日

① 川尻秋生《〈弘仁格抄〉的特质》（收入340页注②书。原题《弘仁格抄》，2001年），第12—23页。也可参见福井俊彦《关于〈弘仁格〉的编纂方针》（《史观》第98册，1978年）。此外，在编纂《贞观格》《延喜格》时也发生了同样的改变，详见川尻秋生《三代之格的格文改变及其渊源》（364页注②）。
② 镰田元一《关于〈弘仁格式〉的撰进与施行》（《律令国家史研究》，塙书房，2008年。首刊于1976年）。
③ 川尻秋生《平安时代格的特质》（收入340页注②书。首刊于1994年）。
④ 西本昌弘《〈官曹事类〉〈弘仁式〉〈贞观式〉等新出佚文》（370页注②），第81页。

本的立法技术尚不成熟使然,但至少就后者而言,自唐代后期开始多次编纂的"格后敕"也存在相似之处(如前节末所述,差异性也很大),这可以说是因为格作为法典,本身就具有不彻底性、临时性的特点。

结　　语

以下对本稿所述略作总结。

(一)唐代真正的格典始于《贞观格》,《永徽格》出现了《留司格》(十八卷)、《散颁格》(七卷)的区别。经麟德、仪凤的修订,《垂拱格》条数减少,卷数也被压缩(留司六卷、散颁二卷)。《神龙格》与之前相反,《散颁格》的卷数多于《留司格》。接下来的《太极格》有《散颁格》九卷、《留司格》一卷,为《开元(前)格》《开元后格》《开元新格》所沿袭。

(二)唐代在编纂格典期间还编纂格后敕(格后常行敕、格后长行敕)的情况始于《垂拱格后敕》(695年以后、704年以前编纂),第二次编纂则在开元十九年,之后的中晚唐只编纂格后敕。格后敕在起首文句及制定过程等方面比较完整地保留了原敕的形式,比格典的简化程度低。

(三)关于敦煌、吐鲁番所见格典残片的定名,最近出现许多观点,本稿的考证结果如下:

P.3078＋S.4673　　《神龙散颁刑部格》

T Ⅱ T(Ch.3841)　《太极散颁(吏部?)格》(非《神龙留司格》与《垂拱格后敕》)

S.1344　　《开元(三年?)散颁户部格》(非《开元格后长行敕》)

周字69号　　《开元新(二十五年)散颁户部格》(非《开元格后长行敕》)

(四)唐代格典的每个条文皆以"敕"字起首,且各条末尾皆标记原敕颁行的年月日(《神龙散颁格》例外)。原敕所载官司名、官名及地名在收入格典时,部分被修改(《麟德格》及《神龙散颁格》),部分未被修改(《太极散颁格》及《开元散颁户部格》)。

(五)在日本,延历十三年以后、十六年以前,与编纂《续日本纪》前半部分同时,开始编纂格典,也开展了与之相关的史料收集工作,但一度终止。

史料集最后汇编为《官曹事类》《外官事类》,其体例在编集相当于格典的《延历交替式》时得到运用。

（六）《弘仁格》条文的体例比较完整地保留了原法令颁行时的样式及内容,简化程度低。因此,作为法条,它的抽象度低,缺乏广泛适用性。这既有立法技术拙劣的原因,也可能是运用原始史料集、尊重历史由来使然,甚至还可能因为参照的对象并非唐格,而是格后敕的体例。

（七）在编纂《贞观格》《延喜格》之际,有时也遵循盛唐以前格后敕的编纂方针,汇集了可被称为"弘仁格后敕""贞观格后敕"的内容。在同期的唐朝,已不再编纂格典,只编纂格后敕,乍看之下,日本似乎效仿了这种编纂方式。但是,同时期的唐格后敕与开元二十五年律令格式组成一套法律体系,遵循一个时期只有一套有效法典的原则。与此相对,日本的三代之格,产生了三部格同时有效（当然,有所矛盾时以最新格典所收法令为准）的现象。

（八）先行学说指出,日本在编纂格典时,为了与编纂、施行时的现行法匹配,对原法令进行了加工。但与一部分唐格典相同,有些官司名也保留了原法令的表述。

总结如上。徒耗纸张,但所获成果极少,暂且搁笔,广求方家指正。

（本文的日文节本原载大津透编《日本古代律令制と中国文明》,山川出版社,2020 年;此次据修订后的全本底稿译出。）

林　娜译　赵　晶校

作者、译者简介

作者简介：

　　高盐博（1948—　　）：法学博士，国学院大学名誉教授，代表作有《日本律の基礎的研究》（汲古书院，1987 年）、《江户幕府法の基礎的研究》（汲古书院，2017 年）等。

　　石上英一（1946—　　）：文学博士，东京大学名誉教授，代表作有《律令国家と社会構造》（名著刊行会，1996 年）、《日本古代史料学》（东京大学出版会，1997 年）等。

　　水本浩典（1949—　　）：文学博士，神户学院大学名誉教授，代表作有《律令註釈書の系統的研究》（塙书房，1990 年）等。

　　吉田孝（1933—2016）：文学博士，青山学院大学名誉教授，代表作有《律令国家と古代の社会》（岩波书店，1983 年）、《続・律令国家と古代の社会》（岩波书店，2018 年）等。

　　虎尾俊哉（1925—2011）：文学博士，国立历史民俗博物馆、弘前大学名誉教授，代表作有《班田収授法の研究》（吉川弘文馆，1961 年）、《延喜式》（吉川弘文馆，1964 年）等。

　　早川庄八（1935—1998）：文学博士，原名古屋大学文学部教授，代表作有《日本古代官僚制の研究》（岩波书店，1986 年）、《日本古代の文書と典籍》（吉川弘文馆，1997 年）等。

　　武井纪子（1981—　　）：文学博士，现任日本大学文理学部史学科教授，代表作有《日本古代倉庫制度の構造とその特質》（《史学杂志》第 118 编第 10 号，2009 年）、《律令財政と貢納制》（《岩波講座 日本歴史》第 3 卷，岩波书店，2014 年）等。

　　坂本太郎（1901—1987）：文学博士，东京大学、国学院大学名誉教授，代表作有《上代駅制の研究》(至文堂,1928 年)、《大化改新の研究》(至文堂,1938 年)等,相关著作被编为《坂本太郎著作集》12 卷(吉川弘文馆,1988—1989 年)。

笹山晴生(1932—2024):文学博士,东京大学名誉教授,代表作有《日本古代衞府制度の研究》(东京大学出版会,1985 年)、《平安初期の王権と文化》(吉川弘文馆,2016 年)等。

杉本一树(1957—):文学博士,曾任正仓院事务所所长,代表作有《日本古代文書の研究》(吉川弘文馆,2001 年)、《正倉院宝物の世界》(山川出版社,2010 年)等。

吉永匡史(1980—):文学博士,现任金泽大学人间社会研究域国际学系准教授,代表作有《律令国家の軍事構造》(同成社,2016 年)等。

井上光贞(1917—1983):文学博士,东京大学名誉教授、国立历史民俗博物馆第一任馆长,代表作有《日本古代国家の研究》(岩波书店,1965 年)、《日本古代の王権と祭祀》(东京大学出版会,1984 年)等,相关著作被编为《井上光贞著作集》11 卷(岩波书店,1985—1986 年)。

大津透(1960—):文学博士,现任东京大学人文社会系研究科教授,代表作有《律令国家支配構造の研究》(岩波书店,1993 年)、《日唐律令制の財政構造》(岩波书店,2006 年)、《律令国家と隋唐文明》(岩波书店,2020 年)等。

坂上康俊(1955—):文学硕士,九州大学名誉教授,代表作有《律令国家の転換と“日本”》(讲谈社,2001 年;汉译本为《律令国家的转变》,文汇出版社,2021 年)、《摂関政治と地方社会》(吉川弘文馆,2015 年)、《唐法典と日本律令制》(吉川弘文馆,2023 年)等,参编《唐令拾遺補》(东京大学出版会,1997 年)。

译者简介:

郭娜:史学博士,现任四川外国语大学日语学院副教授,著有《论日本古代社会的村落首长——以石母田正的首长制学说为中心》(《古代文明》2017 年第 2 期)、《古代日本移植唐〈户令〉乡邻诸法之研究》(《日语学习与研究》2022 年第 3 期)等。

林娜：史学博士，现任聊城大学外国语学院副教授，著有《日本古代律令制国家时期后宫制度研究》（吉林大学出版社，2017 年）、《日语教育理论分析与实践探索》（郑州大学出版社，2022 年）等。

严茹蕙：史学博士，现任北京理工大学珠海学院民商法律学院助理教授，著有《唐日令中所见节假生活初探》（稻乡出版社，2017 年）、《唐日文化交流探索：人物、礼俗、法制作为视角》（元华文创股份有限公司，2019 年）等。

赵晶：法学博士，现任中国政法大学法律古籍整理研究所教授，著有《〈天圣令〉与唐宋法制考论》（上海古籍出版社，2014 年初版，2020 年再版）、《三尺春秋——法史述绎集》（中国政法大学出版社，2019 年简体版；元华文创股份有限公司，2020 年繁体版）等。